KB064269

디지털
기술사회
생태계

디지털 기술사회 생태계

1쇄 발행일 | 2021년 05월 25일

지은이 | 김용범
펴낸이 | 정화숙
펴낸곳 | 개미

출판등록 | 제313 – 2001 – 61호 1992. 2. 18
주소 | (04175) 서울시 마포구 마포대로 12, B-103호(마포동, 한신빌딩)
전화 | (02)704 – 2546
팩스 | (02)714 – 2365
E-mail | lily12140@hanmail.net

ⓒ 김용범, 2021
ISBN 979 – 11 – 90168 – 29 – 8 03300

값 17,000원

잘못된 책은 바꾸어 드립니다.
무단 전재 및 무단 복제를 금합니다.

*이 책은 뉴스통신진흥자금을 지원받아 저술 · 출간되었습니다.

소셜미디어 플랫폼에서 '나'의 삶 찾기

디지털
Digital

기술사회
Technological

생태계
Ecosystem

김용범 지음

개미

　이 책에서 비교적 심도 있게 논의된 중요한 키워드들은 대충 여섯 개로 압축된다. 플랫폼 사회, 자아(몸), 행위능력agency, 디지털 기술사회, 미디어와 언어. 여기에다 연결connection과 네트워크networked 그리고 커뮤니케이션과 각종 기호들을 보태면 우리가 지금 사는 디지털 기술사회 생태계technological ecosystem의 다채로운 네트워크가 질펀하게 펼쳐진다. 그 세계에서 아주 돋보이는 풍경은 곳곳마다 산재한 갖가지 소셜미디어 플랫폼들의 군락지이다. 21세기의 신종인류(Papacharissi 2018)는 각기 소셜미디어 플랫폼들의 연결사슬에서 마디node 결절結節 하나의 자리를 차지하며 많은 타인들과 링크되는 네트워크 자아networked self로서 살아간다. 네트자아는 "단순히 메시지를 보내고 받는 인간이 아니라 메시지의 체계 그 자체이다. 그들은 메시지에 의해 구성되며 메시지를 통해 생산적으로 된다."(D. Hartley 2010 p.19). 이것이 네트 사회에서 사는 네트자아의 기본 성격이다. 이 책을 손에 쥔 독자들은 이 대목에서 우선 세상 사는 지혜를 키우기를 바란다. '메시지를 교환하는' 네트자아가 실은 '메시지에 의해 구성된, 메시지 자체'라는 규정은 매우 경이로운 선언이다. 그들은 플랫폼들에서 교환되는 각종 코드 즉 언어를 비롯한 디지털화한 기호들 digitized verbal signs에 의존하여 일상생활을 하지 않으면 안 된다. 그것이 남들 앞에서 자아를 제시하고 표현하며 자아를 실현하는 엄연한 방식이기 때문이다.

신종 인류란, 지질학적 연대기에 따라 Anthropocene(세상의 주인이 인간임을 말하는 〈人間世〉)으로 명명命名된 21세기를 사는 사람을 가리킨다. 〈人間世〉의 인간은 화석 연료의 남용으로 말미암은 지구온난화와 무질서한 자연 파괴에서 비롯된 생태계의 교란 상태에서 다른 종들과 더불어 살기 위하여 디지털 기술사회와 함께 진화한다. 신종 인류의 진화 과정을 돌이켜보면 사람은 먼 원시 시대 이래 꾸준히 기술(도구)을 만들고 기술과 더불어 살면서 기술과 함께 진화해 왔다. 나는 인간과 기술이 공진共進 co-evolution해 왔다는 생물학자와 진화론자들의 견해를 토대로 인간과 기술이 앞으로도 공진하리라는 입장을 일관되게 견지하면서 이 책을 썼다.

애초부터 이 책은 괄목할 만한 기술 발전으로 형성된 디지털 기술사회 생태계에서 '나'는 어떤 존재이며 또한 어떤 존재로 있어야 하는가를 모색하기 위하여 집필이 시도되었다. 이 시도는 수년 전 8주에 걸친 경희대학교 휴마니타스대학 특강─제1~2장, 제4장의 일부 및 제6장 전체가 여기에 포함됨─을 토대로 실행되기 시작했으나 집필 과정에서 미국과 유럽 학계에 등장한 최신의 몇몇 학문적 성과들을 만나게 되었으며 그 결과가 이 책의 골격을 이루고 있다. '최신의 몇몇 학문적 성과들'이란, 네트워크 사회와 네트워크 자아networked society and networked self에 관해 펴낸 다섯 권의 집중적인 연구 시리즈(Z. Papacharissi 편집), 연결사회와 플랫폼 사회에 관한 반 디엑J. van Dijck의 연구 업적들과 프랑스 사회철학자 겸 사회학자인 브루노 라투르Bruno Latour를 주축으로 발전한

〈행위자-네트워크 이론Actor-Network Theory ANT〉 그리고 최근에 새롭게 조명을 받으면서 구술문화의 재도래를 알리는 디지털 구술성digital orality에 관한 이론(W. Ong과 John Hartley)을 가리킨다. 뜻밖에 얻은 귀중한 학문적 성과의 보탬으로 말미암아 책의 편제編制는 애초의 계획에 대폭 수정이 가해져서 현재와 같은 목차의 형태로 햇빛을 보게 되었다.

제1장은 언어와 인쇄술의 발명이 문화와 사회에 미친 영향에 관해 고찰했는데 특히 '언어의 권력'에 관한 논의는 독자들에게 새로운 안목을 안겨 주리라고 본다. 제2장은 컴퓨터의 발달과 인터넷의 탄생 과정, 오늘날과 같은 플랫폼 사회의 기반 기술인 웹의 출현과 진화 과정을 살펴보았다. 제3장은 제4차 산업혁명의 핵심기술들인 IoT, 5G, AI, 로봇 및 빅데이터에 대한 소개에 할애했다. 만인 대 만인, 만인 대 사물을 두루 잇는 21세기 사회를 네트워크 연결사회Networked Connection Society라 부른다면 컴퓨터 네트워킹 기술이 어떤 성격의 것이며 컴퓨터로 연결된 거구적擧球的 네트워크(인터넷)에서 갖가지 정보가 어떤 방식으로 소통되는지에 관한 기초 지식을 갖추는 일은 삶의 필수 요건이라고 말할 수 있다. 그 점에서 제2장과 제3장은 그 분야에 대한 기초적인 지적 욕구를 가진 일반인과 인문계 학생들에게 도움이 되리라고 여긴다.

제4~6장은 이 책의 주제인 네트 사회와 네트자아의 상호관계를 추적하는데 집중했다. 그 둘 사이의 상호관계를 이해하려면 먼저 둘 사이를 소통시키는 통로이자 매개체인 소셜미디어 플랫폼과 사람의 뇌에서 작동하는 '행위능력agency'에 대한 이해가 선행되지 않으면 안 된다. 플랫폼은 네트자아를 제시—표현하고present 재현하는represent 일상적 무대이기 때문이다. 자아의 표현은 무엇을 가지고 이뤄지는가? 그것은 자아의 이야기만들기storywriting와 이야기풀기storytelling이다. 제4장 후반부의 제6~7절 〈이야기풀기 · 구술성 및 '메시지하는 자아'〉와 〈소셜미디어 플랫폼의 구성요소〉는 자아 표현의 수단과 통로가 어떻게 작동하는지를 이해하는데 퍽 유용하리라고 본다. 이와 관련하여 제4장의 첫 부분을 차지하는 주체subject＝자아self에 관한 철학적·정신분석학적 고찰은 자아의 개념을 네트자아networked self→매개된 자아mediated self와 이야기 풀기를 하는 자아storytelling self→디지털 구술성digital orality의 자아(문화)로 우리의 논의를 이동시키는데 주요한 디딤판 역할을 하게 될 터이다. '행위능력'은 제6장 제6절의 〈뇌의 가소성可塑性, 자기 형성을 위한 가능성〉과 〈'가정적假定的 틈새'에 있는 행위능력의 자유〉의 항에서 상세히 다뤄져 있다.

　머리말의 앞부분에서 '디지털 기술사회 생태계의 다채로운 파노라마'에 관해 언급했을 때 나는 '파노라마'의 주역이 인간이라는 점만을 넌지시 알렸을 뿐 유감스럽게도 비非인간적 대상세계에 대한 언급은 하지 않았다. 기술사회 생태계는 인간 이외에 비인간적인 것들도 당연히 포함한다. 비근한 예로서 날마다 손에 들고 다니는 스마트폰, 자동차 내비게이션, 각종 쇼핑 앱 등과 같은 기기와 물품들도 기술사회 생태계의 엄연한 구성원이며 이것들도 역시 인간과 마찬가지로 행위능력을 발휘하는 다 같은 행위자actors이다. 인간의 현재를 살피고 미래를 내다봄에 있어서 이들 비인간적 대상들을 외면하는 것은 인간이 사는 세계를 보는 시야perspective를 좁혀버리는 오류를 범하고 만다. 나는 마지막 제7장에서 〈행위자-네트워크 이론ANT〉을 비교적 상세히 소개한 것은 그런 잘못을 바로잡으려는 뜻에서다. ANT는 하나의 거창한 '이론'이라기보다는 인간과 비인간의 두 세계를 이해하는 하나의 '방법' 또는 하나의 '전략적 접근'이라고 보는 편이 나을 듯하다. ANT의 특장은 무엇보다도 세계를 이해함에 있어서 여태까지 인간에게만 한정했던 시야를 사물things 같은 비인간적 대상세계로까지 확대한 데 있다. 그런 뜻에서 인간과 비인간의 행위능력을 대칭적 원칙 위에서 다 함께 인정하는 ANT는 독자에게 전하는 매우 값진 선물이 되리라고 기대한다.

끝으로 이 책의 출간을 지원해준 뉴스통신진흥회와 편집·교정·인쇄·간행을 도맡아 완결해준 개미출판 최대순 사장과 편집진에게 깊은 감사의 뜻을 전하고 싶다.

2021년 입하의 날에
삼각산 동쪽 자락 우거에서 **김용범**

C O N T E N T S

제7장_ 인간-기술의 관계와 그 미래를 보는 관점

제1장

인쇄 혁명과 대상세계의 확대

1 _ 파피루스의 권력

문자는 끊임없이 진화해 왔다. BC3500년쯤에는 수메르인 Summerian(메소포타미아 지역의 남부 즉 지금의 이라크 남부 지역)에 의해 그리고 BC3000년쯤에는 중국인에 의해 원초적 형태의 상형문자가 발명된 이후 문자의 진화는 계속되어 왔다. 오늘날의 알파벳과 흡사한 표음表音문자는 BC1800년경 고대 페니키아인들이 처음 발명했다. 문자를 전달하는 미디어인 파피루스는 이집트인이 처음 발명하여 남부 유럽으로 전했다. 문자혁명은 BC800년경 정교한 표음문자를 만든 그리스에서 시작되었다. 그리스 문자와 파피루스의 결합—그 둘의 결합으로 비로소 문자혁명이 일어났다. 문자의 발명은 역사의 기록이 거기서 비롯되었다는 의미에서 뿐 아니라 인류 역사 자체의 발전에도 엄청난 변혁의 새 길을 개통했다. 그리스 문자와 파피루스의 결합은 미디어와 미디어(사람의 뜻을 전하는 매체와 문자를 적는 매체)의 결합을 통하여 문명의 발달사에서 괄목할 상승효과를 낳았다는 점에서 중시해야 한다.

인류가 초기에 발명한 문자는 당장은 효율적인 기록수단이 되지 못했다. 이는 초기 문자가 정교하게 표출된 의사를 전달하기에 충분한 매체 medium의 역할을 수행하지 못했음을 의미한다. 파피루스와 종이가 발명되기까지 인류가 죽편竹片(대나무쪽)이나 양피지羊皮紙 parchment에 새기거나 쓴 글자를 보라. 그것들은 남에게 자기의 뜻을 표시하기에 얼마나 부족하고 불편한 수단인가. 로마인이 양피지를 처음 만난 것은 BC100년경. 그러나 본격적으로 사용하기 시작한 것은 줄리어스 시저(102?~BC44)의 로마군이 BC48년 이집트로 달아난 폼페이우스(106~BC48)군을 추격하여 그를 죽인 뒤 이집트마저 정복한 때였다. 그 뒤에 파피루스는 로마인이 제국의 영역을 확대하는데 크게 기여한 미디어가 되었다.

지금까지의 미디어 발전사는 인간과 국가 권력과 연결되어 있음을 보여준다. 미디어는 바로 인간의 확대인 동시에 인간의 힘이었다. 맥루한의 말처럼 그것은 인간 역량의 확대였다.

미디어는 고립된 상태에서 진화하지 않는다. 인간의 머리와 손에 의해서 미디어가 일단 만들어지면 다음에는 미디어가 인간을 만든다. 거기에 다른 기술이 끼어들어 미디어의 발전은 인간—기술—미디어 3자 관계의 호혜성互惠性 reciprocity을 토대로 나선형으로 가속화하기 시작한다. 미디어나 기술이나 그 발전과정은 서로 비슷했다. 문자와 종이 같은 미디어가 서로 앞서거니 뒤서거니 하며 연속성을 보였듯 기술 또한 선발先發 기술과 후발後發 기술이 연속성連續性 continuity을 유지하면서 함께 전진했다. 후발 기술은 선발 기술을 개량하면서 더 나은 단계로 올라섰다. 이에 따라 인간의 삶과 사고방식도 변했다. 기술이 이용자를 위해서, 이용자에 의해서 만들어지면 다음에는 기술이 이용자를 만들어 갔다. 그러고 나서 기술은 사회를 잇따라 바꿔갔다.

인류의 정보혁명을 6단계로 나눠 고찰한 어빙 팡Irving Fang은 이렇게 말했다. "정보혁명은 새로운 커뮤니케이션 수단을 제공하는 미디어가 이미 변화를 겪고 있는 사회 안에서 더 확산되어야 할 때쯤 일어났다. 커뮤니케이션 기술은 그 자체만으로 끝나지 않는다. 미디어는 기존 질서를 뒤흔드는 것—그것이 무엇이든 간에—을 돕는 동시에 도움을 받는다. 변화를 추구하는 사람들은 그들의 의견을 뒷받침해주는데 이용할 수 있는 수단이 있으면 그것이 무엇이든 그것을 붙잡기 위해 손을 뻗친다."(Fang 1997 p. xvi).

팡이 말하는 정보(커뮤니케이션) 혁명은 커뮤니케이션 메시지를 생산하는 적어도 하나의 수단이 다른 메시지 전달수단과 결합하여 광범위한 수용자에게 보급될 때 일어났다. 예컨대 문자와 종이, 문자·종이와 인쇄술, 문자와 개인용 컴퓨터PC의 결합이 이뤄졌을 때 커뮤니케이션 혁명이 폭발했다. 이 경우 커뮤니케이션의 생산·전달수단과 사회구조 사이에는 항상 불가분의 상호연결 관계가 존재한다. 역사적으로 커뮤니케이션 메시지의 생산수단과 전달수단은 상호관계를 유지·반복하면서 서로에게 영향을 끼침으로써 더욱 높은 단계로의 진보를 계속했다.

이집트에서 파피루스가 발명되기까지 고대 인간은 수메르인처럼 진흙덩이에 글자를 새겨 넣거나 짐승 뼈, 돌 또는 대나무쪽에 글자를 새겨서 의사를 표시했다. 커뮤니케이션 미디어의 이동과 전진은 사회적 정치적 힘의 이동을 상징한다. BC2000년경 파라오Pharaoh들의 지배하에 있던 고대 이집트는 절대왕정 아래서 평등한 정치체제로 이행하는 과정을 겪었다. 이 무렵은 문자를 전달하는 운반체가 진흙과 돌에서 파피루스로 이동하는 시기와 일치한다. 문자가 파피루스와 만나게 되자, 탄탄한 조직을 갖춘 지배계급과 테베Thebe신神들을 경배하는 성전聖殿 승려들의 권력은 명령의 탈중앙화脫中央化로 기우는 경향을 보였다(Fang 1997 p.5). 테베교에서 배출된 이집트 하급관리들이 종전과는 달리 편안하게 서로 소통할 수 있는 길을 찾을 때까지 권력의 중심은 쉬지 않고 움직인 것이다. 한 연구자는 그 모습을 "돌에 대한 의존에서 파피루스에 대한 의존으로 바뀌고 그에 따라 정치적 종교적 제도들이 변하기 시작하자 이집트 문명은 엄청난 긴장에 빠졌다"라고 묘사했다(Innis 1972 p.19). 변화의 소용돌이를 헤매던 이집트는 새로운 공격 도구로 무장한 이종족異種族(로마는 아님)의 침공을 받아 재빨리 굴복하고 말았다.

파피루스에 글을 적는 작업은 이전의 딱딱하고 모양이 다듬어진 돌에다 글자를 새겨 넣는 필각筆刻 작업보다 훨씬 편하고 빨랐다. 사고는 경쾌하게 진행했으며 그에 따라 이전과 다른 혁신이 일어났다(Innis 1972 p.16). 새로운 미디어인 파피루스는 결국 이집트에 새로운 종교의 등장이라는 뜻밖의 변화를 가져왔다. 이와 더불어 인류는 비로소 역사기록의 여명을 맞았다.

시간과 공간에 관한 관념은 문명과 연관된 미디어의 의미를 반영한다. 시간을 강조하는 미디어는 양피지, 진흙, 돌처럼 지구력持久力이 강한 것들이다. …공간을 강조하는 미디어는 그 성격이 가볍고 지구력이 떨어진다. 파피루스와 종이가 거기에 속한다. 후자는 아주 넓은 범위의 행정과 무역에 적합하다. 로마의 이집트 정복(BC48)은 파피루스에 대한 접근로를 열었다. 파피루스는 행정적으로 대제국大帝國의 토대가 되었다(Innis 1972 p.7).

위 인용구를 풀이하면, 진흙을 사용한 문명은 수메르인처럼 지배 지역이 한정되고 종교와 도덕윤리에 관심을 더 가지며 따라서 변화가 별로 일어나지 않는다. 일어나더라도 더디다. 반면 로마처럼 파피루스를 사용한 문명은 광대한 제국을 건설하려는 의욕을 더욱 북돋게 되며, 법·행정·정치와 같은 가치의 변화에 대한 관심이 더 커진다.

파피루스를 장악한 그리스

나일강가에는 파피루스로 불리는 갈대가 무성했다. 강가에서 채집된 갈대는 이집트를 '타문명에 파피루스를 공급하는 제지소製紙所'로 만들었다. '이집트 제지소'의 존속기간은 추계 3000년. 실로 놀라운 긴 기간이었다. 그동안 무역항 알렉산드리아항을 출항하는 선박들은 다량의 파피루스를 아테네, 로마 그리고 수백 군데의 다른 도시로 실어 날랐다. 이 모든 것은 문해력文解力 literacy(또는 文字性)의 확산과 더불어 촉진되었다 (Fang 1997 p.5).

이집트의 파피루스 권력은 나중에 그리스로 넘어갔다. 그리스의 영향력이 프톨레마이오스Ptolemaeus 왕조(BC4~2세기)의 이집트를 지배하게 되자 무역항 알렉산드리아는 서적 출판을 주도하는 항구도시로 변했으며, 다른 지역으로 사상을 전파하는 주도적 역할을 수행했다. 파피루스와 표음문자 알파벳의 도움을 얻은 지식과 관념은 그리스의 헬레니즘 세계를 종횡으로 누비면서 풍요한 소득을 그리스에 안겨줬다. 드디어 지중해는 헬레니즘 세계로 통일되기에 이르렀다.

지중해 문명이 그리스의 지배하에 들어가는 동안 파피루스는 약점을 노정露呈하기 시작했다. 파피루스는 그리스-로마 문명의 위력을 발휘케 한 알파벳보다 지구력이 떨어지기 때문이었다. 권력자에게는 파피루스보다 더 효력을 발휘할 수 있는 매체가 필요했다.

그 무렵 이미 유럽 대륙의 동쪽 저 멀리에서는 표음문자인 알파벳과 전혀 다른 표의表意·상형象形 문자를 쓰는 황하黃河문명이 발달하고 있었다. 그리스보다 훨씬 일찍 발흥發興하여 파피루스보다 훨씬 값싸게 생산할 수 있는 종이는 고대 중국을 황하문명의 국가로 키웠다. 종이의 대량생산은 양피지·파피루스와 다른 모든 필기 수단(미디어)들을 일거에 역사의 강물 속으로 쓸어 넣고 말았다.

2_종이의 발명과 서진西進

영국 철학자 프란시스 베이컨Francis Bacon(1561~1626)은 세계를 바꾼 3

대 발명품으로 종이, 나침반 및 화약을 꼽았다(Fang 1997 p.35). 이 셋은 모두 중국인의 발명품이다. 그 중 우리는 종이에 대해서만 살피기로 하자.

종이의 발명은 중국에서 AD105년 환관宦官 채륜蔡倫(50?~121?)에 의해서였다고 한다. '~였다고 한다'는 말은 구미歐美와 다른 중국 밖의 세계에는 그때로 전해지지만 실제로 중국에서 종이가 발명된 것은 그보다 훨씬 앞선 BC50~40년대의 전한前漢시대였다는 뜻이다. 전한의 종이는 오늘날과 같은 필기용이 아니라 마지麻紙로서 주로 물건을 포장하는데 쓰였다. 이후 정교한 제지술이 발달함에 따라 채륜의 필기용 종이가 제조되기에 이른 것이다. 채륜은 후한後漢의 황실 상방령尙方令직을 맡고 있었다. 상방령은 황실용 칼과 무기를 제작·감독하거나 황실에서 필요로 하는 용품을 만들며 그 기술을 확보하는 부서의 책임자다.

종이의 발명 이후 종전에 죽편이나 나무판자 또는 매우 값비싼 명주에 의존하던 글쓰기 매체에는 혁신이 일어났다. 종이는 이전의 다른 필기용품들에 비해 생산공정이 그렇게 까다롭지 않았다. 또한 많은 돈도 들일 필요가 없을뿐더러 가볍기 때문에 원거리까지 중요한 기록을 운반할 수도 있었다. 거기에다 양피지만큼은 아니더라도 종이책은 높은 질을 확보함에 따라 보존기간을 더 늘릴 수 있었다. 종이의 획기적인 보급에 발맞춰 바야흐로 세계는 종이문화가 지배하는 시대로 바뀌어 가기 시작했다. 종이가 다른 필기용품에 비해 인기를 끌며 사회적 정치적 힘을 발휘하는 토대로서 작동한 데에는 당시의 문화가 종이를 요구할 만한 이유가 있었기 때문이다. 한 가지는 앞에 설명한 파피루스의 경우처럼 중앙집중화한 정치적·사회적 권력을 탈중심화decentralization하여 지식에 접근하기 힘든 계급의 사람들에게도 기회를 넓혀주었기 때문이다.

앞에서 인용한 *A History of Mass Communication*의 저자 어빙 팡은 "갑자기 종이 없는 세상을 상상하는 것은 중세 암흑기로 곤두박질치는 것"이라고 말했다. 그만큼 현대 문명의 발전에 크게 기여한 것이 종이라는 뜻이다. 컴퓨터의 발명과 보급으로 디지털 네트워크가 온 지구를 휘감은 네트워크 연결사회the connected and networked society에 우리가 살고 있다고 해서 가장 흔하디 흔하며 이 소박한 일용품을 컴퓨터 네트워크에 연결된 스마트폰에 훨씬 못 미치는 것쯤으로 평가절하할 일은 아니다. 종이는 정보혁명의 시대에도 여전히 우리에게 없어서는 안 되는 필수불가결한 일상적 부분이다.

종이, 발명 후 500년 간 중국서만 이용

종이는 중국에서 발명된 후 500년 동안 중국 안에서만 제조되고 사용되었다. 종이의 제조 비법과 인쇄 잉크 제조법은 불교승佛敎僧들에 의해서 고구려 · 백제로 그 다음에는 백제인에 의해 일본으로 전파되었다. 고구려의 뒤를 이은 고려는 중국의 제지술과 한역漢譯 불경 · 논서佛經論書들을 이어받아 종이 제조를 특이한 방식으로 발전시켰으며 세계에서 맨 먼저 활판인쇄기로 불서佛書들을 인쇄했다. 하지만 조선에서는 유감스럽게도 종이와 활판活版인쇄술이 정보혁명으로 이어지지가 않았다.

제지술은 오랜 세월에 걸쳐 서진西進을 계속했다. 중앙아시아-중국 간 교역에는 사마르칸드Samarkand(우즈베키스탄 동부)가 그 중심지 역할을 했다. 동서문명의 교차지인 이 고대 도시는 역사기록상 종이와 그 제지술이 처음 생생한 모습을 드러낸 곳이다. AD751년(앞으로 특별한 경우를 제외하고는 AD를 생략함) 아랍인들이 사마르칸드를 장악했을 때 그들은 포로들 사이에서 너댓 명의 중국인 종이 기술자들을 발견했다. 일설에 따르면 그들은 순순히 자발적으로 아랍족에 제지비법製紙秘法을 넘겨주었다고 하며, 다른 설에 따르면 기술자들은 고문 끝에 할 수 없이 자백했다고 한다. 어쨌든 정복자 아랍인들은 이들 포로한테서 제지술을 전수傳授받아 큰 종이공장을 거기에 건설했다. 그 결과, 고대 동서교역로인 실크로드의 주요 도시인 사마르칸드는 종이문화를 중동의 도시들로 전파한 역사적 기록을 남기게 되었다.

사마르칸드의 종이는 오랫동안 긴 서진을 계속했다. 낙타 등에 잔뜩 실린 종이 더미들은 실크로드의 대상隊商들을 따라서 이라크의 바그다드와 시리아의 다마스카스에 당도했다. 두 도시는 종이를 4~5세기 동안 유럽으로 공급하는 중개요충지 역할을 했다. 부분적으로는 그 덕택에 이슬람 문화는 최절정에 다다랐다. 학문에 대한 이슬람교의 유별난 애착은 낯선 제지술의 덕택으로 더욱 빛을 냈다. 다른 한편에서는 이집트에서도 종이가 파피루스를 대체했다. 9세기의 한 감사서한은 다음 말로써 끝을 맺었다. "파피루스를 용서하라!" 작자作者는 저 새롭고 분명히 더 멋진 종이를 사용하지 않게 된 데 대해 사과를 하는 듯하다(Carter, 1955 p.136. Fang 1997 p.22서 재인용).

제지술이 유럽에 들어간 것은 12세기 이슬람교를 믿는 무어인the Moors이 스페인에 이 기술을 도입하면서부터다. 그들은 동력 원인 수차水車를 개량함으로써 기계 시대를 여는 듯이 보였으나 더 이상 문명의 진전을 보이지는 않았다. 최초의 제지공장이 유럽의 기독교국에 들어간 것은 12세기 프랑스였다. 십자군 병사로서 전쟁에 참여했다가 다마스카스에서 포로로 잡힌 장 몽골피에르Jean Montgolfier는 제지공장에서 일한 덕택에 제지기술을 습득했으며 이 기술을 조국에 전파한 것이다. 종이공장은 이탈리아와 네덜란드에도 창설되었다. 13세기 말 무렵에 이르자 종이장사는 확장되기 시작했다. 아라비아숫자와 종이는 상인들의 계약 · 보험 · 선하船荷증권 · 환거래에 유용하게 쓰였기 때문에 그들의 애호를 샀다(Fang 1997 p.22). 그럼에도 종이는 15세기 중엽 인쇄술이 발명되기까지 유럽에서 더 이상 널리 사용되지 않았다. 무엇보다도 문자성文字性 literacy(또는 문해력文解力 이에 대해서는 제4장 제6절 참조)이 전반적으로 낮았기 때문이다. 종이가 인쇄 장사를 잘 되는 산업으로 만들었다면 종이를 대부분의 유럽인들에게 소개한 것은 인쇄술이었다.

3_ 인쇄형 인간의 출현

구텐베르크 활판인쇄기의 발명은 신기한 기계의 탄생 이상의 의미를 지닌다. 동방에서 오랜 세월을 흘러흘러 서진해 온 종이와의 만남—미디어와 미디어와의 놀라운 만남을 통해 인쇄기는 놀랍게도 아주 새로운 활력을 얻었다. 그 만남은 새로운 문명의 출현을 알리는 16세기 중엽의 거대한 문화사변文化事變이었다. 그것은 육필肉筆 글쓰기의 단계를 훌쩍 뛰어넘은, 기계에 의한 서적의 대량생산·시간과 공간을 초월한 정보의 광범위한 전달을 가능하게 하는 정치적 사회적 문화적 변혁을 초래했다. 변혁이 일어난 유럽 사회는 동시에 새로운 인간형인 '인쇄형 인간'을 탄생시켰다. '인쇄형 인간'은 산업사회로 진행하는 계몽시대에 새로운 자아—정보를 몸에 축적하는 자아an informed self, 새로운 삶의 공간을 욕망하는 자아(신대륙을 발견한 콜럼부스처럼)의 출현을 알리는 신호이었다.

독일인 요한 구텐베르크(Johann Gutenberg,1397~1468)가 발명한 활판인쇄기*(1455년, Stanly J. Baran은 1456년 주장)는 성경 42줄을 인쇄한 데서 출발했으나 세계를 보는 인간의 눈과 의식과 사고에 엄청난 변화를 초래했다. 인쇄기는 종이신문paper newspaper의 탄생을 거쳐 서적의 대량인쇄·배포와 더불어 도서관 같은 지식의 광대한 저장소를 낳았다. 사람들은 책을 통해 낯선 나라의 관습과 문화를 익혔으며 세계에 대한 인식을 넓혔다. 이로써 사람이 사는 세계의 공간 자체가 놀랄 만큼 확대되었다.

구텐베르크는 인쇄문화가 만드는 세계를 마셜 맥루한Marshall H.

---

*고려의 주자본鑄字本=동銅활자인쇄본이 구텐베르크보다 앞선 13세기 초반인 1234~1241년경에 출현한 것은 확실하다. 그러나 동활자로 인쇄된 고려의 책은 그 이름만이 문헌기록에 남았을 뿐 아쉽게도 실물이 현존하지 않는다. 다행히도 프랑스 국립도서관에 보관되어 있는 『佛祖直指心體要節 卷下』(불조직지심체요절 권하: 일명 直指心經직지심경)가 발견되어 그 책이 1377년 7월에 주자로 인쇄된 세계 유일의 실물본인 것으로 판명되었다. 이 사실은 세계가 인정하고 있으며 미국 대학교의 커뮤니케이션 미디어 교과서들에도 수록되어 있다.

McLuhan(1911~1980)은 '구텐베르크 은하계'라고 불렀다(The Gutenberg Galaxy 1962). 지구가 속한 태양계를 포함한 갤럭시가 the Milky Way(은하수)라 불리는 것과 대비對比하여 그렇게 지칭한 것이다. 가스 먼지와 수십억 개의 별들이 모인, 우주의 거대한 공간이 갤럭시라 불리듯 서적들을 포함한 다양한 인쇄물들이 집적된 세계를 그는 〈구텐베르크 은하계〉라고 지칭한 것이다. 그 이름에는 태양계와 다른 은하계가 우주에 존재하는 것만큼의 위대한 존재란 뜻을 함의含意하고 있다. 광범다대廣範多大한 인쇄물들이 모인 세계는 이전에는 상상도 할 수 없었던 새로운 정보 공간을 인간에게 열어줌과 동시에 시간의 제약을 초월하여 지적 저장소를 언제든지 방문할 수 있는 기회를 제공해줬다.

그렇다면 지구 전체를 휘감아 도는 디지털 미디어들의 광대한 네트워크는 〈디지털 은하계the Digital Gallaxy〉라 부를 수 있잖겠는가. 유감스럽게도 맥루한 시절은 아직 진공관을 중심으로 한 전기 문명의 전성기였기 때문에 디지털이란 말은 사람들에게 전혀 익숙하지 않았다. 진공관 시대에 발견한 〈구텐베르크 은하계〉에서 맥루한은 '인쇄형 인간' ―달리 말하면 '인쇄형 자아'가 그 이전 시대 사람들과는 아주 다음 의식과 지각을 지녔음을 통찰하고는 그에 대한 연구 성과를 남겼다. 그의 통찰은 나중에 도래하는 디지털 네트워크 시대의 인간을 고찰하는데 매우 유익한 시사점을 던져주고 있다.

'구텐베르크 은하계'에서 맥루한이 도출해낸 '인쇄형 인간'은 어떤 인간일까? 현재 시점에서 돌이켜 보면, 맥루한의 미디어 고찰에는 비판받을 만한 부분이 들어 있다. 그럼에도 종전의 구舊미디어와 다른 신新미디어의 출현으로 말미암아 인간의 삶과 사고방식에 커다란 변화가 일어났다고 보는 견해만은 거부할 수 없는 사실로 판명되었다. 새로 일어난 변화는 '미디어는 메시지이다' '미디어는 인간의 연장이다'라는 맥루한의 명제들로 요약된다.

근대 의식의 열쇠

영문학 전공에서 미디어 이론가로 전환한 맥루한은 미디어 연구의 불모지나 다름없었던 1960년대 초·중엽에 『구텐베르크 갤럭시*The Gutenberg Galaxy*』(1962), 『미디어의 이해*Understanding Media*』(1964), 『미디어는 마사지다*The Media Is the Message*』(1967)라는 미디어 연구의 초석이 되는 일련의 명저들을 저술했다. 동시에 맥루한은 오늘날에도 그 유효성과 의미가 충분히 통용되는 명구들을 쏟아냈다. '지구촌a global village', '미디어는 인간의 연장the extensions of man', '미디어는 마사지다' 등. 무엇보다도, 구텐베르크의 인쇄술 발명이 **'근대 의식의 열쇠**modern consciousness' 라고 지적한 그의 액시엄axiom은 미디어(기술)가 초래하는 사회적 문화적 변화의 폭과 너비가 어느 정도인지를 가늠하게 한다.

'근대적 의식의 열쇠'가 산업사회의 문을 활짝 열어젖혀 그 실체를 적나라하게 보여주는, 버릴 수 없는 격언의 진가는 『구텐베르크 은하계』에 이어 이태 뒤에 나온 맥루한의 다른 책 *Understanding Media*가 출간된 뒤에야 드러나기 시작했다.

나중에 상세히 기술하듯이, 인쇄술의 발명 이후 5백여 년 동안 유럽에는 소수 성직자와 귀족층만이 독점했던 정보와 지식이 사회 저변의 각층으로 폭넓게 확산되어 나갔다. 종이는 한정된 생산과 휴대의 편의로 말미암아 육필이 가능한 소수 귀족층과 성직자들의 정보 독점을 가능하게 했으며 이에 따라 권력 유지를 돕는 역할을 수행했다. 인쇄술 발명 이후 가장 두드러진 사회적·문화적 변화는 '구텐베르크 인간'이 유럽사회의 르네상스를 완성했고, 종교개혁(16세기)을 일으켰으며, 인간중심주의humanism와 중상주의mercantilism를 발전시켰다는 점이다. 이로써 '근대적 의식의 열쇠'는 중세의 어둠을 뚫고 근대의 여명을 밝히고는 근대의 대낮을 활짝 열어젖혔다.

4 _ 인쇄문화의 600년 지배

구텐베르크의 활판인쇄기 자체는 고작 성경 210권(그중 30본은 羊皮紙本
양피지본)을 프린트하는 극히 한정된 범위에 머물렀지만 이후 그것이 근
대문화에 미친 영향은 실로 막대莫大했다. 인쇄기술은 인간과 문화와 문
명 그 자체를 사실상 거의 통째로 변혁시켰다. 이를 학자들은 사회적 형
태social morphology의 획기적 변혁이라고 일컫는다. 쉬운 비유를 들자면,
디지털 네트워크 사회를 맞아 '대면적對面的' 관계의 대면을 가리키는 영
어 face-to-face가 f2f로, 한국어 '선생님'이 샘 또는 쌤으로 그리고 '아
뭏든'이 암튼으로 '영끌하는'(영혼까지 끌어모으는) 세상으로 언어 형태의
변화를 일으키듯 사회의 모습도 신기술의 출현으로 아주 싹 달라졌음을
의미하는 말이 사회적 형태의 변혁이다.

'구텐베르크 인간'의 특징을 아는 첩경捷徑은 문자 시대 이전의 채취 ·
농업 시대의 입말문화oral culture에 익숙한 인간과 비교하는데 있다(디지
털 네트워크 환경에서 나타나는 구술성과 구술문화의 특성에 관해서는 제4장 제6절 (2)
를 참고할 것). 농경사회나 부족집단에서 음성언어(말)에 의존하여 소통하
던 인간은 다섯 가지 감각기관(五官 또는 五感)을 총동원하여 사물을 이해
했다. 농경민들의 커뮤니케이션은 소리, 손짓 · 발짓 등 몸짓과 그림(모습
과 이미지) 등을 동시에 사용했을 터이므로 그들의 커뮤니케이션은 눈 귀
코 혀 몸(眼耳鼻舌身안이비설신)의 오관을 모두 동원했다. 오관을 총동원했
다는 의미에서 그들이 대상세계를 인식하는 방식은 총체적이며 종합적
이었다. 그러나 책을 통해 세상을 읽는 사람에게서는 주로 시각視覺이,
라디오를 듣는 사람에게서는 주로 청각聽覺이 현저하게 발달한다. 인쇄
술의 등장은 종이와 새로운 미디어 형태를 서로 결합시킴으로써 새로운
인쇄문화의 발전을 알리는 결정적인 신호탄이었다.

종이와 인쇄술의 결합이 어떤 미디어를 창출했으며 어떤 사회적 정치

적 효과를 구체적으로 초래했을까? 이를 알려면 이니스–맥루한의 미디어 이론에 의존하는 방도가 있다. 그들은 서로 짝을 이뤄 1950~1960년대에 캐나다학파 미디어 이론을 이끌었던 해롤드 이니스Harold Innis(1894~1952)와 마셜 맥루한(1911~1980)을 가리킨다. 그들의 이론은 기술결정론에 치우쳤다는 비판을 받고 있지만 미디어 발전사의 한 시기를 분석하는 데는 나름대로 유용한 방도가 될 수 있다고 보기에 나는 이니스–맥루한의 '인쇄형 인간'에 대한 분석을 소개하고자 한다.

그들 이론의 핵심은 커뮤니케이션의 지배적 형태the dominant form와 사회의 조직체 사이에는 인과적 연결이 있다는 것으로 요약된다. 이니스는 *Empire and Conmmunication*(Oxford Univ. Press 1950)와 *The Bias of Communication*(Toronto Univ. Press 1951)의 두 저서에서 미디어의 편향 이론을 전개했는데 이에 따르면 미디어는 진흙·돌과 같은 '시간편향성 미디어time-biased media'와 종이와 같은 '공간편향성 미디어space-biased media'로 구분된다. 앞의 것은 쉽게 운반될 수는 없으나 지구적持久的이어서 오랜 세월에 걸친 전통의 재생산을 통해 사회 현상과 권력의 안정화를 달성할 수 있다. 반면에 뒤의 것은 덜 지구적이지만 운반하기에 편리하기 때문에 넓은 영토를 지배하는 행정적·정치적 권한을 확대하는데 유리하다. 이니스의 영향을 받은 맥루한은 새로운 미디어 기술의 발전은 인간의 인식에 기본적으로 영향을 미친다고 주창했다(McLuhan 1964). 따라서 인쇄술의 도입으로 태어난 '구텐베르크 인간'은 농경시대 사람들이 청각을 잘 움직여서 구술문화를 발전시킨 것처럼 지배적인 시각문화를 발전시켰으므로 선형적linear, 균일적uniform 및 무한히 반복적uninfinitely repeatable인 방식으로 제시되는 정보를 다루는데 능숙해졌다. 이에 따라 사고방식도 표준화하고 분석적으로 되었다는 것이 맥루한의 결론이었다. 맥루한의 인쇄문화—이니스의 경우에는 공간편향성 문화—는 나중에 라디오 TV 등이 주도하는 전자미디어의 거센 도전을 받게 되는데 여기서 우리가 주목해야 하는 점은 그의 시각적 인쇄문화론이 근대 사회에서 싹튼 개인주의로 이어진다는 것이다. 책과 같은 인쇄물을 읽는 독서자에게서 발견할 수 있듯이 혼자서 말없이 잠자코 책을 보는 사람은, 남과 어울려 노래하고 놀이하는 청각적 어울림보다는 상대적으로 개인주의적 성향을 더 강하게 표출하는 경향이 강하다. 이 말을 뒤집으면 근대의 합리주의와 개인주의의 싹은 인쇄문화의 발달로 말미암은 시각 위주의 사고방식에서 자랐다는 결론에 도달한다. **'미디어는 인간의 연장'**이라는 맥루한의 맥심maxim은 지금까지 설명한 미디어 기술과 인간의 인식작용 간의 상관성에서 그 타당성을 찾아야 한다.

'미디어는 메시지'라는 맥루한의 선언은 어떻게 해석해야 할까? '미디어는 메시지'라는 말은 그가 쿠엔틴 피오레Quentine Fiore와 함께 펴낸 *The Medium is The Massage*(Penguin Books 1967)의 '마사지'와 더불어 설명해야 바람직하다. '1960년대의 고전' 또는 '1960년대의 미디어 예언'(뉴욕 타임즈)이라는 평판을 듣는 이 저서의 이름은 미디어와 인간의 사실상 동일화同一化—일체화—體化, 인간에 대한 미디어 자체의 직접적인 정보전달 역할을 일러주고 있다. 달리 말하면 새로운 형태의 미디어는 그 자체가 메시지를 이용자에게 전함으로써 마치 우리 몸을 '마사지'하듯 우리 자신들과 사회에 대한 우리의 경험을 변혁transform(變形)시키는 일을 한다는 뜻이다. 즉 미디어가 인간에게 미치는 영향은 특수한 메시지로 전달되는 내용 자체보다도 궁극적으로는 더 중요하다는 것이다.
이상의 고찰에서 알 수 있듯이 맥루한의 미디어론은 인쇄문화가 인간의 사고방식에 큰 영향을 미쳤음을 간파看破했다는 점에서는 높은 평가를 받을 만하지만 기술결정론에 치우친 그의 미디어 이론이 입말(口述) 우세가 역연해지는 디지털 네트워크 생태계에도 그대로 적용된다고 보기에는 무리라는 비판이 제기되고 있다.

나중에 제4장 제6절에서 소개하듯 '구텐베르크 인간'의 출현은 입말口述 orality에 주로 의존하던 구텐베르크 이전 시대의 커뮤니케이션 방식을 문자文字의존으로 바꿔놓음으로써 디지털 사회의 도래까지 약 600년 간 인간의 사고와 행동을 지배했다. 그처럼 인쇄문화가 우세했던 이른바 '구텐베르크 삽입(기)Gutenberg Parenthesis'은 21세기의 여명과 더불어 다시 찾아온 제2의 구술성 또는 '디지털 구술성digital orality' 시대에 의해 대체되고 있다는 견해가 제기되고 있다(Hartley 2002 pp.207~208).

5_ 인쇄문화의 충격: 지식과 공간의 확장

인쇄문화가 동일한 내용을 담은 책을 다량으로 인쇄 배포함으로써 인간의 사고를 균일화 반복화하는 결과를 초래했음은 이미 앞에서 지적했다. 사고의 균일화는 언어 사용의 규칙인 문법의 체계를 사회성원들로 하여금 준수하게 함으로써 가능해졌다. 이것은 하나의 통치자 아래서 사는 사람들을 동일한 문법체계 아래서 하나의 언어를 사용하도록 통일하는 효과를 가져왔다. 말하자면, 언어에 의한 뭇백성(衆民중민)의 통일이 가능해졌다는 뜻이다. 그 결과 동일한 언어로 인쇄된 서적들의 발간과 보급은 민족주의의 육성과 부상, 이원론적 사고와 합리주의의 우위와 지배, 과학적 연구의 편의화, 문화의 균질성과 표준화를 초래했다고 맥루한은 주창했다. 물론 여기에는 사회의 균질화 현상에 수반하는 개인의 소외疎外 문제가 대두되긴 했지만 어쨌든 인쇄문화가 활자로 적힌 텍스트를 정확하고 신속하게 재생산할 수 있는 능력을 지닌 것은 분명하다. 인쇄문화의 이런 특성으로 말미암아 활자는 원근법적 시야로 창작된 예술을 출현시켰으며 일점투시법一點透視法(one viewpoint perspective)의 상황에서 이미 나타난 대상과의 동질성과 반복성 쪽으로 인간을 밀고 가는 추동력推動力을 확대시켰다.

요컨대 "(활자문화가 육성한) 시각視覺 우위의 관점에서 보면 세계는 통일되고 동질화된 공간의 세계다. 그런 세계는 입말(口述言語 oral language)의 엄청난 다양성에는 어울리지 않는다. 그래서 언어는 구텐베르크 인쇄기술의 시각논리를 받아들인 최후의 기법인 동시에 전기시대를 맞아 다시 큰 반향을 일으킨 첫 번째 주자가 되었다."(McLuhan 1962 p.135).

또한 활판인쇄는 정보혁명을 가져왔으며 그 결과는 문화의 기초를 새로 형성하는 환경 변화로서 나타났다. 입말문화에서 발전한 〈육필문화 hand-writing culture〉의 기초는 인쇄기술에 의해 허물어졌다. 인쇄 미디어의 등장은 인간들 사이의 소통 방식에 혁신을 일으켰을 뿐만 아니라 인간의 몸 자체에도 상응하는 변화를 가져왔다. 마침내 구텐베르크의 활판인쇄기 발명으로 촉발된 인쇄문화의 혁명은 인간에게서 패러다임 전환 paradigm shift을 일으켰다.

인쇄형 패러다임의 등장

어떤 패러다임의 전환이 일어났을까?

①중간계급의 성장, 성직자와 귀족층의 정보 독점 붕괴: 손으로 쓰인 서적(筆耕本)의 생산은 대단히 값이 비쌌으며 책을 읽으려면 시간과 금전 면에서 많은 교육비가 들었다. 따라서 상층계급인 독서계급이 되는 것은 신분의 장벽을 뛰어넘는 삶의 혜택인 동시에 값비싼 사치를 누릴 수 있는 영광이었다. 주로 승려계급이 독점하다시피 했던 독서는 인쇄술의 발전과 서적의 광범위한 보급에 따라 훨씬 더 폭넓은 인구층으로 확대되었으며 그에 따라 성직자와 귀족층의 정보 독점도 붕괴했다. 문자해득의 필요성은 상류지배계급에서 중·하층 계급으로까지 전파되었으며 특히 중간계급의 성장을 촉진시켰다.

②**중민衆民의 문해력 상승**: 유럽에서는 라틴어가 지배하던 사회가 일상생활어(지방어)를 폭넓게 사용하는 사회로 바뀌었으며 지방어로 인쇄된 책과 글이 널리 보급되었다. 아울러 문화의 다양성이 나타나기 시작했다. 일상어로 된 글을 읽는다는 것은 더 이상 상류계급과 지식계급만의 독점적 향유享有(어떤 즐거움을 누려서 가짐)가 아니었으며 일상생활을 영위하기 위한 뭇백성(衆民)의 필요조건이 되었다. 이에 따라 중민의 문자해득률이 급속하게 높아졌다. 이에 따라 **보통사람들의 발언권이 확대되었다.** 부와 권력은 더 이상 출생에 의해 좌우되는 대상이 아니었다. 그것들은 근면에 의해 획득할 수 있는 세상을 맞게 되었다.

③**새로운 사상의 보급 전파**: 문자해득층이 늘어나자 새로운 사상—주로 자유주의 사상—이 싹터서 번져갔으며 지배계급에 의해 위험하다고 간주되는 사상의 전파현상도 서유럽 사회에서 일어났다. 다양한 원천源泉에서 나온 많은 정보들이 인쇄물로 발행되어 사람들은 원하는 때에 원하는 것을 자유롭게 읽을 수 있게 되었다.

④**지배층의 문화 통제력 상실**: 여러 가지 사상을 담은 갖가지 정보가 유통됨에 따라 지배층인 왕실과 교회는 더 이상 커뮤니케이션을 통제할 힘을 점차 잃게 되었고 그것은 동시에 문화 자체에 대한 통제력도 점차 상실하게 했다. 비로소 근대적 인간은 그들이 사는 세계를 새로운 안목과 시야에서 조명하여 이해하게 되었다.

⑤**현실인식의 표준화와 신학체계의 붕괴**: 인쇄된 정보의 복제는 현실인식의 표준화와 인식된 내용의 보존을 가능케 했다. 뭇백성의 의식영역을 지배하던 신화와 미신은 표준화되고 입증 가능한 지식체계에 의해 밀려나게 되었다. 교회가 지배하던 신학의 체계도 흔들리기 시작했다. 역사, 경제학, 물리학, 화학 등 모든 근대적 학문들이 근대문화의 지적 생활을 영위하는 일부분이 되었다. 바야흐로 문자문화가 근대화의 고속도로를 달리기 시작했다.

⑥인쇄물의 대량생산에 의한 자본주의 발전의 촉진: 기술 발전의 산물인 인쇄기로 생산된 출판물은 무엇보다도 인류 역사상 최초의 대량생산 제품이 되어 자본주의의 발전을 더욱 촉진시켰다. 인쇄매체의 이용은 또한 거대한 중간층의 형성과 성장을 부채질하는데 크게 기여했다. 사회는 이제 더 이상 지배자와 피지배가로 차별적으로 구분되는 대립하는 양대 계급사회의 성격을 점차로 흐리게 되었다.

이상은 인쇄문화가 초래한 긍정적이다 싶은 효과들을 추렸지만, 반대의 측면에서 보면 부정적인 결과들도 발견된다. 문자문화의 우월성은 무엇보다도 교과서 기반의 학교교육 우선주의와 사람의 자격을 시험에 의해 판가름하여 부여하는 자격우선주의를 낳았다. 그 결과 학력사회가 조성되어 고등교육을 기준으로 삼은 학력 차별과 자격만능주의를 가져왔다. 디지털 구술문화가 우세해지면 문자성 우세의 이런 폐단들이 시정될 수 있는지 여부는 좀 더 면밀한 분석이 요구된다.

6 _ 신대륙의 발견과 '제국帝國 언어'의 탄생

구텐베르크의 인쇄술 발명(1455)과 콜럼버스의 신대륙 발견(1492)을 서로 연결시켜서 고찰하는 일은 두 사태가 직·간접적으로 언어와 연관되어 있을 뿐만 아니라 삶의 새로운 공간을 확대시켰다는 공통점—서적 등 인쇄물 보급의 확장과 신대륙의 발견과—을 지녔기 때문에 필요하다고 본다. 이 점은 세계사世界史를 보는 구미歐美 역사학자들의 관점이 1500년을 기점基点으로 그 이후를 근대세계사로 서술하는 입장과도 무관하지 않다.

콜럼부스의 신대륙 발견이 있기까지 스페인에서는 의미 있는 정치적 사건들이 벌어졌다. 이에 대해 아는 일은 언어가 〈제국帝國 언어〉라는 화려한 의상을 입고서 권력의 칼을 휘두르며 역사에 군림한 과정을 이해하는 길과도 통한다.

제국帝國 언어의 탄생

①**종교적 기반의 정비, 이슬람세력의 배척=레콘키스터 운동**: 1469년 카스틸리야 왕국(현재의 마드리드를 둘러싼 지역)의 이사벨1세 여왕과 아라곤 왕국의 페르디난드 5세 왕이 결혼함으로써 두 왕국은 합병했다. 이 합병은 동시에 스페인 왕국이 비로소 통일된 국민국가로서 탄생한 계기였다. 이사벨 여왕+페르디난드 왕은 1492년 이슬람 세력의 이베리아반도 최후의 거점인 그라나다에 입성함으로써 8세기에 걸친 동서 항쟁—가톨릭 세력 대 이슬람 세력의 대립—은 중요한 전환점을 맞았다. 이 시기는 콜럼부스의 서인도제도 발견과 일치된다는 점에 주목해야 한다. 그라나다 입성은 또한 11세기에 스페인에서 시작된 〈국토회복운동(레콘키스터)〉=〈재정복 운동〉이 사실상 완결되었음을 의미한다. 이로써 무슬림(모슬렘: 회교도)은 스페인에서 세력의 기반을 잃었으나 거기서 완전히 쫓겨나지는 않았다. 무슬림은 스페인에서의 신앙의 자유, 무슬림의 관습과 법·질서 및 계속 잔류를 허용받음으로써 가톨릭교와의 공존이 가능해졌다. 레콘키스터 운동의 완성은 스페인에서의 식민지 획득을 위한 종교적 기반의 정비를 의미한다. 콜럼부스는 이를 계기로 1492년 이사벨 여왕으로부터 인도로 가는 '대서양횡단' 항로 개척을 위한 지원을 받는데 성공했다.

②**종교적 기반의 마지막 정비, 유태인 추방**: 이후 스페인 왕국은 통일된 국가의 역량을 키우기 위해 이교도 배척·포섭 방침을 적극 실천에 옮겼다. 그 결과 1480년대에 이르면 4층 구조의 엄격한 종교적 차별

체제가 확립되었다.

종교적 차별체제에 기초한 이사벨 여왕＋페르디난드 왕의 지배체제는 1492년 3월 31일 유태인 추방령을 포고하기에 이르렀다. 이에 따라 모든 유태인은 세례를 받아 기독교도로 개종하지 않으면 7월 31일까지 국외로 퇴거해야만 했다. 그 결과 20만에 가까운 유태인들이 이베리아반도를 떠나 포르투갈, 이탈리아, 그리스, 터키, 북아프리카, 네덜란드 등으로 이주했다. 이들이 바로 스페인 디아스포라Diaspora였다.

대규모 유태인 추방은 콜럼버스와 이사벨 여왕 사이에 대서양 서진항해西進航海에 관한 이른바 '산타 페Santa Fe협약'이 체결되기 18일 전에 일어났다. 이윽고 8월 3일에는 몇 사람의 마지막 유태인이 스페인을 떠났다. 바로 이날 콜럼버스는 마지막 디아스포라를 배웅하며 마침내 이사벨 여왕의 식민지 획득 야심을 실현시키는 '인도로 가는 항해'에 나섰다. 식민지주의의 여명은 구대륙 유럽의 오랜 이인숙적異人宿敵의 대규모 추방이라는 폭력 행위의 완결과 신대륙 아메리카의 이인종인 인디안(인디오)에 대한 대대적 말살의 예고와 더불어 밝기 시작했다. 신대륙 발견은 완결된 하나의 폭력과 예고되는 또 하나의 폭력이 교차하는 역사적 순간에 성사된, 구대륙에서의 식민지주의 출발이었다.

③ '제국帝國 언어'의 탄생: 콜럼부스가 스페인 식민지주의의 새벽을 알리는 첫 항해의 돛을 올린 지 보름 뒤인 1492년 8월 18일 스페인에서는 '제국 언어'의 탄생을 알리는 한 권의 책이 출간되었다. 이 책은 유럽 최초의 문법서로서 엘리오 안토니오 데 네브리하의 『카스틸리아어語 문법』이다. 저자 네브리하가 이사벨 1세 여왕에게 헌정한 서문에는 '언어는 제국의 반려'이며 '영원한 동지'라는 충성 선언이 들어 있었다. 네브리하는 이렇게 말했다.

위엄이 넘치는 여왕 폐하. 문장으로 보존되어 온 과거의 유산을 곰곰이 되돌아볼 때 신臣은 언제나 다음의 결론에 도달할 수밖에 없습니다. 언어는 언제나 제국의 반려이며 또한 영원한 동지로서의 역할을 수행해 왔습니다. 제국은 나랏말과 함께 탄생했으며 함께 성장하여 번영하며, 그래서 함께 쇠퇴합니다(本橋哲也 2005 p.10).

네브리하가 말한 언어란 일상적으로 사용되는, 이사벨 여왕이 통치하는 카스틸리야 지방(통일 스페인의 주축이 된 지역)의 구술언어(입말)를 가리킨다. 그가 그보다 10년 전에 출판한 『라틴어 문법서』(1482)가 문자언어(글자말)였던 점을 감안하면 그가 일상적인 지방어인 카스틸리야어를 '제국의 언어'라고 자랑스럽게 지칭하며 여왕에게 바친 것은 식민지주의를 성취할 수 있는 제국의 성립·유지 조건이 위압적인 무력과 원거리 뱃길의 안전을 보장하는 항해술로써만 충족되지 않음을 일러준다. 제국은 제국의 언어를 가져야 한다. 제국은 그것을 가짐으로써 비로소 식민지주의를 성공시킬 수 있다 라는 뜻이 거기에 함축되어 있다. 언어는 제국과 식민지를 연결하는 효과적인 통로—즉 효과적인 커뮤니케이션 미디어가 되는 동시에 식민자植民者와 피식민자彼植民者를 통일하는 수단이 된다. 제국의 언어는 다른 속어들(지방어들)보다 우월한 지위를 획득함으로써 표준어가 되며 국가언어, 국민언어로서의 자리를 확고하게 차지한다. 식민지 정복과 지배는 국가언어, 국민언어가 있음으로 말미암아 더욱 효율적으로 수행된다. 그런 의미에서 카스틸리야어 문법서의 출현은 한 지방어(俗語)의 표준어화란 차원을 뛰어넘어 정치적·사회적·문화적·경제적으로 광범위한 효과를 구가謳歌한 찬양가의 결정체이다. 이에 관해서는 신대륙 발견 이후 스페인이 어떻게 라틴아메리카 식민지에 대한 정복을 실현했으며 그것은 어떻게 해서 가능하게 되었는가를 살펴보면 알게 된다. 이에 관해서는 혼바시本橋의 책을 읽으면 도움이 될 것이다.

식민지가 '발견'되면 먼저 제국의 언어로 된 이름이 붙여지며 동시에

〈영유領有선언〉이 행해진다. 〈영유선언〉은 기독교의 십자가를, 새로 발견된 땅에 세우고 성경구절을 낭독하는 등의 종교적 의식을 행한다든가, 대포를 쏘아 기술의 위력을 과시한다든가 하는 형식을 취하지만 무엇보다도 가장 중요한 것은 자기네 제국 언어로 쓰인 〈영유선언〉을 널리 증언하여 그것을 문서로 써서 남겨놓는 일이 필수적이다. 언어는 그처럼 중대한 과업과 사명을 수행하는 권한과 힘을 구비하고 있다. 이렇게 해서 식민지 사람들은 제국 언어로 쓰인 선언과 법률의 적용을 받는다. 식민지 사람들에 대한 모든 명령은 제국의 언어로 시행된다.

참고 ☞ ①신대륙 발견, 조선왕조와의 역사적 비교

우리나라에서는 콜럼버스의 신대륙 발견 50여 년 전인 1443년에 한글이 제정 반포되어 일반백성들 사이에 서서히 보급되어 갔다. 한글은 피지배층에 대한 교화 및 지배를 위해 존재했었던 만큼 지배층에 속하는 양반 등 식자층의 문자는 여전히 한자였다. 관찬官撰사업으로 간행된 대부분의 서적들도 한자로 씌어졌다. 조선조의 인쇄술은 사서史書, 지리서地理書, 의술서醫術書, 예서禮書 등의 편찬사업에 힘입어 크게 발달했다. 의술서 가운데 역대의 의서를 수집한 『東方類聚동방유취』(1445년 세종25년)는 동양 최대의 의서였으며 허준許浚의 『東醫寶鑑동의보감』(1610년 광해군2년)은 그러한 의약전통을 계승하여 발간된 걸작이었다.

신대륙 발견 시기는 성종(1454 세조 3년~1494) 재위기간(1469~1494)의 말기에 해당한다. 그 무렵은 세종 대에 편찬된 팔도지리지와 세종실록의 지리지地理志가 있긴 했으나 지리서의 완성품이라 할 수 있는 『동국여지승람』이 나온 때는 성종14년 1483년이었다.

제2장

—

컴퓨터 기술의 발전:
인터넷과 웹의 출현

1_ 세계를 누비는 컴퓨터 네트워크

대학 강단에서 미디어론 강의를 시작한 무렵에 나는 어김없이 첫 수강생들에게 이런 질문을 던지곤 했다. 인터넷Internet을 무엇이라고 설명할 수 있겠는가? 학생들의 대답은 놀랍게도 인터넷이란 국제적인 전자통신망 정도로만 이해하는 것이었다. 전혀 틀린 답은 아니었지만 정답과는 거리가 좀 멀다. 그들의 답에는 인터넷의 핵심인, 전자통신선의 연결축이 되는 컴퓨터가 빠져 있기 때문이다.

인터넷은 간단히 말하면 컴퓨터와 컴퓨터를 연결하여 사람들이 사용하는 국제적인 전자커뮤니케이션 네트워크이다. 이 정의에는 세 가지 중요한 요소들이 있다.

첫째 인터넷은 컴퓨터들이 서로 연결된 네트워크이다. 그러므로 인터넷의 필수불가결한 부분은 컴퓨터이며 컴퓨터가 없었으면 인터넷의 탄생은 불가능했다.

둘째 이 네트워크는 온 세계에서 수십억 명의 네티즌들을 거느리며 그들 사이의 커뮤니케이션을 가능하게 한다. 이는 국가들의 영역을 갈라놓는 국경선을 이용자들이 무비자로 넘나들고 있음을 의미한다.

셋째 인터넷은 전자통신망 즉 디지털 통신망이다. 인터넷 이전 시대에는 국가와 국가 사이를 넘나드는 커뮤니케이션 수단이 유무선 전류有無線

電流 electric current였다. 인터넷은, 국제전화에서의 음성과 무선통신에서의 전보電報를 실어 날랐던 전기 시대를 일거에 전자電子 시대로 바꿔놓은 획기적인 통신망이다. 달리 표현하면 아날로그analog가 지배하던 시대를 bit(binary digit의 약자)가 움직이는 디지털 시대로 전환시켰다.

디지털 시대의 인터넷─이 놀라운 전자커뮤니케이션 네트워크는 온 세계를 거대한 컴퓨터 그물 안에 엮어 놓는 정보고속도로Information Superhighway(제4장 4절에서는 항공로망에 비유한 구절이 나옴)를 만들어 놓았다. 이 정보고속도로는 비트로 엮어진 정보를 실은 '쾌속운반체'가 내달리기만 하면 세계 어디의 어떠한 네티즌과도 접속하여 아주 편리하게 교신할 수 있는 통신망이다. 이 통신망은 1960~70년대의 전기식 국제통신선과 비교하면 하늘과 땅의 차이가 난다. 그 무렵 언론사의 외국특파원이나 종합상사綜合商社(종합무역회사)의 해외파견원들은 본국과의 교신을 위해 국제전화와 국제전보 또는 텔렉스telex라는, 번거로운 절차를 요하는 기기를 이용했었다. 비싼 사용료는 둘째 치고 도쿄나 워싱턴에서 서울 본사와 소통하는 과정이 꽤 번거로웠다. 국제전화는 주류국駐留國 교환원의 도움을 반드시 받아야 했기 때문이다.

21세기의 첫 20년대를 사는 우리는 휴대용 태블릿이나 손바닥 크기의 스마트폰을 가지고 손끝만을 움직여서 정보고속도로를 쾌주하며 넓은 세상과 쉽게 만날 수 있다. 맥루한이 1950년대에 '지구촌Global Village'으로 명명했던 '가까운' 지구 공간은 이제는 '디지털마을Digital Village'로 바꿔 불러야 할 것이다.

2_ 디지털 정보고속도로: 시간과 공간의 압축

(1) '거리의 죽음'과 이웃해 있는 '지구촌'

정보사회의 발전은 컴퓨터의 광범위한 보급을 통해 인터넷과 웹을 등장시켰다. 컴퓨터의 신속 정확한 정보처리 능력은 인터넷과 결합하여 사방팔방으로 뻗은 지구적인 디지털 정보고속도로를 개통했다. 연산演算법과 알고리즘(algorithm: 컴퓨터에서 수학 문제를 풀거나 어떤 목표를 달성하기 위한 단계적 해결절차)에 의거하여 처리되는 엄청난 양의 정보는 광섬유optic fiber 네트워크를 타고 빛의 속도 만큼 찰나에 목표점까지 도달한다. 정보가 정보고속도로를 쾌주快走하는 위력은 빠른 여객기로 하루 또는 그 이상 걸리는 세계의 거리를 이웃 간으로 단축시켰다. 돌팔매한 돌이 떨어지는 착지거리가 아니라 키보드에 닿는 손끝만으로 지구 반대편의 상대방을 자신의 스마트폰 화면으로 손쉽게 불러내는 축지촌縮地村이 만들지는 것이다. 서울과 리오 데 자네이로—지구의 정반대 편에 가장 멀리 떨어져 사는 두 사람은 순식간에 서로 문자 통화를 주고받는 이웃이 되고 말았다. 디지털 정보고속도로는 육상과 공중을 구별하지 않고 24시간 달린다. 디지털 교통로가 개통됨으로써 서울과 런던·뉴욕 간의 온라인 비즈니스 화상畵像 협의가 가능해 졌으며 서울 본사의 기업 총수는 외국주재 지사장들과 실시간 언택트untact 온라인 회의를 수시로 가질 수 있게 되었다. 특히 코로나19 팬데믹이 지구를 휘감은 2020년에는 이 온라인 화상회의가 대단한 위력을 발휘했다. 20여 년 전에는 꿈도 꾸지 못했던 실로 경이로운 삶의 모습이 수천, 수만 킬로미터의 거리를 단숨에 전달되는 지구촌 풍경화는 분명 **시간과 공간이 압축된 '디지털 이웃'의 모습이다.**

새 정보기술의 발달로 세계는 **더욱 더 글로벌화**했다. 글로벌화한 정보망은 자본주의의 번영과 함께 디지털 경제를 발전시켰으며 문화와 정치마저 글로벌화했다(Flew 2014 pp.24~25). 정보망의 글로벌화는 이용자와 이용자와의 거리에 상관없이 지구의 곳곳을 연결시켰다. 어느 미디어 연구자는 이 거대한 발전을 "거리距離의 죽음"이라고 묘사했다(Cairncross, 1998). 커뮤니케이션 혁명이 초래하는 사회적 경제적 문화적 변화에 대해서는 나중에 더 자세히 설명할 터이므로 여기서는 이 정도로 그치고 이제부터는 디지털 정보고속도로의 메시지 전달 경로가 어떻게 작동하는가에 대해서 알아보기로 하자.

(2) 상호작용하는 커뮤니케이션: 아날로그에서 디지털로

서울과 워싱턴 · 도쿄를 연결하여 진행되는 4각 화상회의가 가능한 것은 어떤 기술적 도움을 받기 때문일까? 지구 곳곳의 세밀 광경을 전하는 TV중계 생방송은 어떻게 가능할까? 이 물음의 답을 알려면 갖가지 정보가 디지털 정보고속도로를 주행하도록 하는 정보통신 기술이 어떤 것인지를 알아야 한다.

그런 정보통신 기술은 **상호작용하는**interactive 기술이다. 상호작용하는 기술은 대화하는 쌍방이 동시에 말을 주고받을 수 있게 하는 기술을 말한다. 이를 양방향 또는 쌍방향two-way 기술로 이해하면 충분하지가 않다. 양방향이란 고속도로를 달리는 자동차처럼 상행선과 하행선이 분리되어 각기 반대 방향으로 동시에 주행하는 것을 의미한다. 따라서 정보고속도로라는 비유적 표현을 문자 그대로 받아들여서는 상호작용이라는 말의 참된 의미를 놓치기 쉽다. 양방향 대화는 송화기와 수화기가 따로 붙어 있는 재래식 전화기에서도 가능했던 시스템이다.

상호작용하는 전화기는 지금의 스마트폰smartphone과 같이 하나의 전화기를 통해 상대방과 얼마든지 말을 주고받게 되어 있다. 문자도 서로 주거니 받거니 한다. 카페나 식당 안에서 얼굴을 마주보며 소통하는 두 사람의 F2F 대화처럼 스마트폰의 두 당사자는 서로 상호작용하고 있는 것이다. 좀 더 쉽게 상호작용·interaction을 이해하려면 스마트폰 사용자들 사이에서 인기를 얻고 있는 유튜브YouTube 방송의 예를 보면 된다. 유튜브 운영자가 구독자들에게 전하고 싶은 메시지와 (동)화상(動)畵像을 내보내면 시청자들은 그 화상과 메시지를 보고 들으면서 동시에 실시간으로 그 운영자와 대화를 나눌 수 있다. 여러분은 유튜트 방송자가 소식을 전하면서 동시에 댓글을 단 시청자에게 감사의 말을 전하는 장면을 보았을 것이다. 이런 커뮤니케이션 시스템은 재래식 미디어에서는 불가능했다. 정보 발신자에게 보내는 시청자의 feedback(되돌아오는 반응)이라는 반응 제도가 있기는 했으나 그것은 신문의 독자 반응처럼 하루 이틀의 시간 간격이 있었다. 지금의 디지털 미디어, 구체적으로는 온라인신문online newspaper에서처럼 시청자의 댓글이 즉시 따라붙지는 않았다.

이러한 상호작용하는 시스템의 의미를 이해하게 되면 디지털 정보고속도로의 비유가 아주 적절한 것이라고는 말할 수 없을 것이다. 하지만 그 도로 위에서는 **packet-switching network**(정보 더미들이 변환하는 네트워크)가 깔려 있으며 그 네트워크는 아날로그에서 디지털로 변환된 정보의 부호符號 조각들이 광섬유선光纖維線 통로를 따라서 제갈길을 찾아 빛의 속도로 내달리고 있음을 안다면 디지털 정보고속도로 위에서 이뤄지는 정보소통이 어떤 특징을 지니고 있음을 짐작할 수 있다.

상호작용하는 미디어 기술은 디지털 혁명이 일어남으로써 비약적으로 발전했다. 디지털 혁명은 소리sound, 그림picture(동화상 포함), 텍스트text를 컴퓨터가 읽을 수 있는 부호인 digit으로 바꾸는 기술이 개발됨으로써 인간사회를 역사상 가장 짧은 기간에 정보사회로 변모시켰다. 아날로그를 디지털화하여 이뤄지는 정보전달 방식의 변화는 전달되는 정보를 잘게 잘라낸 packet-switching을 파악함으로써 이해할 수 있다. packet switching이란 용어는 영국의 컴퓨터 과학자 도널드 데이비스Donald Davies가 1968년 8월 열린 한 심포지엄에서 처음 신조어로서 소개했으며 이어 영국 국립물리연구소National Physical Laboratory NPL 네트워크에 도입되었다. packet란 각종 정보를 잘게 잘라낸 조각 또는 더미를 가리킨다. '나는 당신을 사랑합니다' 란 문자를 스마트폰으로 보낸다고 가정하면, 키보드를 눌러 만들어낸 이 하나의 문장은 packet이라는 작은 조각들로 나눠져서 단편화斷片化된다. 그 다음에 잘게 잘라진 정보 조각들에는 digit라는, 컴퓨터가 읽을 수 있는 부호가 매겨진다. 정보가 부호화한다는 말은 이런 뜻이다. digit은 아라비아 숫자 0에서 9까지를 가리키는 부호인데 실제로 컴퓨터에서는 0과 1 둘밖에 사용되지 않는다. 이진법二進法의 숫자 배열이 이뤄진다는 뜻이다. 따라서 정보가 packet화한다는 말은 모든 정보가 잘게 잘려서 0과 1의 수많은 조합으로 변한다는 것을 의미한다.

인간의 다섯 개 감각기관(오관五官)을 통해 이뤄지는 커뮤니케이션 정보가 아날로그 정보라면 packet화한 정보는—다시 말해서 packet으로 변환된switched 정보는 디지털 정보이다. 아날로그 커뮤니케이션은 커뮤니케이션 송신자가 발송하는 모든 메시지와 정보가 거기에 상응하는 소리의 음량이나 빛에너지의 양에 맞춰 그대로 수신자에게 전달된다. 예전의 LP 음반이나 영화, 텔레비전 등 1980~1990년대까지 우리가 접한 거의 대부분의 재래미디어conventional media—뉴미디어new media와 대조된다는 의미에서 올드 미디어old media, 전통미디어 또는 종전미디어earlier media라고도 부름—는 모두 아날로그 방식이다. **아날로그 커뮤니케이션은 발신자가 만들어내는 소리나 빛에 상응하는 음파音波(음성부호)와 광파光波들, 다시 말해 수시로 연속적으로 변하는 부호들을 이용하는 커뮤니케이션을 가리킨다. 그 점에서 아날로그는 연속적**sequential**이며 선형적**linear(또는 직선적)**이다.**

이와 대조적으로 디지털 방식은 소리, 영상, 텍스트를 컴퓨터가 읽을 수 있는 0과 1의 두 부호를 수많은 순열조합順列組合으로 바꾸어 전달하는 커뮤니케이션 시스템을 가리킨다. 각종 정보가 0과 1의 순열조합으로 변환되어 부호화한 정보encoded information가 전파를 타고 컴퓨터를 통과하게 되면 컴퓨터는 전류의 끊김과 이어짐을 0과 1로 바꾸어서 전송한다. 그러면 수신자는 무수한 0과 1로 짝지어진 정보부호들의 조합을 해독하여decode 다시 아날로그 방식으로 읽게 되는 것이다. 이와 같이 **디지털 방식은 전류의 끊김**(0)**과 이어짐**(1)**을 짝지어 전송하므로 정보의 전달방식이 단속적**斷續的 segmented**이고 비연속적**非連續的 nonsequential**이며 비선형적**非直線的 nonlinear**이다.**

여기서 사람들은 이런 의문을 던질 수 있다. 디지털 정보고속도로를 달리는 부호화한 수많은 정보 조각들은 어떻게 자기의 목적지(행선지)를 차질 없이 찾아갈 수 있으며 어떻게 본래의 아날로그 정보로 복원되느냐? 그 문제는 걱정하지 않아도 된다. 나중에 설명하겠지만 부호화한 정보 조각들은 제각기 고유 주소들이 붙어 있으므로 착오없이 제 주소에 도착할 수 있다.

3_ 인터넷의 세 단계 발전

(1) 컴퓨터의 발명과 PC의 보급

컴퓨터의 발명과 진화는 정보통신기술information communication technology ICT의 놀라운 발전에 실로 엄청난 공헌을 했다. ICT뿐만이 아니다. 제4차 산업혁명의 핵심 기술로 인정되는 스마트폰을 비롯하여 사물인터넷IoT, 증강현실augmentics, 인공지능Artificial IntelligenceAI, 3D(Dimension)프린팅 등은 모두 그것의 핵심적 토대인 컴퓨터의 발명이 있음으로써 가능해졌다. 제3절에서의 컴퓨터와 관련된 설명은 디지털 네트워크 사회의 형성과 연관이 있는 부분에만 한정하고자 한다.

인터넷은 다음 세 단계를 거쳐 발전해 왔다.
①컴퓨터의 발명과 진화: 디지털 네트워크를 대중화하는 핵심적 토대의 구축
②컴퓨터 네트워킹과 퍼스컴PC 등장: 인터넷의 탄생
③웹the Web의 발명과 개방: SNS와 소셜미디어 플랫폼의 놀라운 증가

컴퓨터 시대의 여명

연구기금 제공이 취소되지만 않았더라면 세계 최초의 컴퓨터는 19세기에 영국에서 이미 발명될 수 있었을 것이다. 1822년 케임브리지대학의 수학 교수 찰스 배비지Charles Babbage(1792~1871)가 difference engine이라 불린 차분기관差分機關을 발명했기 때문이다. 차분기관은 수표數表 mathematical tables를 자동적으로 산출해낼 수 있는 계산기였다. 그러나 참으로 유감스럽게도 배비지의 세속적 수완世俗的手腕은 그의 수학적 천재성天才性을 따라가지 못했다. 그 결과는 영국 정부가 제공하는 연구자금의 단절(1833)이었다. 인류 최초의 컴퓨터를 배비지가 출산하는 길은 그래서 막히고 말았다(Straubhaar et al. 2000 p.250).

하지만 뛰어난 과학자의 위스키 한 잔은 초기 컴퓨터의 새벽이 찾아오도록 하는 촉매제의 역할을 수행했다. 최초의 전자디지털 컴퓨터라는 역사적 영예를 존 빈센트 아타나소프John Vincent Atanasoff(1903~1995)에게 안겨 준 것은 한 잔의 위스키 칵테일이었다. 그는 남부 일리노이주의 한 바bar에서 버본Burbon 위스키에 소다를 섞은 칵테일 한 잔을 마시는 동안 컴퓨터 발명의 영감을 얻었다고 한다. 그가 강의를 하던 아이오아주립대학이 소재한 아이오아주는 그때만 해도 금주주禁酒州였다. 그래서 위스키

한 잔에 목이 탔던 아타나소프는 자동차로 거의 220km나 되는 남부 일리노이 마을까지 자동차로 달렸다. 카운터 앞에 앉아 미국산 켄터키 버본 위스키에 소다를 탄 한 잔을 마시며 생각에 잠긴 그에게 떠오른 영감靈感은 실험실에서 고민하던 전자디지털 컴퓨터의 조립에 대한 것이었다. 이 영감 덕택에 그는 1939년 실험실에서 컴퓨터 메모리와 데이터처리장치DPU의 모델을 만들 수 있었다. 그 뒤 이 컴퓨터 발명의 주인공을 둘러싸고 말썽이 일어났으나 1972년 연방재판부는 핵심부품의 발명에 대한 특허권이 아타나소프에게 있음을 판시함으로써 논란은 끝났다.

세계 최초의 컴퓨터인 콜로서스Colossus(고대 인물의 모습을 조각한 거대한 조상彫像을 가리킴)의 개발은 공교롭게도 제2차 세계대전(1939~1945) 중이었다. 나치와의 전쟁을 치르는 동안 영국 비밀정보부대는 전자식 디지털 컴퓨터를 실제로 처음 사용하여 나치의 비밀암호를 해독하는데 성공했다. 이때가 1943년. 이보다 더욱 개량된 컴퓨터는 1946년에 완성된 미국의 ENIACElectronic Numerical Integrator and Calculator이다. ENIAC의 발명을 이끈 것은 포대砲臺를 겨냥한 표적수표標的數表를 더욱 효과적으로 정확히 산출하는데 성공한 콜로서스였다. 그 덕택에 에니악은 최초의 범용汎用 컴퓨터general purpose computer로 불리기는 하지만 군에서는 탄도발사표彈道發射表를 계산하고 핵무기 제조에 도움을 주는데 사용된 전쟁장비로서 기억되었다. 에니악은 그 이름이 지시하듯 전자수치적분계산기電子數値積分計算機였다. 공동발명자는 펜실베이니아대학교의 물리학자 모클리John Mauchly(1907~1980)와 미네소타대학교의 에커트J. Presper Eckert(1919~1995). 모클리는 전시 중임에도 컴퓨터 제작에 전념했지만 물자 부족으로 말미암아 완성을 전후로 미뤄야만 했다. 하지만 그의 에니악은 최초의 수소탄水素彈 계산을 완성함으로써 소련과의 냉전을 촉발하는데 공헌한 셈이다.

에니악의 공동발명자는 계속해서 1951년에 최초의 상업용 범용汎用컴퓨터인 UNIVAC의 제조에 착수하여 출시하기 시작했다. 이로써 세계는 비로소 컴퓨터의 시대로 진입했다.

1세대 컴퓨터인 미국의 ENIAC은 오늘날 우리가 알고 있는 컴퓨터와는 전혀 다른 모습의 것이었다. 높이 18피트(5.4m), 길이 80피트(24m), 무게 6만 파운드(2만 7천kg)나 되는 이 거대한 컴퓨터. 안에는 무려 1만 7,500개의 진공관과 총 길이 500마일(800km)이나 되는 전선이 얼기설기 연결되어 있었다. 웬만한 교실 하나를 차지할 만큼 거대한 에니악은 15만 와트의 전력을 소비했기 때문에 엄청난 운영자금이 소요되는 값비싼 '괴물'이었다. 모클리 교수의 주도로 펜실베이니아대학교 공과대학에서 개발된 에니악은 1950년에 레밍턴 랜드사Remington Rand Corp에 팔렸으며 그 뒤 레밍턴 랜드사가 UNIVACUniversity Automatic Computer까지 개발했다. UNIVAC 컴퓨터는 1951년 미 국세조사국이 매입하여 인구조사에 사용되었다.

제1세대 컴퓨터는 오직 군사목적을 위한 과학적 계산을 수행하기 위해서만 사용되었으나 이후 컴퓨터 기술은 정부의 국세조사와 각종 통계 그리고 기업의 통계, 급료계산 및 회계처리 등의 대규모 행정 기능에 사용되었을 뿐 민간인의 사용은 엄두도 낼 수 없었다. 민간인이 컴퓨터에 접근할 수 있었던 것은 개인용 컴퓨터 즉 퍼스컴personal computer의 발명 이후였다.

퍼스컴PC의 등장과 보급

거대한 제1세대 컴퓨터가 점차 소형화하여 일반인에게 광범위하게 보급되는 범용 컴퓨터로 발전하는 데는 3가지 주요 기술의 개발이 필요했다. 먼저 1947년에는 트랜지스터transister가 발명되어 컴퓨터의 진공관을 대체했다. 1958년에는 실리콘 칩의 형태로 집적회로IC integrated circuit가 도입되었고 이에 따라 1960년대 초엽에는 기업과 연구소들에서 이른바 '미니컴퓨터'들이 도입되기 시작했다. 미니컴퓨터는 오늘날의 표준에서 보면 아직도 엄청난 크기의 것이었지만 당시의 과학기술로서는 대단한 성공작이었다. 세 번째의 결정적인 기술개발은 1969년 전자공학자인 테드 호프Marcian 'Ted' Hoff(1937~)에 의한 **마이크로프로세서** micro-processor의 발명이었다. 이것은 컴퓨터의 심장에 해당하는 **중앙연산장치**CPU central processing unit의 기능을 수행하는 집적회로이다. 이로써 마이크로프로세서에 의거한 PC의 개발이 촉진되었다. **최초의 PC는 1975년에 첫 얼굴을 보였다.** 발명자는 미국의 IBM. 이로 말미암아 1970년대 후반 이후 10여 년 동안은 인터넷 시대의 진행에 부채질을 주도한 PC 붐이 불기 시작한 시기로 기록된다. 그 점에서 **1970년대는 컴퓨터 기술의 발달사에서 획기적인 전환점을 찍은 시기**로 기억될 만하다. 이는 모두 컴퓨터 개발에 독보적 위치를 구축한 IBM의 공로였다.

어른 엄지손톱 크기만 한 아주 작은 전자칩electronic chip에 심어진 논리적 연산演算장치인 마이크로프로세서의 상용화는 몇 가지 엄청난 사회적 경제적 변화를 초래했다. 1970년대는 산업발전의 신국면을 열어놓은 것으로 기록되는 이유는 여기에 있다. **로봇의 본격적인 등장, 수치제어** 數値制御 **장치에 의해 작동되는 공작기계의 출현**, 은행. 보험회사 등의 서비스산업에 처음 도입된 **사무자동화 시스템** 등은 모두 1970년대의 급속한 컴퓨터 성능 향상의 덕택이었다. 이후부터 전자장치와 컴퓨터 및 커뮤니케이션 네트워크를 이용하여 생산성을 높이려는 체계적인 모색이 본격화하여 점차 모든 경제활동을 석권하기에 이르렀다.

일상생활에 들어온 개인 컴퓨터 PC

가격이 엄청나게 비싼 대형 컴퓨터 및 메인 컴퓨터와 달리 PC에서는 많은 사람들이 동시에 작업을 수행하는 시간공유時間共有시스템time-

sharing system이 작동하지 않는다. 시간공유란 많은 이용자가 멀티프로
그래밍(다중多衆프로그래밍)과 멀티태스킹multi-tasking(다중작업)이라는 작업
방식을 통해 컴퓨터 자원을 동시에 공유하는 것을 말한다. 멀티태스킹은
하나의 컴퓨터가 동시에 여러 개의 작업을 수행하는 일을 가리킨다. 멀
티프로그래밍과 비슷하지만 엄격히 구분하면 이는 컴퓨터 쪽에서 볼 경
우의 작업 단위를 가리킨다.

이러한 개념의 PC가 처음 일반인에게 시판市販되기 시작한 시기는
1981년, IBM사가 제작한 제품이 시장에 나오면서부터다. 그때의 PC는
16bit짜리 소형이긴 했지만 이용자가 들고 다니기에는 너무 무거웠다.
개인이 집이나 회사 사무실 책상 위에 놓고서 사용할 수 있는 소형 PC가
보급되자 컴퓨터는 비로소 전문가와 기술자의 손에서 보통사람들의 일
상도구로 변하기 시작했다. 당시의 PC는 지금의 태블릿PC나 스마트폰
처럼 간편하게 휴대할 수는 없었지만 사람들은 자기 집의 PC를 통해 자
료의 저장이나 메시지 주고받기를 함으로써 서서히 네트워크로 연결되
는 일상생활의 변화를 실감하기에 이르렀다. 그러나 아직 본격적인 인터
넷 시대는 열리지 않았다.

(2) 컴퓨터 네트워킹: 인터넷의 효시

동서냉전이 한창 진행하고 있던 1969년 미국 정부는 네트워크 시스템
일부의 중단 또는 장애 발생에도 불구하고 거기에 영향을 받지 않는 안
전한 전자통신망을 만들 수 없을까? 라는 긴급과제에 직면했다. 그 결과
로서 생긴 것이 **인터넷의 효시**로 불리는 연구용 장거리네트워크인
ARPANET이다(1975년 여름에 실험 가동). ARPANET란 ARPAAdvanced
Research Projects Agency가 만든 통신네트워크를 가리킨다. ARPA는 미
국방부가 1962년 설립한 고등연구계획국이다. 발상 자체가 군사목적에
의 이용을 전적으로 배제한 것이라고 보기는 어렵지만 어쨌든 ARPA는

전문연구자들의 연구목적을 위해 정부 예산으로 미국 전역의 유명한 대학교 연구소들을 전용선으로 연결하는 네트워크를 만드는데 성공했다. 이 네트워크가 곧 ARPA의 전용통신망을 의미하는 ARPANET이다. 그런 통신망에 대한 최초의 아이디어—즉 컴퓨터 이용자들 사이에서 범용汎用 교신을 할 수 있는 컴퓨터 네트워크의 아이디어의 발안자發案者는 볼트 버라넥 뉴먼사(Bolt, Beranek & Newman Inc. BBN: 1948년 창설된 매사추세츠주 케임브리지 소재의 연구개발회사)의 컴퓨터 과학자 리클라이더J. C. R. Licklider로 전해진다. 그때가 1963년 4월. 그해 10월이 되자 리클라이더는 ARPA의 행동과학 지휘통제연구프로그램 팀장에 임명되어 〈**리클라이더 전송프로토콜**Licklider Transmission Protocol〉로 불리는 메시지의 전송규약을 만들어 ARPANET 성공의 토대를 구축했다.

〈리크라이더 전송프로토콜〉은 나중에 TCP/IP(통신제어通信制御 프로토콜/인터넷 프로토콜) 프로토콜 스위트라고 불린다. TCP/IP는 컴퓨터 통신네트워크를 흐르는 전자부호(0과 1)로 코드화된 메시지들—문자, 영상과 소리—이 정해진 행선지에 틀림없이 도착하도록 보증하는 인터넷 프로토콜 모음protocol suite이다. TCP/IP 프로토콜 스위트는 다른 곳들에 자리를 잡은 개별 컴퓨터들을 서로 연결하고, 데이터를 전송하는데 사용하는 통신프로토콜들의 집합을 가리킨다. 이를 간략하게 인터넷 프로토콜 스위트Internet Protocol Suite라고도 부른다. 미 국방부가 제정한 이 프로토콜 스위트는 1983년 1월 ARPANET에 채택되어 실용화함으로써 마침내 지금처럼 컴퓨터와 컴퓨터를 연결하는—다시 말하면 본격적인 컴퓨터 네트워킹이 시작된 것이다.

컴퓨터 네트워킹의 연구개발자는 밥 테일러Bob Taylor. 그는 ARPA의 자금 지원을 받아 자기 사무실에 설치된 세 개의 컴퓨터 터미널들을 서로 연결하여 연구를 진행했다. 세 개의 터미널들은 ▶로스앤젤리스 산타 모니카의 시스템개발사System development Corp. SDC에 있는 Q-32용 터미널 ▶버클리캘리포니아주립대학교의 프로젝트 제니Project Genie용 터미널 및 ▶MIT 멀틱스Multics용 터미널이었다. ARPA의 선구자인 리클라이더의 뜻을 받들어 프로젝트를 추진한 테일러의 회고담은 당시의 연구가 얼마나 어려웠으며 동시에 성공의 기쁨이 어느 정도였는지를 생생하게 전해준다. "세 터미널 각각을 위하여 나는 세 갈래의 각기 다른 이용자 명령선命令線을 갖고 있었지요. 그래서 내가 (산타 모니카에 있는) SDC의 누군가와 온라인 대화를 하면서 버클리 또는 MIT의 아는 누군가와도 얘기를 하고 싶으면 SDC 터미널에서 일단 일어서서 다른 터미널로 가서는 로그인을 한 다음에 그들과 연결을 하지 않으면 안 되었어요. 그때 난 이렇게 말했죠. '오, 이거야!' 순간 내가 할 일이 무엇인지 명백해졌어요. 이들 세 개의 터미널들을 갖고 있다면 우리가 원하는 곳 어디로든지 거기로 이어지는 터미널 하나가 꼭 있어야 한다─이것이었죠. 그 아이디어가 바로 ARPANET랍니다."(Wikipedia 2020년 5월 3일 ARPANET항 검색).

3개 터미널과의 연결 작업에 일단 성공한 ARPA는 나중에 개발되는 컴퓨터 라우터router(컴퓨터 네트워크에서 데이터 전송 때 최적 경로를 선택하여 전송을 촉진하는 장치)와 비슷한 개념의 IMPInterface Message Processors(인터페이스 메시지 처리장치)라는 미니 컴퓨터들로 구성된 네트워크를 구축하는 작업에 나섰다. 그 IMP 작업에는 다음 4개 대학이 참여했다.

▶LA 캘리포니아주립대학교UCLA ▶스탠포드대연구소Stanford Research Institute SRI의 증강연구센터Augmentation Research Center ARC ▶산타 바바라 캘리포니아주립대학교UCSB ▶유타대학교 컴퓨터연구대학원Univ. of Utah School of Computing.

ARPANET상에서 컴퓨터 연결 작업이 최초로 성공한 것은 1969년 10월 29일 SRI와 UCLA 간이었다. 이것이 **세계 최초의 광역 패킷 스**

위칭 네트워크이다. 약 한 달 뒤인 11월 21일에는 UCLA의 IMP와 SRI의 IMP 사이에 항구적인 ARPANET 링크가 성공했으며 이어 같은 해 12월에는 네 마디(結節 node: 대학연구소들)를 연결하는 네트워크의 탄생을 보았다. 이로써 ARPANET는 급속도로 네트워크의 확장을 거듭하면서 1983년에 비로소 인터넷다운 인터넷으로서 발전하는데 성공했다.

ARPANET는 1989년 국립과학재단NSF에 흡수되어 NSFNET로 바뀌었다가 1994년 말에는 NSFNET 자체가 없어지고 말았다. 이로써 미국의 특수용 인터넷은 일반용으로 완전 개방되었다.

우리나라에서 대학과 연구소들에 의해 인터넷이 시작된 것은 1980년대 말로 알려지고 있다. 미국에 비하면 불과 수년의 차이밖에 나지 않는다. 이는 그만큼 한국의 정보통신 네트워크화가 비교적 빨랐음을 의미한다. 그 이전에는 KAIST와 제한된 수의 정부기관들만이 인터넷을 이용하고 있었는데 그 시기는 1980년대 초반. 한국에서의 인터넷 이용은 일본에 비해 대체로 1~2년 늦은 것으로 전해진다.

우리나라에서 일반 PC 이용자가 인터넷에 가입하기 시작한 것은 1990년대 중반부터이고 폭발적으로 인터넷 이용자가 늘어나기 시작한 것은 1998년이다. 당시의 인터넷 이용자 수는 약 350만 명에 지나지 않았으나 그 뒤 폭발적인 증가를 보여 2014년에는 4천만 명 정도에 이르렀다. 2019년에는 약 4천9백42만여 명으로 전체 인구의 96.1%(세계 16위)가 네트워크화되었다.

(3) 웹의 발명: 거구적擧球的 네트워크를 촉진한 소프트웨어
WorldWideWeb의 탄생 일화

과학의 발견에 다가가는, '발상發想의 역사'를 좇아가는 접근법의 핵심 주제는 대부분의 중요한 발명에는 뚜렷한 '지적 혈통intellectual bloodline'

이 있다는 것이다(Curran et al. 2003 p.241).

발명이란 느닷없이 번득이는 통찰의 산물이 아니다. 그것은 생각과 실천들이 누적되어서 이뤄진 점진적 진행의 산물이다. 인터넷을 탄생시킨 핵심 기술인 packet switching의 발명이 우선 그렇다. 이 기술의 개념화는 1964년 폴 바란Paul Baran이 이미 제시했으며 이어 1960년대 말에 도널드 데이비스Donald Davies와 로런스 로버츠Lawrence Roberts가 그것을 보완하여 발전시켰다. 그 뒤 1974년 빈턴 서프Vinton Cerf와 로버츠 칸Roberts Kahn이 이 개념을 대폭 수정했다(Curran et al. 2003 pp.241~242).

영국 사회학자 제임스 커란James Curran은 분명 역사의 진행을 단절로 보지 않고 연속으로 보았다. 이러한 연속성의 입장은 미디어 기술사 전문학자인 윈스턴Brian Winston(1998)의 경우에도 견지된 것이었다. 커란의 연속성에 대한 역사관은 "사이버 공간은 기적적인 기술에 의해서가 아니라 현실세계의 구조와 과정에 의해 형성된다"(Curran et al. 2003 p.259) 라는 입장을 소개한 데서도 확연히 드러난다. 그의 기술사관에 따르면 "온라인 세계는 오프라인 세계에 의해 규정되며 그 역逆은 성립되지 않는다"(ibid.). 이러한 연속성의 관점은 앞으로 인터넷과 웹의 발전이 인간의 삶에 어떤 영향을 미칠지를 논의할 경우에도 그대로 적용된다.

월드와이드웹WWW=the Web의 탄생 드라마 역시 기술 발전의 연속선상에 있다. 영국 출신 발명자인 팀 버너스-리Tim Berners-Lee가 웹 연구에 착수하기 시작했을 때 그는 Ph.D도 획득하지 못한, 유럽의 유명한 물리학연구소인 스위스 CERN(입자물리학연구소)의 한낱 임시펠로에 지나지 않았다.

과학계의 연구지원금 먹이사슬의 관점에서 보면 팀은 하위급에 속하는 과학자이다. 그래서 웹 연구를 계속하기 위한 그의 추가지원금 요청은 그때마다 번번이 점잖게 퇴짜를 맞곤 했다. 마침내 팀은 자신의 프로젝트가 취소될지도 모른다는 두려움을 갖기 시작했다. 그의 연구프로젝트는 처음에는 전 세계적인 차원이 아니라 연구소 안의 과학자들 사이에서 정보공유情報共有를 촉진시킬 수 있으리라는 좀 단순한 근거 위에서 정당성을 인정받았었다. 그것이 온 세계 사람들이 두루 누리는 세기적 발명품이 된 것은 나중에 드러난 결과일 뿐이다. 추가지원금이 끊기게 되자 팀은 자신의 프로젝트가 이대로 묻혀버리지 않을까 하는 걱정의 중압에 눌렸다. 게다가 CERN의 다른 동료들마저 미온적인 반응을 보였다. 그 무렵 그를 도운 사람은 동료인 벨기에 출신 과학자 로버츠 카일리오Robert Cailliau였다. 카일리오는 팀의 프로젝트를 세계적인 물리학자들이 참가하는 미국 샌안토니오San Antonio의 1991년 국제회의에 보내서 발표할 것을 제의했다. 팀도 외부지원을 받는 게 오히려 나으리라고 믿고 있던 터여서 그 제안을 받아들였다. 그래서 "20세기의 마지막 25년 동안에 성취된 가장 중요한 과학논문 중 하나"(Curran et al. 2003 p.242)로 평가받는 팀의 웹 프로젝트는 마침내 샌안토니오 국제회의에 제출되었다. 제출되기는 했지만, 관련 학계에서 정식으로 논의조차 되어 보지도 못하고 묻혀버리면 어쩌나 하는 일말의 기우도 없지 않았다. 그러나 다행히 팀의 웹 논문은 시범형식으로 프리젠테이션을 하도록 허락을 받기에 이르렀다.

  그런데 난관은 예상치 않은 데서 돌출했다. 시범프리젠테이션을 하려면 팀이 스위스 CERN에서 사용하는 메인 컴퓨터와 미국의 인터넷 전화선이 연결되어야 했다. 그런 전화선이 두 사람이 묵는 호텔에는 없었다. 게다가 미국 전화선 플러그에는 스위스 전화선의 모뎀modem이 맞지도 않았다. 두 사람은 호텔 측과 인근 대학교 측을 설득하여 간신히 호텔 전화선을 회의장으로 끌어다 사용할 수 있었다. 인근 대학교 측으로부터는 (대학교 위치는 택시 운전기사의 도움으로 알아냈음) CERN의 메인 컴퓨터와 연결되는 다이얼서비스 전화선을 사용하는 허락을 받아냈다.

시범프리젠테이션은 대성공이었다. 팀은 "이태 뒤 같은 회의에서 전시된 모든 프로젝트들은 (팀의) 웹과 관련된 사항들"이라고 회상했다 (Berners-Lee 2000 p.56). 이태 뒤인 1993년 회의에서 디스플레이된 모든 프로젝트들이 웹과 관련된 것이라면 그것은 이미 세상은 디지털 웹의 세상으로 변했음을 의미한다. 그만큼 1991년에 발표된 팀의 웹 프로젝트는 역사를 바꾸기에 충분한 획기적인 발명이었다. 팀의 성공적인 웹 프리젠테이션 소식을 들은 미국의 유명 기업인들은 특허를 얻어 상업화하자는 제의를 해왔다.

웹을 상업화한다면 엄청난 돈을 벌 수 있는 절호의 기회가 팀을 유혹하고 있었다. 하지만 팀은 돈벌이 제의를 단호히 뿌리쳤다. 1993년 4월 30일 팀은 **세계의 모든 사람들이 누구나 손쉽게 무료로 사용**할 수 있도록 the World Wide Web의 완전 개방을 선언했다. 이로써 온 세계의 수십억 인터넷 이용자들을 한꺼번에 끌어들이는 인터넷 웹 시대가 바야흐로 도래到來한 것이다.

세계의 인터넷 이용자 수
2019년의 세계 인구를 77억 5천만 명으로 추계했을 경우 이용자 비율은 53.6%이므로 **41억 7천5백만여 명이 인터넷을 사용하는 것으로 추정된다**(국제텔레컴연맹ITU 추계. Wikipedia 2020년 7월 31일 검색). 이로 미뤄 인터넷과 IoT와의 결합이 급속도로 진행되면 IoT의 활성화도 앞당겨질 것으로 보인다. 시스코Cisco사에 따르면 인터넷에 연결된 사물(기계, 통신장비, 단말기 등)은 2013년에 약 100억 개에서 2020년에는 약 500억 개로 증가할 것으로 예측되었다.

세계 인터넷 이용자

	2005	2010	2017	2019*
세계 인구	6.5 bil.	6.9bil.	7.4 bil	7.75 bil.
세계 이용자	16%	30%	48%	53.6%
개도국 이용자	8%	21%	41.3%	47%
선진국 이용자	51%	67%	81%	86.6%
한국(랭킹 16)**				96.1%(4,942만명)

웹의 세 가지 특징

인터넷과 웹을 때때로 동일시하는 사람들이 있는데 둘은 동의어가 아니다. 둘은 엄연히 다르다. 인터넷은 이 장의 앞부분에서 이미 밝혔듯 온 세계의 컴퓨터들을 서로 연결한 거구적擧球的 global 네트워크이다. 웹은 온 세계의 모든 문서파일들과 다른 정보자원들을 수용收容하여 디지털로 연결시킨 대단히 거대한 정보공간information space이라 부를 수 있다. 웹 공간에 수용된 온갖 정보들은 인터넷 상에서 웹페이지주소(URL=Uniform Resource Locator)로 식별된 다음 하이퍼링크hyperlink로 연결될 수 있다. 이용자는 인터넷 상에서 웹 브라우browser를 사용하여 웹페이지주소URL를 통하여 원하는 정보소재지에 있는 텍스트를 찾아가면 hyperlink로 연결된 그 텍스트 즉 hypertext가 노트북 화면에 뜨게 된다. 이렇게 웹을 통해 얻는 정보를 hyperlinked hypertext라고도 부른다.

---

*추계. source: International Telecommunication Union ITU
랭킹: %는 전체 인구의 인터넷 이용자 비율. 상위 15위권에는 포클랜드 · 안도라를 1~2위로 유럽 · 칼리브해 소국들과 중동 3국이 차지했음. **한국은 16위, 북한은 제외되었음. 25위권 안에는 스웨덴, 노르웨이, 덴마크, 영국(19위, 94.6%), 네덜란드, 스위스, 타이완, 캐나다, 일본(25위, 90.9%) 등이 들어갔으며 그 밖의 강대국은 미국 70위(75.23%), 중국 98위(63.3%), 러시아 66위(76.0%), 독일 38위(86%), 프랑스 52위(80.5%)의 순임.

참고 ☞ ② hyperlink와 web browser

hyperlink: 링크란 일반적으로 텍스트와 텍스트 사이에 존재하는 전자식 연관관계를 말한다. 하이퍼링크는 하이퍼텍스트나 하이퍼미디어 문서에서 특이하게 표시된 부분—문서파일의 일부를 구성하는 단어나 구절, 기호, 화상畵像(아이콘, 그림, 그래픽과 동화상) 등—을 다른 하이퍼텍스트나 하이퍼미디어 문서에 접속시켜 원하는 대로 찾을 수 있도록 한 전자식 연결체계를 가리킨다. 문서파일을 읽다보면 다른 색깔로 되어 있거나 밑줄 친 부분의 구절을 보게 되는데 이것을 클릭하면 그에 관한 상세한 설명이 들어 있는 다른 하이퍼텍스트와 연결된다. 이것이 하이퍼링크이다. 비근한 예로는 친구들끼리의 모임 공지사항에 푸른 색깔로 표시된, 밑줄 친 전화번호를 클릭하면 모임장소나 음식점의 전화로 연결되는데 이것도 하이퍼링크에 해당한다.

web browser: display하기에 적합한 형태로 부호화되어 있는 문서파일에 이용자가 접속access하여 그 파일을 찾아볼 수 있게 하는 응용프로그램 application program(앱). World Wide Web에서 이용할 수 있는 프로그램 같은 것을 말한다. 웹 브라우저는 생각보다 다양하지만 우리나라에서는 Explorer Browser를 주로 사용한다. 그러나 이것만이 브라우저라고 생각한다면 잘못이다.

팀이 웹을 발명하는 과정에서 겪은 애로들 가운데 가장 힘든 부분은 인터넷 상에서 얻을 수 있는 정보파일을 어떻게 하면 이용자가 쉽게 끌어올 수 있게 하느냐였다. 난관의 타개로打開路는 '하이퍼텍스트와 인터넷을 결혼시키는 것'이었다(Wikipedia 2020년 4월 25일 검색). 그는 그의 저서 *Weaving the Web*(『웹을 엮으며』)에서 이렇게 설명했다. 두 기술 간의 '결혼'이 가능하다는 걸 두 기술계 연구자들에게 누누이 제안했었지만 아무도 그의 안을 받아들이지 않았다. 마침내 팀은 스스로 그 프로젝트을 맡기로 결심했으며 그 결과 다음과 같은 웹의 핵심 기술 세 가지를 개발했다.

▶웹이나 다른 디지털 공간에 있는 정보자원을 찾아내는 특이한 **거구적**舉球的 **식별장치의 체계**. 이를 만능문서식별장치universal document identifier UDI라고 지칭했었으나 나중에는 **웹자원위치주소**(인터넷주소)Uniform Resource Locator URL와 **웹자원식별장치**Uniform Resouce Identifier UDI로 불리게 되었다.

▶**HTML**Hypertext Markup Language. 우리말로는 **하이퍼텍스트마크업언어**. 언어라는 말이 붙었다고 해서 그것에 집착하여 해석하려 하면 안 된다. HTML은 웹페이지와 웹앱을 만드는데 사용되는 표준 부호체계이다. HTML은 웹페이지의 의미론적 구조─예컨대 제목, 단락, 목록, 링크, 인용 등─를 가리키는 동시에 웹페이지 상의 문서 배치 특히 전송되고 디스플레이되는 문서를 특수 부호로 표시하거나 태깅tagging하는 체계를 말한다. 달리 말하면, 텍스트 문서가 웹브라우저에 의거하여 웹페이지에 뜰 수 있도록 그 문서의 포맷format을 정하는데 사용하는 방식이다. HTML은 태그tag로 불리는 코드 요소들을 사용하여 이미지, 소리 및 영상파일 같은 다른 디지털 콘텐츠를 심어두며 하이퍼링크를 정해놓는다.

▶**HTTP**Hypertext Transfer Protocol **하이퍼텍스트전송**傳送**규약**. 컴퓨터 문서 안에서나 또는 네트워크를 통해 다른 텍스트 및 이미지를 링크하는 체계를 말한다. 웹페이지의 맨 앞에 나타나는 http://의 http가 바로 이 하이퍼텍스트전송규약을 가리킨다.

위와 같은 세 가지 기술이 발명되었기 때문에 인터넷 이용자들은 웹페이지를 보려면 웹브라우저로 그 페이지의 주소인 URL을 타이핑하거나 하이퍼링크를 따라가서 그 페이지로 이동하기만 하면 된다.

제3장

제4차 산업혁명의 핵심기술들

제4차 산업혁명, 현재 진행중

제4차 산업혁명은 "우리를 둘러싼 갖가지 시스템들, 날마다 우리 대부분이 당연시해온 시스템들에서 일련의 변혁transformation이 박두했거나 이미 일어나서 진행 중에 있음을 기술하는 방식"이다. 스위스의 다보스 포럼을 해마다 개최하면서 제4차 산업혁명이란 말을 만드는데 주도 역할을 한 클라우스 슈왑Klaus Schwab이 그 용어에 대해 내린 정의이다(Schwab 2018 p.7). 변혁으로 옮긴 영어 transformation의 동사 transform은 '구성이나 구조를 바꾸다'가 사전적 정의(Merriam-Webster)이다. 그렇다면 사회에서 일어나는 transformation은 사회의 구성이나 구조가 바뀌면서 사회의 외양적 모습 즉 사회적 형태social morphology가 변하는 것을 의미한다. 변혁은 그런 뜻을 함유含有하고 있다.

18세기 중엽 영국에서 시작된 제1차 산업혁명은 산업이 농업 중심에서 공업 중심으로 바뀐 사회·경제적 변혁이었다. 변혁을 추동推動(밀어 움직이다)한 주역은 인간과 동물의 노동력을 대체한 동력과 기계였다. 19세기 말과 20세기 초반에 일어난 제2차 산업혁명의 특징은 전기와 에너지의 눈부신 활략이었다. 이 혁명은 에디슨의 전등·마르코니의 무선전신과 라디오 발명, 검은 연기를 뿜어 올리며 전기를 생산·분배하는 무수한 발전소들의 건설과 자동차 생산·조립라인의 출현 그리고 영화—TV로 대표된다.

제3차 산업혁명은 2011년 제러미 리프킨Jeremy Rifkin이 같은 이름의 책에서 처음 사용한 용어이다. 이 책은 새로운 정보통신기술ICT이 새로운 에너지와 접합하여 한 나라의 경제와 세계를 어떻게 변혁하는지를 분석하고 있다. 넓게 보면 제3차 혁명은 이미 20세기 중반부터 반도체의 주도主導로 시작된 정보혁명 전반을 가리킨다. 1960년대 중반과 1970년 초반 이후 반도체를 사용한 휴대용 소형 트랜지스터 라디오와 휴대용 녹음기 및 CDcompact disk가 1차적으로 변혁의 선봉에 나섰다. 그 뒤에 등장한 혁명의 총아는 뭐니 뭐니 해도 1975년 IBM에 의해 처음 얼굴을 내민 개인용 컴퓨터personal computer PC이다. 1981년에 IBM에 의해 시판市販되기 시작한 이 다목적용 PC는 곧 이어 소형 컴퓨터의 연산演算 역할과 워드프로세서word processor에 의한 전동타자기電動打字機 플러스 인터넷 접속→문자교신texting 기능까지를 수행하는 놀라운 개인용 전자휴대품으로 발전하여 정보시대information age를 이끄는 중요한 역할을 담당했다. 제3차 산업혁명은 1993년에 실용화한 웹(World Wide Web)이 이미 등장해 있던 인터넷과 결합함으로써 절정에 도달했다.

제4차 산업혁명은 앞서의 세 차례 혁명들에서 이룩된 지식과 기술체계, 특히 제3차 혁명의 엄청난 디지털 능력을 토대로 폭발적인 돌진을 개시했다. 앞에서 되풀이 강조했지만 구舊기술과 신新기술은 서로 연속되어 있다. 정보통신기술ICT을 대표하는 디지털 기술에는 사물인터넷 IoT, 인공지능AI, 로봇공학, 빅데이터 분석법, 3D 프린팅, 나노기술, 퀀텀 컴퓨팅Quantum Computing, 뉴로테크놀로지Neurotechnology(뇌의 기능과 의식·생각의 여러 측면들을 이해하려는 연구분야), 바이오테크놀로지 Biotechnology(생물체의 유용한 특징을 이용하기 위해 그 자체를 인위적으로 조작하는 기술), 가상현실VR과 증강현실AR, 신소재, 에너지 테크놀로지 플러스 우리가 지금 그 존재를 아직 모르는 아이디어와 능력들이 포함된다. 또한 IoT와 빅데이터의 접합처럼 A기술과 B기술의 융합으로 열리는 새로운 기술의 지평도 포함된다. 기술 융합의 대부분은 아직 초기 단계에 있지만 물리학, 디지털, 생물학 분야의 기술 융합을 기반으로 서로의 분야를 증폭시키는 발전양상은 이미 변곡점에 도달했다는 견해도 있다.

제3장에서는 이들 여러 혁신기술들 중 일부인 IoT, AI, 로봇공학, 빅데이터에 대해서만 소개하고자 한다. 서술 과정에서 우리가 줄기차게 물어야 하는 핵심 주제는 기술이 경제와 사회 심지어 문화에까지 침투浸透하여 압도하는 21세기 첫 20년대의 초연결超連結 super-connected 시대에 도대체 '나'라는 존재는 무엇이며 또한 무엇이어야 하는지 그리고 '나'의 아이덴티티identity는 어디서 어떻게 찾느냐로 압축된다.

1_ 인간을 대신하는 혁신기술들

서울, 무인 셔틀버스 · 로봇 택배 · 빅데이터 시대를 향한 행진

어느 토요일 아침, 스마트폰으로 자동차 호출 부호를 누르자 커넥티드 자동차connected car가 아파트 앞 지정 주차장으로 찾아와서 도착을 알린다. 아빠는 아내, 딸과 함께 내려가서 자동차에 앉는다. 주말 드라이브를 즐기려고 원하는 행선지를 입력하자 차는 스스로 알아서 그들을 충주 부근 남한강변 경치 좋은 곳으로 데려다준다. 커넥티드 카란 모든 운전장치가 컴퓨터와 인공지능AI에 연결되어 사람의 관여 없이 제가 모두 알아서 주정차와 주행을 척척 하는 완전한 자율운행 자동차를 말한다. 서울시는 2020년 5월 12일 상암동 문화광장에서 마포구 · 서울기술연구원과 기업 등의 민간부문과 함께 '자율주행 모빌리티' 실증발대식을 열었다. '자율주행 모빌리티'는 일종의 커넥티드 카이다.

서울시는 마포구 · 서울기술연구원과 공동으로 LG유플러스, 언맨드솔루션, 콘트롤웍스 같은 자율주행 관련 7개 기업과 제휴하여 이 사업에 착수했다. 연세대학교와 한양대학교 등 대학도 이 자율주행 모빌리티 실험에 참여했다. 서울시가 실시한 일련의 자율실행 실험에는 자동차가 알아서 주차하는 대리주차, 지역을 순환하는 자율주행 셔틀버스와 배달 로봇도 포함되어 있다. 언론 보도에 따르면, 자율주행 버스 3대와 승용차 4대, 배달 로봇 3대가 상암동 도로를 오갔다. 서울시는 "자율주행 차량에 0.1초 단위로 신호등 색상과 언제 신호가 바뀌는지 잔여 시간까지 제공해 사고 발생의 예방을 지원할 예정"이라고 설명했다. 실제로 자율주행 셔틀버스는 이용도 해볼 수 있다. 6월 16일부터는 미리 탑승 신청을 한 승객들이 상암동을 오가는 자율주행 셔틀버스를 탈 수 있도록 했다. 실험용 버스의 최대 탑승 인원은 6인. 주 6일 동안 마포구 상암동을 순환하는 자율셔틀버스는 일주일에 54회 시험운행을 했다. 공유 차량과 대리주차, 로봇 택배 역시 일정 기간 실험을 거치면 시민들이 직접 체험을 할 수 있다. 이 실험이 성공하면 실제로 시내 투입이 가능해진다,

상암동에서 일련의 자율주행 실험에 착수하는 시기와 비슷한 때에 동대문구는 관내에 드론을 띄워 재해 사각지대의 옹벽과 축대를 점검했다. 동대문구는 드론을 활용해 태풍 등으로 자연재해를 입을 가능성이 큰 위험지역 내의 어디인지를 이 드론 탐사로 확인하기 시작했다. 이미 2020년 2월에는 드론을 통해 교회의 첨탑 등에 대한 안전 점검을 실시한 데이어 이번에는 현장 조사가 어려운 위험지역의 옹벽, 축대와 같은 급경사지를 점검한 것이다.

이와 아울러 성동구는 빅데이터 분석을 통한 신종 코로나바이러스 감염증(코로나19) 피해분석에 착수했다. 구청의 빅데이터 센터에서 데이터를 취합하고 분석한 결과를 바탕으로 어느 골목의 어느 업종이 코로나19로 피해를 보았는지 정확하게 파악할 수 있기 때문이다. 성동구는 "빅데이터를 분석한 결과 사실상 의료 관련 업종을 제외한 모든 업종의 매출

감소가 심각했으며 그중 여행업이 전년 대비 80% 이상 매출이 줄어든 것으로 나왔다"고 밝혔다. 왕십리역이 있는 행당1동은 생활인구가 감염병의 본격적인 유행 이전인 1월에 비해서 2월에 17.53%나 줄어든 것으로 조사됐다(이상은 중앙일보 입력 2020년 5월 13일 보도를 참조했음).

이동하는 자율형 집

자동차만이 자율주행을 하며 이동하지 않는다. 우리가 사는 집—일정한 택지 위에 고정되어 있다고 믿어온 살림집도 자동차처럼 자율이동하는 시대가 찾아올지도 모른다. 국민대학교의 장윤규 건축학 교수(운생동 건축 대표)는 스마트 모빌리티 시대에 '집도 이동하는 세상'이 다가오고 있다고 말했다. 웬만한 것이라면 거의 모두 자율주행을 하는 시대라면, 택지에 고정되어 있는 집도 어느새 움직인다는 것은 전혀 새롭지 않은 상상일 수 있다는 것이 장 교수의 장담이다. 그에 따르면 "사실 움직이는 집은 새롭지 않을 수 있다. 몽골 유목민의 전통가옥인 게르는 요즘도 꽤 매력적이다."

서구사회에서 이동형 주택은 20세기에 들면서 실제로 유행했으며 지금도 유행하고 있다. 미국의 은퇴한 노부부들 가운데는 살던 집을 팔고서 산 하우스 트레일러House Trailer를 끌며 전국을 누비는 이들이 있다. 그렇게 돌다보면 일 년이 어느 새 지난다. 그러면 다시 다른 루트를 선정하여 전국을 돈다. 이동주택의 시발은 교통·통신의 발달과 관련이 깊다. 20세기 초 철도 건설과 도시 개발이 붐을 이루자 사람들이 오래전부터 거주해온 오두막과 주거지는 파괴되는 위험에 빠졌다. 장 교수는 1920년대 캐나다 새스커툰 호수 주변의 작은 주택가에 철도가 들어온 이후 발생한 놀라운 변화를 예로 들었다. 수십 년 살아온 지역공동체가 해체될 지경에 이르자 주민들은 비상조치를 취했다. 가능한 한 온갖 수단을 동원하여 마을을 지키려는 노력이 허사로 돌아가자 그들은 마을 철

수를 결심한다. 그들은 집과 상점을 썰매에 싣고, 이 썰매를 말에 매어 달아 몇 킬로미터를 끌어다 다른 지역으로 옮겼다. 말하자면 그들은 주택을 이동시킨 것이다.

건축물이 특정 장소에 고정된 것이 아니라 언제든 원하는 장소로 옮길 수 있다는 것은 역사적 사실이다. 이 사실은 "건축가들의 상상력을 지속적으로 자극해왔다. 이 상상력이 개별 주택을 넘어 도시적 스케일로 확장"되었다고 장 교수는 말했다(이상은 중앙일보 2020년 6월 5일 보도).

AI · 로봇 · 자율주행의 '뉴노멀' 시대

미국 소비자기술협회Consumer Technology Assosication의 주최로 2021년 1월 11~14일까지 라스베이거스에서 열린 세계가전제품전시회 'CES 2021'에는 AI · IoT · 5G 통신 기술과 결합한 가전제품 · 로봇, 자율주행 분야의 신제품들이 비대면 관람객들의 눈길을 사로잡았다. 삼성전자 LG전자와 같은 한국의 글로벌 IT 유력주자들이 전시장에 쏟아낸 제품들은 2020년 코로나19 팬데믹 이후 가정용품의 '뉴노멀New Normal새 기준 또는 표준'을 제시했다는 평을 들었다. 'CES 2021'의 주제는 '일상을 지킬 수 있는 디지털'이었다. 이는 우리의 일상생활 깊이 AI와 로봇, IoT와 5세대 통신기술(5G)이 이미 침투하기 시작했으며 우리는 얼만큼 그 속에 잠겨 생활하고 있음을 뜻한다.

IT 업체들이 가장 주목한 것은 '집안'이다. 코로나19 확산으로 이른바 '집콕'(집에 콕 박혀 있음) 생활이 대세가 되면서 서빙 · 청소 · 건강관리를 맡는 가전제품과 로봇이 이번 CES의 '주인공'으로 조명받았다. 승현준 삼성 리서치 소장(사장)은 "사무실 · 피트니스센터 · 오락공간이 모두 '집'에 녹아든 시대에 삼성은 첨단기술로 보다 나은 일상을 제시했다"고 밝혔다(1월 6일 삼성전자 뉴스룸 기고문과 중앙Sunday 2021년 1월 16~17일 보도).

삼성전자의 대표 제품은 '제트봇JetBot AI'. 인텔의 AI 솔루션을 도입해 신보인 로봇청소기인데, 사물인식 기술을 통해 1m 안에 있는 전선·양말·반려동물 같은 작은 장애물을 자동식별하는 능력을 지녔다. 카메라와 센서, 5G를 통해 집 밖에서도 반려동물의 움직임이 영상을 통해 확인할 수 있는 '스마트싱스 펫SmartThings Pet' 서비스도 제공하고 있어 '영리한 청소기'라는 찬사를 듣는다.

아직 연구 단계에 있는 '삼성봇 핸디SamsungBot Handy'도 눈길을 끌었다. 한 팔 로봇인 핸디는 물건의 위치나 형태 등을 스스로 인식해 잡거나 옮기면서 집안일을 돕는다. 테이블을 세팅해달라는 부탁을 받으면 핸디는 테이블 위에 젓가락과 숟가락을 놓아주는 일을 척척 한다. LG전자는 자율주행 능력을 갖춰 자외선 방역작업을 하는 로봇(클로이살균봇), 간단한 조리를 할 수 있는 '셰프봇' 등을 공개했다. 살균봇은 2021년 상반기 중에 북미지역에 공급되어 호텔·병원·복지시설 같은 곳에서 방역작업용으로 투입될 예정이다.

'CES 21'에 출품된 주목할 만한 제품 몇 가지는 다음과 같다.

①제트봇 AI(삼성전자): 앞에서 이미 소개했음.

②LG롤러블Rollable(LG전자): 화면이 돌돌 말리는 새로운 폼팩터form factor 스마트폰. CES전시회에는 아무런 스펙의 제시 없이 5초 남짓 잠깐 등장했지만 SF가 현실로 되었다는 평을 들을 만큼 관심을 끌었다. 폼팩터란 구성과 형태 등 물품의 외양적 요소를 가리킨다.

③MBUX 하이퍼스크린(벤츠): 대형 럭셔리 세단 전기자동차 EQS에 새로 탑재 예정인 차세대 스크린. 개인 맞춤형 디스플레이를 제공하여 "AI가 운전 공간을 엔터테인먼트 공간으로 변신시켰다"는 평을 들었다.

④사물지능AIoT(보쉬): AI와 IoT를 결합하여 세계 최초로 인터넷에 연결함이 없이 자체 학습하는 센서. 보쉬는 손가락 스캐닝으로 30초 안에 빈혈을 판별할 수 있는 '헤모글로빈 모니터'를 CES에서 공개했다.

⑤ 목시Moxi(임바디드 소셜 로봇Embodied Social Robot)：5～10세 어린이의
사회·정서·인지 발달을 돕는 로봇으로서 매주 특정 주제를 제시하여
함께 학습할 수 있도록 돕는다(중앙Sunday 2021년 1월 16～17일. 도움말: 이용
덕 드림앤퓨처랩스 대표·정구민 국민대학교 전자공학부 교수·허석준 KT경제경영연
구소장).

2_ '만능의 그물' 사물인터넷IoT

2020년까지의 5～6년 동안의 기술 혁신은 인터넷과 웹에 이은 사물인
터넷IoT, 인공지능AI과 지능로봇, 빅데이터 및 5세대(5G) 통신기술이 선
도先導했다. 제4차 산업혁명을 주도主導하는 이들 첨단기술 중 먼저 IoT
는 도대체 무엇이며 그것은 우리가 사는 세상을 어떤 세상으로 새롭게
바꾸고 있는지를 살피기로 하자.

(1) IoT가 연출하는 놀라운 삶

사물인터넷Internet of Things IoT은 인터넷의 연결망이 인간에만 국한
하지 않고 온갖 종류의 물건들things로까지 확대된 디지털 네트워크이다.
IoT의 널따란 그물에는 냉장고, 전기밥솥과 세탁기는 물론이고 집안의
배전용 두꺼비집과 화장실의 변기, 승용차와 화물차, 공장의 생산라인,
거기서 생산된 각종 제품들, 도시의 가로등과 전봇대, 도로의 교통신호
등과 거리의 난폭자를 주시하는 무인카메라, 관광지의 관리사무소, 심지
어는 수풀 속 나무 등이 망라된다. 물류센터의 배송 라인이나 제품생산
라인 같은 온갖 장치들에까지 연결된 IoT는 인간을 대신하여 인간이 필
요로 하거나 원하는, 무슨 일이든지 군말 없이 해내는 착한 일꾼이다.

사물인터넷—그 '만능의 그물'은 곧 닥칠 우리의 미래 생활이 어떤 모습으로 변혁될지에 대해 이렇게 일러준다. 시계 알람의 독촉에 깨어나 화장실에 다녀오자 변기에서는 자동적으로 그 사람의 건강 상태가 체크되어 본인에게 알려준 다음 주치의에게 그 점검 자료들을 건네준다. 오후가 되자 의사한테서 위胃에 염증이 좀 있으니 위내시경 검사를 받으라는 권고에 덧붙여 몇 개의 검사 날짜가 선택지選擇枝로 그에게 주어진다. 환자가 원하는 날짜를 택일하라는 뜻이다. 혈액 검사기에서 혈당을 체크하자 음식물을 조절하라는 경고가 나온다. 같은 시각에 냉장고는 몸 상태에 맞는 식재료를 골라서 요리법까지 디스플레이 화면에 띄어주면서 섭생攝生의 건강법을 자상하게 일러준다. 옷장 앞에 서자 날씨에 알맞은 의상을 상냥하게 추천해준다.

IoT는 바야흐로 우리의 일상생활에서 사용하는 거의 모든 기기機器와 기물器物들에 심어져서embedded(장착되어) 우리가 필요로 함직한 모든 물건들과 장치들한테 적절한 정보를 전달하여 그것들이 제대로 일하도록 하며, 다른 한편으로는 우리의 머리와 손발을 대신하는 21세기의 일상신기日常神器로서 활동하고 있다. IoT가 더욱 발전하면 무엇이 우리에게 찾아올까? 사람과 사람, 물건과 사람을 하나의 컴퓨터 그물 안에서 모조리 링크link하는 거대한 초연결사회super-connected society가 가까운 미래에 찾아올지도 모른다. 그 다음에 오는 사회는 어떤 모습일까? 자세한 예측은 어렵지만 우선 당장 답할 수 있는 것은 머지 않는 장래에 만물인터넷 Internet of everything IoE 세상이 찾아오리라는 점이다. 네트워크 안에 존재하는 모든 것들이 서로 연결되는 만물인터넷 사회 말이다.

(2) 사물인터넷의 특징과 장점
IoT의 장점
사물인터넷의 주요 특징은 디지털 세계와 물리적(신체적) 세계digital and

physical worlds가 서로 연결된다는데 있다. 지금까지 보통사람들은 컴퓨터 기기들끼리의 연결을 통해 작동하는 인간 커뮤니케이션에만 주목해왔을 뿐, 디지털 세계와 물건들이 서로 연결되는 공간에서 물건들끼리 또는 물건과 인간이 서로 대화를 나누며 그 결과를 사람에게 전해주는 일에는 별로 주목을 하지 않았다.

왜 그랬을까? IoT가 초래하는 세상이 어떤 것인지를 미처 몰랐기 때문일 것이다. MIT교수이자 MIT 비트앤아톰센터Center for Bits and Atoms 센터장인 거셴펠트Gershenfeld와 시스코Cisco Systems의 IoT 수석아키텍트Architect인 바세르Vasseur는그 답의 단초를 이렇게 제시한다. 사물인터넷의 세상은 인터넷의 역사를 아는 데서 그 모습을 드러낸다. 인터넷은 소유와 중앙통제central control를 자랑스런 특징으로 삼는 모든 기계장치들과 조직들을 눌러 이김으로써 사람들을 놀라게 했다. 그 승리는 〈**개방적 표준**open standards〉과 〈**탈중심화한 설계**decentralized design〉 덕택이다. 달리 말하면 인터넷의 모든 표준들이 이용자들에게 완전 개방되었으며 이용자들은 중앙통제부가 없는 인터넷망을 마음대로 휘젓고 다닐 수 있게 되었기 때문이라는 뜻이다. 이 두 가지 인터넷 특징은 혁신과 성장의 장애물을 없애는데 보탬이 되었다. IoT가 네트워크 세계의 새로운 강자로 부상하기 직전까지 기술학계에서는 "여러 장치들을 어떻게 소통시켜야 하는지에 대한 전망을 둘러싸고 갈등이 일어났으며…(인터넷과 중앙통제 기기들 간의) 싸움은 표면화했다.…그 싸움은 전문용어로 풀이하면 **지휘-통제기술**command-and-control technology과 **분산 솔루션**distributed solution 간의 경쟁이다. 사물인터넷은 후자를 택했다. 그래서 개방성이 종국에는 승리했다."(Gershenfeld, Neil & Vasseur, JP, 2014 pp.60~61).

IoT가 부딪친 초기 장애: 비트넷
IoT의 실용화는 2014년 당시의 시점視点에서는 생각보다 훨씬 빨라질 것으로 전망되었었다. 하지만 당장 실용화하기에는 1980년대에 겪었던 인터넷 모델 대 비트넷Bitnet 모델 간의 싸움과 같은 장애물이 앞에 놓여 있었다. 그래서 IoT의 당장 채택은 예전 갈등 양상의 현대판 재현으로 치달을 우려가 있어 제약을 받고 있었다. 탈중심화한 개방체계인 인터넷은 메인 컴퓨터들끼리 연결된 중앙집중식 네트워크 체계인 비트넷과 치열한 경쟁을 벌여야 했다. 비트넷이 널리 보급되려면 메인 컴퓨터를 사는 비용이 적게 먹혀야 하는데 불행히도 그 매입 비용은 고가였다. 따라서 비트넷의 성장은 제약을 받고 말았다. 그러나 소형 PC들과 연결된 인터넷은 개인이 PC를 사는 비용도 덜 먹힐 뿐더러 대량보급의 의미와 가능성도 둘 다 컸다. 결국 승패는 인터넷 쪽의 승리로 판가름났다. 그래서 1990년대 초에 이르자 비트넷은 몰락의 길로 접어들고 결국 용도폐기되는 신세를 맞았다.

비트넷Bitnet**은 "Because It's Time Network"의 약자다.** 원래 뜻은 "Because It's There Network"였으나 이렇게 바뀌었다. 기술적 관점에서 비트넷은 인터넷과 다르다. 비트넷은 메시지 전달과정의 중간에 "저장했다 전진하는store and forward," 포인트와 포인트를 연결하는 방식의 네트워크이다. 다시 말하면 이메일과 각종 파일들이 한 서버에서 다음 서버로 통째로 전송되었다가 최종 행선지에 도착하는 체계였다. 이와 달리 인터넷은 메시지와 데이터 파일들(정보)이 일정한 크기로 잘게 잘린 packet들로 변환하여(packet switching) 발송지점에서 여러 경로들을 무사히 거쳐 최종 목적지에 개별적으로 도착한다. 따라서 인터넷이 비트넷을 눌러 이길 수 있었던 주요 요인은 무엇보다도 위와 같은 우수성이 담보되어 있었기 때문이다.

탈중심적 분산형 시스템의 장점
비슷한 싸움은 **사물인터넷**과 **사물비트넷**Bitnet of Things라고 부를 수 있는 것과의 사이에서도 벌어졌다. **둘 사이의 핵심 차이는 정보가 거주하는 장소 즉 공간에 있다.** 알기 쉽게 말하면 독자적인 인터넷 규약 Internet Protocol IP상의 주소를 가진 '똑똑한 장치'에 있느냐 아니면 독점소유적 통제자proprietary controller—물론 이 통제자는 인터넷에 연결돼 있다—에 접속된 '멍청한 장치'에 있느냐의 차이다. 더욱 혼동을 일으킨 원인은 독점소유적 통제자 쪽이 IoT의 특징을 외관상 자주 보여주었다는데 있었다. 둘은 엄연히 다르다. 인터넷 모델과 비트넷 모델의 경우처럼 두 모델 간의 차이는 모델들의 의미론적 차이에만 한정되지 않는다. 같은 혼란은 사용하는 용어들의 의미에서도 일어났다. **"smart grid = 영리한 배전망配電網"** 이라는 용어는 전기를 생성하고 통제하며 소비하는 모든 것을 네트워킹한다는 뜻으로 비칠지 모른다. smart grid 쪽에서 보면 전력 수요의 피크 타임에는 전력부하負荷를 지능적으로 관리함으로써 발전소들의 필요전력을 줄일 수 있다. 가격 책정도 신축성 있게 함으로써 에너지 효율성을 높이기 위한 인센티브 제공도 가능하다. 하지만, 그다지 '영리하지 못한' 유틸리티공익사업 중심의 접근법에서는 이러한 기능들이 모두 중앙센터에서 통제되고 있다는 점을 유의해야 한다. 반면 이와 경쟁적인 인터넷 중심의 분산형 접근법에서는 그런 중앙통제가 발생하지 않으며 분산적 성격으로 말미암아 개발연구자가 시장의 기능을 감안하여 전력 절약 앱을 얼마든지 설계할 수 있는 것이다.

(3) 사물인터넷과 몸과의 관계는?

IoT가 아직 폭넓게 실용화되지 않은 현 단계에서 우리의 몸과의 관계를 논한다는 것은 시기상조일 수도 있다. 그럼에도 이미 IoT의 실용화가 급진전하고 있는 상황에 비춰 조심스럽게 전망한다면 제6장에 소개하는 '기계와 몸의 관계 일반'과 마찬가지로 우리 몸은 어느 새 꿈을 현실로 바꾸는 기술의 발 빠른 보행에 '영리하게' 적응할 것으로 학자들은 내다보고 있다. 거기에 상응하여 기술도 또한 몸에 더 적합한 상태로 진보하는 쪽으로 나아가지 않을까 전망된다. 기술과 몸—또는 사회적인 몸the social body—의 상호작용이 그리고 기술과 기술의 상호작용이 기술 자체를 더욱 진보하게 만든다는 뜻이다. 〈사물들이 온라인을 탈 때〉라는 논문의 공동저자들도 이 점을 염두에 둔 것 같다. "기술이 좀 더 멋지게 일상생활과 통합하게 되면 그에 따라서 기술은 역설적으로 우리 눈에 잘 띄지 않을 것이다" 라고 말했으니까. '일상생활과 좀 더 멋지게 통합하는 기술' ―그것은 '우리 몸과 좀 더 멋지게 통합하는 기술' 이 아닐까? 그때는 지금과 같은 인터넷 시대에 누렸던 우리의 삶의 상당 부분이 구시대의 유물로서 남겨지고, 기운찬 IoT의 새 시대가 만개한다는 것이 거셴펠드 등의 전망인 듯하다(Gershenfeld et al. 2014).

디지털 기술의 진보가 일상생활을 영위하는 사람의 몸 전체에 구체적으로 어떤 영향을 미칠지는 아직 아무도 자신 있게 알지 못한다. 지금 단계에서 확실하게 전망할 수 있는 것은 '영리한 집' 에 사는 인간이 지금의 인터넷 시대를 사는 인간과는 다소라도 다른 사고방식을 갖는 인간이라는 점만은 분명할 듯하다. 그들은 지금의 필수적인 온갖 가정일상사에서 상당한 정도로 해방된 사람들일 터이기 때문이다. 또한 **'영리한 집'** 과 **'착한 도시'** 에서 사는 사람들이 만일 시각장애인이거나 하반신 마비로 휠체어를 이용하는 장애인이라면 그들의 몸은 IoT 환경으로부터 상당한 혜택을 입을 것임에 틀림없다. 직립보행으로 말미암아 두 손의 해방을 맞이한 초기 인류가 획기적인 기술 문명을 이룩했듯, 집안의 일상사뿐만 아니라 거의 모든 도시 건물들과 공공시설들에서 IoT의 자동화 서비스를 받는 미래 현대인은 '제2의 기계 혁명' '제2의 디지털 혁명' 을 벌써 맞이하는 문턱에 있는지도 모른다.

(4) 리프킨의 공유사회와 IoT

〈제3차 산업혁명〉(정보혁명)이란 말을 사용하여 유명해진 리프킨jeremy rifkin이 내다보는 IoT의 보편적 보급이 미칠 파장은 다른 이들과 색다르다. 그는 머지않아 찾아올 '협력적 공유사회' collaborative commons의 핵심 축이 IoT이라고 명시했다(rifkin, 2014). 협력적 공유사회란 시장경제에 토대를 둔 자본주의 사회가 최고도의 성장 단계에 도달했을 때 보편화하는 사회—모든 자원과 자본 및 개인의 사회생활에 필요한 모든 물건(자동차, 집, 피아노 등)을 사적으로 소유하는 사회로부터 유용한 물건들을 시민들이 함께 공유共有 sharing하는 사회를 가리킨다.

공유사회에서는 자본주의의 핵심 축인 시장에서의 교환가치가 공유가치로 전환한다. 리프킨에 따르면 아직 공유사회가 정착하지는 않았다. 지금은 부분적으로 자본주의 사회와 공유사회가 동거하면서 진화를 거듭하고 있다. 그러나 2050년에 이르면 공유사회가 "세계 대부분의 지역에서 경제생활의 1차적 결정권자primary arbiter로서" 정착할 수 있을 것이라고 내다봤다(rifkin, 2014 p.2).

그렇다면 자본주의의 퇴색退色은 왜 일어나는가? 지난 몇 세기 동안 자본주의의 패러다임은 "경제활동을 효율적으로 조직하여 추진해온 가장 훌륭한 메커니즘"으로 받아들여져 왔다. 하지만 비약적인 기술 발전과 그로 말미암은 생산성의 향상은 자본주의적 패러다임을 **두 전선**前線**에서 포위하여** 퇴색의 길로 몰아가고 있다는 것이 리프킨의 지론이다. 두 전선은 열역학의 제1법칙과 제2법칙의 뒷받침을 받아 구축되어 있다. **제1전선**에서는 열역학의 법칙에 따라 이제는 **더 이상 이용할 수 없는 에너지 즉 엔트로피**entropy**의 엄청난 증가**가 강력한 도전장을 인류에게 내밀고 있다. 제1법칙은 우주에 있는 에너지의 총량은 항상 일정하여 불변임(에너지 보존의 법칙)을 가리키는 법칙이며 제2법칙은 에너지의 형태는 언제나 하나의 방향으로만—다시 말해서 사용가능한 형태의 방향에서 사용불가능한 형태의 방향으로만 변한다는 법칙이다. 제2법칙에 따라 인간이 지구에서 사용하는 에너지는 엔트로피를 증대시킬 따름이다. 에너지의 사용은 열을 이용하는 차원에 국한하지 않을뿐더러 사람이 필요로 하는 모든 제품의 생산에 필연적으로 따라다닌다.

그 점에서 에너지는 상품생산의 필수불가결한 요소이다. 다만 지금까지 사람들은 에너지를 물리학의 영역에서만 다루는 연구대상으로 여겼을 뿐 그것이 생산공장에서 사용되어 제품을 산출한 다음에 소모되는 현상에는 눈여겨보지 않았다. 리프킨은 많은 경제학자가 소홀히 다뤘던 그 점을 탁월한 미래 예측 · 사회사상가답게 자신의 '한계비용 제로사회'와 '공유사회'의 도래에 적용했다.

에너지의 소모를 좀 알기 쉽게 설명하기 위해 우리는 제품의 생산과정을 살피기로 하자. 가전공장이 여름철 수요가 느는 냉장고를 만들려면 먼저 갖가지 부품들의 생산 —대부분 아웃소싱outsourcing한다면 부품들의 조립—에 상당한 양의 전기에너지를 사용하지 않으면 안 된다. 제품의 생산에는 반드시 에너지가 사용되기 때문이다. 냉장고의 조립(생산)에 소비된 에너지와 불필요한 재료와 요소들은 일단 폐기되었다가 나중에 다시 재순환시킴으로써 자연으로 되돌아가는데 이 경우 사용된 에너지 가운데는 더 이상 사용불가능한, 다시는 쓸모없는 에너지(entropy)가 꾸준히 증가하게 마련이다. 말하자면 엔트로피의 증가는 자본주의 시장경제체제 아래서는 제품생산에 부수되는 불가피한 결과이다. 이 점은 모든 종류의 생산을 공산당이나 노동당이 사실상 거의 독점하여 계획 · 통제 · 관리 · 배분하는 사회주의 국가에서도 예외가 아니다. 얼마 전까지만 해도 '세계의 공장'이라 일컬어졌던 중국의 여러 공업지대에서 뿜어져 나오는 시커먼 공장 매연은 바로 엔트로피가 대량으로 생기는 뚜렷한 징표인 동시에 지구환경 파괴의 주범 중 하나로서 지적되곤 했다.

자본주의 패러다임이 직면한 **제2전선**은 강력한 신기술의 발전으로 말미암아 자본주의 이데올로기의 핵심적 모순이 앞에 말한 막판 단계(엔트로피 증대)로 가속적으로 밀려나는 곳에 형성되어 있다. **제2전선에서 주된 공격을 가하는 담당자는 IoT이다.** 리프킨은 IoT를 ①커뮤니케이션 인터넷Communication Internet ②새로 대두된 에너지 인터넷Energy Internet ③물류物流 인터넷Logistics Internet의 세 범주로 나눈 다음 이들 세 종류의 IoT가 하나로 합쳐져서 21세기의 매끈한 지능기반을 형성하면 제3차 산업혁명 즉 정보통신혁명에 가속이 붙게 된다고 내다보았다.

사물인터넷은 많은 제품과 서비스를 생산하는 한계비용the marginal cost이 거의 제로인 지점으로까지 생산성을 끌어올려 왔으며 이제는 사실상 제로로 되었다. 그 결과 기업의 이윤은 고갈하기 시작했고 재산권은 약화되고 있으며 희소성에 기반을 둔 경제는 서서히 풍요의 경제에 자리를 양보하고 있다 (Rifkin 2014 p.11).

공유사회의 주역은 사물인터넷

3개의 IoT는 실제로 어떤 분야의 어떤 것들이며 그것들은 서로 어떻게 하나로 통합되는가? 이를 알기 위해 우리는 리프킨이 실제로 예로 든 사례를 따라가 보기로 하자.

먼저 1907년 창설된 미국의 국제적 물유운송업체인 UPSunited Post service가 어떻게 일을 하는지를 살펴보자. UPS는 빅데이터를 이용하여 미국 안에 있는 6만대의 차량(2014년 당시. 현재는 세계 220여 개 국에서 9만 1700대의 차량을 운영함)과 쉴 새 없이 연락을 취한다. 차량 연락과 모니터링은 이 거대한 물류 거인이 운송차량들에 심어 놓은 감지기感知機 sensors를 통해 이뤄진다. 감지기는 운행 중인 도로상에서 물건 운송차량이 갑자기 멈춰서는 긴급사태가 발생하여 엄청난 교체 비용이 드는 것을 미연에 방지하는 일을 한다. 이를 위해 감지기는 차량의 각 부품들은 끊임없이 점검하면서 기능불량의 가능성이나 피로누적의 징후가 있는지 여부를 살핀 뒤 그 결과를 본사 또는 지사로 통고한다.

이와 비슷한 감지기는 다른 산업 현장에서도 과업을 훌륭히 수행한다. 원자재의 이용 가능성을 점검하여 기록한 뒤 현장 사무소로 통고하는 동시에 창고에 있는 현재 재고량에 관해서도 현장 사무소에 연락한다. 감지기의 이와 같은 신속한 통신 연락으로 말미암아 생산라인에서 발생할 수 있는 말썽은 사전에 막을 수 있게 된다. 만일 가정과 사업체에 심어진 다른 감지기들이 가전家電 제품들에 의한 전기 사용량의 변화를 수시로 점검하며 전기 사용비에 어떤 영향을 미칠지를 보고해 준다면 이 감지기는 이용자에게 어떤 도움을 주고 있을까? 전기 소비자는 가전에 의한 전력 소비량을 줄이는 계획을 짤 수도 있을 것이며 전력 사용의 절정기에는 스위치를 끈다든가 또는 절전용의 다른 가전으로 바꾼다든가 하는 방안을 강구할 수도 있다.

IoT는 지구 생태계를 더 잘 관리하기 위해 자연환경에도 재빨리 응용되고 있다. 한 예로 숲속에 심어놓는 감지기는 산불의 위험을 악화시킬 수 있는 상황을 소방관들에게 알린다. 과학자들은 도시·교외·농촌 지역에 깔아놓은 환경 감지기들을 통해 공기오염의 수준과 건강에 주는 위험도를 측정하여 시민들에게 알릴 수 있다.

리프킨의 인용한 중국 베이징 주재 미 대사관의 사례는 우리의 흥미를 끈다. 2013년 미국은 베이징 대사관 건물 옥상에 감지기를 장착했다. 감지기는 중국 수도 상공으로 뿜어져 나오는 탄소량의 변화를 측정하여 그 데이터를 즉시 인터넷에 고시하여 베이징 시민들에게 대기오염의 위험 수준을 알렸다. 그 결과 중국 정부는 인근 화력발전소의 탄소 배출량을 줄이는 동시에 도로를 달리는 자동차의 운행량과 수도권 지역 내 에너지 집약 공장들의 생산을 제한하는 과감한 조치를 취하도록 압력을 가하는 효과를 낳았다고 한다(Rifkin 2014 p.12).

이상의 사례들에서 우리는 커뮤니케이션 IoT, 에너지 IoT 및 물류 IoT 가 각기 해당 부분에서 제대로 움직였음을 알 수 있다. 리프킨이 꼽은 3 대 IoT들은 제각기 따로 작용하지 않고 서로 하나로 통합되어 움직이고 있다.

리프킨이 대표적 공유 사례로 꼽은 것 중에는 1999년 설립된 음악 파일 공유사이트 '냅스터Napster'가 있다. 음악 애호가들은 냅스터를 통해 무료 로 MP3 파일을 공유하게 되었는데 그러자 음악 시장에 대혼란이 일어났다. 그에 따르면 "MP3와 비슷한 현상이 언론과 출판 시장을 뒤덮었다." 공유사 회에서 소비자들은 돈을 주고 콘텐츠를 이용하지 않고 공유를 통해 서비스 를 이용한다(뉴욕타임스 2014년 3월 16일 리프킨 칼럼).

냅스터는 세계 최초의 P2P 음원공유音源共有 서비스를 말한다. 우리나 라 소리바다 등의 원조라 부를 만하다. 이 공유서비스의 창설자는 미국 의 프로그래머 숀 패닝Shawn Fanning(1980~)과 그 친구이자 투자자였던 숀 파커Sean Parker(1979~)이다. 1999년 6월에 개업한 냅스터는 숀 패 닝의 인터넷 닉네임을 딴 것이다. 한창 인기를 끈 때는 등록 이용자 수만 도 8,000만 명에 달했었다. 하지만 다른 음반회사가 제작한 CD를 사용 했기 때문에 저작권 쟁의가 발생했다. 음악 아티스트들이 들고 일어났고 미국음반협회와 음반회사인 메탈리카, 닥터 드레한테서 거액의 소송이 제기되었다. 마침내 법원은 냅스터에 음원서비스 정지 명령을 내렸으며 2001년 7월 냅스터는 문을 닫았다.

리프킨은 공유경제가 에너지산업과 제조업, 교육산업에도 영향을 미치 고 있는 사실에 주목했다. 3D프린터의 등장으로 제조업 부문의 한계비 용은 '제로' 수준으로 떨어졌고, 개방형 온라인 교육과정이 생기면서부터 교육 부문에도 변혁의 파도가 일기 시작했다. 리프킨에 따르면 세상의 온갖 변혁을 주도하는 IT기술은 바로 IoT이다. 그는 6년 전 NYT 칼럼에서 각종 사물에 부착되는 센서의 수는 2020년에는 500억 개에 이를 것으로 전망했다.

(5) 5G와 '달리는 스마트폰'

황창규 KT 회장은 6년 전에 '달리는 스마트폰'이랄 수 있는 커넥티드카connected car가 도로를 누비는 세상을 전망했다. 2015년 3월 3일 스페인 바르셀로나에서 열린 모바일월드콩그레MWC-2015에서였다. 그의 전망은 제3장의 앞에서 간단히 언급한, 서울시의 자율모빌리티 실험을 통해 우리나라에서도 벌써 현실로 다가가고 있다. 커넥티드카의 혁신 조건은 5세대5G 이동통신 기술의 개발이다. 5G 기술은 비단 IoT에만 적용되지 않는다. 5G는 강점으로 지니고 있는 초저지연성超低遲延性과 초연결성超連結性때문에 4차 산업혁명의 다른 핵심기술인 가상현실과 증강현실, 자율주행, 인공지능과 빅데이터 처리에도 응용될 수 있다. 이 점을 의식한 황 회장의 발언은 구글Google, 애플Apple이 먼저 뛰어든 무인자동차, 커넥티드카의 개발에 한국의 대표적 이동통신사 중 하나인 KT도 마침내 참여의 깃발을 올렸음을 알린 신호였다. '달리는 스마트폰'으로 불리는 커넥티드카가 도로를 누비는 꿈같은 세상—참으로 착하고 영리한 이동휴대전화smartphone에다 참으로 똑똑한 스마트카가 서울에서 주행하는 날은 그리 머지않을 것이다.

황 회장은 〈5G로 가는 길〉이라는 주제로 MWC-2015 토론 세션에서 이런 기조연설을 했다—"무인자동차가 주변 환경을 파악하고 판단하려면 초당 1기가바이트gigabyte Gb(1,000Mb=1x10⁹byte)의 정보량을 처리할 수 있어야 한다." 컴퓨터에 저장되는 정보량의 기본단위는 바이트byte로 표시되는데, 8비트bits(bit는 binary digit의 약자. 8bit는 0과 1 이진수의 순열조합이 8개라는 뜻임)로 구성된 글자 하나가 1바이트이므로 그것의 10억(10^9)배를 가리키는 용량이 기가바이트가 된다. 참으로 어마어마한 컴퓨터의 저장량이다.

5G란, 정보통신의 최대 다운로드 속도 20Gbps, 최저 다운로드 속도 100Mbps인 이동통신 기술을 가리킨다. 이전 세대 기술인 4G 이동통신과 비교하면 속도가 20배쯤 빠르며 처리 용량은 100배나 많다. 이는 5G가 4G에 비해 어마어마하게 많은 양의 컴퓨터 데이터를 거의 지연됨이 없이 빠르게 처리한다는 뜻이다. 구체적으로 5G 이동통신은 ▶4G의 LTE(Long Term Evolution)와 비교하여 최대 전송속도가 20배 빠르며(초고속성) ▶10분의 1 수준의 지연시간으로(초저지연성) ▶100배 높아진 전송 가능 트래픽traffic과 함께 단위 면적(1평방km) 당 접속 가능 기기 100만 개(초연결성) 등의 특징을 갖고 있다. 4G가 스마트폰에나 적용할 수 있던 기술이라면 5G는 그것뿐만 아니라 사실상 모든 첨단기기들과 손쉽게 연결될 수 있는 기술이다. 스마트폰과 태블릿PC 등 이동통신 기기의 폭발적 증가와 데이터 량의 급증을 감당할 수 없게 되자 이 문제를 해결하기 위해 등장한 기술이 5G이다. 따라서 5G를 활용하면 우리는 가상현실 VR, 증강현실AR, 자동차의 자율주행, 사물인터넷IoT, 인공지능AI, 지능 로봇, 빅데이터 처리 등을 비교적 손쉽게 실현할 수 있게 된다.

그래서 황 회장은 "'커넥티트 자동차' 수십 억 대가 동시다발적으로 정보를 주고받으려면 수많은 기기가 끊김 없이 연결되도록 하는 5G 기술이 필요하다"고 강조한 것이다(중앙일보 2015년 3월 4일).

"스타트업과 함께 성장하는 생태계를 만들며, 이를 통해 성장동력도 찾겠다."─ 같은 바르셀로나 회의에 참석한 장동현 SK텔레콤 사장도 새로운 사업포부를 그와 같이 밝혔다. 그의 주된 관심은 IoT가 지원하는 스타트업start-up(창업 초기 기업)에 있다. 그는 개방형 IoT 플랫폼인 모비우스를 상용화할 계획임을 밝혔으며 이 사업은 몇 달 뒤 현실로 되었다.

모비우스는 SK텔레콤과 전자부품연구원이 공동개발한, IoT 기기와 앱이 작동하도록 돕는 일종의 운영체계Operating System OS이다. 모비우스가 상용화되면 스마트폰과 연동되는 IoT 기기나 앱을 개발하는 스타트업이 손쉽게 IoT 관련 서비스와 제품을 개발할 수 있다.

3_ 인공지능AI

(1) 알파고, 바둑 9단을 꺾다

인공지능AI=Artificial Intelligence은 이제 친숙한 일상어가 되었다. 2016년 3월 서울에서 개최된 세계 최정상급 기사棋士인 한국의 이세돌 9단과 알파고AlphaGo와의 대국對局이 TV로 생중계되자 전국의 바둑애호가들은 물론이고 일반 시청자들마저 둘의 대국에 눈길을 모았다. 인간과 기계의 '세기의 대결'은 아쉽게도 알파고의 4대1 압승으로 끝났다. 바둑애호가와 일반인들은 깜짝 놀랐다. 기계가 그것을 만든 인간의 지능을 이기다니! 이세돌은 알파고에 충격적인 2연패(두 번 모두 불계패不計敗)를 당하고는 이런 심정을 토로吐露(속내를 드러내어 말하다)했다. "굉장히 놀란 것은 어제(3월 10일)다. 충분히 놀랐다. 이제는 할 말이 없는 정도가 아닌가 싶다. 내용상으론 정말 완패였다. 한순간이나마 앞선 적이 한 번도 없었다." (연합뉴스 2016년 3월 10일).

알파고는 구글Google의 딥마인드사가 개발한 〈바둑을 두는 인공지능 컴퓨터〉. 2015년 가을 인간과의 첫 대국 때만 해도 프로 2단 정도의 실력이었다. 그러나 그동안 슈퍼컴퓨터 1천5백대 정도의 암기 및 연산演算 능력을 갖추고 수백만 번의 기보棋譜의 암기·반복 훈련을 거듭한 끝에 알파고는 프로기사 9단을 능가할 만큼의 실력을 갖췄다고 구글개발팀은 말했다.

대국對局의 심판을 맡은 이다혜 4단은 "프로기사들이 '이렇게 두면 안된다'라고 생각하는 대표적인 개념들이 있는데 알파고는 인간의 그런 개념을 완전히 깨는 수들을 뒀다"면서 "프로기사들이 깜짝 놀랄 만한 수를 두는 것을 보고 확실히 인간과는 다른 체계를 알파고가 갖고 있다는 느낌을 받았다"라고 말했다. 박승철 7단도 "알파고가 부분적으로 아주 이상하고 이해가 안 가는 수를 두었는데, 지나고 보면 이세돌한테 형세가 불리해졌다"고 털어놓았다(연합뉴스 2016년 3월 10일).

아마추어 바둑 6단 기력棋力인 소설가 성석제(당시 56세)는 이런 관전평을 내놓았다.

이세돌 사범이 인공지능 컴퓨터와 실력을 겨룬다는 얘기를 처음 들었을 때 李 사범의 5대0 스트레이트 승리를 의심치 않았다. 지금까지 (기계의) 새로운 바둑 프로그램이 개발될 때마다 매번 겪어 봤지만 번번이 실망해서다. 기계의 실력은 항상 소문보다 형편없었다. 바둑은 단순한 게임이 아니다. 서예처럼 어떤 도道를 지향한다. 우리가 잘 모르는 유현幽玄한 세계, 숨겨진 진리가 그 안에 있을 거라는 막연한 외경심을 품어 왔다. 상대의 호흡과 표정 변화, 땀, 냄새⋯. 사소한 것들이 승부에 미묘한 영향을 끼치는 바둑은 불완전한 인간의 안타까운 정신 예술이기도 하다. 묘수는 물론 실수까지 주고받으며 무아지경 상태에 빠진 두 대국자는 결국 후세에 길이 남을 명국을 함께 만들어 가는 동반자 관계를 형성한다. 오직 이기는 게 목적인 차가운 기계 앞에서 바둑의 그런 미덕은 그야말로 형해形骸만 남기고 사그라질 수밖에 없다. 그래서 더욱, 컴퓨터의 인지 · 학습 능력이 아무리 뛰어나다 해도 인간 최고수最高手에게는 턱도 없을 거라고 생각했다.⋯

어제와 오늘, 알파고가 보여준 바둑은 인간이 경험한 적이 없는 세계였다. 李 사범은 인간을 대표해 미지의 세계와 조우했다. 존경하던 고수가 무참히 패배하는 모습을 보며 마치 내 존경심이 무시당하는 느낌이었다(중앙일보 2016년 3월 11일).

'인간답지 않은' 알고리즘

알파고와 같은 인공지능은 컴퓨터의 알고리즘에 의거하여 주어진 문제를 풀며 일정한 목표에 도달하려 한다. 문제의 해법을 찾는 일에는 사람이 할 수 있는 것도 있고 컴퓨터만이 할 수 있는 것도 있다. 서울대학교 컴퓨터공학부 문병로 교수에 따르면 알고리즘에는 두 부류가 있다. "알고리즘은 인간의 사고와 분리해서 생각할 수 없다. 전통적인 알고리즘은 대개 시간만 충분하면 인간이 할 수 있는 일을 대신한다. 해답을 찾는 과정도 인간의 머릿속에서 먼저 구상하고 이 과정을 알고리즘으로 구현한다." 문 교수는 이런 종류의 알고리즘을 '인간다운' 알고리즘이라 불렀다. 대학의 학부생들이 배우는 대부분의 알고리즘은 이 부류에 속한다. 1980년대 AI 분야를 풍미하던 전문가 시스템도 이 부류에 속한다고 한다.

알고리즘의 의미를 사전에서 찾아보면, '특히 컴퓨터로 어떤 수학적 문제를 풀거나 어떤 목표를 달성하기 위한 단계적 절차'(Merriam Webster's Collegiate Dictionary)로 나와 있다. 좀 더 의미의 폭을 넓히면, 컴퓨터의 알고리즘은 문제의 해법을 찾는 일뿐만 아니라 사람이 머리로 주어진 문제를 푸는 일, 수학적인 것과 비수학적인 것까지 모두를 포함한다. 영어 algorithm이 어떤 연유로 알고리즘으로 옮기게 되었는지는 그 말의 어원語源을 보면 알 것이다. 알고리즘은 압달라 무하마드 이븐 무사 알-화리즈미Abdallah Muhammad ibn Mūsā Al-Khwārizmi라는 9세기 수학자의 이름에서 유래했다. Al-Khwārizmi가 중세라틴어 algorismus로 표기되었다가 1890~1895년에 algorism으로 바뀐 뒤 다시 algorithm으로 변형되어 오늘에 이른다고 전해진다.

문 교수는 알파고가 이세돌을 이겼을 때 "컴퓨터 분야의 사람들조차 알파고는 모든 경우의 수를 계산해놓고 이세돌을 농락하고 있다"는 착각을 했을 것이라고 말한다. 공간 탐색에 익숙하지 않으면 그런 착각을 한다. 바둑이 얼마나 어마어마한 문제들의 공간을 갖고 있으며 알파고는 그런 문제 공간의 크기에 비해서는 쥐꼬리만한 탐색 실력밖에 갖추지 않는다는 사실을 이해하는 사람은 드물 것이라 한다. 그에 따르면 "인간을 보는 두 가지 대조적인 관점이 있다. 하나는 인간이 우주에서 특별한 사명을 가진 존재라는 관점이며 이런 관점의 인간은 신의 외양을 재현하고 철저히 합리성을 추구하는 존재다. 다른 관점은 인간은 불완전한 존재이고 진화의 과정에서 우연히 운 좋게 지구를 지배하게 된 고등 영장류라는 관점이다." 이런 관점의 인간은 불완전하고 비합리적이고 동물적인데, 전통적인 알고리즘은 전자의 관점에 맥이 닿아 있다. 반면 최근 논점으로 부각한 컴퓨터의 알고리즘들은 후자의 관점과 통한다. 애당초 인간이 할 수 있는 일을 대신하는 정도의 것으로 믿었던 '인간다운' 알고리즘—그것은 지금 역설적으로 '인간답지 않은' 알고리즘이 되어 우리의 삶을 이끌어가고 있는 듯하다(중앙일보 2020년 6월 4일 「문병로의 알고리즘 여행」).

(2) '실용주의 혁명' : AI의 발전 약사

인공지능이 사람의 지능을 얼마만큼 앞질러 발전할 것인지를 예상하려면 AI의 발전 약사略史를 살피는 것이 지름길일 것이다.…AI의 발전사는 인간 존재의 사고방식과 문제 해결 능력을 단지 모방하는 일에 그치지 않고 실용적 목적을 달성하기 위한 좀 더 창의적이고 상향식으로 진화한 것으로 요약할 수 있다(Susskind 2020 pp.50~52).

튜링의 꿈과 미국 다트머스대의 첫 도전: 1947년 2월 20일 열린 런던수학협회 회의에서 앨런 투링Alan Turing(1912~1954)은 '지능을 발휘하는' 계산기에 관한 아이디어를 발표했다. 제2차 세계대전 중 적군의 암호를 푸는 해독반원으로 활약했던 영국의 탁월한 컴퓨터 과학자 중 한 사람이었기에 그의 강연은 진지하게 받아들여질만했다. 그럼에도 반응은 뜻밖에도 냉랭했다. 할 수 없이 튜링은 일 년이 채 지나지 않아서 그 주제에 관한 새 논문을 다시 써야겠다고 마음먹게 되었다. '지능 행위를 보여줄 수 있는 기계'에 반대의사를 표시한 연구자들을 설득하기 위해서였다. "아무런 논의도 해보지 않고 그것(지능행위를 발휘하는 기계)이 가능하지 않다고 지레 상정"해 버린데 대해 튜링은 분노를 숨기지 않았다. 영국 국립물리연구소National Physical Laboratory NPL에 낸 논문 〈지능 기계: A. M. 튜링의 보고서〉(Intelligence Machine: A Report by A. M. Turing)에서 그는 이렇게 지적했다. 반대자들은 "순전히 감정적"인 데가 있으며 "지적 능력에서 인간에게 필적할 수 있는 경쟁자가 있을 수 있다는 가능성을 인정하지 않으려는 의도"를 갖고 있다. 한 예로 튜링은 "그런 기계를 만들려는 시도야말로 프로메테우스(신의 뜻을 거역하며 불을 만든 자)와 같은 불경不敬을 범하는 행위라고 믿는 종교적 신념"을 꼽았다(Susskind 2020 p.47).

그로부터 10년이 채 지나지 않아 튜링의 꿈은 미국에서 여물기 시작했다. 4명의 미국 과학자들—존 매카시John McCathy, 마빈 민스키Marvin Minsky, 내서니얼 로체스터Nathaniel Rochester 및 클로드 섀넌Claude Shannon—에 의해서였다. 그들은 록펠러재단으로부터 연구지원금을 받아 다트머스대학Dartmouth College에 10명의 연구팀을 구성했다. '인공지능Artificial Intelligence AI'이란 말은 이때 매카시의 신조어로서 탄생했다. 엄선된 연구팀 성원들이 한여름만 함께 연구에 몰두한다면 "의의 있는 성과"를 낳을 수 있으리라고 그들은 기대했었다. 그러나 1956년 여름 다트머스대학에서의 '인공지능' 창조는 현실로 찾아오지 않았다. 무엇이 잘못된 것일까?

애당초부터 대부분의 AI연구자들은 인간지능을 모방하면 그것을 만들 수 있으리라고 상정했다. 주어진 과제를 착실히 수행하는 기계를 제작하는 일은 인간의 지능이 똑같은 과제를 어떻게 수행하는지를 세밀히 관찰하고 동시에 그 과정을 그대로 복제copying만 하면 가능할 수 있다고 그들은 믿었다. 인간이란 존재는 살아 있는 지구상의 존재들 가운데서 어느 종種도 감히 맞설 수 없는 '가장 유능한, 생존하는 기계'가 아닌가? 이런 인간의 이미지를 그대로 본떠서 새로운 지능기계를 만들면 되지 않는가? 이런 접근방식을 신봉한 연구자들은 지능기계의 생산에 대해 낙관적인 포부를 간직하고 있었다.

인간을 복제하는 작업은 여러 갈래의 형태로 진행되었다. 어떤 이는 인간 뇌腦의 실제 구조를 그대로 복제하고 인공신경세포artificial neuron의 네트워크를 그대로 만들려고 했다. 다트머스대학팀 중에는 마빈 민스키가 이 방향의 PhD 논문을 쓰는 등 선두주자 역할을 했다. 다른 이들은 심리학적 접근을 강구하면서 인간의 뇌가 관여하는 것으로 보이는 사고과정과 추리과정을 모방하려고 시도했다. 제3의 접근법은 인간이 따르는 것으로 보이는 규칙rules들을 끄집어내서 이 규칙들에 기초하여 기계에 내릴 지시들을 작성하려고 했다.

이러한 방법론은 초기 AI 개척자들의 언어에 그대로 반영되어 나타났다. 튜링의 주장을 보면, "사람이 마음으로 하는 행위를 아주 세밀하게 모방模倣하는 기계를 제작할 수 있다"라는 입장이 견지되고 있다. 한마디로 요약하면, 과제를 수행하는 인간의 마음과 행위 과정을 그대로 철저히 복사하기만 하면 인간을 닮은 AI를 만들 수 있다는 신념이 초기 개척자들의 머리를 사로잡고 있었다.

모든 사람이 다 인간을 닮은 기계의 제작에 관심을 가진 것은 아니었지만 동시대 같은 부류의 사람들 대부분은 그런 접근법에 끌려가고 있었다. 그러나 궁극적으로 인간을 닮은 기계를 만들려는 시도는 성공하지 못했다. 초기에 터져 나왔던 탄성과 열정 그리고 낙관적 입장에도 불구하고 이렇다 할 진전은 AI에서 이룩되지 않았다. 과학자들이 온갖 노력을 다 기울였음에도 인간을 모방했다는 '기계들'은 서양장기 게임에서 최우수 선수를 꺾을 수 없었다. 그 '기계들'은 고작해야 한 줌이 좀 넘는 문장들을 번역할 수 있거나 아니면 아주 단순한 대상들을 식별하는 수준을 벗어나지 못했다. 그래서 "1980년대 말은 'AI의 찬 겨울'로 알려지게 되었다. 연구기금은 고갈되었으며 연구의 속도도 떨어졌다. 그 분야에 대한 관심도 멀어져 갔다. 수많은 이들의 희망을 하늘 높이 매달았던 'AI 제1파波'(1956~1980년대 말)는 이렇게 실패로 끝났다."(Susskind 2020 p.50).

AI 제2파와 '실용주의 혁명': AI 제2파는 1997년에 일어났다. 이 시기는 서양장기Chess의 명인名人이라 할 수 있는 딥블루Deep Blue와 바둑계의 제왕 자리를 차지한 알파고의 시대에 해당한다. 1997년은 IBM 소유의 딥블루가 당시 서양장기의 제왕이던 개리 카스파로프Garry Kasparov를 누르고 챔피언이 된 바로 그 해다. 딥블루의 등극은 세상 사람들의 이목을 완전히 끌어잡은 대사변이었다. 더욱 놀라운 일은 딥블루가 어떻게 그런 세기적 성과를 거둘 수 있었느냐에 있었다. 딥블루는 카스파로프의 창의성과 통찰력 또는 그의 천재성을 복제複製하려 하지 않았다. 딥블루는 그의 사고 과정을 복사하거나 그의 추리 과정을 흉내내려고도 하지 않았다. 대신 딥블루는 방대한 양의 처리능력과 데이터 저장량을 이용하여 단 1초 만에 3억 3천만 수手(move: 체스와 바둑에서 말馬이나 바둑알을 번갈아 움직이며 두〔놓〕는 동작)를 삽시간에 헤치며 뚜벅뚜벅 걸어나간 것이다. 체스 세계의 제패자制覇者인 카스파로프가 한순간에 고작 1백 추정수推定手까지만 움직인 것에 비하면 실로 놀라운 인공지능의 능력이었다.

딥블루가 인간의 지능을 눌러 이긴 비결은 무엇일까? 서스킨드는 그것을 '실용주의적' 사고와 실천에서 찾는다. 그에 따르면 딥블루의 성공이 있기까지 대부분의 AI연구자들은 '순수파' purists에 속한다. 순수파는 인간 존재가 지능적으로 행동하는 과정을 면밀히 관찰하여 인간을 꼭 닮은 기계를 만들려고 노력하는 연구자들을 가리킨다. 그러나 딥블루의 설계 방식은 그와 달랐다. 딥블루 제작자들은 인간의 해부학적 구조라든가 인간의 추리행위나 특정한 전략행위를 복사하려고 하지 않은 '실용파' pragmatists였다. 그보다는 인간이 과제 수행에 임할 때 지능을 요구하는 그 과제를 받아들여서 "근본적으로 다른 방식으로 그 과제를 수행하는 기계"를 제작한 것이다. "AI를 찬 겨울로부터 끌어낸 것은 다름 아닌 **실용주의 혁명**이다."(Susskind 2020 p.50). AI 제2파는 이 실용파가 주도했다.

알파고와 이세돌 9단의 세기적 명대국을 주의깊게 관찰한 두 명의 고수高手들이 앞에서 내놓은 관전평은 바로 AI의 '인간과 아주 다른 파격적 행보'를 그대로 반영하고 있다. 심판을 맡았던 이다혜 4단이 "프로기사들이 '이렇게 두면 안 된다'라고 생각하는 대표적인 개념들이 있는데 알파고는 인간의 그런 개념을 완전히 깨는 수들을 뒀다"면서 "프로기사들이 깜짝 놀랄 만한 수를 두는 것을 보고 확실히 인간과는 다른 체계를 알파고가 갖고 있다는 느낌을 받았다"라고 한 발언이라든가 "알파고가 부분적으로 아주 이상하고 이해가 안 가는 수를 두었는데, 지나고 보면 이세돌한테 형세가 불리해졌다"고 털어놓은 박승철 7단의 대국평은 그대로 알파고의 인간답지 않은 '실용적 실천전략'을 설명해 주고 있다.

이상은 AI가 이미 인간의 지능한계를 훌쩍 뛰어넘어서 높은 단계로 진화했음을 입증하고 있다.

알파고 승리의 비결: AI라는 '생각하는 기계'가 인간의 지능 수준을 돌파하기 시작한 시기는 2015년이다. '인간의 능력을 본뜬 기계'를 만들려는 꿈을 실천에 옮긴 「다트머스 모임」 때(1956)부터 기산起算하면 인간은 60년 만에 비로소 그 꿈을 실현했다. 단순히 실현 정도에 머문 것이 아니다. 인간의 지적 능력을 놀라우리만큼 초월하는 유능한 기계를 만드는데 인간이 성공한 것이다. 이는 경악스런 사태이다. 서스킨드는 이를 '실용주의 혁명'이라고 불렀는데 그렇다고 그것이 AI 연구자들의 초기 시도試圖를 깡그리 무시한 것은 물론 아니다. 오늘날 실용파의 가장 위대한 성공들 가운데는 인간 존재를 복제複製 copying하려는 초기 기도企圖들에서 발전한 것들도 있다. 그 한 예가 '인공 신경세포neuron 네트워크' ― 이 네트워크는 인간 뇌의 활동을 모방하기 위한 시도로서 처음 만들어졌다―로 알려진 것이며 가장 유능한 '생각하는 기계들' 중 대부분은 여기에 의존하고 있다. 그렇다고 해서 오늘날에도 **인간의 해부학적 구조를 얼마나 철저하게**how closely **본뜨느냐**imitate에 따라서 이들 신경세포 네트워크를 판단해서는 의미가 없다. 대신 그것들이 **주어진 과제를 얼마나 잘 수행하느냐**에 따라서 전적으로 실용주의적으로 평가받아야 할 것이다(Susskind 2020 p.52).

최근에 해결과제의 수행에 있어서 인간 능력을 훨씬 뛰어넘는 탁월한 성과를 거둔 AI는 이 절節의 모두冒頭에 소개한 알파고AlphaGo다. 서양장기 챔피언과의 게임에서 승리를 거둔 딥블루보다 약 20년 뒤에 세상에 얼굴을 내민 알파고―이들 두 인공고수 사이에는 현격한 지적 능력의 차이가 보인다. 이 점은 서양장기보다 동양의 바둑이 훨씬 더 복잡한 게임임을 말해준다. 바둑의 경우 게임 규칙 자체는 어렵지 않으나 한 기사가 상대방과 바둑알을 하나하나 번갈아 놓으면서 자기의 집을 짓는 수와 수가 조합하는 가능성의 범위가 엄청나게 크다. 다시 말하면 대국하는 기사가 바둑 한 알을 어디에다 둘 것인지에 대한 가능성의 수가 어마어마하게 방대하다는 뜻이다.

게임이 시작되면 체스의 경우 선번先番 기사棋士가 선택할 수 있는 가능성의 수는 20개에 불과하지만 바둑의 경우 흑번黑番 기사는 무려 361(19줄x19줄) 가지에 달한다. 첫 기사 다음의 상대방이 대응을 한 다음에는 체스에서는 가능성의 수가 400가지가 된다. 그러나 바둑의 경우에는 129,960 가지나 된다. 대국하는 각 선수가 각기 두 개의 장기 말이나 바둑알을 두고 나면 체스는 71,852가지로 늘어나지만 바둑의 경우는 무려 약 170억 가지로 급증한다. 두 선수가 각기 석 점을 두면(체스는 세 말을 움직이면) 체스는 가능성의 수가 약 9백 3천만 가지가 되지만 바둑은 약 2.1x10의 15승(0이 15개나 붙음)이 된다. 기껏해야 조兆 단위의 숫자에만 익숙한 우리로서는 경京이라는 감히 헤아릴 엄두가 나지 않는 규모의 숫자와 만난다. 간단한 비교를 하면 단지 석 점만을 두었을 경우 바둑 기사가 선택하는 가능성의 수는 체스의 2억 3천만 배에 달한다(Susskind 2020 pp.52~53).

이상과 같이 제시한 숫자의 비교에 익숙하지 못한 사람을 위하여 나는 다른 비유를 예시하고자 한다. 바둑판에 그려진 가로x세로의 줄이 만드는 대국 최초의 수는 19x19=361 가지에 지나지 않는다. 그러나 기사가 두는 바둑돌의 수가 차츰 늘어나서 게임의 마지막 단계에 이르면 그 가능성의 수는 "우주에 있는 원자原子 atom의 수보다도 엄청나게 훨씬 더 방대하며 따라서 장차 그 수들 하나하나가 무엇을 만들어갈지, 그 흥미진진한 수열數列 sequence을 분석하려고 나서는 따위의 시도는 금방 부질없는 짓으로 판명되고 만다."(Tegmark 2017 p.87).

그렇다면 대국하는 기사들은 상대의 수를 어떻게 읽어서 자기의 수를 두는 것일까? 미국 MIT대학 물리학 교수이자 생명의미래연구소The Future of Life Institute FLI 총재인 맥스 테그마크는 그 답을 이렇게 제시한다—"(가능성의 수가 엄청나게 방대하기 때문에) 기사들은 잠재의식에 의거한 직관直觀에 크게 의존하여 의식상意識上의 논리적 추리 과정을 보완해 가는데 고수高手들은 어느 수가 강하며 어느 수가 약한지를 알아차리는 거의 신묘한 감촉을 개발하게 된다."(Tegmark 2017 p.87).

알파고-제로 AlphaGo Zero의 등장: 알파고는 체스의 딥블루가 취했던 방식을 취하지 않았다. 방금 앞에서 설명한 대로 바둑의 수는 체스보다 아주 훨씬 더 복잡하고 엄청나게 많았기 때문에 알파고는 전혀 다른 방도를 찾았다. 우선 최고수급 기사들이 둔 게임으로부터 3천만 가지의 수를 복기復碁하고 난 다음에 혼자서 시합을 수없이 반복하면서 실전 경험에서 많은 수를 배웠다. 그리고 수천 게임을 이겼고 거기서 통찰력을 키웠다. 이런 식으로 연습을 함으로써 알파고는 인간 바둑챔피언들을 이길 수 있었다. 알파고의 세계 제패는 거기까지였다. 그 뒤에는 알파고 제로 AlphGo-Zero가 등극했다.

이 새로운 인공지능 시스템은 인간의 수준을 초월하는 대단히 높은 단계에 도달해 있었으므로 인간이 지닌 잔여 역할의 씨를 모조리 말려버렸을 정도다. 알파고는 인간 고수들이 둔 바둑 시합들의 사례를 모아 그것들을 연구함으로써 지능능력을 키웠는데 어떤 의미에서는 까다롭고 어려운 컴퓨터 작업의 많은 부분을 고수들의 시합에 의존하고 있었다고 말할 수 있다. 그러나 알파고-제로는 몇 살 더 먹은 그의 사촌과는 전혀 다른 길을 걸었다. 인간 고수들의 시합을 복기할 필요도 없었으며 인간 고수한테서 대국에 관한 뭔가를 알 필요도 없었다. 알파고-제로는 인간의 능력을 흉내 내려고도 전혀 하지 않았다. 이 인공지능이 필요로 했던 것은 오로지 게임의 규칙들뿐이었다. 그 규칙들만 알려주면 혼자서 사흘 동안 게임을 하면서 자기 자신만의 데이터를 생성했다. 그 결과 나이 많은 사촌 알파고의 자산을 쓰레기 더미에 내던져버렸다(Susskind 2020 p.53).

그러나 알파고와 알파고-제로에는 그것들이 처리하는 정보의 질에 문제점이 있었다. 바둑판의 수를 읽는다는 작업은 미리 잘 선정되어 짜여진 정보의 비밀을 찾아내는데 그 묘수가 있었다. 이 점은 체스의 경우에도 해당한다. 말하자면 바둑판과 체스판의 줄과 줄 사이에 숨은 정보는 미리 선택된, 그러나 인간이 모르는 그런 '완벽한 정보'perfect information였다. 인간 생활에서 일어나는 정보는 체스·바둑판 정보와는 판이하다. 체스와 바둑에서는 선수들이 판 전체와 상대의 수를 전부 읽으며 파악할 수 있는 것이었지만 인간세상의 실제 삶은 전설적인 수학자인 존 폰 노이만John von Neuman이 말했듯이 "허풍과 사소한 속임수 그리고 내가 의도하는 것을 염두에 두고 다른 사람에게 '당신은 무엇을 생각하는 거죠?'라고 짐짓 묻는 식으로 짜여 있다."(Susskind 2020 p.53). 이처럼 잡다하게 막무가내로 뒤엉켜 있는 실제 생활의 정보를 과연 내로라는 알파고-제로가 읽어낼 수 있을까?

　게임판에서 그와 비슷한 경우를 찾아보면 그처럼 뒤죽박죽된 정보가 널려 있는 곳은 포커판이다. 이기기 위해서 허풍치기와 속임수가 난무하는 판이기에 AI연구자들은 쉽사리 자동화하기가 어려웠다. 그럼에도 연구자들의 집요한 의욕과 기업의 상업적 야심은 마침내 포커 게임마저 자동화하는 인공지능 기계인 딥스택DeepStack을 개발하는데 성공했다. 캐나다와 체코공화국의 연구팀이 2017년 두 사람만이 맞상대하는 포커 게임에서 프로 포커꾼을 누른 것이다. 알파고-제로와 마찬가지로 딥스택 역시 프로 포커꾼들이 놀았던 과거 게임들의 수를 재점검하는 데서 승리의 전술을 찾아내지 않았고 포커꾼들이 예전에 미리 개발해 놓은 교묘한 전략을 따르지도 않았다. 그 대신 딥스택은 무작위로randomly 만들어진 수백만 차례의 게임들을 탐구하며 이기는 전술을 익혔다. 2019년 페이스북Facebook과 카네기멜런대학은 AI포커 선수를 한 단계 높은 수준으로 향상시킨 플루리버스Pluribus란 이름의 AI선수를 창조하는데 성공했다. 플루리버스도 세계 최고의 프로 포커꾼을 패배시키는 탁월한 성능을 과

시했다. 플루리버스 역시 인간의 아무런 지원도 받지 않고 순전히 "엉망인 상태에서부터" 불과 2~3일의 학습과정을 거친 끝에 자기 자신을 복제한 AI포커꾼이 되었다(Brown et al. 2019. Susskind 2020 p.54).

이로써 세상은 마침내 본격적인 인공지능이 인간의 능력을 대신하는 시대로 진입했다.

4 _ AI, 인간을 뛰어넘을 수 있을까?

(1) AI도 자율학습을 한다

허풍과 간교한 속임수까지 쓰는 프로 포커꾼을 AI선수 플루리버스가 이겼을 때 우리가 먼저 던지고 싶은 질문은 앞으로 점점 더 진화하고 있는 AI가 모든 면에서 인간을 뛰어넘을 수 있을까? 이다. 이 물음은 심지어 예술창작의 분야에까지 두각을 나타내는 AI(이 부분에 대해서는 다음의 별도 절節에서 설명한다)가 인간이 여태까지 해온 모든 일들을 접수하여 인간을 '할 일 없는 건달'로 만들지 않나 하는 우려와도 연결된다. 생각만 해도 으스스한 느낌이 든다. 예상대로 그런 세상이 다가오고 있는 걸까? 이 물음에 대한 답을 찾기 전에 나는 한국의 한 AI전문가의 견해를 인용하여 인공지능이 현재 어떤 단계에 있으며 앞으로 어느 단계까지 진화할 수 있는지를 살펴보려 한다.

우선 AI에 대해 말하고 싶은 사실은 AI도 자기 주도主導의 자율학습을 한다는 점이다. 자율학습을 한다는 것은 AI도 하나를 깨치면 열을 알아차릴 수 있다는 뜻이다. 그래서 AI는 앞으로 인간의 지시를 받지 않아도 스스로 자기 진화를 해나갈 수 있다고 한다. 아울러 진화의 속도도 점점 더 빨라지고 있다.

KAIST의 김정호 전기 · 전자공학과 교수는 이렇게 밝힌다.

인공지능의 힘은 무엇보다도 학습learning 능력에 있다. 인간은 학습의 속도와 분량과 정확성에서 AI를 도저히 따라갈 수 없다. 더욱이 AI는 타임머신을 타고 과거로 거슬러가서 반성까지 한다. 학습하면서 수없이 반성하고 다시 고친다. 백만 번도 더 고친다. 즉 기계학습machine learning(참고 ☞ ③을 참조할 것)의 결과물인 인공지능망과 그 가중치 벡터weight vector를 계속 스스로 수정한다는 뜻이다. 이를 '역전파逆傳播 학습' back propagation training이라 한다.…

이러한 AI의 학습 알고리즘 자체도 스스로 진화하고 있다. 기존의 학습 결과를 재활용하는 '전이학습' transfer learning 알고리즘도 사용되고 있다. 이는 특정 분야에서 이미 학습된 인공신경망Artificial Neural Network ANN 일부를 유사한 분야나 새로운 분야에서 재사용하는 학습 방법을 가리킨다. 그래서 학습 시간과 비용 그리고 필요한 데이터를 줄인다. 예컨대 사과 깎는 방법을 학습한 AI를 조금 변경하여 배를 깎는 인공지능으로 만드는 것이다. 사과와 배는 모양과 재질, 촉감 그리고 색깔이 다르다. 이렇게 한번 배운 AI의 이미지 판별 능력은 여러 곳에 재활용된다(조선일보 2020년 7월 22일 김정호 KAIST 전기 · 전자공학과 교수의 「AI시대의 전략」. *몇 군데를 인용자가 약간 윤문화했음).

김 교수의 AI의 미래에 대한 전망은 놀라울 정도이다. 마치 인간을 압도할 듯한 능력을 갖춘 AI의 모습을 그려내고 있다.

미래 인공지능 기술의 발전 방향은 효율화, 복합화, 근접화, 가상화假想化 그리고 탈인간화로 대표된다. 사람처럼 보고 듣고 말하고 창작하고 사유하며 동시에 자아를 가진 복합 인공지능이 개발된다는 뜻이다. 그리고 물리적으로 인간의 몸과 뇌에 더 가까이 설치된다. 먼 미래에는 인간의 뇌 속에 인공지능 컴퓨터와 데이터 센터가 들어갈 수도 있다. 그리고 마침내 모든 인공지능의 작업이 인간에 종속되지 않고 컴퓨터 안에서 일어난다. 이러한 가상화와 탈인간화를 통해서 '자기 주도主導' 능력과 '자율학습' 능력을 갖추게 된다(앞의 「김정호의 AI시대의 전략」에서).

김 교수는 글의 마지막 부분에서 디지털 혁신 시대에 KAIST가 배출하고자 하는 우수한 '인간 인재'의 조건 가운데 하나는 "높은 윤리 수준, 그리고 소통과 협업 능력"임을 강조하면서 이러한 조건은 미래의 인공지능에도 똑같이 요구되는 조건이라고 덧붙였다. '인간 인재의 조건'과 AI의 조건이 동일하다고 보는 그의 관점은 미래의 AI가 인간의 능력을 벗어나더라도 인간을 좌지우지하는 흉측한 '지능기계'로 진화하지 않도록 인간이 높은 윤리의식을 발휘해야 함을 경고하는 것으로 읽혀진다.

참고 ☞ ③Machine Learning, Deep Learning, Data Mining 및 ANN

인간의 지적 능력을 대신하기 위해서 만들어진 AI에는 머신러닝Machine Learning과 딥러닝Deep Learning이라는 학습기술이 적용된다. 정보처리 수준이 중간 단계에 속하는 머신러닝의 위치에서 학습능력의 수준을 측정하면 더 높은 단계에 AI가 있고 더 낮은 단계에 딥러닝이 있다. 머신러닝이라는 가계家系에서 보면, 높은 부류에 속하는 AI가 그보다 낮은 단계의 머신러닝과 더 낮은 단계의 딥러닝을 포괄하고 있다고 볼 수 있다.

Machine Learning기계학습: 인공지능의 부분집합subset으로서 스스로의 경험을 통해 자동적으로 지적 능력을 향상시키는 컴퓨터 알고리즘 연구분야가 여기에 속한다. 머신러닝 알고리즘은 어떤 대상에 대한 예측 또는 결정을 하도록 만든 명시적 프로그램이 없이 그런 예측을 하기 위해 훈련용 데이터Training Data(샘플 데이터라고도 함)를 기반으로 수학적 모델을 구축한다. 다양한 응용분야에서 사용되는 머신러닝 기술의 실례로는 이메일 걸러내기email filtering, 컴퓨터 비전computer vision을 들 수 있다. 이 경우 재래식 알고리즘을 개발하여 필요한 과제를 수행하기는 힘들다. 머신러닝은 컴퓨터를 이용한 예측에 초점을 둔 컴퓨터 통계학과 밀접한 연관이 있다.

Deep Learning: 딥러닝은 사물이나 데이터를 군집화하거나 분류하는 데 사용하는 컴퓨터 기술이다. 사람처럼 생각하고 배울 수 있도록 만들어진 딥러닝은 많은 데이터를 분류해서 유사한 집합들끼리 묶고 데이터들의 상하관계를 파악하는 기술이다. 대표적인 예로는 이세돌 9단과 대국한 알파고가 딥러닝 기술을 익혔다. 딥러닝과 머신러닝의 차이점은, 컴퓨터에게 먼저 다양한 정보를 가르쳐서 학습시킨 다음 그 결과에 따라 컴퓨터가 새로운 것을 예측하도록 하는 기술이 머신러닝이며, 딥러닝은 인간의 지도과정을 거침없이 컴퓨터가 스스로 배워서 미래의 상황을 예측할 수 있는 기술이다. 예컨대 여러 가지 개와 고양이 사진들을 컴퓨터에게 제시하여 '이것이 고양이다.' 라고 가르쳐준 다음 그 컴퓨터가 새로운 고양이 사진을 보았을 때 고양이임을 즉시 판별할 수 있도록 하는 기술이 머신러닝이라면 딥러닝은 스스로가 여러 가지 고양이 사진들을 보면서 고양이의 이미지에 대해 학습한 다음 새로운 고양이 사진을 보면 고양이임을 판별하게 하는 기술이다.

전문용어를 빌리면, 특정 문제를 해결하기 위해 만들어진 알고리즘에 따라 일정한 학습 상황을 인공지능에게 미리 배우게 하여 일하도록 만들어진 인공지능이 딥러닝 기술이다. 딥러닝은 웬만큼 구조화된structured 기술 즉 정형定型 pattern을 가진 기술이어서 구조화된 딥러닝deep structured learning이라고도 불린다. 달리 말하면 딥러닝은 표상학습representation learning(구체적인 모습을 띤 동화상이나 정화상 같은 대상을 가지고 그에 대한 학습을 시키는 것)을 갖춘 인공신경망 artificial neural network ANN에 기반을 둔 머신러닝 가계家系의 일부이다. 로봇 비서로 만들어진 아마존의 알렉사Alexa, 애플의 시리Siri, 마이크로소프트의 코타나Cortana 등이 딥러닝에 속한다.

Data Mining: 머신러닝과 관련된 연구 분야인데 다량의 데이터에 숨겨진 유용한 상관관계를 발견하고 가치 있는 정보를 뽑아내어 예측이나 결정에 이용하는 기술을 말한다. 이런 일련의 과정이 마치 금광에서 금을 찾아내는 것과 같다고 해서 탐광 또는 채굴이라는 의미를 지닌 mining이 사용되었다. 학습에는 인간의 학습 개입 정도에 따라 **지도**指導supervised, **비**非**지도**unsupervised, **반**半**지도**semi-supervised **학습의 3종류**가 있는데 data mining은 비지도 학습을 통한 탐색적 데이터 분석에 치중한다. 지도학습은 훈련용 데이터로부터 입력input 데이터의 규칙성을 산출output하여 예측하는 방법이다. 비지도는 인간의 개입이 없는 것이며 반지도는 둘을 절충한 것이다.

ANN인공신경망은 감각기관을 통해 전달된 외부 자극이 인간의 뇌에 전달되려면 신경망을 거쳐야 하듯 AI도 사람의 뇌를 흉내 낸, 생물신경계와 유사한 정보처리 신경망을 갖고 있다. 이것이 ANN인데 생물의 뇌와는 많은 차이가 있다. 특정하자면 ANN은 정적static · 상징적인데 비해 대부분 생물의 뇌는 가소적可塑的이어서 다이내믹하며 아날로그적이다.

(2) AI는 '감정 느낌이 없는 연산기계'

김정호 교수의 견해와는 대조적으로 서스킨드Daniel Susskind는 AI의 진화 과정을 설명하는 가운데 그것과 인간을 동일시하지 말도록 경고했다. 예컨대 인간이 만든 AI비서들—아마존의 알렉사Alexa, 애플의 시리Siri 및 마이크로소프트의 코타나Cortana—은 사람이 할 수 있는 것과 같은 '지능'을 발휘할 수 있지만 그 '유능함'은 '일부 경우'에 한정된 것이라고 한다. 알렉사, 시리 및 코타나 같은 AI여비서들은 묻는 말에 척척 응답하는 아주 '지능적이고 똑똑한' 여비서일 수는 있지만 그것들은—나는 이 대목에서 알렉사 같은 여비서들을 '그것들'이라고 부른 점에 유념하기 바란다—"인간 존재와 같이 생각하거나 추리하지 않는다"는 점이다. 한 예로 구글이 자체 개발한 AI여비서 두플렉스Duplex를 홍보하는 시범회를 2018년에 연 적이 있다. 두플렉스가 헤어살롱을 불러 예약하는 시범 장면을 본 뒤 접수 담당자는 "사람과 너무도 똑같은 억양으로 음 ~ 음~하는 목소리까지 내면서 말을 건네는 바람에 내가 기계와 말을 하는 생각이 전혀 들지 않았다"고 실토했다. 그럼에도 기계시스템이 아무리 인상적인 모습을 연출하면서 사람 흉내를 아주 근사하게 낸다할지라도 기계의 '지능'은 사람의 내면적인 의식 작용과 똑같을 수가 없다. "인공지능은 생각하지도, 느끼지도 않으며 사람이 하듯이 추리하지도 않는다. 기계는 의식이 없다not conscious."(Susskind 2020 p.56).

이세돌 9단이 알파고와의 대국에서 4대1로 패한 장면을 목격한 사회학자 송호근 서울대 사회학과 교수(2016년 3월 당시 직. 현재는 포스텍 교수)는 "어떤 해설자는 4국에서 승리하자 벅찬 울음을 터뜨리기도 했다. 사회학자인 필자는 알파고의 표정이 어떨까를 쓸데없이 궁리했는데 끝내 떠오르지 않았다. 고차원 알고리즘으로 프로그래밍된 연산기계였을 뿐이다."라고 말했다. '알파고의 표정이…끝내 떠오르지 않았다'라는 말은 유감스럽게도 알파고는 감정이 없는 '연산기계'일 뿐이라는 뜻과 통한다. 송교수는 이런 해설을 곁들였다. 인간의 뇌신경세포neuron는 약 1000억 개, 연결고리인 시냅스synapse는 100조 개에 달한다. 그런데 중간 마디가 고작 830만 개인 알파고가 이겼다는 사실은 인간 뇌에서 차지하는 셈 능력은 아주 작고 나머지는 감정 · 이성 · 느낌이라는 뜻이다. 요컨대 알파고에게는 감정 · 이성 · 느낌이라는 것이 전혀 없다는 것이다. 송 교수는 또 다음의 말을 잊지 않았다.

4국 마지막 화면에 떠오른 말, '알파고는 포기한다AlphaGo resigns'는 표현에 필자는 주목했다. 그것은 일인칭이 아니라 3인칭이었다. 패자의 희생을 요구하는 '굴복한다surrender'도 아니었다. 이세돌이 3국까지의 패배에서 당혹 · 체념 · 두려움 같은 변화무쌍한 표정을 비쳤던 것과는 대조적으로 알파고는 진땀도 흘리지 않았다. 구글의 데비스 허사비스와 그의 스탭들이 대신 당혹해 했다. 알파고는 복합적 감정을 연출하는 주체가 아닌 것이다. 그래서 3인칭이었고, 20세기의 폭력적 단어 '굴복한다'가 아니었다. 3국까지의 패배가 자아냈던 그 '으스스한 느낌'은 따라서 근거가 없다. 이세돌의 4국 78수가 베일에 가린 무의식의 공간에서 끌어올린 천재의 묘수였듯이 알파고는 셈 능력의 무한한 진보가 가능하다는 사실을 우리에게 일깨웠다(중앙일보 2016년 3월 19일).

알파고의 셈 능력이 '무한한 진보'를 향할 것이라는 송 교수의 전망은 앞에 소개한 김정호 교수의 견해와 동일하지 않는가?

이번에는 다른 관점에서 고찰한 AI의 미래를 바라보기로 하자.

(3) '범주 오류'에 빠지지 말라

'셈 능력의 무한한 진보가 가능하다' —이 말을 뒤집으면 AI가 인간의 지능을 훌쩍 뛰어넘는 비상한 지능의 보유자로서 군림할 때 인간을 지배하는 무서운 기계로 바뀔지도 모른다는 우려를 낳을 수도 있다. 하지만 알파고의 개발회사인 구글의 데이빗 허사비스 최고경영자CEO는 그런 걱정을 부정했다. 그는 "AI는 (축구의) 메시가 아니다. 지나치게 걱정할 필요가 없다. AI를 실험실의 조수처럼 활용하고, 최종 결정은 인간이 내려야 한다"고 말했다. 일부의 걱정처럼 AI는 인류를 위협하지 않을 뿐아니라, 인간이 해결하기 어려운 각종 난제를 해결하는데 도움도 주는 지능적 기계라는 것이 허사비스의 메시지다(중앙일보 2016년 3월 19일).

AI가 인간의 존재를 위협하는 공포의 무기로 바뀌지 않을까 하는 우려는 대부분 AI를 인간과 동일시하는 데서 생겨난다고 볼 수 있다. '프랑켄슈타인의 역습'과 같은 공포영화가 만들어진 이후 그런 두려움은 늘 존재해 왔다. 그러나 그런 말과 그런 공포는 인간과 기계를 동일시하는 데서 비롯된다. 인간을 대상으로 삼아 말하는 것을 기계에 그대로 적용하는 것은 잘못이라고 많은 철학자들은 지적했다. 이를 두고 그들은 '범주의 오류' a category mistake라고 불렀다.

'범주의 오류'란 이쪽 범주를 가리키는 말의 의미를 저쪽 범주에 사용하는 경우에 발생하는 오류를 가리킨다. 예컨대 〈나무가 말한다고 기대하지 않는다〉라든가 〈휴대전화가 화를 낸다고 보지 않는다〉처럼 우리는 기계가 '지능적'이며 '똑똑하기'를 기대하지 않는다. 서스킨드에 따르면 AI 분야의 연구가 막 시작했을 무렵 AI는 이름이 없었다. 그래서 연구자들은 궁리 끝에 "계산기계의 합리성"computational rationality라고 부르는 것이 좋다고 여겼었다(Susskind 2020 p.57). 이 용어는 '인공지능'만큼 홍미진진하고 우리의 호기심을 잔뜩 자극하지는 않지만 그런 기계가 하는 일을 딱 부러지게 묘사한 아주 그럴 듯한 말일 듯싶다. 요컨대 기계는 기계일 뿐 사람이 될 수는 없다는 것이 '범주의 오류'론 주창자들의 기본 견해이다.

'모든 기술은 정치적이며 가치를 지닌다'

'범주의 오류'론과 다르게 기술을 응시하는 또 하나의 관점이 있다. 우리는 이 점도 아울러 주목하지 않으면 안 된다. 세계경제포럼의 클라우스 슈왑Klaus Schwab 회장이 제시한 관점이다. 그는 해마다 세계 각국의 정계, 경제계의 지도급 인사들인 총리와 장관, 대기업 총수들을 스위스의 다보스라는 겨울철 리조트 마을에 모아놓고 '세계경제포럼'(일명 다보스포럼이라고도 불림)을 개최하는 바로 그 인물이다. 자신의 독자적 견해라기보다는 여러 분야의 많은 학자, 연구자, 기업가, 정책입안자 및 언론인과 수백 회의 걸친 대화와 인터뷰를 하는 과정에서 얻은 결론을 그가 정리한 것이다(Schwab 2018 p.16).

사람들은 흔히 기술을 인간을 돕는 '단지 도구에 지나지 않는다' 라고 여기기 쉽지만 그의 관점은 이와는 전혀 다르다. 기술은 "가치중립적 value-neutral이 아니고" "모든 기술은 정치적이며 사회적 욕망의 구현이다"라고 슈왑은 말한다. '모든 기술은 정치적이다' 라는 이 구절은 "기술이 정부를 대변하며 특정 정당의 정책노선을 취하거나 좌파나 우파로부터 어떤 방식으로든 생겨나온 것"이라는 뜻이 아니다. 그 말의 뜻은 "기술은 사회과정을 통해서 개발된 해결법이자 생산물이며 성취품이다. 그것들은 모두 인간과 제도를 대신하며 여러 가지 가정假定과 가치 및 원칙의 총체적 세트를 그 안에 품고 있으면서 사회에서의 권력과 구조 및 지위에 영향을 미친다."(Schwab 2018 p.32).

결국 기술은 우리가 사물을 생각하는 방법, 우리의 결정 방식, 우리 자신과 서로에 관해 우리가 어떻게 생각하느냐 하는 사고방식과 직결되어 있다. 다시 말해서 기술은 우리의 아이덴티티identity(동일성 또는 정체성)와 세계관 및 잠재적 미래와 이어져 있다. 핵기술에서 우주경쟁, 스마트폰, 소셜미디어, 자동차, 의료분야와 그밖의 인프라에 이르기까지 기술의 의미는―인간이 기술에 부여한 의미는 "그것 자체를 정치적으로 만든다." "기술과 사회는 반사적(재귀적再歸的) 방식으로 서로를 만든다. 기술이 우리가 만든 생산물인 것과 똑같이 우리도 또한 동시에 기술의 산물이다." (Schwab 2018. 46).

그렇다면 우리가 기술을 상대하는 가장 좋은 방법은 무엇인가? 슈왑은 인간중심적human-centered 사고를 제시한다. 기술이 인간의 통제권 밖에 있으므로 인간을 지배하게 된다거나 기술은 가치중립적이므로 그에 대한 사회적 책임을 지지 않아도 좋다 라는 두 갈래 길은 어느 쪽도 올바른 기술대처법이 아니다 라고 슈왑은 강조한다. 요컨대 기술은 인간이 그것을 사용하는 방식에 따라 고분고분 순응하는 기계로도 될 수 있고 인간을 공격하는 사나운 짐승으로도 될 수 있다는 것이 슈왑의 견해이다.

슈왑은 이런 방식으로 기술을 이해한 인간이 기계를 대해야 하는 세 가지 책임을 제시했다.

▶특정 기술에 묶여 있는 가치를 식별할 것

▶인간의 선택과 정책결정 과정에 기술이 어떤 영향을 주는지를 매일 이해할 것

▶기술 발전에 가장 영향을 잘 미치는 방법이 무엇인지를 해당 이해관계자stakeholders들과 더불어 결정할 것

참고 ☞ ④ 약AI와 강AI의 차이

AI는 크게 '强AI' 와 '弱AI' 로 나뉜다. 인류의 존립을 위협하는, SF영화의 등장인물인 슈퍼컴퓨터와 괴물로봇 등이 강AI이다. 이에 반해 알파고나 IBM의 왓슨(정식 명칭은 IBM Watson) 또는 외과 의사의 수술을 돕는 로봇의사나 회사의 여비서처럼 특정 목적을 달성하기 위해 한정된 분야에서만 사용되는 지능기계가 약AI이다.

AI 기술이 지금처럼 계속 급속히 진화하면 어느 시점에 이르면 인간의 생명을 위협하는 공포의 기계로 변신하지 않겠느냐 라는 우려를 자아내는 것은 강AI이다. 만일 AI에 대한 연구가 높은 단계로 향상되어 아주 충분한 지능을 갖춘 기계를 생산할 수 있게 된다면 그 기계는 스스로 자기 프로그램을 개선할지도 모르며 어느 시점에 이르면 반복적인 자기 향상을 더욱 촉진할 수 있을지도 모른다. 이런 단계에 도달한 AI는 인간의 지적 수준을 기하급수적이며 극적인 방식으로 능가하게 된다. SF작가 버너 빈지Vernor Vinge는 기술의 진보가 가속화하여 AI가 인간의 지적 능력과 통제를 벗어나는 **'탈선효과** runaway effect'를 일으키는 순간을 **'기술적 특이점**technological singularity'이라고 불렀다. 이 특이점을 벗어나는 AI는 마침내 지구 문명의 종말을 고하게 된다는 것이 빈지의 픽션적 가설이다. 인간과 닮은 외부 대상의 인식이나 생각 또는 자의식自意識을 소유하는 지능기계는 현단계에서는 하나의 가설적 기계

에 불과하다.

다만 매우 빠른 속도로 기하급수적인 자기 진화를 거듭하는 디지털 기술의 발전에 비추어 레이 커즈와일Ray Kurzweil은 '무어의 법칙Moor's law'을 원용 援用하여 2029년까지는 데스크탑 컴퓨터가 인간 뇌와 똑같은 처리능력을 보유 하게 될 것이며 2045년에 이르면 특이점 현상이 발생할 것이라고 예측했다.

강AI와 비교하여 약AI가 마음이나 의식의 한정된 분야만을 수행하기 때문 에 이를 협狹AI(좁은 분야의 AI)라 부르는 사람도 있다. 하지만 대체로 연구자들 은 협AI를 약AI의 하위분야로 취급한다. 우리가 오늘날 인공지능AI라고 부 르는 기계들 예컨대 인공여비서로 이름을 떨치고 있는 시리Siri와, 코타나 Cortana는 특수목적을 수행하기 때문에 모두 약AI, 엄밀히 말하면 협AI에 속 한다. 약AI는 미리 정해긴 규칙에 따라 자연언어natural language의 처리 능력 을 발휘할 뿐 인간 마음(의식)의 일부마저도 실행하지 못한다. 그럼에도 디지 털 논평가들 가운데는 "AI가 불안전성을 지녔으며 예기치 못하는 방식으로 착오를 일으키기 때문에" 위험할 수 있다고 경고한다(Wikipedia 2020년 6월 28 일 검색).

이와 관련하여 한 신문보도에 따르면 세계AI학회의 '혁신 응용상'을 수상 한 경희대 경영학부 이경전 교수는 "AI의 발전 속도가 우리 사회의 공론화 속도를 앞서면서 낯선 기술에 대한 공포가 나오고 있는 것"이라며 "AI(약AI) 는 인간이 시킨 일을 더 잘하게 될 뿐이지 AI 자체가 자의식을 갖는 것은 가 까운 미래에도 불가능하다"고 말한다. 실제로 뇌과학의 현재 기술은 쥐의 뇌 구조를 일부 재현하는 정도에 지나지 않는다. 1000억 개가 넘는 인간 뇌신경 세포에 대한 연구는 이제 겨우 시작한 단계다.

송대진 충북대 경영정보학과 교수는 학술지 『뉴로퀀톨로지』에서 AI의 한 계를 '의식의 계산 불가성計算不可性'이라는 이론으로 증명했다. 인간의 생각, 감정, 의식은 컴퓨터의 계산이나 알고리즘으로 파악할 수 없는 부분임을 지 적한 것이다(중앙일보 2016년 3월 12일).

5_ 응용의 폭을 넓히는 AI와 지능로봇

(1) 의료보건 · 금융 · 사이버 · 정부 부문

　의료보건Healthcare 분야에서 AI 응용의 폭은 급속히 증가하고 있다. 예를 들면 AI는 비용이 많이 드는 약투여량 문제의 해결에 응용한 결과 1백60억 달러를 절약할 수 있었다는 연구 결과가 나왔다. 블룸버그 테크놀로지Bloomberg Technology에 따르면 마이크로소프트는 의사들이 올바른 암환자 치료법을 찾는 길을 돕기 위해 AI를 개발했다. 암 치료에는 현재 800가지가 넘는 약과 백신들이 나와 있는데 너무나 약 종류가 많기 때문에 환자에게 맞는 어느 약을 골라야 좋을지 의사들은 곤란을 겪는 경우가 많다. 마이크로소트가 개발한 하노버Hanover라고 불리는 지능기계는 암에 필요한 모든 문서기록들을 AI에 암기시켜 어떤 약들을 어떻게 합쳐서 처방하면 환자의 치료 효과를 높일 수 있는가를 예측하는데 그 목적을 두고 있다.

　CNN 보도에 따르면 워싱턴 소재 국립아동의료센터Children's National Medical Center CNMC의 의사들이 최근 연구한 결과 자율로봇의 도움이 매우 컸음이 입증되었다. CNMC의료팀은 로봇의사를 감독하면서 그 로봇이 연세포軟細胞 조직을 수술하거나 절개한 돼지 내장內臟의 봉합수술을 하는 일을 성공시켰다. 로봇의 수술은 인간 의사보다 솜씨가 더 나았다고 의료팀은 주장했다. 앞에서 밝힌 바와 같이 IBM은 슈퍼지능컴퓨터인 왓슨을 자체 개발하여 제작했는데 왓슨도 어떤 수준에서는 인간의 수준을 능가했다 한다.

금융과 경제

　금융제도에 인공신경세포 네트워크ANN 시스템을 사용한 지는 오래되었다. 인간을 대신하여 통상의 규범을 벗어난 요금 부과와 비용청구 내용을 탐지하기 위해서였다. 미국 은행의 금융거래에 AI가 이용된 사례는 1987년까지 거슬러 올라갈 수 있다. 그때 시큐어리티 패시픽 내셔널은행Security Pacific National Bank은 직불카드의 무단거래에 대처하기 위해 사기방지 특별팀을 설치했으며 이때 AI가 사용되었다.

미국뿐 아니라 한국에서도 증권투자, ATM자동현금인출기 등 AI가 광범위하게 쓰이고 있다. 은행은 주로 운영·조직 부문, 부기簿記 점검, 재산 관리 등에 AI를 활용하고 있다. 하룻밤 새의 갑작스런 거래변동 사항이라든가 거래중지 사태 같은 일이 발생하면 AI는 그것을 즉시 알린다. AI는 또 비정상적인 변동사항이나 거래를 탐지하기 위해 이용자의 행동유형을 계속 모니터링하여 금융 사기와 범죄 행위를 감소시키는데 기여하고 있다.

은행과 기업체에서의 AI 이용도 꾸준히 증가세를 보이고 있어 30년쯤 뒤에는 AI최고경영자CEO가 출현할지도 모른다는 예견을 내놓아 한동안 논쟁을 벌인 일이 있다.

온라인 거래와 정책결정과 같은 시장 관련 부문에서의 AI 이용은 주요 경제이론마저 바꿔놓은 사태에까지 이르렀다. 예컨대 AI를 응용한 판·구매販購買행위는 수요 공급의 법칙을 바꾸었다. 개별화한 수요 공급 곡선을 쉽사리 추정하여 개별화한 가격 결정을 가능해졌기 때문이다. 거기에다 AI는 시장에서의 정보 비대칭 현상을 줄임으로써 시장을 보다 더 효율적으로 만들었다. AI가 영향을 끼친 다른 이론들에는 합리적 선택 이론, 합리적 기대 이론, 게임 이론, 루이스의 변환점Lewis turning point 이론(루이스 변환점이란 도시 산업체로 몰린 값싼 농촌 노동인구가 일정기간이 지나면 잉여공급이 감소세를 보이기 시작하여 점차 고임금 현상이 일어나며 경제성장도 둔화하는 시점을 가리킨다), 포트폴리오 최적화 이론 등이 있다. 2019년 미국 공인 회계사협회American Institute for Certified Public Accountants AICPA는 회계 전문가를 위한 AI훈련과정과 시험제도를 도입하여 많은 기업에 도움을 주고 있다. 한국에서도 AICPA 시험에 응시하여 국제공인회계사 자격증을 따낸 성공한 도전자들이 꽤 있으며 응시생들을 가르치는 학원도 성업 중인 것으로 전해진다.

사이버보안과 정부 부문

형태가 다양한 대규모 해킹 공격의 도전에 직면한 분야는 사이버보안이다. 이로 인한 피해는 모든 종류의 조직체에 단순히 폐해弊害을 입히는 정도에 머물지 않고 수십억 달러의 금전적 손실을 입히는데 있다. 따라서 한국을 포함한 많은 나라의 보안회사들은 AI와 자연언어처리Natural Language Processing NLP(컴퓨터를 이용한 번역 등의 작업) 솔루션을 이용하여 해킹 방지에 힘을 기울이고 있다. 한 예로 미국 SIEMSecurity Information and Event Management(보안정보사건관리 회사)를 들 수 있다. 이 회사가 활용하는 높은 수준의 솔루션은 AI와 NLP를 이용하여 네트워크상의 모든 데이터를 고위험 정보군과 저위험 정보군으로 자동분류하여 회사 보안팀으로 하여금 조직체에 실제로 해를 입힐 잠재적 해킹 공격단을 집중공략함으로써 피해를 막게 한다.

정부 부문에서 활용하는 AI는 응용(앱)과 규제의 양면으로 구성되어 있다. 특히 안면인식 시스템과 짝을 이룬 AI는 다중감시多衆監視 체계에 이용될 수도 있는데 이미 중국의 일부 지역에서는 이런 감시체계가 작동하는 것으로 알려져 있다. 이는 반정부 활동을 하는 시위자들을 식별하기 위한 감시 수법에 속하지만 다른 국가나 지역에서는 도로교통의 원활화에 활용되고 있기도 하다.

인도의 기술도시 벵갈루루Bengaluru는 2019년 시내 3백87개 신호등에 AI 관리 교통신호체계를 도입했다. 이 신호체계는 카메라 촬영을 통해 교통량의 밀집도를 확인한 다음 십자로나 정지 지점에서 어느 정도의 신호 대기시간을 주면 교통량의 정체停滯가 풀리는지를 측정하여 차량운행의 원활한 소통을 꾀하고 있다.

이밖에도 AI는 법률 관련 직업이나 비디오 게임, 군사안보 분야, 호텔이나 백화점 등의 고객접대, 회계감사會計監査, 광고 그리고 심지어 예술품 창작의 분야에까지 폭넓게 활용되고 있다. 앞으로 그 범위는 더욱 확대될 것으로 전망된다. 다음의 구체적인 사례들은 AI의 미래를 점쳐 볼수 있는 몇 가지 단서端緒를 제공해 준다.

(2) 회사에서 일하는 AI

▶피자를 만드는 지능로봇, "AI 기반으로 피자 업계 맥도날드 되겠다"

일인용 화덕 피자업체인 〈고피자〉의 젊은 창업자 임재원(31) 대표는 KAIST에서 공학석사 학위를 받은 뒤 외식업체에 뛰어 들었다. 테이블이 10여 개쯤 놓인 매장에서 그는 들어온 손님에게 먼저 눈에 띄는 카운터에 로봇 팔을 설치했다. 피자를 올려놓으면 로봇 팔이 이걸 알아서 소스통을 집어 뿌려준다. 이 피자집 AI는 아직은 실험 단계에 있지만 손님들에게는 색다른 구경거리다. 주방에는 AI 데이터 수집용 카메라가 설치되어 있는데 이 카메라는 주방 요리사의 토핑 작업을 데이터로 축적한다.

'피자업계의 맥도널드가 되겠다' 라는 야무진 꿈을 간직한 임 대표는 AI와 지능로봇 개발에 도전하면서 지능로봇이 피자 제조를 사실상 전담하는 AI 기반 피자 가게가 온 세계에 보급될 날을 기다리고 있다. 그의 야무진 도전을 인상 깊게 평가한 미국의 격주간 경제전문지 포브스 Forbes는 '2019 아시아의 영향력 있는 30세 이하 리더 30인' 에 그를 선정했다. 그는 창업 2년 만에 국내외 60여 개의 매장—직영점 7개 포함—을 내는 등 프랜차이즈 업계의 신예新銳로 떠오르고 있다. 그는 서울 여의도 한강 밤도깨비 야시장에서 푸드트럭 하나로 장사를 시작한 지 4

년 만에 이미 프랜차이즈 업계에서 주목받는 사업가로 부상했다.

국내 AI시장 전망(자료한국IDC). 단위 억 원

	2018년	2023년
소프트웨어	399	1908
서비스	615	2543
하드웨어	1820	1986

시장조사기관 링크아즈텍에 따르면 냉동피자 시장은 2016년 265억 원에서 2018년 1200억 원 규모로 성장했다. CJ제일제당·오뚜기·풀무원 등 대형 식품업체들의 시장 진출 덕택이다. 반면 프랜차이즈 피자 시장은 2017년 2조 원에서 2018년 1조 8000억 원으로 줄어들었다. 시장 변화에 따라 국내 1위 도미노피자(청오디피케이) 등 대형 프랜차이즈 업체들도 만만찮은 도전에 시달리고 있다. 미스터피자는 상장 폐지 위기에 직면해 있으며, 피자알볼로·피자에땅 등도 2019년에 영업 손실을 봤다. 2000년대 국내 선두 한국 피자헛은 5위권 밖으로 밀려났다. 업체들은 여러 가지 방안을 강구하며 돌파구를 찾고 있지만 설자리는 점점 좁아지고 있다.

그러나 글로벌 시장은 사정이 다르다. 미국에서 발행된 '피자 파워 리포트'는 현재 1천500억 달러(180조 원) 정도인 글로벌 피자 시장은 향후 5년간 10.7% 성장할 것으로 예상한다. 특히 아시아 시장은 예상 성장률이 22.7%에 이르는 등 전망이 밝다. 이미 7조 원의 시장이 형성된 인도의 경우 매년 20% 이상 성장할 것으로 예측된다. 더구나 그곳은 도미노 같은 글로벌 브랜드의 지배력이 아직 낮아 고피자 같은 신예 업체가 뛰어들기 유리한 환경이다(중앙일보 2020년 5월 8일).

▶일하는 사원은 AI-로봇

이느 회사에서는 전략팀의 회의록을 AI의 음성인식 솔루션이 도밑아 줌으로써 회의록 타이핑 담당자의 부담이 한결 경감되었다. 이는 사내 업무 자동화—AI화의 일부에 지나지 않지만 AI는 한국 회사들의 일상 업무 속에 빠르게 자리를 잡아가고 있다. 사무실 풍경을 바꾼 AI의 대표적인 역할은 로봇 프로세스 자동화Robot Process Automation RPA다. KT는 챗봇기반chatbot-based RPA인 '마비서My Smart Assistant'와 '전대리傳代理'(전표를 대신 처리하는 자)를 도입했다. 이전에는 각종 전표 처리를 하려면 시스템에 접속하여 사용 내역을 하나씩 클릭한 뒤 계정 항목과 사용 내역을 하나하나 입력해야 했다. 그러나 지금은 챗봇chatbot (chatter와 robot의 합성어)이 자주 처리하는 전표나 보고서의 이력을 추천하고, 시스템에 접속하지 않아도 메신저 채팅을 통해 몇 번의 클릭만으로 각종 업무를 처리가 가능하게 도와준다. 예컨대 마비서는 채팅방에서 '6월 1~3일 부산 출장'이라고 적으면 주요 사항이 대부분 작성된 보고서가 나타난다.

KT의 유 아무개 대리는 반나절 이상 걸리던 각종 전표 처리가 5분으로 줄었다면서 처리시간의 단축으로 "단순 반복 업무에 대한 부담이 확 줄었다"고 말했다. SK텔레콤의 RPA '콥봇'은 사번社番까지 소지한 어엿한 직원으로서 24시간 일한다. 콥봇은 전국에 깔린 수만 개 통신장비의 임차료·전기료 등 연간 총 10만 건이 넘는 데이터를 척척 틀림없이 처리한다.

AI와 로봇은 영업 기회를 발굴하는 데도 활용되고 있다. 포스코ICT(정보통신기술)는 AI기반 기업부실 예측시스템인 크레덱스CREDEX를 개발했다. 기존 신용평가는 재무제표가 나오는 연年 단위 혹은 분기 단위로 평가등급을 산출했지만, 크레덱스는 AI와 빅데이터 기술을 활용하여 기업의 재무 및 비非재무 데이터를 실시간 수집, 분석하여 특정기업의 채무상환 및 자금조달 능력을 하루 단위로 사전예측한다.

KT는 '영업기회 발굴 자동화로봇' 인 '마이봇' 을 활용한다. 실시간으로 공모사업 정보나 글로벌 시장 동향 등을 찾아내 사내 담당자에게 제공한다.

AI는 사내 기밀이 외부로 빠져나가는 것을 막는 보안관 역할도 한다. LG CNS는 건물 출입구에 'AI 엑스레이 영상분석' 장치를 설치했다. AI가 이미지 분석을 통해 가방이나 외투 주머니에 들어있는 소형 이동식 기억장치USB나 메모리카드 등 8종의 저장매체를 0.3초 만에 식별한다. 이전에는 출입구에 배치된 보안 인력이 육안으로 점검했었다.

포스코ICT는 2020년 3월부터 주요 회의·강연·세미나에 AI 음성인식 솔루션을 적용했다. 참석자의 주요 발언, 회의 자료로 제공된 동영상 콘텐츠 등이 텍스트로 변환된다. '받아쓰기' 기능뿐 아니라 음성 명령을 인식해 실행하는 것도 가능하다. 회의 도중 관련 자료 검색을 음성으로 명령하면 해당 정보를 찾아준다. 네이버는 2021년 완공 예정인 제2 사옥을 얼굴 인식으로 출입하고, 자율주행 로봇이 돌아다닐 수 있도록 설계했다.

일각에서는 AI의 활용이 많아질수록 일자리가 줄어들 것이라고 걱정한다. 앞으로는 산업 전반의 디지털 전환과 혁신을 통한 신규 직업의 탄생으로 이런 우려를 씻어내는 것이 관건이다. 세계인공지능학회에서 '혁신적 인공지능 응용상' 을 세 차례나 수상한 이경전 경희대학교 경영대 교수는 "은행에 현금자동입출기ATM가 도입된 때 은행원들이 대거 직업을 잃을 거란 예상이 나왔지만 오히려 지점이 늘고 직원 수도 많아졌다" 면서 "AI의 도입 역시 같은 결과를 낳을 것"이라고 전망했다(중앙일보 2020년 5월 26일).

(3) 예술을 창작하는 AI

'AI화가'의 작품, 뉴욕 경매서 5억여 원에 팔려

2018년 10월 19일 뉴욕 크리스티 경매장에서 AI가 그린 인물초상화가 43만 2천500달러(약 5억1500만 원)에 팔렸다. 〈에드몽 드 벨라미Edmond de Belamy〉라는 이름이 붙은 이 그림은 프랑스 연구팀이 AI를 이용하여 창작한 작품으로, 역사상 최초로 크리스티 경매에서 거래된 'AI작 그림'이 되었다. '작가 서명' 란에는 AI알고리즘을 표현하는 '비용함수Loss Function 수학 공식'이 적혔다. 수학 공식이 작가 서명을 대신한 것이다. 이 경매장 맞은편에서 진행된 경매에서는 유명한 현대화가 앤디 워홀Andy Warhol의 작품이 고작 7만 5천 달러에 팔린데 비하면 AI 작품은 대단히 비싼 경매값이다. 바야흐로 'AI화가'가 경매장 인기를 누리는 시대가 도래했는가.

KAIST 전기전자공학과의 김정호 교수에 따르면, AI의 창작 작업에 사용되는 대표적인 알고리즘은 '적대적 생성 신경망' Generative Adversary Network GAN이다. 2014년 AI과학자 이언 굿펠로Ian Goodfellow가 발표한 논문에 처음 소개된 이후 폭발적 관심을 끌고 있다. 이 창작 알고리즘은 먼저 모방을 통해 학습한다. 이 알고리즘은 ▶모방 작품을 만드는 생성망Generator Network과 ▶제작된 모방 작품과 진품을 구별해내는 판별망Discriminator Network으로 구성되어 있는데, 한쪽은 모방을 통해서 속이려 하고 다른 쪽은 진품을 감별해 내려 한다. 모방과 판별을 통한 일종의 변증법적 학습 모델이다. 이런 과정이 수없이 반복되는 과정에서 AI는 진품 못지않은 작품을 만들어 내는 능력을 갖추게 된다.

인공지능은 처음에는 모방을 통해 작품을 만들지만 다음 단계에서는 변형과 융합을 통해서 작품을 만들어 낼 수 있다. 예를 들면 빈센트 반 고흐의 작품을 가지고 모방학습을 한 인공지능에 인물이나 풍경 사진을 보여주면 고흐 화풍으로 그려낸 풍경화를 만들어 낸다. 피카소 화풍과 고흐 화풍을 학습한 인공지능에 두 화가의 화풍을 섞은 그림을 그리라고 명령을 내리면 '융합 화풍'의 작품이 탄생한다(조선일보 2020년 2월 19일).

AI가 작곡한 음악도 아름다울까?

화창한 (2020년) 5월 새로운 음반 출시出市 소식을 받았다. AI 작곡가 이봄Evom이 남성 듀오인 조이 어클록Joy o'clock과 함께 제작한 싱글 앨범 〈달 수프Soup in the Moon〉이다. 이 음반의 타이틀곡 '수고했어, 나'는 포스트 코로나 시대의 힘든 일상 속에 지쳐가는 '나'에게 감미로운 선율로 괜찮다며 위로하고 있다. 본격적인 AI 음악의 시대가 열린 것일까?

…전자음악의 등장 이후 컴퓨터·디지털·사이버네틱스 등의 테크놀로지는 다층적으로 음악의 창작에 적용되었고, 최근 AI가 미래의 음악적 패러다임을 뒤흔드는 중추적 기술로 논의되고 있다.

AI 작곡가의 위상은 당당하다. 예일대에서 개발한 쿨리타Kulitta, 케임브리지대학교의 쥬크덱Jukedeck, 스페인 말라가대학교의 멜로믹스Melomics는 방대한 음악 DB를 토대로 알고리즘과 딥러닝deep learning을 활용하여 창작을 시도하고 있다. 캘리포니아대학교의 코프D. Cope는 AI 작곡가 '하웰E. Howell'을 탄생시켰고, 비바 컴퍼니의 에이바AIVA는 작곡가협회에 등록된 최초의 AI작곡가로서 모습을 드러냈다. 에이바가 작곡한 〈교향적 판타지 A단조 op. 24 '나는 AI'〉는 2017년 아비뇽교향악단에 의해 연주되어 큰 주목을 받았다. 한국에서도 AI 작곡가 이봄을 만든 공학자 안창욱(광주과학기술원GIST 대학원 교수)은 작곡 이론을 기계에 학습시켜 작곡가 '뮤지아MusiA'를 출시하였다.

AI가 작곡한 작품들을 감상해 보면, 예술 음악의 모방을 주축으로 하는 단순한 유형서부터, 현대음악에 나타나는 불협화음까지를 담은 난해한 곡까지 폭넓은 스펙트럼을 보인다. 이들이 보여주는 아름다움은 어떤 것일까?

AI를 작곡가로 인정할 수 있을까? 이들은 많은 질문을 야기하며, 기존의 예술관을 흔들고 있다. 아직은 AI 음악이 예술 음악의 미적 기준에 미치지 못하는 점은 분명히 있는 듯하다. 그렇지만 시대의 변화에 따라 예술미의 기준이 변화한 것을 상기해보면, AI 음악에 합당한 포스트 휴머니즘의 미학이 필요하다는 생각이 든다.

카메라의 발명이 모방 미학에서 벗어나는 중요한 전환점을 제공한 것처럼, AI는 음악 창작에서 새로운 변화의 계기를 만들어 주고 있다. 그래서 AI가 기존 작곡가의 역할을 대신 할 것이라는 걱정보다는 기술에서의 위대한 혁신이 예술의 테크닉을 총체적으로 변형시키고, 결국 예술에 대한 정의에도 놀라운 변화를 가져올 것이라는 철학자 발터 벤야민Walter Benjamin의 말에 귀 기울여 본다. AI와 함께 우리의 미적 감수성은 새롭게 변화되지 않을까?(중앙일보 2020년 5월 22일 오희숙 서울대 작곡과 교수)

6 _ 로봇 지능의 진화

(1) 로봇의 일곱 가지 기본 기능

참고 ☞ ⑤로봇의 유래

로봇이란 말은 구舊체코슬로바키아의 소설가 · 극작가인 카렐 차페크Karel Čapek(1890~1938)가 1920년에 쓴 공상과학 희곡『로섬의 만능 로봇』Rossum's Universal Robot에서 처음 유래했다. 이 희곡은 공상과학의 수법을 써서 현대사회를 비판적으로 묘사했는데 'robot'은 체코어 robota(강제노동)가 영어화한 말이다. 희곡에서 로봇은 처음에는 인간에게 고분고분 순종을 잘 했으나 나중에는 인간에게 반란을 일으켜 인간을 멸살한 뒤 스스로 주인이 된다. 순종로봇이 흉악로봇으로 돌변하는 내용이『로섬의 만능 로봇』에 담겨 있는 것이다.

로봇에 대해 우리는 이미 얼마쯤 알고 있다. 공장에서 안내 일을 맡아 보는 로봇, 문의전화를 받고는 척척 대답하는 접대로봇, 회사 사장의 일정 조정 등 여비서 역할을 하는 비서로봇 등. 이런 로봇들에 대해 안다고 해서 로봇이 정확히 무엇이라고 말할 수는 없을 것이다. 사회와 환경과의 관계, 로봇 능력의 한계 등이 있기 때문이다. 우리가 로봇에 대해 더 알아야 하는 사실들은 너무도 많다. 심지어 이런 질문을 던질 수도 있다. 장차 로봇이 지능의 진화를 계속하면 인간의 지능과 인식을 훨씬 능가하는 지능기계로 변신하여 인간을 지배하는 날이 오지 않을까?

지금부터 말하려는 로봇은 공상과학 영화에 나오는 '흉악한' 지능기계가 아니다. 사람을 대신하여 모든 일을 군소리 없이 해내는 착하고 똑똑한 로봇이다. 이 절節에서는, 엄밀히 말해서 로봇을 무엇이라고 정의할 수 있으며 그것은 또 어떤 구성요소들로 이뤄져 있는가? 그것은 또 어떤 기능을 수행하는가? 인간사회에서 본격적인 노동의 주역으로 등장하고 있는 로봇이 장차 인간사회에 어떤 영향을 미칠 것인가? 라는 물음들에 답을 하려고 한다.

로봇이란 무엇인가?

로봇의 정의를 안다는 것은 그것이 어떻게 구성되어 있으며 어떤 일을 하는가를 아는데 매우 중요하다.

로봇이란 무엇인가?에 대한 답은 영국 브리스톨Bristol에 있는 더 웨스트 오브 잉글랜드대학Univ. of the West of England 전자공학 교수의 정의가 아주 간략하면서도 요체要諦를 콕 집어준다. 브리스톨로봇연구소Science Communication Laboratory에서 군집群集로봇 실험에 참가하고 있는 윈드필드 교수가 속한 더 웨스트 오브 잉글랜드대학은 영국에서 로봇 연구로 이름이 꽤 알려진 고등교육기관이다. 윈드필드는 그 대학의 과학커뮤니케이션연구소Science Communication Unit 소장을 맡고 있으면서 요크대학

Univ. of York의 명예방문교수로서 강의를 하고 있다.

윈드필드에 따르면, 로봇이란

①자신의 지능이 속해 있는 환경을 감지感知 sense할 수 있으며 그 환경 안에서 목적을 지닌 행위를 할 수 있는purposefully act 인공장치,

②그것의 형체를 눈으로 볼 수 있는 몸을 지닌embodied 인공지능,

③자율적으로autonomously 유용한 일을 수행할 수 있는 기계이다 (Windfield 2012 pp.8~9).

위 세 구절은 각기 로봇의 핵심 부분을 설명하고 있다. 첫 번째는 로봇이 환경과의 상호작용하는 존재라는 면에서 특히 중요하다. 이 말은 로봇이 속하는 세계를 가리킨다. 여기서의 두 핵심 단어는 감지와 행위이다. 감지와 행위는 둘 다 로봇의 감지기sensors에 들어오는 자극에 따라 그에 상응하는 반응을 보인다. 다시 말하자면, 로봇은 전자 눈·귀·모터를 가지고 환경 세계 안에서 조작을 하며 움직이는 기계이다. '목적을 지닌'이란 말도 또한 중요하다. 의미 있으며 목적을 지닌 행위를 하지 않는다면 그 로봇은, 지향하려고 하는 아무런 목적도, 기능도 없는 단순한 껍데기 기계에 지나지 않는다.

두 번째는 로봇이 물리적 신체(몸)를 가진 인공지능AI임을 지적하고 있다. AI는 로봇에게 행위의 목적성 즉 로봇이 인지하는 행위를 하도록 하는 능력을 부여하고 있다. AI가 없으면 로봇은 쓸모없는 빈 껍데기 기계에 불과할 것이다. 로봇의 몸은 기계적 부분과 전자적 부분으로 구성되어 있는데 여기에는 마이크로컴퓨터와 그 안에서 작동하는 소프트웨어 즉 프로그래밍에 의해 만들어진 AI를 포함하고 있다. 이 말은 컴퓨터 프로그래밍 즉 소프트웨어에 의해 비로소 작용하는 AI가 로봇에서 대단히 중요한 기능을 수행하고 있음을 의미한다. 로봇을 사람에 비유하면 마음

은 로봇의 소프트웨어이며 몸은 하드웨어이다. 로봇이 얼마나 지능적으로 행동하는지 즉 로봇이 도대체 행위를 하는지 안 하는지를 결정하는 것은 바로 이 컴퓨터 소프트웨어 다시 말하면 프로그래밍이다.

마지막 세 번째는 로봇의 유용성과 관련되어 있다. 로봇은 일반적으로 알려져 있다시피 사람이 감당하기에는 단조롭고 더럽고 위험한 일을 대신하는데 유용하게 쓰이고 있다. 실제의 인간사회에서 고도로 반복적인 작업 예컨대 반도체 공장에서 칩의 연결선을 땜질하는 작업이라든가 자동차 생산공장에서 조립선을 따라 움직이며 부품을 갖다 붙이는 일이라든가 또는 사람이 하기에는 너무도 위험 부담이 큰 심해저深海低 작업이나 도로공사 때의 도로변 언덕 폭파 작업과 같은 일들은 대단히 위험하다. 그래서 로봇은 그런 위험한 일에 맞닥뜨리더라도 아무런 거부감 없이 자율적으로 사람을 대신하여 노동을 한다.

이 경우 자율성autonomy이란 용어에 주목할 필요가 있다. 실제로 로봇은 동물처럼 자율적으로 움직이려 하지만 엄격한 의미에서 '완전히 자율적'이지는 않다. 인간이 음식을 먹어야 활동을 할 수 있듯 로봇도 배터리의 동력을 '먹어야만' 일을 할 수 있다. 이 점은 모든 로봇에 통용된다. 에너지 공급선에 연결되어 있어야 주동력장치에 연결된 로봇도 움직일 수 있기 때문이다.

로봇에 대해 생각하고 로봇을 분류하는 방법으로서는 자율성에 따른다는 기준이 있다. 작업현장에서 일하고 있는 로봇들은 실제로는 인간에 의해 원격조정remote operation을 받고 있다. 말하자면 로봇은 인간의 통제권 밖에서 '순수하게 자율적으로 일을 하고 있지는 않다'는 뜻이다. 만일 로봇이 자율적이라면 공상과학 영화에서 보듯 로봇이 인간을 향해 공격하는 위험한 사태가 벌어질 수도 있다. 이 부분에 대해서는 〈참고 ☞ ④약AI와 강AI〉를 참조하기 바란다.

위 사진은 앨런 윈필드Alan Winfield 지음 *Robotics*(Oxford Univ. Press 2012)에서 복사한 것임

로봇의 구성

로봇이 어떤 요소들로 구성되어 있는지를 알려면 교육용으로 만든 e-Puck 로봇을 보면서 이해하는 것이 바람직하다. e-Puck 로봇은 유럽의 MIT에 해당하는 스위스 로잔연방공대EPFL 대학원 연구진이 개발한 것이다. 이 로봇은 현실세계에서 실제로 사용하는 로봇이 아니다. 물론 장난감도 아니다. 교육용 강의용으로만 사용되는 '이동하는 로봇' 일 따름이다. e-Puck은 바퀴가 달려 있어 움직일 수 있는 소형 로봇이다. 내부가 모두 공개되어 있어 우리가 로봇의 구조를 알려면 안성맞춤이다. 우선 전기 모터로 추동하는 바퀴(사진의 Wheel 부분)를 보면 몸통의 좌우에 하나씩 두 개가 달려 있다. e-Puck은 이 두 바퀴를 가지고 전진, 후퇴, 회전, 가속과 감속을 맘대로 할 수 있다. e-Puck의 전면에는 카메라가 달려 있다. 모양은 우리가 일상 사용하는 스마트폰의 그것과 닮았다. 몸통의 주위에는 모두 8개의 근접감지기proximity sensor가 달려 있는데 이를 통해 자기한테 가까이 다가오는 물체를 알아내어 충돌을 피한다. e-

Puck의 경우 '근접'의 의미는 1~2cm 이내의 거리를 가리킨다.

e-Puck에는 또 3개의 마이크로폰과 가속도계加速度計 Accelerometer라고 불리는 장치가 부착되어 있다. 가속도계는 로봇이 평형감각을 갖도록 한다. 이 장치는 알기 쉽게 말해서 인간의 내이內耳와 같은 역할을 맡고 있다.

이상과 같은 로봇의 구조를 보면 e-Puck은 카메라로 앞을 보며, 마이크로폰으로 들을 수 있으며, 근접감지기로 자기 앞에 가까이 다가오는 물체를 식별하며, 가속도계로 갑작스런 충돌을 방지할 수도 있다. 뿐만 아니라 e-Puck은 몸통 주위에 달린 8개의 라이트를 비추며 스피커로 소리를 울려서 다른 로봇이나 자기에게 근접하는 물체한테 신호를 보낼 수도 있다.

마지막으로 e-Puck 로봇은 마이크로제어기Microcontroller로 불리는 단일 칩의 컴퓨터를 갖고 있다. 이것은 스피커 바로 밑에 있는 마더보드 Motherboard 主回路器板주회로기판 위에 붙어 있다. 마이크로제어기는 e-Puck

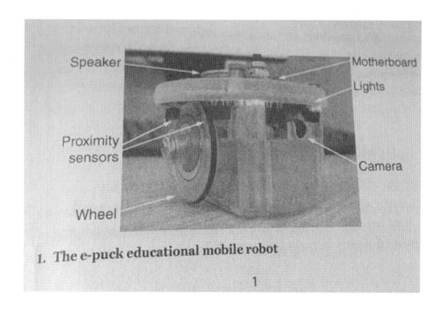

1. The e-puck educational mobile robot

1

의 모든 움직임을 지시 또는 통제하는 신경중추계라고 말할 수 있다. 말하자면 인간의 뇌에 해당한다. 마더보드는 앞에 기술한 동력전달 장치, 인풋input 감지기와 신호전달 장치 각각에 연결되어 있다. 마더보드는 그것의 소프트웨어 즉 프로그래밍과 함께 로봇이 실제로 일하게 하는 부분인데 그래서 사실상 로봇의 뇌라고 부른다.

e-Puck 로봇은 교육용이기 때문에 학교 교실과 연구실을 자신의 거처로 삼는다. 여기에 있을 때 e-Puck은 무슨 일을 실제로 하는가? 또한 그것은 외부서 들어오는 자극에 어떻게 반응하며 어떤 행동이나 특성을 보이는가?

맨 먼저 우리가 알아야 할 일은 로봇은 소프트웨어가 없으면 아무 일도 할 수 없다는 사실이다. 소프트웨어 즉 프로그래밍은 그래서 모든 로봇 다시 말해서 모든 컴퓨터에서 가장 중요한 요소이다. 소프트웨어는 통제 시스템이라고도 부를 수 있는데 이 시스템은 마이크로제어기(뇌)에 장착되어 있다.

이 통제 프로그램이 없으면 로봇은 빈 조개껍데기에 지나지 않는다. 마음이 없는 무생명無生命 신체에 비유될 수 있다. 로봇에 생명을 불어넣는 것 즉 인공생명을 갖게 하는 것은 이 소프트웨어이다.

e-Puck의 물리적 능력은 한정되어 있다. 자신을 중심으로 운전할 수 있을 따름이다. 그래서 평평한 표면이나 아주 완만하게 기울어진 표면 위를 이동할 수 있을 뿐이다. 다른 실용 로봇과 달리 교육용인 e-Puck은 물건을 집거나 내려놓을 수가 없다. 손처럼 기능하는 '집게'gripper도 없다. 실험실에서 e-Puck들의 무리를 관찰할 수 있다면 이런 광경을 볼 수 있다―끊임없이 움직이며 근접하여 서 있지만 결코 충돌을 일으키지는 않는 로봇 말이다. 이 경우 군집群集로봇은 개미 떼처럼 한 군데에 몰려 있는 듯이 보인다. e-Puck은 사회적 군집성이 강한 족속이어서 홀로 있

기를 싫어하며 항상 무리지어 있기를 좋아한다.

로봇의 기능

로봇의 기능은 로봇을 구성하는 부분과 연관지어 살필 수 있다. 이런 관점에 따르면 로봇의 기능은 ①외부 물체를 감지하기sensing ②신호보내기signaling ③이동하기mobility ④조작manipulating ⑤지능발휘 intelligence ⑥에너지 수급energy ⑦몸body으로 나뉠 수 있다. ①~④는 로봇이 하는 일의 종류를 가리키며 ⑥과 ⑦은 로봇이 자신을 유지·보존하기 위한 것이라고 말할 수 있다. ⑤는 여타의 모든 일을 판별하여 제어와 동작을 가능하게 하는 지적 능력을 가리킨다.

많은 한계에도 불구하고 로봇에는 살아 움직이는 동물과 유사한 점들이 존재한다. 그러면 로봇이 살아 있다고 봐야 하는가? 그렇지 않다. 로봇은 어디까지나 인공지능이자 인공생명Artificial Life일 뿐이다. 이것은 로봇이 자연계/생명계와 다르며 생물이나 생명체의 지능 중 한정된 부분만을 흉내낼 수 있음을 의미한다.

로봇의 기능 가운데 위의 네 가지를 자연계/생명계와 비교하여 설명하려는 뜻은 여기에 있다. 로봇이 마치 살아 움직이는 것처럼 보이더라도 진짜로 살아 있지 않다고 보는 데는 세 가지 이유가 있다. 첫째 로봇은 자연의 동물이나 다른 생명체와 달리 스스로를 자율적으로 유지할 수 없다. 에너지를 외부에서 공급받아야 하기 때문이다(에너지의 자체 생산 불가능). 둘째 로봇은 물리적으로 자신을 성장시킬 수도 없으며 고칠 수도 없다(자기 치유 불가능). 셋째 로봇은 자신을 재생산할 수 없다(재생산 불가능).(Windfield 2012 p.8).

일곱 가지 기능 가운데 앞의 3가지는 앞에서 대충 설명했으므로 여기서는 ③이동하기 ④조작 ⑤지능발휘 ⑦몸에 대해서만 자연계/생물계와 비교하면서 좀 더 자세히 소개하고자 한다.

먼저 이동에 대해서. 이동하려면 모든 생명체는 기거나 또는 말과 소처럼 발로 걸어야 한다. 또한 새들은 날개를 펼쳐서 하늘을 난다. 자연계나 생명체에는 바퀴 달린 존재가 없다.

자연계의 생명체에는 동물처럼 걷거나 달리기 위해서 근육과 다리를 가지고 있거나 아니면 새의 경우처럼 근육과 날개를 갖고 있다. 로봇은 모터와 바퀴, 모터와 다리, 모터와 날개를 갖고 있다. 다만 근육이 없을 뿐이다.

다음은 조작에 대해서. 조작操作이란 말은 어떤 사물을 일부러 꾸며서 만든다 라는 뜻을 지니고 있어 우리에게 부정적으로 느껴진다. 한데 로봇의 경우 조작은 그것을 다루는 기능을 가리킬 따름이다. 자연계의 생명체는 움직이기 위해 근육과 팔, 손과 손가락을 보유하고 있다. 로봇은 모터와 팔 그리고 집게손이 있다. 조작의 기능은 그 범위에 따라서 총체적인 것과 미세한 것이 있는데 근육과 팔이 총체적인 조작수단이라면 손과 손가락, 발과 발가락은 미세수단에 해당한다. 로봇에도 총체적 수단인 모터와 팔, 미세한 수단인 집게가 있다.

지능은 움직임을 제어하는 부분과 행동으로 나눌 수 있다. 자연계의 생명체는 뇌(물질)와 마음(지각작용과 인식작용: 인간의 마음과 생각을 가리킴)을 갖고 있다. 여기에 해당하는 로봇의 기능은 마이크로프로세서Microprocessor(s), 소프트웨어(제어와 프로그램)이다.

마지막으로 몸에 대해서는 동물과 비교하는 편이 좋을 듯하다. 동물에는 몸을 구성하는 골간骨幹인 뼈, 굵은 뼈와 뼈 사이에 긴 연골軟骨cartilage, 그리고 외골격外骨格exoskeleton이 있는데 로봇의 몸은 금속과 플라스틱으로 이뤄져 있다.

이러한 기능들을 살려보면 로봇이 생명체와 비스하면서도 매우 다르다는 것을 알 수 있으리라고 본다.

(2) 계속 진화하는 로봇 지능

날아오는 물체를 잡는 로봇 팔

스위스 로잔연방공대EPFL의 오드 빌라드Bilard 교수와 한국인 김승수 박사는 2014년 5월 국제전기전자기술자협회IEEE의 로봇공학 회보에 발표한 논문에서 "500분의 1초도 안 되는 순식간에 자신에게 날아드는 공이나 우유팩, 테니스 라켓, 망치 등 다양한 물체를 붙잡을 수 있는 로봇 팔을 개발했다"고 밝힌 것으로 보도되었다. 로봇의 팔이라기보다는 로봇의 집게gripper라고 부르는 편이 나을 듯하다.

이 로봇은 높이 1.5m에 손가락 넷이 달린 팔을 갖고 있다. 손가락의 관절은 세 마디. 로봇 팔이 물체를 파악하는 눈의 역할은 카메라가 맡고 있다. 로봇 카메라는 순간보다도 더 짧은 찰나刹那에 로봇한테로 날아오는 물체를 재빨리 촬영하여 물체의 비행궤적과 속도, 회전형태를 재빨리 분석한 다음 로봇의 몸과 팔이 최적의 자세를 취하도록 돕는다. 이는 야구 경기에서 투수가 던진 공의 구질에 따라 포수가 자세를 달리 취하는 것과 같다.

김 박사는 날아오는 물체를 잡는 사람의 학습 형태를 모방하여 이 로봇을 개발했다고 한다. 로봇 팔에 사람의 학습 프로그램을 입력했다는 뜻이다. EPFL 연구진은 한 물체 당 20번씩 같은 동작을 반복하도록 로봇을 학습시켰다. 그러자 로봇은 스스로 찰나에 날아오는 물체를 재빨리 잡을 만큼 자세를 취할 수 있었다고 한다.

EPFL 연구진은 스위스 우주센터가 추진 중인 우주 쓰레기 제거 프로젝트에 로봇 팔을 이용할 계획이다. 인공위성에 장착된 거대한 로봇 집게로 허공에 떠다니는 우주 쓰레기를 인공위성과의 충돌 전에 붙잡아 처리한다는 것이 계획의 요지이다(조선일보 2014년 5월 14일).

로봇에 뺏긴 자리, 인간이 되찾을 수 있을까?

2020년 1월부터 유행하기 시작한 코로나19 바이러스 감염증은 마침내 팬데믹pandemic으로 번지면서 엄청난 수의 희생자를 낳았다. 이 책의 원고를 탈고하는 시점(2021년 2월)까지도 코로나19의 기세는 꺾이지 않았다.

팬데믹은 인간의 생활양식에 뜻하지 않은 많은 변화를 가져왔다. 비대면非對面 문화의 탄생이다. 접촉과 대면을 하면 말을 주고받는 사람들 사이에 침의 비말飛沫이 공기 중에 날아서 코로나19를 전염시키기 때문이다. 그래서 비대면 문화는 각급 학교에서의 대면수업 금지와 교회에서의 예배·미사 제한, 모든 대중집회(야구경기 축구경기의 관람) 금지 등, 목욕탕 출입제한과 식당 등에서의 거리두기 등의 조치가 취해졌다. 그러자 사람들 사이에서는 위험을 회피하는 묘안들이 속출하기 시작했다. 비단 한국에서만이 아니라 온 세계적으로 일어난 새로운 사회적 경제적 문화적 새 풍경이었다. 서울 등 대도시에서는 온라인 상품구매가 갑자기 성행했으며 비대면 재택수업과 비대면 과외강의가 나타났는가 하면, 식당가기를 꺼리는 사람들에 의한 배달음식 주문량이 폭주했다. 이에 따라 배송配送 업체들이 때 아닌 호황을 구가했다. 뉴욕 증권시장에 상장上場한 한국 배송업체 쿠팡Coupang의 주가株價가 며칠 사이에 폭등했다는 뉴스는 비대면경제 시대의 호황 업체가 무엇인지를 말해준다.

언론보도에 따르면, 미국인들이 생필품 구입에 크게 의존하는 온라인 판매 업체인 아마존Amazon은 사업의 활황活況으로 갑자기 두 가지 난제에 직면했다. 하나는 몰리는 주문량을 처리해야 하는 직원들의 손이 부족한 것이었고 다른 하나는 주문된 물건을 배송하기 위해 물품창고에서 일하는 일꾼들이 감염병 바이러스에 노출될 수 있다는 위험이었다. 생산공장에서 아마존 창고로 옮겨오는 과정의 어디쯤에서 자신도 모르게 옮겨온 코로나19 바이러스 균이 자신을 통해 물품에 묻을 수도 있으며 그것이 다른 일꾼에게로 전염시킬 우려가 있기 때문이었다. 이런 경우 강요되는 것이 비대면 노동이다. 비슷한 처지에 놓인 미국의 기업들은 아마존 외에도 많았다.

이들 기업들이 강구한 해결책은 사람의 노동을 대신하는 로봇의 노동 현장 투입이다. 그래서 미국의 공장과 창고용 로봇을 제작하는 업체들에는 코로나 팬데믹 이후 자동화 로봇에 대한 주문량이 밀려들었다고 한다 (조선일보 2020년 4월 17일).

비접촉의 선호는 배달뿐 아니라 매장賣場에서도 일어났다. 구매자들은 유인有人 계산대보다 무인無人계산대를 더 선호하는 사태가 발생했다. 비대면의 추세는 회사 사무실로도 확산되었다. 많은 기업들은 어쩔 수 없이 화상통화畵像通話 방식을 통한 재택근무를 실시하기 시작했다. 코로나19의 감염이 우려되는 유해有害 우려 장소에는 사람을 대신하는 로봇의 자동화 작업으로 바뀌었다.

필요는 새로운 발명을 가져온다. 위험 또한 새로운 회피의 길을 모색하게 한다. 서구의 도시들이 현대적인 하수처리 시스템을 갖게 된 것은 19세기에 유럽을 괴롭혔던 콜레라 유행 때문이었다. 수인성水因性 전염병인 콜레라를 막는 방도 가운데 가장 효과적인 방안은 집에서 쓰다 버린 하수下水를 아무렇게나 흐르지 않고 일정한 경로를 거쳐 바다나 강으로 흘러나가게 하는 것이다. 하수처리 시스템은 이처럼 필요와 위험방지 두 가지 요구 때문에 탄생한 좋은 사례이다.

로봇이 위험한 일, 더러운 일, 힘든 일을 대신하는 것은 인간에게는 반가운 일임에 틀림없겠지만 사람을 대신하는 로봇이 장차 사람을 다시 자기 자리로 불러들이는 일이 있을까? 전문가들의 의견은 로봇에게 뺏긴 일자리가 인간에게 다시 되돌아오는 일은 없을 것이라고 한다. 그렇다면 인간이 할 일은 영원히 없어지고 마는가? 아니다. 인간은 다른 영역에서 자기 삶의 가치와 보람을 실현하는 방도를 모색해야 할 것이다.

7 _ 빅데이터: 인간만사가 곧 데이터

(1) 데이터란 무엇인가?

데이터의 폭발

제4차 산업혁명의 핵심 기술인 사물인터넷IoT, 인공지능AI과 로봇에 대해 여태까지 설명하는 가운데 우리는 몇 가지 기본적인 사실을 재확인했다. 하나는 인간과 온갖 기계들을 포함한 모든 사물들에 감지기가 장착되어 데이터와 정보를 전달하며 서로 반응을 보인다는 점이며 둘은 인간지능의 수준에 가까운 지능기계들이 인간을 대신하여 일을 한다는 점이다. 셋은 인간과 기계, 기계와 기계 사이에 수많은 네트워크가 형성되어 있으며 인간 역시 그 네트워크 안에서 하나의 마디(node)라는 요소 달리 말해서 네트워크 자아a networked self로 변모했다는 점이다.

이 대목에서 주목할 점은 잡다한 데이터가 그 네트워크 위에서 어마어마하게 다량으로 생성된다는 사실이다. 우리는 바로 빅데이터Big Data의 시대—매 순간마다 20~30년 전에는 전혀 상상도 할 수 없었던 참으로 방대한 양의 데이터가 생산되는 시대에 살고 있다. 이런 사태를 어떤 사람은 '**데이터의 폭발**'이라고 불렀다. 나는 우리의 삶의 흔적 자체가 고스란히 새겨진 '**데이터의 바다**'라고 덧붙이고 싶다.

어떻게 해서 그런 사태가 일어날 수 있게 되었을까? 막대한 양의 정보와 데이터를 엄청나게 빠른 속도로 이 지점에서 저 지점으로 전달하는 이동통신 기술mobile communication technology이 발전했기 때문이다. 그 기술을 전자공학자들은 5G제5세대 통신기술이라고 약칭한다. 현재 시장에서 유통되고 있는 삼성전자 제품인 스마트폰 S10과 S20은 바로 5G 기술을 사용한 기기들이다. 친구가 보낸 동화상動畵像이 거의 지연遲延되지 않고(낮은 遲延性) '나'에게 전송되는 것을 보고 우리는 감탄한다. 빅데이터는 이 5G 기술의 발전 파도를 타고 무서운 속도로 다량으로 생산되고 있으며 그 데이터에 대한 분석기법도 또한 놀라울 정도로 발전하고 있다 (5G에 대해서는 제3장 제2절 (5)를 참조할 것).

고대 펠로폰네소스 전쟁 때 사용된 데이터 분석법: 빅데이터의 분석기법은 21세기에 들어서 정교하게 그리고 눈에 띄게 발전했지만 그 원류源流는 고대 그리스로 거슬러 간다는 견해가 있다. '투키디데스Thucydides의 함정'(Allison 2017)으로 최근 널리 알려진 그리스의 역사가 투키디데스는 펠로폰네소스 전쟁으로도 알려진 스파르타-아테네 간의 패권 전쟁(BC432~BC404)에 대해 기술하면서 아테네와 연합한 동맹인 플라타이아Plataea 군이 어떻게 스파르타 군의 포위망을 뚫었는지를 설명했다. 거기에 빅데이터 분석법이 깃들어 있다(Holmes 2017. p.1). 플라타이아 군은 스파르타와 동맹을 맺은 펠로폰네소스Peloponnesos 군이 자기네의 작은 도기국가 주변에 구축한 높은 성벽 포위망을 뚫기 위해 탁월한 궁리를 해냈다. 그것은 바로 플라타이아 군이 높은 성벽을 기어오르기 위해 그 높이를 측정하여 거기에 알맞은 크기의 사다리를 만들었다는 점이다. 적의 공격 가능성을 앞에 두고 플라타이아 군은 어떻게 성벽을 측정했을까? 플라타이아 군은 성벽이 전반적으로 자갈을 이겨 붙여서 만들어졌지만 그중 일부는 눈에 선명히 띄는 벽돌을 쌓은 사실을 발견했다. 군 지휘부는 **다수의 병사들에게 그 벽돌층이 몇 개 층으로 구성되었는지를 헤아리라**고 지시했다. 포위망 반대편에 포진한 펠로폰네소스 군의 공격으로부터 안전한 원거리에서 성벽 높이를 재야만 했기에 다수의 병사들이 목측目測한 벽돌층 계산은 일치하지 않을 수가 있다는 점을 플라타이아 군지휘부는 이미 알고 있었다. 그래서 **벽돌층 계산에 다수의 병사를 동원한 것**이다. 그들이 계산한 결과를 모으면 거기에는 최빈수最頻數 mode가 나오게 마련이며 그 수를 뽑으면 성벽의 높이가 나오게 된다. 최빈수의 개념을 활용하여 성벽의 높이를 측정한 플라타이아 군—그 군대의 지혜를 오늘날의 디지털 기술로서 풀이하면 빅데이터 분석법이 된다.

근대적 데이터 분석은 콜레라 전염에서 시작: 근대적인 데이터 수집과 분석법이 적용된 사례는 1854년 런던을 엄습한 콜레라를 퇴치하기 위해 의사인 존 스노John Snow가 브로드 스트리트Broad Street의 감염경로 조사에서 찾을 수 있다. 스노는 콜레라 감염지의 모든 주민들이 동일한 공용 지하수 펌프를 사용한다는 공통점을 파악한 다음 그 지역 행정당국에 펌프 손잡이를 빼내버리는 조치를 취함으로써 콜레라가 더 이상 번지지 않도록 했다. 그는 여기서 콜레라가 공기로 전파되지 않는, 수인성水因性 전염병이라는 가설을 입증했다. 콜레라의 수인성 전염이 발견됨으로써 유럽에는 역사상 처음으로 하수처리를 위한 하수도下水道망이 만들어졌다. 뿐만 아니라 의사 스노는 런던의 브로드 스트리트 펌프 주변에 사는 전염병 환자의 분포도까지 작성하여 오늘날의 데이터 분석법에도 적용할 만한 선구적 역할을 수행했다. 그는 계속해서 전염병 연구분야에서 데이터를 수집—분석하는 일에 정진한 결과 유명한 역학疫學 선구자가 되었다(Holmes 2017 p.3).

전국 규모의 데이터 수집과 분석이 시행된 첫 사례는 아마도 1870년 실시된 미국 인구조사census일 듯싶다. 이때는 전수집계全數集計를 하는 단순한 기계를 사용했지만 미국 인구조사국이 1890년 실시한 센서스에서는 펀치 카드로 불리는 천공穿孔카드—인구조사에서 나타나는 데이터의 종류를 하나의 카드에 구멍을 뚫어 표시했음—를 사용하여 편리하게 데이터를 수집—저장—분석하는데 성공했다(Holmes 2017 p.4).

내가 목격한 바로는 한국에서 천공穿孔카드에 의거한 인구조사와 여론조사 결과의 도표tabulation 작성은 1960년대 중반쯤 당시 경제기획원 통계국에 설치된 컴퓨터를 사용한 것이 효시인 듯싶다. 그 무렵 서울대학교 사회학과에서 실시한 지역인구 태도조사와 창간 1주년 기념으로 중앙일보사의 위탁을 받아 같은 사회학과 고영복 교수가 주관한 전국 여론조사의 결과도 그 통계국 컴퓨터를 통해 천공카드 방식으로 처리되었다 (전국 여론조사는 한국일보사가 1960년대 초반에 처음 실시했음).

(2) 디지털 데이터의 기하급수적 증가

지금까지 소개한 사례들에 포함된 데이터는 모두 아날로그analogue 데이터들이다. 동시에 그 데이터는 분석대상으로서는 꽤 구조화되었거나 structured (定型化정형화되었거나) 또는 반半구조화된semi-structured 것이었다 (사회구조social structure론에서는 사회생활에서 판별할 수 있는 정형patterns과 규칙성regularity이 구조에 내포된 것으로 보기 때문에 구조화란 말은 정형화로도 볼 수 있음). 이 말은 데이터가 필요한 항목별로 가지런히 잘 정리되어 있음을 의미한다. 예컨대 성별, 나이, 출생지, 교육 정도, 취미, 해외여행 경험, 직업職業별로 분류하기 쉽게 데이터가 정돈되어 있다는 뜻이다. 한데 우리가 지금 논의하려는 디지털 시대의 데이터 즉 디지털 데이터는 상당부분 구조와 정형이 없는undtructred, 뒤죽박죽 상태의 데이터이다. 이런 비구조화·비정형화된 데이터에는 문자메시지로 된 텍스트, 사진, 이미지 image (映像영상) 등이 포함되는데 이것들은 전통적인 데이터—구조화·정형화된 데이터—분석법으로는 처리할 수가 없다. 그래서 컴퓨터가 사용되는데 비구조화된 데이터의 규모는 세계 전체 데이터 총량의 약 80%에 달한다고 한다(Holmes 2017 p.7).

우리는 날마다 디지털 미디어와 접속하여 데이터를 생산하고 있다. 친구들과의 대화나 사업관계의 일로 접촉하는 이메일 교신과 SNSsocial networking sites(or service) 커뮤니케이션, 자료검색을 하기 위해 찾아가는 웹사이트—이들 모두를 망라한 데이터를 우리는 웹데이터라고 부르는데 디지털 데이터는 이것 말고도 스마트폰에 의해서도 방대한 양이 생산되고 있다.

식당이나 가게에서 사용하는 각종 신용카드와 체크카드, 백화점과 대형할인점, 또는 멤버십 클럽에서 사용하는 카드들은 그것이 사용될 때마다 사람들의 활동 하나하나가 모조리 데이터로서 생산된다. GPSGlobal Positioning System 지구적 위치파악 시스템를 사용하며 주말 휴양지를 왕래하는 자동차는 모든 주행경로를 고스란히 데이터로 남긴다. 앞으로 자율주행차automated car가 보편화하면 이 차들과 운전자들이 남기는 데이터는 훨씬 더 어마어마하게 많아질 것이다. 그뿐인가. 큰 도시의 횡단보도를 지날 때 시민들의 보행 패턴을 찍는 CCTV 카메라, 자동차가 반드시 통과해야 하는 고속도로 톨게이트Toll Gates에서의 차량 체크, 시내 도로의 중요한 모퉁이에 세워진 은행 현금입출기ATM Automated Teller Machine를 사용한 각종 카드 소지자의 신상내역, 네이버 검색창을 사용한 사람의 관심과 취향 등—디지털 시대가 사람들의 일거수일투족이 모조리 디지털 데이터로 남기도록 짜여져 있다는 사실은 우리가 지금 살고 있는 세상이 '데이터의 바다'임을 실감하게 한다. 우리는 사실상 매일 매분每分마다 '데이터의 바다'에서 서핑surfing과 서칭searching(둘 다 인터넷 검색을 가리킴)을 즐기면서 데이터 생산의 폭발적인 증대를 돕는 셈이다. 역설적으로 데이터 '사냥' hunting이나 '채굴' mining을 하면서 데이터를 생산하고 있는 것이다.

또 있다. 이 장章의 앞에서 설명한 IoT에서 생성되는 무수한 자료들이다. 이동장치mobile devices, 원격(공중) 감지작용remote (aerial) sensing, 소프트웨어 기록software logs, 카메라, 마이크로폰, 무선주파수식별RFID Radido-Frequency IDentification 판독기 및 무선감지기wireless sensor 네트워크와 같은 정보감지 장치들이 IoT 장치들에 포함된다. 이런 IoT 장치들에 의한 세계적인 개인당 정보 저장 능력은 1980년대 이후 대략 40개월

마다 배증倍增해 왔다고 한다. 글로벌 시장분석 기관인 IDCInternational Data Corporation의 예측보고서에 따르면 2012년 현재 거구적擧球的 데이터 양global data volume은 2013년과 2020년 사이에 기하급수적으로 증가하여 4.4 ZbZettabytes에서 44Zb로 될 것으로 예측되었다(WikipideA 2020년 6월 20일 「Big Data」 검색). 여기에 이어서 곧 설명하는 바와 같이 Zb는 1000Eb(엑사바이트)에 해당하므로 엑사바이트를 기준으로 그 양의 크기를 짐작하기 바란다. 상상을 초월하는 실로 어마어마한 데이터 양의 증가세이다.

이렇게 생성된 데이터의 양은 구체적으로 과연 어느 정도의 크기일까? IBM의 2017년 세계적 규모의 연구조사에 따르면, 날마다 생성되는 데이터의 양은 약 2.5엑사바이트Exabytes Eb에 달했다(Holmes, 2017 p.6). 그것이 어느 정도의 크기인지 직감적으로 어림하기는 어렵다. 1Eb는 10의 18자승自乘 바이트의 수이다. 1byte는 8bit 예컨대 1010 1101과 같은 여덟 자리의 비트가 모인 것이므로 1Eb는 0이 18개나 따라붙는 엄청난 크기의 숫자인데 알기 쉽게 설명하면 1Eb 즉 10의 18자승은 1억x1억이 되는 규모이다. 그러므로 2.5Eb는 2억 5천만 바이트x1억 바이트에 해당하는 양이다. 이 책의 초고 집필이 완료되는 2020년 말에는 그보다 훨씬 더 많은 양의 데이터가 날마다 생성되는 것으로 봐야 할 것이다.

(3) 빅데이터의 특징

4V의 특징

너무나 규모가 크고 너무나 복잡하기too large and complex 때문에 재래식 데이터 처리방식으로는 감당할 수 없는 데이터군집群集 datasets을 수집·분석하여 거기서 유용한 정보를 컴퓨터로 체계적으로 뽑아내는 데이터 처리분야가 빅데이터이다. 키워드는 빅데이터의 규모가 대단히 크고 복잡하다는 점이다. 우리가 기술하려는 빅데이터의 특징들은 데이터

규모의 거대성과 복잡성에 기인基因한다. 덕 레이니Doug Laney의 2001년 논문에 따르면 빅데이터의 특징은 3V+1 즉 Volume양, Variety다양성, Velocity속도에 Veracity진실성가 보태진 4V로 요약된다.

Volume: 빅데이터를 다룰 때 우리는 여론조사에서 택하는 표본조사를 행하지 않고 인터넷이나 IoT에서 발생한 자료를 송두리째 그대로 관찰하고 추적한다. 때문에 빅데이터 분석법에서는 흔히 수락할 수 있는 시간의 범위 안에서 처리하기에는 너무나 방대한 규모의 데이터 다시 말하면 재래식 소프트웨어의 능력을 훌쩍 벗어나는 어마어마한 규모의 데이터를 처리하게 된다. 빅데이터의 'big거대하다'의 십 년 전 표준은 2020년의 디지털 시대에는—IoT와 AI가 융합하여 산더미 같은 자료를 컴퓨터 알고리즘으로 순식간에 처리하는 시대에는 더 이상 적용되지 않는다. 앞에서 2020년까지 기하급수적으로 증가하는 세계 전체의 데이터 양이 44Zb에 달할 것으로 예측되었다고 말했는데 그렇다면 도대체 '거대하다'는 빅데이터의 양적 거대성은 어느 정도를 가리키는 것일까? IBM과 옥스퍼드대학 연구팀이 2012년에 95개국 1,144명의 전문가들을 대상으로 실시한 국제적인 조사연구의 결과에 따르면 50%이상이 1Tb Terabyte테라바이트에서 1Pb Petabyte 페타바이트 사이의 데이터 군집을 '거대하다'로 판단했다(Holmes 2017 p.16). 응답자의 3분의 1은 '모르겠다'의 범주에 속했다. 테라바이트는 1바이트의 1,000배인 Kb(Kilobyte)에서 단계적으로 1,000배씩 증가하는 순차적 상급단위인 Kilobyte (1,000bytes)→Megabyte(1,000Kb)→Gigabyte(1,000Mb)의 다음에 오는 양의 단위(1,000Gb)이다. 그 다음에는 Petabyte(1,000Tb)→Exabyte (1,000Pb)→Zetabyte(1,000Eb)→Yotabyte(1,000Zb)가 따라온다. 이처럼 '거대하다'는 응답자의 '답이 일정하지 않은 이유는 수집되는 데이터의 저장·형태와 같은 요인들이 시간에 따라 변하므로 개인의 양에 대한 인지에 영향을 주기 때문이다. 데이터군집의 종류와 형태가 이러하다면 빅데이터의 양적 기준은 전통적인 컴퓨터 작동과 통계적 방법으로는 수집·저장·분석할 수 없는 데이터의 양에다 둘 수 있을 것으로 보인다(Holmes, 2017 p.16).

Variety: 양적 규모의 거대성 때문에 빅데이터는 그 성격과 형태에 있어서 매우 다양하다. 빅데이터는 교신되는 문자메시지text, 정靜영상Image, 소리audio, 비디오video에다 데이터 융합과정을 거치면서 망실忘失되는 정보 조각들까지 추가될 수 있다.

빅데이터가 생성되는 공간과 장치들을 살펴보면 빅데이터의 다양성이 생기는 까닭을 이해할 수 있을 것이다. '네트워크들 중의 네트워크' 인 인터넷은 컴퓨터와 지구적인 네트워크, 지역네트워크LAN, 인공위성, 휴대전화(스마트폰)와 기타 다른 전자장치들로 구성되어 있다. 여기에다 '지구적 정보체계'golbal information system라고 발명 당사자(Tim Berners-Lee)가 자부하는 웹이 첨가되면 이로 말미암아 증폭되는 데이터의 다양성은 더욱 커지게 마련이다. 게다가 웹에서 파생되는 많은 데이터가 비구조화된 것이라면 다양성이 초래하는 난점은 더욱 커지게 마련이다. 트위터Twitter를 예로 들면, 트위터 이용자들은 전세계적으로 하루에 140자씩의 메시지를 약 5억 건이나 발송한다. 도널드 트럼프Donald Trump 전 미국 대통령이 재임하는 동안 즐겨 사용하여 주목을 끌었듯이 트위터의 짧은 메시지들은 상업적으로 매우 가치 있기 때문에 거기서 표출된 감정이 긍정적이냐, 부정적이냐, 중립적이냐에 따라 가끔 분석되기도 한다. 이런 따위의 감정 분석에는 특별히 개발된 신기법이 요구되는데 이것은 빅데이터 분석법을 사용함으로써만 가능한 일이다. 병원, 군대, 영리사업을 하는 기업체들은 그들 각각의 특수목적에 맞게 많은 빅데이터를 수집하고 있지만 궁극적으로는 그것들은 모두 구조화된 것과 비구조화된 것

또는 반구조화된 것으로 나눌 수 있다. 빅데이터의 다양성은 이러한 분류방식 자체에 의해서도 충분히 입증된다.

Velocity: 빅데이터의 자료들은 웹, 스마트폰과 IoT의 수많은 감지기들과 같은 매우 다양한 소스들에서 끊임없이 흐른다. 속도는 필연적으로 그 양적 규모와 연결된다. 속도가 빠르면 빠를수록 그만큼 데이터의 양은 더 많아진다. 데이터가 생성되고 처리되는 속도는 이용자의 요구와 데이터의 성장과 개발 과정에 가로놓인 도전들을 충족하기 위해 대응한다. 말하자면 요구가 많아지면 질수록 데이터의 생성과 처리 속도를 빨라지게 마련이라는 뜻이다.

자율주행 자동차의 예를 보자. 자율주행차에 장착된 감지기에서 생성되는 것과 같은 데이터는 반드시 실시간으로 생성된다. 만일 자율주행차가 믿음직스럽게 운행을 할 수 있으려면 무선으로 중앙통제부central location로 전송된 데이터는 재빨리 분석되지 않으면 안 된다. 그래야만 필요한 지시가 적절하게 그 자동차에 다시 전달될 수 있기 때문이다.

Veracity: 진실성으로 옮길 수 있는 veracity는 데이터의 품질 및 가치와 연관되어 있다. 따라서 이것은 빅데이터의 확장된 개념이라고 말할 수 있다. 수집된 데이터의 품질이 대단히 높으면 그 질적 가치는 그만큼 정확한 분석에 영향을 미칠 수 있다.

데이터의 정확성과 신뢰성은 지난 20세기의 통계분석이 표방했던 품질보증 마크이다. 그래서 통계전문가들과 사회과학자들은 이 두 가지 개념적 기준에 알맞은 데이터 수집을 지향하고자 노력해 왔다. 그러나 디지털 시대에 만들어진 데이터는 비구조화되어 있는 데다 경우에 따라서는 실험적 설계도 없이 또는 어떤 문제가 관심 대상인지에 대한 관념이 없이 마구잡이로 수집되기도 한다. 한 예로 SNS에 흐르는 데이터는 종

잡을 수 없는 것들, 부정확하고 불확실한 것들로 가득 차 있다.

데이터 더미에서 가치 있는 정보를 추출抽出하려면 데이터양을 증대시키는 것이 가장 효과적이다. 그런데 통계학 이론이 가르치듯 데이터양이 크면 클수록 결과는 정반대의 것으로 이어질 가능성이 있으며 그렇게 많은 양의 데이터가 오히려 피상적皮相的인 상관관계만을 보여주는데 그칠 수 있음을 주의해야 한다. 중요한 것은 양적 크기에 비례하여 데이터의 품질도 함께 진실에 부합해야 한다는 점이다.

(4) 빅데이터의 응용분야

기업을 위한 소프트웨어 제공

빅데이터가 활용되는 분야는 대단히 광범위하다. 기업, 정부 조직, 군대, 의료보건, 기후변화, 지진 발생 예측, 국제개발, 교육, 미디어, 사물인터넷IoT 등. 이 절에서는 이 모두에 대해 언급하지 않고 몇 가지 관심분야에 대해서만 간단히 설명하고자 한다. 먼저 기업분야이다.

빅데이터는 정보관리 전문가들의 수요를 크게 증대시켰다. 소비자의 취향 분석과 시장 조사, 경영과 회계관리, 사원관리 등 기업이 필요로 하는 정보는 시장 규모가 커짐에 따라 더욱 많아졌다. 더욱이 교역 범위가 지구 규모로 확대됨에 따라 빅데이터에서 뽑아낼 수 있는, 기업에 유용한 정보는 그만큼 더 늘어났다. 이 모든 수요는 궁극적으로는 기업의 생사가 걸린 수익성 증대와 연결되어 있기 때문에 기업을 상대로 한 전문 소프트웨어 업체들은 성황을 이루고 있다. 미국의 IBM과 같은 긴 역사를 자랑하는 전자 관련 업체들은 물론이고 1970년대 이후 생겨난 상대적인 후발업체들도 데이터 관리와 분석을 전문으로 하는 자회사들이나 합작회사들에 대한 투자를 늘이고 있는 형편이다.

한 예로 유수有數의 세계적 대회사들─독일의 소프트웨어AGSoftwareAG와 SAP(다국적 기업), 미국의 IBM, 오라클Oracle Corp., HPHewlett Packard(다국적 기업), Dell(다국적 기업)—은 데이터 관리와 분석을 전문으로 하는 소프트웨어 회사들에 총 15억 달러 이상을 쏟아 붓고 있다. 2010년의 경우 이들 소프트웨어 산업은 자산가치만 1000억 달러 이상에 이르렀으며 해마다 근 10%의 성장세를 보이고 있다(Wikipedia 2020년 6월 20일 「Bigdata」검색).

선진국을 중심으로 데이터집중 기술data-intensive technologies을 이용하는 증가세는 무서운 상승선을 그리고 있다. 전 세계적인 이동휴대전화 등록 수는 46억이다. 1990년~2005년간의 15년 동안에 중간계급에 속한 세계 인구는 10억 명 이상에 이르렀는데 이는 문해자文解者 the literate 가 그 정도에 도달하여 정보생산과 수요가 그만큼 성장했음을 의미한다(Wikipedia). 이에 따라 컴퓨터 소프트웨어를 생산 · 판매하는 기업체가 증가했다. 앞에 열거한 미국과 독일 회사들이 소프트웨어를 전문으로 하는 회사들에 투자를 늘인 이유는 여기에 있다.

그렇다면 도대체 이들 소프트웨어 회사들은 어떤 제품을 생산 판매하고 있는가?

독일의 다국적 회사인 SAP(정식 명칭은 Systems, Applications and Products in Data Processing)을 예로 들어보자. 1972년 창설된 SAP은 2016년 현재 세계 3위의 소프트웨어 · 프로그래밍 회사로 성장하여 유럽 아시아 아프리카 중동 남북미 등 전 세계에 두루 영업망을 펼치고 있다. 기업 고객은 190여 개국에서 약 9만여 업체이다. 주로 기업용 소프트웨어를 개발 · 생산하여 고객들에게 제공하며, 재무 · 영업관리 · 상거래 · 자산관리, 인사관리 등 다양하게 업무영역별로 특화된 비즈니스 솔루션을 제공하고 있다. 특히 SAP의 기업 자산관리 소프트웨어인 ERPEnterprise Resource Planning는 너무도 유명하다. SAP는 이미 2016년에 IoT 시장의 성장 전망을 예견하고 이를 활용하기 위한 전략의 일환으로 IoT 관련 기술에 집중투자할 방침을 정했다. 이에 따라 2020년 말에는 해당분야에 대한 투자 규모가 20억 유로에 달하리라고 한다. SAP는 또 SAP IoT로 불리는 새로운 제품라인의 구축에 착수할 예정인데 인터넷에 연결된 사물들 things로부터 얻은 방대한 데이터양을 머신 러닝과 SAP의 데이터베이스인 S/4HANA와 결합할 계획으로 있다(Wikipedia 2020년 7월 21일 〈SAP〉 검색).

또한 2019년 1월에 SAP는 블록체인blockchain, 퀀텀 컴퓨팅quantum computing, 머신 러닝, IoT 및 인공지능과 같은 더 많은 현대식 클라우드 Cloud 기반 기술 분야로 회사 운영방침을 이동시키는 전략적 계획 아래 회사의 일자리 약 4,000자리를 감축한 바 있다. 이를 보면 클라우드가 지난날의 플랫폼처럼 앞으로 대단히 유망한 업종임을 알 수 있다.

원격의료

원격의료에도 빅데이터 분석법이 응용되기 때문에 이 분야에도 우리는 관심을 둬야 한다. 그런데 한국의 현행 의료법은 의료인과 환자 사이의 원격진료를 원칙적으로 금지하고 있어 아직 그 기술이 발전되지 않았다. 다만 코로나19 신종바이러스 감염병이 2020년 1월부터 초유의 장기간 지속 사태를 보였기에 한시적으로 온라인 전화 상담과 처방이 허용되긴 했다. 주로 고혈압·당뇨 등 만성 질환자의 재진再診을 비롯하여 한시적으로 실시되었다. 한국에서의 원격의료 실시에는 법적 제약을 푸는 과제 외에도, 의사들 자신이 이를 반대한다는 더 큰 장벽이 가로놓여 있다. 보건의료 전문가들은 원격의료—이를 한국에서는 '비대면非對面 진료'라고 부른다—의 도입이 경제부처의 주도로 새로운 산업의 육성 차원에서 추진되는데 대해 강한 우려를 표명했다(한겨레 2020년 5월 20일).

원격의료는 영어로 Telemedicine 또는 Telehealth으로 불리고 있는데 원격보건의 상위개념으로 받아들여진다. 원격의료든 원격보건이든 거기에는 전자보건기록Electronic Health Records EHR이 병원과 연구소 등에서 필수적으로 활용된다. EHR이란 환자를 비롯한 인구의 전자저장 디지털 정보를 체계적으로 수집해 놓은 것을 말한다. 이 보건 기록들은 네트워크로 연결된 기업 레벨의 정보시스템이나 다른 정보네트워크들 사이에서 광범위하게 공유되어 있다. EHR에는 인구학적 사항들, 의료역사, 투약과 앨러지, 면역 상태, 실험실의 시험결과, 방사선 영상, 중대한 건강신호, 나이·체중과 같은 개인별 신상身上 통계자료 등이 포함되어 있다. EHR 자료와 분석법을 이용하게 되면 보건의료의 질을 개선할 뿐 아니라 고위험 환자들의 입원치료를 예방하는 데에도 도움이 된다(Wikipedia 2020년 7월 27일 검색).

미국에서는 원격의료의 증가로 말미암아 거기에 응용되는 AI앱이 IBM의 Watson Health 사업부 등의 활동 증가로 최근 몇 년 동안 눈에 띄게 늘어났다. AI를 이용하여 환자를 모니터링할 수 있는 능력을 키우려면 환자한테서 질병 활동이 나타났을 경우 AI와 의사 사이에 정보 교신이 재빨리 이뤄지도록 하는 체재가 갖춰져야 한다. 지속적인 환자 모니터링에는 신체장착장치wearable device가 환자에게 부착되어 있어 인간의 감각으로는 식별력이 떨어지는 환자의 변화를 주시할 수 있도록 해야 한다.

원격의료를 실행하는 분석법으로는 개인별 의료-처방분석법, 임상위험개입clinical risk intervention-예측분석법, 의료폐기물-환자관리에 따른 가변성 감소waste and care variability reduction, 환자별 데이터의 자동화 내외보고automated external and internal reporting of patient data, 의료용어-환자기록부의 표준화 등이 있어 보건의료 전반의 개선에 이바지하고 있다.

2011년에 데뷔한 슈퍼인공지능 IBM왓슨은 비즈니스, 보건의료 Healthcare, 신상품 개발자와 대학들에서 응용되어 왔다. 왓슨은 특히 자연언어처리natural language processing NLP와 기계학습 기술을 이용하여 방대한 양의 비구조화(비정형) 데이터로부터 예측과 판단을 이끌어내는 슈퍼인공지능이다. 왓슨이 의료기관과 제휴한 두드러진 사례로는 메모리얼 슬로언 케터링 암센터Memorial Sloan Kettering Cancer Center와의 협약을 들 수 있다. 이 협약에 따라 왓슨은 종양腫瘍 환자에게 적합한 치료 방도方途를 고려하도록 돕고 있다. 또한 미국의 여러 회사들은 병원 콜센터에서 왓슨을 이용하기 시작하여 고객서비스 기관을 대체하거나 도와주는 일을 하고 있다.

처방 오류를 잡는 AI · 빅데이터

보건복지부가 2017년 발표한 자료에 따르면, 2016년 7월 29일부터 2017년 9월까지 의료기관에서 발생한 안전사고 가운데 약물처방 오류가 857건이었다. 이 오류 가운데 대부분(94.2%, 808건)은 상급종합병원과 종합병원에서 발생했다. 처방 오류 발생률은 상급종합대학병원 512건에 59.7%, 종합병원 296건 34.5%. 오류 가운데 용량 오류는 159건으로 42.4%가 되는 점에 유의하면 환자와 가족으로서는 놀랄 일이 아닐 수 없다. 그중 간호사의 투약 실수가 293건 34.2%, 약사의 조제調劑 오류 172건 20.1%가 뒤를 이었다.

빅데이터 기법에 이용되는 AI는 이와 같은 투약 처방의 오류를 콕 집어냄으로써 만약의 경우에 발생할 수 있는 예상치 않은 사태를 미연에 방지한다. 건양대학교병원(의료원장 최원준)은 약 처방 오류를 개선하고자 인피니그루(대표이사 유경식)와 함께 축적된 병원의 의료 빅데이터를 활용해 AI 기반 약물처방 오류 탐지 서비스의 개발에 나섰다(NEWSTOF 2019년 12월 16일).

신약개발에 쓰인 AI · 빅데이터

한국의 한 바이오 스타트업 기업체는 신약개발에 AI와 빅테이터 기술을 활용하여 통상 1년 넘게 걸리던 신약개발 기간을 단 6주로 단축했다.

또한 개발 비용도 크게 줄이는 효과를 거둔 것으로 보도되었다. 창업 초기에 있는 벤처기업인 신테카바이오는 2020년 3월에 코로나19 신종 바이러스 퇴치용 백신의 개발에 빅데이터와 AI 기술을 활용하여 의약품 3000개 가운데 코로나 바이러스 감염증의 치료에 유효할 것으로 기대되는 후보 물질 30종을 우선 도출했다. 그 뒤 이 스타트업은 곧바로 국책연구기관과 공동으로 효능 검증 실험을 거쳤으며 현재 미국 렘데시비르와 유사한 수준의 효능을 가진 후보 물질 1종을 최종 도출하는데 성공한 것으로 보도되었다(조선일보 2020년 7월 25일).

신종바이러스 감염증인 코로나19 팬데믹 사태는 인간의 사회생활을 비대면·비접촉으로 몰아갔지만 아이로니컬하게도 그 전염병의 치료제·백신을 개발하는 방식에는 예전에는 생각도 못 했던 혁신을 초래하고 있다고 한다. 그중 한 분야가 신약개발의 기간 단축과 비용 절감이다. 이전에는 하나의 신약을 개발하는데 보통 10~15년이 걸렸으며 그에 따라 개발 비용도 1조 원을 훌쩍 넘기가 일쑤였다. 코로나19의 치료제·백신 개발은 누가 먼저 완성하느냐 하는 속도전의 승자가 개발경쟁에서 이기는 최대 요소로 간주된다. 빅데이터 기법과 AI가 활용된 것은 기간 단축을 위해서 뿐 아니라 한 차례에 100만 건 이상의 논문을 탐색하여 필요한 논문을 골라내야 하는 번거로움을 덜기 위해서였다. 이로써 제약회사들은 수천~수만 개의 후보 물질을 확인하여 하나씩 점검하는 시간을 크게 줄일 수 있다. 미국 바이오 스타트업인 인실리코메디신은 2020년 3월 코로나19 백신 개발에 적합한 분자 구조를 단 나흘 만에 찾아냈다. 점검한 분자 구조만 10만 개가량이므로 종전 같았으면 어림없는 단시간의 성과였다.

빅데이터와 AI의 활용은 광범위한 신약개발 분야로 급속히 확대되고 있다. 일본 제약회사인 다이닛폰스미토모大日本住友와 영국 엑시시엔티아는 빅데이터와 AI를 활용하여 강박증 치료 후보 물질을 1년 만에 추려냈다. 과거에는 5년 걸리던 개발 작업이 5분의 1로 단축된 것이다. 아울러 개발 비용도 3분의 1로 줄었다.

한국에서는 AI기술을 질병 진단에도 적용한 스타트업들이 두각을 나타내고 있다. AI헬스케어Healthcare 회사인 뷰노의 뷰노메드 체스트 엑스레이는 수많은 환자의 엑스레이를 학습한 뒤 흉부 경화 등 5가지 소견을 3초 이내에 판독해 흉부 질환을 진단한다. 정확도는 99%다. 지난 2월에 강원도 지역 보건소에 설치되어 코로나19 환자를 선별하는 수단으로도 쓰이고 있다(조선일보 2020년 7월 25일).

교육 · 정부 부문에의 응용

빅데이터의 응용분야는 이 장章 절節에서 모두 열거하기 어려울 만큼 많다. 지금까지 우리는 주로 기업, 의료, 신약개발에 빅데이터가 응용되는 사례들을 살펴보았지만 교육과 정부 등 다른 부문에서도 널리 이용되고 있음을 간단히 살피고자 한다.

중앙선데이는 2020년 5월 2일 '가상현실VR, 증강현실AR, 인공지능AI, 빅데이터를 융합한, 이른바 '에듀테크' 시장이 5년 뒤에는 3천420억 달러 규모로 성장할 것이라는 취지의 제목 아래 다음과 같이 보도했다.

2000년대 초반 인강(인터넷 강의)으로 대표되는 '이러닝'이 등장했다. 정부는 2004년 이러닝(전자학습) 산업발전법을 제정하는 등 발 빠르게 지원정책을 마련하는 움직임을 보였다. 이후 이러닝은 가상현실 · 증강현실 · 인공지능 · 빅데이터 등 4차 산업혁명의 주요 기술과 융합한 '에듀테크'로 진화했다. 산업통상자원부 이러닝진흥위원회는 3개년 계획인 '제3차 이러닝 산업 발전 및 이러닝 활용 촉진 기본계획'을 2017년 발표했다. 여기에는 초 · 중 · 고 공교육 분야에서 이러닝 활용을 확대한다는 방침이 담겼지만, 최근 온라인 개학을 통해 드러난 실정은 여전히 허점이 많았다.…

2025년 세계 에듀테크 시장은 3420억 달러에 달할 전망이다. 교육시장 분석업체 홀론아이큐HolonIQ는 "교육의 디지털화 속도는 의료 분야를 넘어설 것"이라며 "에듀테크와 원격 학습에 대한 투자는 코로나19로 인한 당장의 혼란을 완화할 뿐 아니라 더욱 개방적이고 유연한 교육 시스템을 발전시키는데 도움이 된다"고 분석했다.…

초등 스마트학습 프로그램인 '와이즈캠프'의 2020년 3월 신규 결제 건수는 전년 동기 대비 185% 증가했고, 중등 '인강' 사이트 '수박씨닷컴'은 2월 신규 회원 가입자 수가 2019년의 같은 기간보다 30% 이상 늘었다. 에듀테크 스타트업인 클래스팅도 3월 신규 가입 교사회원 수가 전년 동기 대비 3배 늘었고, 이용자들의 사이트 활동량도 지난달 온라인 개학 이후 300배 이상 증가했다고 밝혔다.

현준우 비상교육 에듀테크컴퍼니 대표는 "학교 선생님들이 민간 콘텐츠를 쓸 수 있어야 기업 간 경쟁이 일어나고 발전해 더 좋은 콘텐츠가 나오는 선순환이 이뤄진다"고 말했다. 그는 미래의 교육은 온라인과 오프라인의 경계가 허물어지는 '블렌디드Blended 학습'이 될 것이라고 전망했다.

정부기관들에 의한 빅데이터 이용은 구미의 여러 나라들과 한국, 일본 및 중국에서 이미 다방면의 정책 수립과 특수목적용 과제수행에 폭넓게 활용되어 왔다. 미국의 오바마 행정부는 정부가 직면한 중요 문제들에 대처하기 위해 이미 2012년에 빅데이터 연구개발 구상Big Data Research and Development Initiative의 설치를 발표했다. 빅데이터 분석은 오바마 대통령의 재선 승리를 위해 성공적 역할을 수행했다. 미 연방정부는 세계 전체의 총 10개 슈퍼컴퓨터들 중 5개를 보유하여 여러 방면의 빅데이터 분석에 활용하고 있다.

영국 정부는 약 처방 한 건 한 건의 발생원, 장소, 시간을 연결하여 처방약에 관한 데이터를 분석함으로써 국가의 보건―환자관리 지침과의 사이에 어느 정도의 간격이 일어나는지를 예측할 수 있게 되었다. 이로 써 신약新藥이 필터링되어 일반 환자에게 도달하기까지는 약간의 시간이 걸리는 것으로 판명되었다. 중국 중앙정부는 일체화연합작전一體化聯合作 戰 플랫폼IJOP을 개발하여 인구 동태 특히 위구르인 동향의 모니터링에 활용하고 있다. 이 플랫폼에서는 DNA 샘플을 포함한 생물측정통계학(지 문, 홍채, 피부 등 개인의 생체정보를 밝히는 연구 분야) 정보가 신체 프로그램을 통해 수집되는 것으로 전해졌다. 또한 2020년에 중국은 모든 시민들이 어떻게 행동하는가를 측정하여 개인별 사회적 신용점수social credit score 를 전 시민 별로 매기는 계획을 실시하기에 이르렀다. 많은 중국 도시들 에서 시험적으로 실시되고 있는 사회적 신용점수제는 대중감시의 한 형 식으로 간주된다(Wikipedia 2020년 6월 20일 검색).

제4장

뉴미디어와 자아

1_ 두 개의 '나'

'나'를 아는 또 하나의 '나'

"'내(B)가 잘못했다' 는 걸 나(A)는 안다."

누군가가 중얼거린 이 말에서 우리는 두 개의 나를 발견한다―나(A)와 나(B). '내가 잘못했다' 라고 말한 문장 속의 내→나(B)와 〈그 나(B)의 잘 못을 아는 나(A)〉는 동일하면서도 분리되어 있다. 동일한 몸을 지니면서 동시에 마음속에서 서로 분리된 두 개의 '나' 를 우리는 본다. 하나는 잘 못한 행위를 저지른 주어＝주체로서의 나(B)이며, 다른 하나는 문장의 주어인 나(B)를 관찰하는 몸＝자아의 주체로서의 나(A)이다. 이처럼 '나' 는 어떤 행위를 실행하는 주체subject인 동시에 관찰의 대상이 되는 객체object로 된다. 이 장章의 첫머리서부터 벌써 '주체' 主體라는, 알듯하 면서도 이해하기 까다로운 용어가 등장했는데 이 말에 대해서는 곧 상세 한 설명이 뒤따를 것이다.

동일한 몸을 지닌 '나' 가 두 개의 나로 분리되는 사례를 우리는 셰익스 피어의 희곡 「리처드 II세」의 한 대목에서 찾을 수 있다.

우리말로 영국으로 불리는 The United Kingdom of Great Britain and Northern Ireland가 탄생하기 전에 브리튼 섬은 잉글랜드, 스코틀

랜드, 웨일즈 및 에이레로 분리되어 있었다. 옛날 그 큰 섬의 한 국가인 잉글랜드의 국왕 리처드 2세Richard II는 분명 하나의 육체를 가진 국왕임과 동시에 그 직책의 담당자로서는 아무런 일도 수행하지 못하는 무력한 국왕으로 셰익스피어에 의해 묘사되었다.

육신을 가진 국왕의 이마 관자놀이를 에워싸는 텅 빈 왕관 속에within a hollow crown 사신死神의 궁궐이 자리 잡고 있네. 거기엔 요상한 익살꾼이 앉아, 국왕의 위엄을 비웃고, 국왕의 위세를 하찮게 보는구나. 국왕에게 숨 한 번 크게 쉬고 우스운 장면 연출하면서, 임금 노릇 해보고, 두려움을 주고 눈길로 간담을 서늘케 하는 맛을 보게 하여, 자만심의 헛된 망상으로 채우는 것—우리의 생명을 아우르는 이 육신이 마치 난공불락의 놋쇠덩어리라도 한 양—이렇게 길들여진 후 마침내 죽음은 오고, 작은 바늘 하나로 국왕의 성벽이 뚫리는구나—그리 되면 왕권이여 안녕!(*Richard II* 제3막 2장 pp.160~179. 역문은 나남의 『리처드 2세』 이성일 옮김을 참조했음).

무능하고 낭비벽이 심한 왕을 몰아내어 왕좌를 찬탈하려는 사촌 볼링브로크의 양위讓位 요구에 리처드 2세의 다음 말은 '나'와 '나 아닌 나'라는 그의 이중인격을 그대로 드러낸다. 리처드는 자기가 왕위를 내주고 말 것을 결정하는 자아(I)가 아님을 무심결에 내뱉고 말았다—"I know no 'I' to do it." 리처드 2세는 왕이면서 왕이 아니다. 다른 말로 표현하면 그는 '나' I이면서 곧 '나 아닌' non-I 상태에 있는 가련한 존재이다.

여기서 리처드 2세라는 존재는 이중적인 모습을 띠고 있다. 왕의 자리에 앉아 있는 형식상의 임금임과 동시에 왕의 실권을 상실한 그래서 속이 텅 빈 왕관만을 쓴 다만 겉치레된 임금의 얼굴을 보이고 있을 뿐인 존재인 것이다. 그래서 리처드 2세는 왕으로서의 '나=我=I' 임과 동시에 '나 아닌 나=非我=non-I' 라는 entity(개별적인 존재)에 불과할 따름이다. 반군의 기세를 도무지 꺾지 못하는 열세의 처지에 있음을 잘 아는 왕의 사촌 오멀이 '어디로 군대를 이끌고 가시렵니까?'라고 묻자, 리처드 2세가 내뱉은 독백 비슷한 말은 이 엄연한 자아의 분열을 확인해 준다.

그래, 아니: 아냐! 그래Ay, no: no, ay!
내 의향은 있을 수 없으니까for I must be nothing.
그러니까 '아니'는 아니야Therefore no 'no'
내가 자네에게 물려주니까for I resign to thee.
자, 내가 어떻게 스스로 왕 아니게 만드는지 잘 보게Now, mark me how I will undo myself.
이 무거운 것을 내 머리 위에서 벗어서 주고I give this heavy weight from my head,
이 거추장스런 왕홀王笏을 내 손에서 떨어내고And this unwieldy scepter from my hand,
군왕의 위세를 가슴으로부터 몰아낸다.…"(*Richard II* 제4막 1장 pp.200~205. 나남판 이종일 역 참조)

2_ 분열된 주체, 과정의 주체

'생각하는 나'와 '존재하는 나'

'나는 생각한다. 그러므로 나는 존재한다'I think, therefore I am 라는 유명한 말을 남긴, 유럽 합리주의철학의 선구자 데카르트René Descarte(1596~1650)를 사회과학도 치고 모르는 이는 아마도 드물 것이다. Cogito(이에 대한 설명은 곧 나옴)라고 라틴어로 표시된 이 명제는 찬찬히 뜯어보면 '생각하는 나' 즉 생각하는 마음a thinking mind과 '존재하는 나' 즉 '존재하는 몸'이 서로 분리되어 다뤄지고 있다. 그래서 데카르트의 철학은 기본적으로 마음과 몸을 분리시키는 이원론二元論의 입장에서 생각하는 인간을 고찰했는데 그는 이원론dualism(남자와 여자, 참과 거짓, 하늘과 땅처럼 둘로 나눠서 고찰하는 철학적 관점)의 관점은 '나'에 대한 방법적 회의methodical doubt를 거듭하다가 생각하기thinking와 있음being을 하나로서as oneness 간주하는 '생각하는 존재'a thinking being로 귀결시켜 버린다. 이와 같이 사유思惟(생각하기)와 존재存在(있음)를 하나로서 보는 입장의 저 편에는 그와 달리 마음과 몸을 분리시킨 이원론의 관점이 굳건히 자리 잡고 있음을 우리가 간과해서는 안 된다. 게다가 '생각하는 마음=정신'에 대해서는 혼魂 soul과 이성理性 reason을 부여하여 혼과 이성을 품은 그 정신이 온갖 사물의 이치와 현상을 파악하는, 신체에 비해 월등히 우월적인 지위를 누리도록 해버렸다. 서양 합리주의의 기초가 이러한 데카르트의 이성 우위론에 있다고 보는 근거는 여기에 있다.

어쨌든 '생각하는 나'가 있음을 확실하게 증명하기 위해 그는 끊임없는 물음들을 제기했다. 내가 존재하고 있는 것은 확실한가? 어떻게 확실하게 그 존재함을 알 수 있을까? 또한 '나는 나의 밖과 나의 안에 있는 무엇(대상 objects)을 확실하게'with certainty 알 수 있을까? 이런 따위의 의문을 던지면서 풀어나가는 과정에서 데카르트는 아무리 의문에 의문을 거듭하더라도 '생각하는 나'가 여기에 버젓이 있다는 것만은 의심의 여지가 없는 진실이라는 결론에 도달한다. 이 대목에 이르러서 데카르트가 '객관적으로 확실한 지식' 즉 세계에 대한 '지식의 확실성'을 입증하는 데 전념專念한 탐구적 자세에 대해서는 평가를 해야 한다는 견해가 없지 않을 터이지만 니체 연구자인 울리히 하스Ullrich Haase는 데카르트가 몰두했던 그 확실성에 비판의 메스를 댄다. 하스에 따르면 "확실성이라는 관념은 세계에 대한 우리의 경험이나, 사물에 대한 우리의 이해와 연관된 것은 그 어떠한 것도 바꿀 수 없다"라는 관점을 확연히 드러내고 있다. "확실성이 노리는 것은 의심의 여지가 없음indubitability 다시 말하면 모든 사람이 동의한다는 것의 필요성necessity"인데 이런 식으로 진리를 찾으려면 "새로 창조된 우주적 현실상現實像에 대해 아마 어느 누구도 이의제기異議提起를 할 수 없는 방식으로 인간 존재의 세계가 형성되어 버렸기에 그런 경우에까지 이르도록 우리가 모든 사람이 똑같은 경험을 하고, 똑같은 느낌을 가지며, 똑같은 생각을 하도록 할 필요가 있다"라는 잘못된 결론에 도달한다고 하스는 비판했다(Haase 2008 p.23).

그래서 '생각하므로 내가 존재한다' 라는 명제 즉 '생각하는 존재' a thinking being가 있는 것만은 확실하다 라고 내린 데카르트의 결론은 잘못이었다는 지적이 나온다. 데카르트의 결론은 결국 나의 '생각하기' 와 나의 '있음' 을 하나로서 일치시켜 버린 그 점에 결함이 있다. 즉 '생각한다=존재한다' 라는 등식을 성립시킨 데 오류가 있다는 뜻이다. '생각하니까 존재한다?' 그게 맞다면 존재의 전제조건은 생각이 되고 만다. 생각이 어떻게 존재의 전제가 될 수 있는가? 어린애는 태어날 때부터 사고의 능력을 보유하지는 않는다. 엄마한테서 말과 소리와 표정을 배우기 시작하면서부터 어린애는 비로소 남과 구별되는 자아를 의식하기 시작하며 그때부터 자기와 가까운 사람이나 자기를 곱게 여겨주는 사람을 알기 시작한다. 그렇다면 어린애는 먼저 태어나 엄마 품에서 자라가면서부터 생각하는 능력을 키워가는 것이다. 그러므로 '생각한다' 가 존재한다' 에 앞선다는 데카르트의 명제는 잘못된 것임이 판명된다.

의심에 의심을 거듭하는 추론방법을 데카르트는 **'방법적 회의'** 라고 불렀다. 그는 "우리가 의심하는 동안 우리라는 (생각하는) 존재에 대해서는 의심할 수가 없다."라고 그의 저서『철학원리』에서 말했다. 이 말은 전폭적인 의문에 직면하여 앎knowledge을 위한 확실한 토대를 제공하는 목적을 지녔기에 서구철학의 기본요소로서 자리를 잡았는데 그의 '방법적 회의'에서 끌려나온 추론의 결론은 자아의 분열—마음과 몸으로의 분열—을 간과看過하고 자신의 사유를 진행한 것으로 낙착된다. '나는 존재한다'라고 말했을 때의 그 '나'는 일정한 크기와 공간을 차지하는 신체＝몸이 존재한다는 뜻이지 생각만이 존재한다는 뜻은 전혀 아니다. 마음과 몸이 두 개의 다른 실체two different substances임을 이원론의 입장에서 이미 주장한 데카르트가 '생각하는 나'와 '존재하는 나'를 분리시키지 않고 하나로 간주한 것은 아마도 몸보다 정신과 마음에 월등한 우월성을 부여한 그의 사고법에 기인한 것이 아니었을까 한다.

분열된 주체the split subject

데카르트는 '나'라는 존재를 도대체 어떤 성격의 것이라고 여겼길래 '생각한다'와 '존재한다'를 하나로 묶어 동일한 것으로 간주했을까? 이를 알기 위해 우리는 데카르트의 명제를 라틴어와 영어 문장을 하나씩 분해하여 살피기로 하자.

데카르트의 명제는 라틴어로 Cogito ergo sum이다. 이것이 저 유명한 'I think, therefore I am'이라는 영어 문장으로 옮겨졌다(프랑스어로는 Je pense, donc je suis). 이 두 문장을 다시 쪼개면 I think＝cogito와 therefore I am＝ergo sum으로 나뉜다. 이렇게 나누면 나＝I는 '생각하는 나'와 '존재하는 나'로 분리된다.

이것이 곧 '나'의 분열이자 자아self의 분열이며 주체subject의 분열이다. '생각한다'의 '나'가 **사유思惟의 자아＝주체**'로서의 자리를 잡는 한편 다른 쪽에는 '존재한다'의 '나'를 가리키는 '**존재의 자아＝주체**'가 있게 된다. 자아 즉 주체(주어)가 이처럼 둘로 나뉘는 '**분열된 주체**' the split subject에 대해서는 정신분석학자인 자크 라캉Jacques Lacan(1901~1981)이 누구보다도 더 깊은 고찰을 했다. 가장 알기 쉬운 예를 들면 거짓말을 하는 사람은 분열된 주체(자아)를 갖고 있다. 집값이 오른 상승률을 정부에 유리하도록 일부러 낮게 국회 답변을 한 장관은 분명 현실적인 상승률을 외면한 답변을 함으로써 거짓말을 한 것이다. 거짓 답변을 서슴지 않은 장관—그의 주체는 분열되어 있다. '11%밖에 오르지 않았습니다'라고 말하는 장관과 그것이 거짓임을 아는 장관의 주체는 분열되어 있다. 또한 '나는 박사학위를 딴 경제전문가이다'라며 거침없이 밝히는 문장 속의 주어the subject of the statement인 '나'와 그런 거짓말을 서슴지 않고 내뱉는 주체인 '나'는 다르기 때문에 분열되어 있다. 이 장의 맨 앞에 셰익스피어 희곡 『리처드 II세』의 고백을 소개한 것도 '분열된 주체'의 사례를 생생하게 전하기 위해서였음을 독자 여러분은 이제 알아차렸으리라 믿는다. 왕으로 불리면서 왕으로서의 책임을 다하지 못하는 왕의 주체는 분열되어 있다.

자아와 주체를 사실상 동의어로서 함께 사용한 데 대해 이의를 제기할 독자가 있을 듯싶어 **주체의 개념**에 대해 간단히 설명한 다음 우리의 주제로 되돌아오려고 한다. 구조주의structuralism나 정신분석 이론에서는 행위자actor, 개인individual 같은 용어term 대신에 주체subject를 선호한다. 행위자나 개인이란 말을 사용하면 그 말들이 함의含意 connote하는 인간중심적인 또는 인간본위적인 가정들humanistic assumptions—인간의 이익이나 가치를 중심으로 삼는 삶의 방식을 중시하는 사상이나 이념들—이나 또는 지속적인 아이덴티티identity(정체성, 동일성)를 지닌 채 '자기 결정을 내리는 합리적 행위능력자a rational, self-determining agent'란 관념에 묶여서 인간의 비합리적 측면을 도외시하게 된다. 그래서 구조주의자, 포스트구조주의자 또는 비판적 문화이론가들, 심지어는 알튀세르 같은 마르크스주의적 구조주의이론가들은 주체의 구성적 특성the construction of the subject에 관점을 돌렸다. 이런 유래由來로 주체란 단어가 출현하자 그 사용자들은 인간 개인 또는 행위자가 사회관계의 유일한 발생처란 생각을 거부하게 되었으며, 주체는 사회관계의 담지자擔持者 bearer 또는 사회성의 유일한 실재자entity인 듯이 우리 앞에 나타났다. 하지만 주체란 용어는 실제로는 그 사용자에 따라 서로 다른 의미를 지닌 채 유통되었다. 예컨대 마르크스주의 철학자인 알튀세르Louis Althusser(1918~1990)는 '이데올로기의 주체'를, 푸코는 '권력관계의 주체'를 논의했다. 그리고 라캉은 심리학에서 지시하는 주체의 의미와는 다르게 정신분석의 주체를 다루었다. '시니피앙의 주체' '무의식의 주체' '대타자의 담론으로서의 주체' '분열된 주체' '결핍의 주체'란 말은 라캉의 정신분석의 배경 아래 탄생한 신조어임을 주목해야 한다.

여기서 우리는 좀 전까지 다뤄온 주제에 초점을 다시 맞추기 위해 더 이상의 주체 논의는 멈추겠지만 주체란 단어가 등장한 배경을 이렇게 이해하게 되면 우리는 개인의 자아 또는 행위자가 주체와 사실상 거의 동의어임을 알게 된다. 앞의 기술에서 나=자아=주체란 식으로 세 단어의 등식관계를 표시한 것도 이런 이유에서이다. 다시 우리의 주제인 주체의 분열로 되돌아가자.

그렇다면 주체의 분열은 어떻게 일어나는가? 라캉은 "표현表現 또는 표상表象(또는 再現재현)의 한계"the limits of representation를 들어 '사유의 주체'(the ego in ego cogito 즉 the subject of thinking)와 '존재의 주체'(ego of ego sum 즉 the subject of being) 사이에 균열disjunction이 생기는 것을 주목했다. 이것이 라캉이 말하는 주체의 분열이다(Shepherdson 2003 p.120). 균열龜裂 disjunction(龜 자는 거북이 등처럼 터서 갈라졌다는 뜻인 경우는 균으로 읽음)은 분열 分裂 split(찢겨서 나눠진 상태를 가리킴)을 달리 표현한 말에 지나지 않는다. 요컨대 '생각하는 주체'는 의식의 수준에서 언급되는 주체the subject of the conscious를 가리키며 '존재의 주체'는 '무의식의 주체'the subject of the unconscious를 말한다.

사유와 존재에 대해 언급하다가 갑자기 의식과 무의식으로 우리의 논의가 비약해버렸는데 이에 대해서는 약간의 보충설명이 필요하다.

무의식의 영역은 정신분석 이론의 확립자인 프로이트Sigmund Freud(1856~1939)가 처음 발견했다. 그래서 프로이트를 '무의식의 발견자'라고 부른다. 무의식이란 인간이 의식의 세계에서 언어를 가지고 해명하고자 아무리 애를 써도 완전히 풀리지 않는, 즉 의식의 표면 위로 떠오르지 않고 불명인 채로 그대로 남는 어떤 무엇something의 부분을 가리킨다. 라캉은 이를 자아가 알지self-knowledge 못하는 상태이거나 자아가 의식하지self-consciousness 못하는 상태에서 사람의 행위로 나타나는 것이라고 규정했다. 이와 관련하여 헤일즈Hayles 등은 신무의식new consciousness이라는 개념을 도입하여 인간이 일상생활에서 경험한 것들이 기억 속에 저장되었다가 의식의 표면으로 떠오르지 않은 채 '무심결'에 행위로 나타나는 것이라고 말했다(신무의식에 대해서는 제7장 3절에 구체적으로 설명되어 있음). 프로이트에 따르면 무의식은 사람이 잠자며 꾸는 꿈, 자기가 알지도 못하는 사이에 내뱉는 실언失言 및 원인을 쉽게 알 수 없는 갖가지 정신적인 증상들symptoms(일부 사람들한테서 나타남)이 포함된다. 여기서 우리가 주목해야 하는 것은 무의식의 세계도 결국은 언어와 연관되어 있다는 사실이다. 다만 현상적으로 그 사실을 곧바로 알아차릴 수 없을 뿐이다.

이상의 설명에서 알 수 있는 바와 같이 주체는 '의식의 주체'와 '무의식의 주체'로 나눠진다. 이는 무의식이 있음으로 말미암아 주체가 하나가 아니라 둘로 분열되어 있음을 의미한다. '무의식의 주체는 대타자의 담론'이라는 라캉의 정의는 요컨대 상징계에서 이룩된 언어의 질서가 인간의 삶과 사고를 지배하는 담론으로 된다 라는 것으로 이어진다. 상징계象徵界 the Symbolic(이에 대해서는 참고 ☞ ⑥라캉의 세 가지 세계 질서를 참조할 것)란 라캉이 분류한 세 범주의 세계 질서 중 두 개 즉 상상계想像界 the

Imaginary, 실재계實在界 the Real와 함께 하는 세계이다. 상징계는 주로 언어를 비롯하여 법률과 각종 제도와 문화현상들로 대표되는 질서체계이다. 다른 말로 설명하면 상징계는 사회적 문화적 관습에 의해 틀이 잡힌 차이差異 differences의 세계, 규제와 금지를 주축으로 사회관계가 벌어지는 터전(場 field)을 가리킨다. 이를 가리켜 라캉은 우리 인간은 어느 의미에서 상징계를 지칭하는 다른 말이라 할 수 있는 **대타자**大他者 the Other의 포로로 잡혀 있다고 말했다. 상징계는 **'의미를 만들어 내는 연결고리'** a signifying chain에 의해 하나로 묶여 있다. 이 연결고리가 바로 라캉이 **'시니피앙의 법칙'** the law of the signifier이라 이름붙인 바로 그것이다.

시니피앙과 주체와의 관계에 대해서는 라캉의 주체/대타자론을 알기 쉽게 풀이한 콜렛 솔러Collette Soler의 말을 듣는 게 좋다. 솔러는 주체에 대한 라캉의 세미나 강의 내용을 설명하면서 "주체는 처음에 대타자의 본거지the locus of the Other—시니피앙들과 발화發話 speech의 본거지인 대타자의 본거지—에서 시작된다"라고 했다. 이어 그는 주체는 '주체란 무엇인가?'라는 물음에 대해 답을 준다."라고 덧붙였다. 어떤 답을 주는가? 솔러는 이렇게 단언한다. "주체는 無(nothing)이다. 주체는 시니피앙이다.…주체는 행위능력자agent가 아니라 본래 (시니피앙의) 효과일 따름이다."라고. 그에 따르면 "언어의 본거지인 대타자—즉 말하는 대타자—는 주체에 선행先行하며 주체가 태어나기 전에 주체에 관해 말한다. 그래서 대타자는 주체의 첫 번째 원인이다. 주체는 항구적 실체substance가 아니라 시니피앙의 효과이다. 주체는 시니피앙에 의해 표현된다."(Soler 1995, 「The Subject and the Other」).

또 다른 라캉 연구자에 따르면 라캉은 상징계의 대타자와 관련하여 이런 말도 했다. "무의식은, 구체적인 담론이 개인을 초월하는 한, 그 담론의 일부이며 이는 주체가 마음대로 어찌하지 못하는 것"이라고 풀이했다. 따라서 라캉의 경우' 무의식의 주체는 상징적 현상 이외의 다른 무엇 '이며 그것은 '무의식이 닫혀지는 순간 곧바로 사라진다.'(Shepherdson 2003, 「Lacan and Philosophy」). 무의식의 주체는 시니피앙의 주체임을 알 게 된다. 주체의 분열과 관련된 주체의 정체正體가 이러하다면 주체는 통합된 전체성unified wholeness으로서 파악되는 것이 아니라 늘 유동하는 주체, 그러면서 항상 무엇인가로 형성되어 가는 '과정의 주체' the subject in process(Julies Kriesteva)임을 유념해야 할 것이다.

참고 ☞ ⑥라캉의 세 가지 세계 질서: 상상계, 상징계 및 실재계

상상계: 상상계想像界 the Imaginary는 유아가 주체와 객체를 구분하지 못하는 자아의 형성 단계. 자아는 거울이라는 타자他者 the other를 매개로 하여 자기를 인식하기 시작한다는 뜻에서 이 단계를 '거울이미지 단계' 라고도 일컫는다. 젖먹이 또는 태아는 엄마와 일체감을 느끼고 엄마와 하나가 되어 통일적 전체성unified wholeness을 이룬 것으로 상상한다. 뱃속의 태아가 탯줄로 연결된 엄마와 맺는 관계는 불이불이不二不異한 관계에 있다. 엄마가 주는 영양분을 공급받으며 엄마가 아프면 태아도 함께 아프고 엄마가 즐거운 음악을 들으며 기뻐하면 태아도 즐거워하는 공생관계에 있다. 엄마의 몸과 일체를 이룬 원융圓融(하나로 융합된)한 관계는 태아가 엄마의 몸 밖으로 나와서 새 세상과 만나는 순간 분열되기 시작한다. 엄마와 유아와의 분리로 말미암아 둘의 공생관계는 엄마에 대한 유아의 의존 관계로 바뀐다.

상징계: 상징계象徵界 the Symbolic는 라캉의 세 가지 세계 가운데서 인간이 평생 동안 가장 많이 그리고 의욕적으로 경험하는, 갖가지 상징물로 가득한 현실의 세계이다. 이 단계는 언어에서부터 법과 여러 제도에 이르기까지 모든 상징적인 것들을 포괄하고 있어서 인간은 여기서 문화를 익히면서 나와 남, 자유와 구속, 지배와 해방 같은 차이와 분별을 배운다. 어린애는 언어를

배움으로써 상징계의 질서를 몸에 익히기 시작함과 동시에 사회화社會化하기 시작한다. 상징계의 질서는 어린애 자신이 같아지려는 대타자大他者the Other—라캉은 이를 시니피앙들과 발화發話 speech의 본거지라고 불렀다—를 통해 사회관계의 그물networks 속으로 그 어린애를 끌어들이게 되는데 이렇게 되면 어린애는 사회관계의 그물에 의해서 외부 세계의 질서를 자기 안에 내면화하게 된다.

인간 주체는 상징계를 구성하는 언어기호들 그중에서도 시니피앙(이 말의 의미에 대해서는 참고 ☞ 언어기호를 참조할 것)에 의해 결정된다. 라캉의 표현을 빌리면 **"주체는 시니피앙으로부터 구조를 얻는다"**The subject takes a structure form the signifier.(라캉의 1962년 5월30일 Seminar). **"주체를 구성하는 것은 상징계이다"**(The Seminar Book II 1954~55).

실재계: 실재계實在界 the Real는 상상계와 대립될 뿐더러 상징계를 초월하는 삶의 영역에 속한다. 이 세계는 **언어의 개입에 의한 세계의 경계긋기**—차이화差異化 differentiation, 틀잡기framing—가 전혀 이뤄지지 않는 세계이다. **우리가 거의 좀처럼 경험하기 어려운**—그렇다고 전혀 불가능하지도 않는—삶의 영역이다. 이 점에서 실재계는 상징화된—온갖 상징들로 구성된—세계인 현실reality과 전혀 다르다.

기호론적으로 말하면 상징계가 '차이화(分別化 분별화)된 시니피앙들의 체계' a set of differentiated signifiers라면 실재계는 언어기호에 의한 그런 차이나 분별이 없는 세계이다.. 즉 "실재계는 일체의 틈새가 없다"The Real is without fissure. 달리 말하면 실재계는 '언어 밖에 있는 세계로서 우리 앞에 현현顯現한다.' **실재계는 생물학적인 소여의 것이나 신비주의의 공간이 아니며, 다만 말(언어)로 옮길 수 없는 경험의 영역을 가리킨다.** 실재계는 인간의 무의식이 형성되기 이전의 상태를 가리키기 때문에 아주 순간적인 경험 이외에는 인간이 다시 경험할 수 없는 세계이다. 나는 라캉의 실재계가 불교 수도 승이 자아를 잊는 참선參禪 수행의 과정에서 만나는 진여眞如의 세계와 비슷한 영역이 아닌가 하는 견해를 갖고 있다. 이에 대해서는 더욱 치밀한 고찰이 필요하다.

참고 ☞ ⑦기호란?: 시니피앙과 시니피에

기호론 또는 기호학은 스위스의 언어학자 페르디낭 드 소쉬르Ferdinand de Saussure(1857~1913)와 미국의 프래그머티스트 철학자인 찰스 S. 퍼스Charles Sanders Peirce1839~1914)에 의해 창시되었다. 이들에 따르면 기호sign는 우선 언어기호와 비언어기호(non-verbal sign NVS)로 나뉜다. NVS에는 손짓, 몸짓, 교통신호등의 빛깔, 도로교통표지판, 화장실의 남녀 표지, 적십자 표시, 국기, 군인 · 경찰 등의 제복制服, 등댓불, 뱃고동 소리 등이 포함된다. 모든 기호들 중에서 언어기호는 가장 대표적인 기호다. 퍼스에 따르면 기호란 우리가 실물대상인 '굵은 줄기에 키가 크고 잎이 무성한 다년생 식물(木)'을 'namu'라 발음하며 '나무'라 표기하듯 어떤 외적 지시대상referent 또는 external object을 대신하여standing for 어떤 사람에게 나타내어 지시해주는 이름이나 물리적 형상을 가리킨다something which stands to somebody for something in some respect or capacity. 물론 자유, 평화, 믿음, 위세, 권위, 권력과 같은 관념적 대상을 지시하는 언어기호도 있다.

두 학자의 기호 정의는 서로 약간 다르지만 기본은 같다. 우리가 말하는 기호는 대체로 소쉬르의 정의를 따른 것이다. 무엇보다도 소쉬르는 기호는 그것이 지시하는 외적 대상external objects의 의미를 생성하는signifying 표지標識라는 입장을 취했다. 또한 그는 **기호와 대상 간에는 필연적 관계가 아니라 자의적**恣意的 arbitrary **관계만이 있을 뿐**이라고 보았다. 이는 실물대상인 나무를 꼭 '나무'라 부를 아무런 필연적인 이유가 전혀 없음을 뜻한다. 표준어인 '나무'가 지방에 따라 낭구, 낭기, 낭(제주도 방언)이라 부르는 까닭은 언어기호의 이런 자의적 성격 때문이다. 개(犬)라고 부르는 집짐승도 일본인은 이누ᅵᏖ, 중국인은 퀸ᵏ, 영국인은 dog, 독일인은 Hund라고 각기 달리 지칭한다. 언어기호의 차이는 문화특정적culture specific이다. 외적 지시대상을 지칭하는 기호가 다만 관습적 문화적 편의의 산물일 뿐이므로 기호는 언제든지 다시 변할 수 있는 「임시로 설정된 가명假名」에 지나지 않는다는 뜻이다.

시니피앙과 시니피에

이상의 설명에서처럼 기호란 무엇이냐? 보다는 기호는 무엇으로 구성되어 있는가? 라는 물음에 대한 답에서 기호를 이해하는 편이 더 쉬울지 모르겠다. **기호는 시니피앙**signifiant**과 시니피에**signifié**라는 두 가지 요소들로 구**성된다. 서유럽의 사회과학자들은 전반적으로 이 설명법을 따르는 추세이다. **시니피앙**은 대상을 가리키는 기호의 물리적 겉모양이며 **시니피에**는 기호의 개념과 의미이다. 영어로는 the signifier와 the signified로 쓰인다. 우리말 역어는 기표記表(기호의 표시, 겉모습)와 기의記義(기호의 속뜻·개념·의미)이다. 일본에서는 능기能記(대상을 지칭하는 기호)와 소기所記(기호 속에 들어 있는 개념)라는 역어를 사용한다. 앞에서 언어기호와 대상 간에는 자의적 관계만이 있을 뿐이라고 말했는데 시니피앙과 시니피에 사이에도 자의적 관계가 존재한다. 예컨대 '고프다' 란 낱말은 '배가 고프다' 처럼 **사전적인 지시적 의미**denotative meaning를 갖지만 '말이 고프다, 사람이 고프다' 등에서는 사전적 지시적 의미가 슬그머니 미끄러져 내려가고sliding down, 대신 '말을 하고 싶다, 사람이 그립다, 마음이 허허롭다' 라는 **내포적인 함축적 의미**connotative meaning를 품게 된다. 이는 한 시니피앙이 다른 시니피앙과 만나 짝짓기를 함으로써 종전과는 의미를 달리하는 시니피에를 잉태하여 출산하기 때문이다(이상은 졸저 『창조적 파괴의 힘』개미출판 2013 p.38 강의노트③를 참조할 것).

언어에서 태어나는 '나'

데카르트의 잘못된 사유법을 해체하는 작업은 또 한 사람의 미국인 학자에 의해서도 단행되었다. 케네스 거건Kenneth Gergen이다. 그는 무엇보다도 이런 물음들을 던졌다.

우선, 데카르트가 그의 '방법적 회의' methodical doubt에서 그 '회의' 즉 의심을 전제前提로 삼는 과정에는 '이성의 존재' 다른 말로는 '이성적 인간의 존재'에 대한 확고한 신뢰가 개입되어 있는데 이러한 방법적 의문을 거듭 펼쳐가는 과정과 이성理性의 추리 과정을 데카르트가 동일하게 보는 근거는 무엇인가? 다음에 따라오는 의문이란 것도 곰곰이 따지고 보면 개인 단독으로, 다른 사람과 교류하지 않는 고립된 상태에서 이뤄지는 게 아니라 다른 사람과 소통하고communicate 타협하며compromise 합의하는agree, 달리 말하면 언어에 의한 의미교환을 통해 이뤄지는 것이 아닌가?

거건은 이처럼 데카르트의 사유법이 지닌 잘못을 지적하고 그 사유법 자체를 해체한다. 그러고 난 다음에 그는 이런 결론을 내렸다. 지난 수 세기에 걸쳐 서구철학은 **이성理性 reason의 힘을 부여받은 개인의 합리적 사고에 대해 절대적인 신뢰—실은 잘못된 신뢰이지만—를 두게 되었으며**, 객관적 세계를 이성적으로 판단·성찰하는 개인이 시시각각 변하는 주변환경의 애매모호함을 초월하여—실은 초월할 수 없음에도 불구하고—이성을 가진 개인 스스로가 결정하는 번영의 길을 향해 전진할 수 있도록 만들었다는 것이다. 이것이 서구 학자들의 마음속에 단단히 심어진, 이성에 대한 확고부동한 신앙이다.

이와 같은 데카르트 비판 과정에서 거건은 인간이 사유하는 행위 즉 생각하는 마음a thinking mind은 남과 더불어 언어를 사용하는 '담론적 실천의 장場' a field for discursive practices으로서의 마음이라고 보았다. 미셸 푸코Michell Foucault(1926~1984)가 사용한 '담론적 실천'은 언어가 지시하는 대상對象 referents 또는 objects을 규정하고 구성하는 룰rules에 입각한 **의사소통적 실천행위**communicative practices를 가리키는 용어이다. 간단히 말하면 언어를 가지고 이뤄지는 커뮤니케이션 실천행위를 철학자 푸코는 담론적 실천이라고 말했을 뿐이다. 이 경우 담론이란 말 자체에 이미 언어 사용이 전제되어 있음을 우리가 명심하면 된다. 영어 discourse를 우리말로 담론談論이라고 옮긴 것은 나 개인으로서는 약간의 이의異意가 있다. 論자를 붙인 거창한 듯한 담론이란 용어 대신 언설言說이라 했으면 좋지 않았을까 하는 의견을 갖고 있다. 어쨌든 이미 우리나라 문학비평계와 철학계에서 정식 번역어로서 통용되고 있기에 나는 다만 그걸 따르고 있을 따름이다.

메리엄-웹스터사전에 따르면 discourse는 ①생각을 언어(말)로써 사람들끼리 서로 교환하는 것 즉 대화, ②하나의 문장a sentence보다 더 긴 대화나 스토리 같은 언어학적 단위, ③언어에 뿌리를 둔 지식이나 생각 또는 경험과 그것들의 구체적 문맥(맥락)contexts 즉 역사나 제도 같은 것을 엮어서 꾸리는 방식 즉 말하기나 이야기하기 등을 의미한다고 정의되어 있다.

이 세 가지 풀이의 어느 것을 택하더라도 담론은 말(언어)과 연관되어 있으며 게다가 그 말을 서로 나누는 남(들)의 현전現前 presence(앞에 있음)이 전제되어 있다. 그러므로 '담론적 실천'이란 용어는 언어와 떼려야 뗄 수 없을 뿐더러 다른 사람들과의 얘기 나눔을 지시하고 있음을 주목해야 한다.

이를 보면 '생각하는 존재'에 대한 데카르트식 방법적 회의의 과정은 결국 언어의 문제로 귀결된다. 둘 이상의 사람들 사이에 오가는 말들이 의미 있는 것이라면 그 말들은 그걸 사용하는 사람들의 합의를 전제로 하여 통용된다. 이것은 둘 이상의 사람들이 그 말의 의미를 따르며 거기에 의존함을 의미한다. 따라서 담론에는 불가피하게 말이 개입되지 않으면 안 되며 따라서 그것은 한 개인 만의 이성적 사유의 소유가 될 수 없다.

그래서 말은 언제나 나 이외의 남을 앞에 두고, 남과의 사이에서 오가는 것이다. 결국 "의미 있는 언어는 남과의 상호의존성의 산물이다." "이와 같은 논증 노선을 좇아가서 피할 수 없는 마지막 단계의 결론에 이르면 우리에게 확실성을 제공하는 것은 한 개인 혼자만의 마음이 아니라 사회적 상호의존의 관계relationships of social interdependency임"을 알게 된다. 여기서 데카르트의 유명한 명제인 Cogito ergo sum은 거건에 의해 "**Communicamus ergo sum**나는 커뮤니케이트한다. 그러므로 나는 존재한다으로 대체"된다(Kenneth 1994 p.viii). 거건의 이 명제는 '관계적 자아' the relational self의 탄생을 선언하고 있다. '**관계적 자아**' 란 곧 살피게 되는 네트워크 자아의 절節에서 다시 언급될 터인데 이 말은 엄격한 의미에서 '고립된 나' 즉 '고립된 자아' 란 있을 수 없으며 '나' 는 반드시 '남(들)' 과의 어울림을 수반하게 마련임을 가리키고 있다.

'언어를 사용하는 주체' 란 발상은 앞에 소개한 라캉에 의해서 일찍이 표명되었다. 상징계the Symbolic의 핵심 요소인 언어를 통해 '무의식의 주체' 를 고찰한 라캉의 경우 어린애는 **언어를 습득하기 시작하면서부터** 그가 사는 세계에 비로소 진입하는 토대를 쌓기 시작한다. 정신분석가가 환자의 이야기를 다 듣고 난 다음에 자신의 말로써 환자를 치료하는 효과talking cure effect를 내는 것도 역시 언어의 힘이다. 요컨대 라캉이 말하고자 하는 인간 주체는 '**언어 사용의 주체**' 이다(앞에서 나는 '주체는 시니피앙의 주체' 라는 라캉의 언명言明 statement을 소개한 바 있는데 언어 사용의 주체도 따지고 보면 언어기호의 한 요소를 특정지은 시니피앙의 주체임을 말한 것이다). '나' 자신을 인식(의식)하기 시작하는 순간, 달리 말하자면 '나' 자신을 인칭대명사 '나=I' 로 표현하기 시작하는 순간, 언어는 이미 '나' 를 사회관계를 맺은, 사회관계 속의 주체로서 존재하도록 만든다. 거건의 표현을 빌리면 '나' 라는 1인칭 대명사를 사용하면서 대화를 하는 순간 인간은 커뮤니케이션을 하면서 사회적으로 존재하게 된다라는 뜻이다. 왜냐 하면 '나'는 '너' you 또는 '그들' them를 대화의 상대로 전제하기 때문이다. 이를 가리켜 자아self는 남 또는 타자the other를 전제로 삼는다 라고 말한다.

나/너·그들, 자아/남·타자 사이를 매개하는 또는 서로 잇는 교량의 역할을 맡는 것은 무엇일까? 그것은 다름 아닌 언어이다. 좀 더 넓은 의미에서 언어기호verbal signs와 갖가지 의미를 전달하는 상징들symbols이다. 오늘날 제4차 산업혁명 시대의 웹사이트에서 널리 사용되고 있는 온갖 생략어들―쌤=선생님, 먹방=먹는 방송 프로그램, 낄끼빠빠=낄 때 끼고 빠질 땐 빠지라, 내로남불=내가 하면 로맨스이고 남이 하면 불륜不倫, ㅋ ㅋ ㅋ=크 크 크(웃음), ㅎ ㅎ ㅎ=하 하 하, ?=무슨 뜻? 또는 몰라? 등―과 갖가지 이모티콘들도 의미의 전달매체에 포함된다. 라캉에 따르면 인간 주체는 언어의 습득에 의해 비로소 자아로서 존재하게 된다고 한다. 동시에 **"주체는 시니피앙의 주체이며 시니피앙에 의해 결정된다."** 시니피앙은 언어기호를 구성하는 중요한 요소이다(참고 ☞ ⑦기호란?: 시니피앙과 시니피에를 참조할 것. 라캉이 이 말을 했을 때만 해도 인터넷과 웹사이트 등을 포괄하는 뉴미디어 시대는 아직 열리지 않았지만 언어가 모든 기호들과 상징들을 대표한다고 보면 된다). 언어 습득이 의사소통적 실천communicative practises의 필수불가결한 과정이라면, '주체는 언어 속으로 태어나며 언어는 주체를 통해 말을 한다' 는 말도 요컨대 주체가 의사소통의 과정에서 형성됨을 의미하는 것이다. 라캉의 경우 심지어는 일찍이 프로이트가 발견한 무의식the unconscious도 "언어와 같이 구조화된다structured like language"라고 말했다. 이 말은 무의식도 언어처럼 틀frame과 정형定型 pattern을 갖추게 됨을 뜻한다.

3_ 매개된 자아와 가상자아

매개된 자아the mediated self

메리엄-웹스터사전은 자아self를 이렇게 정의하고 있다. '사람의 개별성individuality과 아이덴티티identity(동일성)를 구성하는 여러 요소들—즉 몸, 감정, 생각 및 감각 같은 요소들—이 합쳐진 하나의 집합체.' 이 정의는 같은 사회 안에서 생활하는 남과 구별되는 존재인 '나'를 파악할 때는 유용하다. 개별성이니 동일성이니 하는 언어 표현들이 남과의 차별성을 일깨워주는 개념들이기 때문이다. 그러나 이 정의에서는 '나'를 나답게 보이도록 하는 것 즉 매개체media는 언급되지 않았다. 나와 남과의 관계가 은근히 지시되긴 했지만 우리들에게 정보와 소식을 전해주는 신문, 전화, 라디오, TV, 영화 같은 구미디어old media는 말할 것 없고, 지금과 같이 수백만에서 수십억 인구가 사용하는 인터넷과 웹사이트—페이스북 · 트위터 · 유트브 등—의 SNS가 판치는 뉴미디어new media도 전혀 그 배경에는 들어 있지 않다. 그래서 우리는 우리의 생활환경과 지적 활동의 공간을 사실상 채우다 시피하며 우리를 그 안에 잠기도록 하는 디지털 시대의 특징들과 연관지워 자아의 개념을 새롭게 정의할 필요를 느끼게 된다.

앞에서 우리는 정신분석학적 · 철학적 관점에서 자아自我 self와 주체主體 subject의 개념을 살폈다. 그때 주체는 언어에 의해 매개되어 구성된다는 점을 알았다. 그 점에서 주체란 구성적 또는 구축적 개념a constructional or constructive concept이다. 이 구절은 주체가 애당초부터 독자적, 독립적으로 존재하지 않고 무엇인가의 매개를 반드시 필요로 한다는 뜻이다.

나=주체가 무엇인가의 매개를 필요로 함을 안 이상 이제부터 우리는 시야를 언어와 뉴미디어new media 네트워크 속에 사는 자아로 이동해야 한다. 이 말은 우리 시대의 자아는 올드 미디어old media뿐 아니라 뉴미디어 시대를 사는 자아의 개념으로서 탐구되지 않으면 안 된다는 뜻이다. 그래야만 **매개된 자아**the mediated self는 더욱 뚜렷한 제 모습을 우리 앞에 내보이게 될 터이다.

볼터Bolter와 그루신Grusin은 매개된 자아를 정의하면서 이런 사례를 들었다. 우리는 날마다 이용하는 "미디어 안에서 그리고 미디어를 통해서 우리 자신을 본다." 전통적인 사진이나 원근법으로 그려진 예전 그림을 볼 때 우리는 사진가나 화가가 재구성한 관점에서 사진과 그림을 통해서 우리의 자아를 이해한다. 이는 사진가나 화가의 관점이 우리의 자아로 된다는 뜻이기도 한다. 볼터 등은 이렇게 말한다고 해서 인간의 아이덴티티identity(동일성, 일체성)가 전적으로 미디어에 의해 결정된다고 믿으면 안 된다고 강조한다. 오히려 인간은 "개인적·문화적 아이덴티티를 규정하는 운반체vehicles로서 미디어를 사용하고 있는 것"이다(Bolter & Grusin 2002, p.231).

이 대목에서 우리는 자아와 아이덴티티를 구별하고 있음에 주목해야 한다. 자아를 언급할 때 아이덴티티를 말하고 아이덴티티를 언급할 때 자아를 말해도 통상적으로는 논리 전개에 별지장을 받지 않겠지만 그렇다고 두 용어가 동일한 것은 아니다. 자아는 나 밖의 남, 타자와 대조되는 개념이다. 여기서 더 나아가서, 자아는 나 밖의 그 무엇 언어나 미디어로 불리는 것들에 의해 매개되어 우리 앞에 현시顯示(나타내서 보여줌)된다. 자아가 몸body(눈, 귀, 코, 혀, 피부를 포함하여)과 하나로 통합된 개체라고 본다면 아이덴티티는 언어나 미디어에 의해 표현된 자아의 특징 또는 특성을 지시할 따름이다. 그런 특징이 자아와 일치한다는 의미에서 아이덴티티identity를 자기(자아)동일성self-identity으로 부르기도 한다. 아이덴티티는 동일성으로 옮기는 게 옳으나 언제부터인지 정체성正體性으로 굳어져 버렸다. 크게 틀린 번역어는 아니나 정체성이란 말은 자칫 '항구적인 실체'로 오해할 우려가 있으므로 용어 사용에 주의가 필요하다. 일단 이렇게 이해한 다음 우리의 〈매개된 자아〉론을 계속하기로 하자.

주체이자 대상인 자아: 볼터 등에 따르면 자아는 **주체**the subject**로서의 자아**와 **객체(대상)**the object로서의 자아로 구분된다. 앞에서 나는 자아와 주체가 동일한 것으로 취급했는데 이런 구분이 있다고 해서 자아가 주체와 다른 것은 물론 아니다. 주체에 두 측면이 있음을 지적하는 것일 뿐이다. 우리가 영화나 TV방송 프로를 볼 때 우리는 "카메라가 이동하는 관점the changing point of view(觀點은 '보는 지점'이란 뜻임)이 된다." (Bolter et al 2002 p.231). TV카메라가 찍어서 스크린상에서 우리에게 보여주는 영상映像의 사람들이 대체로 시청자들viewers을 향하고 있다는 점에서 우리는 카메라의 대상으로 취급되는 셈이다. 우리가 영화관에서 영화를 보는 주체인 동시에 영화 촬영 카메라의 대상으로도 됨을 의미하는 것과도 같다. 가상현실용 헬멧을 착용했을 때 우리는 리얼타임 3차원 영상그래픽의 역동적인 추적 장면을 보여주는 정교한 기술의 초점focus이 된다.

'주체가 미디어에 의해 대상으로 된다'라고 말한다고 해서 우리의 아이덴티티가 전적으로 미디어에 의해 결정되는 것은 물론 아니다. 오히려 우리는 개인적 문화적 아이덴티티를 규정하는 수단으로서 미디어를 사용하고 있을 뿐이다. 이처럼 "미디어는 우리의 아이덴티티를 보여주는 **기술적 유사체**類似體 technological analogs인 동시에 우리의 아이덴티티를 사회적으로 표현하는 매개체이다. 우리는 현대 미디어의 주체이자 곧 대상이다." (Bolter et al 2002 p.231). 바꿔 말하면 우리 자신이 TV카메라에 의해 보여지는 대상이면서 TV카메라 자체와 하나가 되어버린다. 이는 인간이라는 존재가 아는 주체the knower임과 동시에 앎의 대상(객체)the known으로 되는 존재라고 주장한 근대 철학자들의 견해와 동일한 발상법의 궤도를 타고 있음을 보여준다.

자아가 이와 같이 주체와 대상(객체)으로 분리되는 현상을 좀 더 비근한 사례에서 살펴보기로 하자. 문자로 쓰인 소설과 신문·방송으로 전해지는 뉴스를 통해서, 패션, 레저 잡지들에 실린 어떤 두드러진 특징을 보이는, 올드 미디어 속 인물들이나 사물들과 만날 때 우리는 그 인물들이나 물건들과 '나'를 대조하면서 '나도 저런 사람이 되고 싶은데~, 난 저런 따위의 인물은 되고 싶지 않아'라는 생각을 해봤을 것이다. 그런 생각의 과정에서 우리는 '나'의 자아를 지속적으로 규정해 왔을 것이다. 소설과 뉴스로 전달되는 내러티브 목소리의 속성과 '내'가 비슷한가(being similar) 아니면 다른가(being different)? 이런 유사성類似性과 차이성差異性을 토대로 남과 아는 듯 모르는 듯 비교하면서 우리는 같아지려고도 하고 달라지려고도 한다. 자아의 아이덴티티는 이 과정에서 형성된다. 아이덴티티는 남the other이 없으면 의미를 만들지 못하며 언제나 나와 남의 동시에 있음을 전제로 한다. 남은 자아가 있기 위해서 필요한 나 밖의 존재이다.

복수의 아이덴티티: 그런 경우에도 아이덴티티는 확고히 정착되거나 확정적·항구적으로 굳어지지는 않는다. **아이덴티티는 단수가 아니라 복수의 형태로 형성되는 과정의 개념이다.** 예컨대 한글을 자유자재自由自在하게 말하고 쓰는 한국인Korean이 미국 이민이 되어서 영어를 능숙하게 상용하는 코메리칸Korean—American으로 되는 사례와 흡사하다. 1세대 이민인 그는 곧 한국인이라는 아이덴티티와 미국인이라는 아이덴티티를 동시에 복수로 지니게 된다. 이민 2세들 중에도 성장 과정에 따라서는 두 개의 아이덴티티를 동시에 갖는 이들이 있다. 어른으로 성장한 뒤 부모의 모국을 찾아 자신의 문화의 뿌리를 확인하는 2세 코메리칸의 경우가 그러하다. 우리들 가운데는 일상 업무가 바쁜 회사 중역인 동시에 한 가정의 착실한 가장이며 어떤 골프장의 회원인 동시에 서울의 5성星 호텔 사우나탕을 즐기는 사람들도 꽤 있을 것이다. 이들은 모두 여

러 개의 아이덴티티를 갖고 살아간다. 정치인이자 사업가이며 언론사 소유주이기도 한 사람의 아이덴티티는 세 갈래로 나뉜다. 그래서 한 사람의 아이덴티티는 복수의 것으로서 존재한다.

　뉴미디어와 재매개된 자아remediated self: 미디어를 통해 매개되는 자아는 구舊미디어와 똑같은 방식으로 뉴미디어에서도 규정되지는 않는다. "뉴미디어는 자아 규정self-definition을 위한 새로운 기회를 제공한다." (Bolter et al 2002, p.231). 뉴미디어의 세계는 구미디어의 것과 전혀 다른 형식으로 정보와 메시지가 우리에게 전달한다. 그 세계는 전혀 다른 형식의 논리로써 우리의 사회적 관계를 만들어간다. 마치 우리가 바로 직전에 경험한 듯한 느낌을 주는 생생한 컴퓨터 그래픽과 비디오 게임, 패러글라이딩을 실제로 보는 듯이 급강하면서 우리 앞에 갑자기 클로즈업되는 압도적인 가상현실 장면, 구미디어 시대에 출현했던 유명한 소설을 영화나 드라마로 다시 번안翻案 편집하여 디지털 기술로 제작된 영화 및 TV 화면들과 같은 뉴미디어는 그것을 보는 우리의 자아로 하여금 예전에는 전혀 경험해 보지 못한 새로운 흥분과 자극 속으로 우리를 몰아간다. 뉴미디어가 자아 규정의 새로운 형식을 가져오는 까닭은 여기에 있다. 그래서 뉴미디어가 만드는 자아를 〈**새로운 매개형식으로 재규정된 자아**〉the remediated self라고 부른다.

　볼터 등에 따르면, 재매개된 자아에 상응하는 현대적인 매개된 자아 mediated self에는 두 버전version이 있다. 이들 두 버전은 **재매개**remediation **의 두 논리**에 상응相應한다(Bolter et al 2002 p.232). 첫 번째는 **투명한 즉시성**卽時性 transparent immediacy의 논리이다. **투명한 즉시성**이란, 볼터 등이 창안한 고유어로서 대인對人커뮤니케이션에서 자기 자신에 관한 일을 남에게 툭 터놓고 대하는 경우처럼 투명하게 그리고 3차원 컴퓨터 그래픽이나 아이맥스IMAX 화면 또는 생방송 뉴스보도에서 경험하듯 시청자나 관객이 기술 조작의 개입이나 매개행위가 있음을 전혀 감지感知하지 못한 채 눈앞에 펼쳐지는 시각환경의 현장과 혼연일체渾然一體로 되는 상태를 가리킨다. 이러한 즉시성의 논리와 우리가 마주할 때 우리는 전혀 경계선이 없는 듯한 시각적 환경 안에 푹 잠겨버리는 **관점**a point of view(대상을 보는 지점이나 위치) 자체로서 자기 자신을 보게 된다. 마치 우리 자신이 가상환경의 화면 안에 들어가서 영상의 한 장면이 된 듯한 느낌을 갖게 된다. 이러한 가상환경 안에서 우리는 우리의 관점을 바꿈으로써 우리 자신을 바꾸는 자유를 누리며 동시에 컴퓨터 그래픽의 관점을 우리가 차지함으로써—다시 말하면 원래는 영화에서 개척되어 지금은 디지털 미디어로 확대되어 강화된 기술을 가리킴—타인들과 함께 공감共感하는 자유를 누리게 된다.

두 번째의 재매개 논리는 **하이퍼미디어시**hypermediacy이다. 이 단어도 볼터 고유의 전문 용어인데 매개과정the process of mediation을 강조하는 표현상(표상적)의 전략을 의미한다. 예컨대 TV 뉴스가 박스 화면을 스크린의 한 켠에 곁들이거나 스크린상의 그래픽 안에 그림을 넣어서 서비스를 하는 경우가 이에 해당한다. hypermediacy는 transparency투명성의 반대어로서 **재매개**再媒介 remediation와 연관된 전략을 말한다.

하이퍼미디어시를 이해하려면 하이퍼미디어가 무엇인지를 아는 게 첩경捷徑(빠른 길)이다. 하이퍼미디어hypermedia는 복수의 미디어 텍스트들을 연결하여 너댓 개의 관점을 동시에 표출하는 컴퓨터 앱들을 의미한다. 볼터 등에 따르면 우리는 하이퍼미디어를 가지고 매개 또는 개입하는 행위를 하면서 동시에 그것을 즐길 수 있다고 한다. 뉴미디어와 연관된 재매개란 말은 종전의 미디어 형식과 커뮤니케이션 기술을 차용하여 다시 꾸림으로써—과거의 것을 교체하는 것이 아님—뉴미디어가 과거를 매개 또는 중개하는mediate 실천적 행위를 가리킨다. 볼터 등은 20세기의 마지막 10년부터 표상表象 코드representational code가 뉴미디어에 주로 채택되어 사용되었는데 이 코드는 즉시성─또는 투명성transparency(매개를 지워버림)─과 하이퍼미디어시(복수의 매개형식을 낳음)의 이중논리double logic에 의해 그 특징이 드러났다고 주창한다. 가상현실은 전자를 반영하며 웹은 후자를 반영한다. 표상 코드는 텍스트를 꾸리는데 사용되는 형식, 콘텐츠와 스타일의 규약을 가리키는데 표상 코드로 영화 같은 것이 만들어지면 그 텍스트는 코드의 형식을 띤 표현이나 표상으로 인식되지 않고 현실의 기록 또는 현실의 직접 재생再生인 것처럼 경험될 수 있게 된다(Bolter et al 2002).

4_ 네트워크 사회와 네트워크 자아

(1) 네트워크 사회

네트워크 자아自我 the networked self (앞으로는 네트자아로 약칭함)를 알기 위해서는 먼저 네트워크 사회the networked society (앞으로는 네트 사회로 약칭함)의 속성들을 알 필요가 있다. 네트자아는 네트 사회에서 형성되어 그 사회와 더불어 살면서 영향을 받는 동시에 사회 자체의 변화를 초래하는 자아이다. 이 둘의 속성을 알려면 먼저 네트워크network를 이해하지 않으면 안 된다. 네트워크를 풀이한 글들 가운데 매우 인상적이며, 네트 사회를 이해하는데 아주 큰 도움을 주는 것은 바라바시Albert-László Barabási의 글이다.

그에 따르면 네트 사회란 **마디**(結節결절 nodes)와 **링크**(連結線연결선 links)로 구성된 '그물사회'를 가리킨다. 중학교 선생님이 기하학에서의 도형을 설명했을 때 점点 point과 선선 line으로 구성된 것이라고 한 말을 여러분은 기억하고 있을 것이다. 네트 사회에서는 기하학의 점과 선이 마디와 링크로 대체된다. 바라바시가 굳이 마디와 링크란 용어를 사용한 것은 곧 밝히는 바와 같이 그럴 만한 까닭이 있다. 바라바시는 일리노이주립대학 시카고 캠퍼스의 커뮤니케이션학부가 주최한 네트자아 관련 세미나의 기조발표문에서 사회적 네트워크의 구성과 특징들에 대해 알아듣기 쉬운 말로 상세한 설명을 했다. 그의 기조논문은 파파차리시Zizi Papacharissi가 편집한 *A Networked Self: Identity, Community, and Culture on Social Network Sites* (Routeledge 2011)의 서문으로 사용되었는데 내가 이 장章의 주요 참고서적들 중 하나로 파파차리시가 편집한 논문집을 꼽는 이유는 무엇보다도 바라바시의 기조논문이 들어 있기 때문이다. 물론 그 책에는 그것뿐 아니라 네트자아에 관한 다른 중요한 논문들도 여러 편들이 실려 있다. 기조논문의 내용을 읽어보면 바라바시는 생물학, 의학에도 밝은 자연과학자임을 알 수 있다. 실제로 그는 노스이스턴Northeastern대학 교수로 재직하면서 하버드의학전문대학원에서 의학을 강의하고 있으며 사회적 네트워크와 관련된 논문들도 여러 편 집필했다. 요즘 학문 연구의 경향들 가운데 두드러진 것은 많은 학자들이 자연과학과 인문사회과학의 경계를 허물고 있다는 점이다. 이런 경향은 이 책의 마지막 제7장의 최종 절에 나오는 「행위자-네트워크 이론Actor-Network Theory ANT」에서 찾을 수 있다.

"굿모닝. 오늘 저는 네트워크과학에 관해 말하려 합니다." 이런 인사말로 말문을 연 바라바시는 그날 자신의 발표문이 컴퓨터학자들과는 '다른 시야'에서 네트워크 문제를 밝히는데 목적을 두고 있다고 밝혔다. 그가 말한 '다른 시야'란 이런 것이다. "사회적 환경에서 우리가 목격하는 많은 사물事物들은 사회체계뿐만 아니라 광범위하게 깔려 있는 네트워크들이 따르지 않으면 안 되는 몇 가지 기본적인 법칙들에 그 뿌리를 두고 있다"는 관점을 가리킨다. 그 기본법칙은 바로 앞에 언급한 마디와 링크들로 엮여서 작동한다는 법칙이다. 마디와 링크란 용어는 수학자들이 선호한 것들인데 커뮤니케이션 연구자들에게 중요한 점은 마디와 링크가 커뮤니케이션 네트워크에서 과연 무엇을 의미하느냐?에 있다. 바라바시에 따르면 "사회적 네트워크에서는 마디가 개인individuals이며 링크는 관계relations에 상당한다."(Barabási 2011 p.1). 요컨대 사회적 네트워크는 다름 아닌 개인과 개인이 연결되어서 엮인 관계들로 구성되어 있다.

그렇다면 **마디와 링크는 어떻게 짝을 이루며 네트워크를 만드는 가?** 네트워크 연구자들이 1960년 이후 엄청난 양의 작업량을 투입하여 이 물음에 관해 간신히 알아낸 것은 이러하다. **마디와 링크는 기본적으로는 랜덤**random**하게** 즉 어떤 정형定型 pattern이나 질서를 따르지 않고 무질서한 난맥亂脈 상태로 서로 연결되어 있다. 마디와 링크의 이러한 연결 특징을 다른 말로는 무척도無尺度 scale-free성이라고 부른다. 표준이 될 만한 일정한 척도가 없다는 뜻이다. 이렇게 보면 컴퓨터로 연결되는 사회적 네트워크도 무질서한 난맥상을 보이는 무척도 네트워크임이다. 이것을 개인들 간의 연결을 가지고 풀이하면, 페이스북Facebook에이나 카카오톡Kakao Talk에 참여한 대부분의 개인들은 대략 똑같은 수의 친구들과 교신한다는 뜻이 되는데 경우에 따라서는 아주 극소수의 개인들만이 아주 많은 수의 친구들을 갖거나 아니면 친구를 전혀 갖지 못하는 개인도 있을 수 있다. 그러므로 네트워크 사이트에서 개인들 간에 형성되는 관계는 무질서하다고 말한다. 이처럼 개인들이 무질서하게 엮이면서 만드는 네트 사회의 그물(網망)은 중앙통제 작용을 하는 중심부가 없다. 중심부가 없다는 말은 네트워크를 지배하며 지령指令하는 특정인이나 집단 또는 특정 조직이 없다는 뜻이다. 그런 의미에서 네트 사회는 기본적으로 아주 민주적이다.

네트 사회에서 마디와 링크의 연결은 수십 개 또는 수백 개로 끝나지 않는다. 어떤 소셜미디어 플랫폼에서는 많게는 수십만, 수백만 내지 수천만 개의 마디들이 여기저기로 링크를 하고 있다. 이것이 인터넷 사이트에서 일어나는 현실이다. 이처럼 마디들이 링크를 만들게 되면 마디＋링크의 수많은 연결고리들이 송이다발처럼 보이는 **클러스터**cluster를 만든다. 또한 어느 계기에 이르면 클러스터들끼리 서로 합치는 현상도 일어난다. 바로 이 무렵이 네트워크가 제모습을 드러내는 때이다.

무작위의 네트워크는 민주적인가?: 클러스터들 중에는 서로 연결망이 끊기는 사태가 생기기도 하며, 그런가 하면 거대한 또 하나의 클러스터 집합체를 생성하기도 한다. 여기서 우리가 주목해야 할 일은 무작위無作爲로 만들어진 네트워크가 실제로는 어떤 양태로 존재하는가? 이다. 이와 아울러 인터넷상의 실제 네트워크가 정말로 랜덤하게 다시 말해서 우연히 아무렇게나 얽혀서 구성되었느냐? 하는 물음을 던지지 않을 수 없다. 이 물음은 당연히 제기되어 마땅하다. 대통령 선거나 국회의원 총선에서 상대 후보를 인터넷상에서 '벌떼공격' 한 사례가 발견되어 재판까지 받았다는 정치적 사건을 기억해 낸다면 네트워크의 구성 자체는 민주적이라고 말할 수 있지만 소셜미디어 정보망情報網의 이용자들 중에는 비민주적으로 미디어를 악용할 수도 있다는 점을 유념해야 한다. 더욱이 소재지 파악이 어려운 외국 해커들이 다른 나라의 인터넷 사이트에 침입하여 정보를 탈취한다든가, 그들이 정치적 표적으로 삼는 인물을 지지 혹은 공격하는 일이 있다는 것도 보도된 적이 있으므로 이런 네거티브한 문제에 대해서는 좀 더 깊이 있는 논의가 필요하다.

네트워크의 유형: 사회적 네트워크의 특징과 그것이 안고 있는 문제들을 오랫동안 집중적으로 연구해온 바라바시는 몇 개의 네트워크 유형들을 이날 주제발표에서 제시했다. 그중 일부가 **고속도로형 네트워크**

와 항공로형 네트워크이다. 바라바시에 따르면 미국 본토의 주요 도시들은 평균적으로 두세 개의 고속도로 노선이 통과하고 있다. 이를 뒤집어 보면 유독 몇 개의 주요 도시들에만 월등히 많은 수의 고속도로 노선이 집중적으로 들락날락하는 사례는 발견하기 어렵다는 뜻이 된다.

이에 비해 항공노선망網에는 유독 빈번하게 이착륙을 거듭하는 많은 항공편을 수용하는 허브hub공항이 있다. 그런가 하면 소도시들 중에는 불과 한두 개 노선만이 겨우 연결된 공항도 있다. 이것은 "이들 허브공항들이 미국 전체 항공노선들을 묶어 놓고 있음"을 의미한다고 바라바시는 결론지었다. 그는 이렇게 말했다.

> 두 유형의 네트워크들 간의 차이는 이들 허브의 존재 여부이다. 허브는 네트워크의 형태와 작동방식을 바꾼다. 이러한 차이는 미국 동부해안에서 서부해안으로 여행할 때 더욱 확연히 드러난다. 고속도로 시스템을 이용한다면 많은 주요 도시들을 거칠 필요가 없다. 항공노선를 이용할 때는 먼저 (허브공항인) 시카고로 간 다음 시카고에서 다시 자기가 원하는 주요 항공노선으로 갈아타서 비행할 수 있다. 항공노선망을 항행하는 방식은 고속도로망을 타는 방식과 기본적으로 다르다. 왜냐? 여기에는 허브가 있고 저기에는 없기 때문이다(Barabási 2011 p.4).

서울에서 미국의 뉴욕이나 워싱턴을 여러 차례 여행해본 사람이라면 주로 뉴욕의 케네디공항을 이용했겠지만 때로는 시카고공항을 거친 기억을 갖고 있을 것이다. 이것은 시카고공항이 미국 도처로 뻗은 항공노선을 껴안고 있기 때문이다. 우리나라에도 허브공항이 있다. 인천국제공항이다. 인천공항이 우리나라의 항공노선에서 차지하는 비중과 역할은 미국의 예에서 알 수 있으므로 설명을 생략하겠다.

단백질 네트워크와 사회적 네트워크: 바라바시가 자세히 설명한 사회적 네트워크의 유형들의 경우 우리가 주목해야 할 점은 이 네트워크가 인간의 몸 내부에 있는 세포 분포와 비슷하다는 사실이다. 바라바시의 풀이에 따르면, 인간 몸의 많은 구성요소들 가운데 가장 중요한 것 중 하나는 유전자遺傳子gene이다 유전자의 역할은 단백질을 생성하는 일이다. 세포 속의 많은 더러운 일은 유전자가 아니라 이 단백질이 맡아서 수행한다.

그런데 단백질은 대체로 혼자서는 일을 하지 않는다. 단백질들은 '단백질 대 단백질의 상호작용'으로 알려진 물질 조직 안에서 언제나 서로 맞물려서 일을 한다. 예컨대 여러분이 몸 안의 피(血液혈액)를 들여다보면 산소가 헤모글로빈에 실려 운반되는 것을 볼 것이다. 헤모글로빈은 서로 맞붙어서 산소를 운반하는 네 개의 단백질로 만들어진 분자이다. 〈단백질 대 단백질의 상호작용〉이라는 네트워크 안에서 보면 이 단백질들은 네트워크의 마디들nodes이다. 이 점은 세포가 실제로 어떻게 일을 하는가를 아는데 중요하다. 단백질의 상호작용이 저조하면 병을 불러온다. 우리 몸 안에는 또 신진대사新陳代謝를 수행하는 네트워크도 있다. 신진대사 네트워크는 여러분이 음식을 섭취하여 그것들을 세포가 소비할 수 있는 구성요소들로 분해하는 일을 한다. 이것이 바로 화학반응의 네트워크이다. 문제의 요점은 우리의 세포들 안에는 많은 네트워크가 형성되어 있다는 사실이다.

〈참고 ☞ ⑧〉 도표의 왼쪽에는 단순한 효소酵素 유기체의 대사代謝 네트워크가 있으며 오른쪽에는 단백질의 상호작용 네트워크가 있다. 이 두 가지 경우 중에서 여러분이 수학적으로 각 네트워크를 분석한다면 무척도scale-free 네트워크를 관찰하게 될 것이다. 달리 말해서 여러분은 여러 개의 허브들을 아주 분명하게 볼 수 있다는 뜻이다.

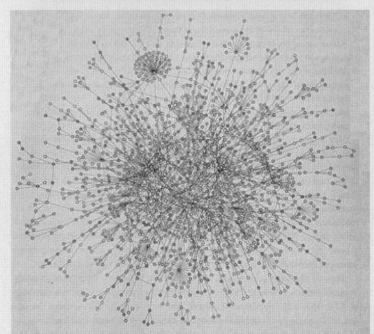

Figure I.2 Protein interaction network of yeast, an organism often studied in biological labs. Each node corresponds to a protein and two proteins are linked together if there is experimental evidence that they interact with each other in the cell. The color of the nodes denote their essentiality: dark grey proteins are those without which the organism cannot survive, while light grey are those that the organism can live without. Note the uneven link distribution: most proteins link to one or a few nodes only, while a few proteins act as hubs, having links to dozens of other proteins.

위 도형은 생물학 실험실에서 가끔 연구하는 유기체인 효소의 단백질 상호작용 네트워크를 보여준다. 인터넷의 사회적 네트워크도 이와 같은 연결망의 특징을 갖고 있다. 마디node 하나는 단백질 하나에 해당되며 두 개의 단백질은 서로 함께 연결되어 있다. 가지런하지 않은 링크들이 분산되어 있음을 주목할 것. 대부분의 단백질은 하나 또는 몇 개의 마디에만 연결되어 있으나 한두 개의 단백질은 허브로서의 역할을 하면서 수십 개의 단백질과 링크군##을 이루기도 한다.

이 네트워크들은 40억 년이라는 아주 장구한 세월에 걸친 인간의 진화 과정을 거쳐 형성되었기 때문에 참으로 황홀할 뿐이다. 그럼에도 "이 네트워크들은 사회적 네트워크를 알기 위해 우리가 관찰하는 것과 정확하게 똑같은 구조structure로 집중集中 convergence(收斂수렴: 한 군데로 모임)하고 있다." 바로 이 점이 아주 기본적인 물음을 제기한다. 세포와 사회적 네트워크는 어떻게 동일한 구성 체계를 가지고 한 곳으로 집합할 수 있는가?(Barabási 2011 pp.6~7).

여기서부터 바라바시는 네트워크를 만드는 마디=개인들의 조직화 원리들을 요약하면서 상이한 네트워크들에서 반복적으로 나타나는 법칙과 현상들을 소개하는데 이 책에서는 생략한다. 다만 이 절에서는 **선호애착**preferential attachment과 **매슈효과***Matthew effect에 대해서만 설명하고자 한다.

마디들nodes**의 연결방식**: 마디는 어디서 어떤 방식으로 연결되는가? 두 명의 학자(Erdós and Rényi)가 그 답을 알려줬다. 그들의 연구에 따르면 마디의 선택은 무작위無作爲 randomly로 행해진다. 그러나 이것은 하나의 가정이다. 우리 손에 쥐어진 데이터로 아직 실증되지 않은 가정이다. 그런데 새로운 마디들은, 앞의 단백질 상호작용에 관한 도표에서 보듯 연결선을 많이 거느린 마디들을 선호選好하는 것으로 판명되기는 했다. 가장 좋은 예가 웹the Web이다. 온 세계에 널려 있는 웹은 약 1조 페이지들을 거느리고 있다. 거기서 구글Google, 야후Yahoo가 있다는 건 우리 모두가 잘 아는 터. 그러나 우리는 그 1조의 나머지—그다지 많이 연결되지 않은 나머지에 대해서는 대략 알고 있을 뿐이다. 이를 보면 웹에 대한 우리의 지식은 더 많은 연결선을 품은 페이지에 편향되어 있다. 연결선

---

*매슈란 신약성경의 4복음서 중 하나인 마태복음의 마태를 가리킴. 실제로 그 효과의 내용도 마태복음의 한 부분을 포함했음.

을 많이 거느릴수록 그에 대한 우리의 지식도 풍부하다는 뜻이다. 따라서 우리가 연결을 할 때는 우리의 지식—편향된 우리의 지식을 따르는 경향이 있다고 말할 수 있다. 이것이 우리가 선호애착選好愛着이라 부르는 경향이다. 자기 좋아서 선택하며 거기에 착 달라붙는다는 뜻인데, 선호의 대상은 연결 정도가 더 높은 마디일수록 웹 이용자에게 선택될 가능성이 높으며 연결 정도가 낮은 것은 버림받은 확률(가능성)이 높다. 이러한 선택 경향은 때로는 매슈효과라고도 불린다. 매슈효과란 이미 밝혔듯 연결 정도가 부익부 빈익빈富益富貧益貧으로 귀결되는 효과를 말한다. 마디의 연결 정도가 높을수록 더욱 더 많은 새 마디들이 달라붙으며 그 정도가 낮을수록 달라붙는 정도가 낮아진다는 뜻이다. 빈익빈일수록 그 마디는 홀대받는 정도가 높다.

바라바시의 친절한 설명은 계속 더 많은 원리들과 현상들을 소개하지만 나머지는 *A Networked Self* 시리즈의 제1권(2011)을 참조하기 바란다.

(2) 네트워크 자아the Networked Self

지난 10여 년 동안 이룩된 커뮤니케이션 분야의 연구 성과들을 보면, 현재도 꾸준히 개발 중인 정보통신기술ICT과 인공지능AI, 빅데이터 기술이 지금의 자아를 어떤 아이덴티티를 지닌 자아로 만들 것인지? 그리고 어디로 데리고 갈지?에 관심을 갖지 않을 수 없게 한다. 우리의 눈앞에 당장 펼쳐지는 네트 사회 속 네트자아의 모습보다는 앞으로 형성되는 미래의 네트자아가 우리의 관심을 더 끈다는 뜻이다. 지금의 네트자아는 우리가 너무나도 자주 경험하고 있듯 물리적 외부세계 또는 가상세계와 연결되어 있다. 어쩌다 스마트폰을 집에다 두고 나온 직장인이 겪는 고충과 고립감은 우리의 짐작을 훨씬 초월한다. 특히 이미 현역 생활에서 은퇴한 고령 연금생활자에게 스마트폰은 이미 외부세계와 자신을 연결하는 분신分身으로 되어 있다. 그런 이에게는 집에 두고 나온 스마트폰이 필수불가결한 분신의 상실이며 자신의 아이덴티티를 날마다 재확인시켜 주는, 즉 남과의 연결connections이 거의 끊겼음을 의미한다. 네트 사회란 사람들을 상호연결시켜 주는 사회이며 네트자아는 그 연결망 속 하나의 마디로서 사방팔방으로 링크를 확대하는 본거지가 된다.

　앞의 정신분석학적 철학적 자아自我 고찰에서 이미 이해했듯, 그것이 주체로 불리었든 아이덴티티로 불리었든 자아는 우리가 생각했던 것과 다르게 아주 유동적流動的 fluid이고 가변적可變的 variable이라는 판단에 이른다. 이 말은 고정된 자아란 게 없음을 의미한다. 왜 그럴까? 자아는 그것이 속한 사회적 연결망이라는 환경에 따라서 또는 일상적으로 자주 접촉하는 사람과의 연결성connectivity의 특성에 따라서 틈만 나면 그 모습을 바꿔간다는 뜻이다. 관계적 자아a relational self, 담론적 자아a discursive self란 말들이 이를 반증한다. 관계란 남과 나 사이를 연결하는 끈이며 담론의 말들은 나를 감싸서 신나게 노는 놀이마당이다. 만일 자아가 영구히는 아니더라도 어느 정도 상당한 기간 고정된 것이라고 가정하면 수시로 변하는 사회관계와 함께 변화의 궤도를 달리는 일상 담론談論(言說언설 discourse)의 세계에 사는 자아는 고정될래야 될 수가 없는 처지에 놓인다.

　이러한 유동적·가변적 자아의 모습을 우리는 지금 널리 보급 중인 인공지능의 세계에서 찾아볼 수 있다. 이 장의 앞 절에서 누누이 인용한 볼터의 네트자아도 그런 유동성을 지닌 것이라고 말할 수 있다. 볼터에 따르면 "네트자아는 꾸준히 연결connections을 만들면서 끊고, 충성과 이익을 선언하고 나서 그것들을 (미련 없이) 버린다. 비디오 화상회의에 참석하는 사람이 동시에 회의 중간에 이메일과 워드프로세서를 가끔 유심히 들여다보는 경우가 그런 예에 속한다."(Bolter et al 2002 p.232).

논문집 *A Networked Self*(2011)에 게재된 연구자들의 마음에는 다음과 같은 문제가 안겨져 있을 것이다. 의심할 나위 없이 미디어는 어떤 형식의 사회적 연결을 조성한다. SNS에 대한 대중적인 기본 관심은 누가 누구와 연결되며, 누구와 연결을 끊으며, 어떻게 절연絕緣하는가를 조사하는데 있을 것이다.

공간으로서의 사회적 네트워크에서는 사회성이 실행되면서 고쳐지거나 실증된다.

A Networked Self(2011)의 논문들은 사회성을 실행하는 자아가 어떻게 구성되는가(자아의 구성 또는 구축)에 관심을 갖고 연구를 진행한 결과를 소개하고 있다.

한 곳으로 집중하는 매개환경 안에서 사회적 연결의 네트워크를 통해 자아-아이덴티티가 표현될 때 그 아이덴티티에는 무엇이 일어나는가? 이 책의 핵심 주제는 3가지이다. 아이덴티티의 구축, 공동체 문제 그리고 문화·사회적 네트워크 사이트SNS 별로 이 주제들은 되풀이하여 고찰되었다.

바라바시는 네트워크의 논리를 사용하여 모든 유형의 네트워크들—그것들이 인터넷에 의해서 유지되든, 생물학적 시스템에 의해서 또는 사회적 행위자와 그들의 공동체에 의해 유지되든 간에 이 네트워크들에서 이뤄지는 커뮤니케이션의 토대를 이루는 법칙과 메카니즘을 조사했다. 네트워크는 인간 행동과 인간유기체에 내재內在하는 속성들을 표출하면서 서로 얽힌 각양각색의 마디들 간의 관계를 소통시킨다. 이들 마디와 이 마디들이 공유한 연결선의 특이한 성격으로 말미암아 각 네트워크들에는 그 나름의 기본 법칙과 체계적 조직이 제공된다. 즉 네트워크의 기본적인 구성체계가 주어지는 것이다(Papacharissi 2011 pp.310~311).

후기 근대사회에서 **자아는 유동적인 추상관념**fluid abstraction으로 표현되는 동시에 개인이 똑같이 유연할 수도 있는 현실과 갖는 연관관계를 통해서 구체적으로 나타난다. 자아 표현의 과정은 끊임없이 연속되는 진화 사이클을 형성한다. 이 사이클을 통해서 개인은 사회적 문화적 경제적 정치적 현실의 일단을 맞상대하면서 자기의 아이덴티티를 표현하고 자기를 남과 비교 또는 조정하고 수호한다. 어빙 고프만Erving Goffman은 이것을 정보의 유희遊戱 information game라고 묘사했다(Goffman 1959). 정보의 유희란 "(자기의) 숨김, 발견, 거짓드러냄 및 재발견이 잠재적으로 무한히 순환하는 것"을 가리킨다(Papacharissi 2011 p.304 재인용).

이러한 에고 중심적 접근법은 다른 많은 사회학자들에 의해 현대의 여러 가지 역사적 발전들과 연관을 지워서 설명되었는데 자아를 '**더욱 유동적**more fluid' 인 것(Bauman, 2000, 2005), '**반사적(재귀적)**reflexive' 인 것(Gidddens 1991)으로 기술한 학자들이 있는가 하면, 젠킨즈는 '**하나의 과정**a process' 으로 돌렸다. 이처럼 공적 영역과 사적 생활에서의 자아-아이덴티티self-identity는 독특하면서도 서로 연결된 상호작용이나 네트워크의 평면을 횡단해간다. 기술은 이러한 연결된 상호작용을 돕는 무대를 제공하여 개인들을 복수의 수용자와 개별적 또는 동시적으로 링크시킨다. 그래서 "온라인의 사회적 네트워크는 **자기 표현**self-presentation**과 아이덴티티 절충**self-negotiation**의 사이트**를 구성한다(Papacharissi 2011 p.304).

자아가 '유동적' 이며 '반사적' 이라는 특성은 다음에 이어서 우리가 논의하는 아이덴티티에 이르면 더욱 선명하게 그 모습을 드러낼 것이다. 말하자면, 우리는 자아의 모습이라고 할 수 있는 아이덴티티의 측면에서 고찰함으로써 네트자아의 진면목을 파악하는 길에 다가갈 수 있다.

5_ 네트 사회와 아이덴티티idendity

'정체성' 이란 역어에 대해

앞에서 아이덴티티에 관해 간단히 언급했지만 이 말에 대해서는 좀 더 상세히 설명할 필요를 느끼기에 다시 아이덴티티론을 전개하고자 한다.

네트 사회의 원리와 몇 가지 법칙에 대해서는 앞에서 이미 살폈으므로 아이덴티티에 대해서만 논의의 초점을 좁히기로 하자. 그에 앞서 영어 identity의 번역 문제에 대해 한마디 하고 논의를 진행하기로 하겠다. 우리 학계와 저널리즘에서는 identity를 대개 '정체성正體性'으로 통일하여 사용하고 있다. identity의 본래 의미에 비춰 '정체성' 이란 역어는 상당한 오해를 불러일으킬 소지가 있다. 왜냐하면 正體라는 한자말이 지닌 '올바른 몸' 또는 '바른 모습' 이란 뜻이 identity를 가진 자아the self가 마치 남과 구별되는 〈불변의 본질적인 바른 실체〉를 지닌 것처럼 비치게 할 우려가 있기 때문이다. 앞에서 소개한 '구축되는 자아the constructed self', '유동적 자아the fluid self', '반사적(再歸的재귀적) 자아the reflexive self', '과정으로서의 자아the self as process' 에서 드러났듯이 자아는 '불변의 본질적인 바른 실체' 도—본래 몸과의 일체를 이루는 영원한 자기自己도, 불과 몇 시간의 수명을 넘기지 못하는 하루살이 존재도 아니다. 자아는 그것을 둘러싸고 있는 사회적 환경, 구체적으로는 놀라울 정도의 발전 양상을 보이는 정보통신기술과 인공지능이 엮어가는 기술적으로 구축된 네트 사회의 환경 안에 살면서 남과 연결된 관계의 영향을 받아 형성되는, 남the other과 비교比較 또는 대비對比되는 '나' the self이다. 자아는 하나의 특성으로 고정되어 있지도 않고 시간의 흐름과 공간의 바뀜에 따라 변하는 '과정의 산물' the product of process일 뿐이다. 그러므로 identity를 정체성으로 옮기는 것은 상당한 오해를 낳을 소지가 충분히 있으므로 나는 '정체성' 대신 동일성同—性 또는 일체성—體性 때로는 아이덴티티란 영어음을 그대로 사용하고자 한다. 동일성이란 말에 identity의 영어 뜻 the sameness(같음)와 the identical(동일한 것, 하나인 것)의 의미가 들어 있음을 안다면 여러분은 나의 견해에 동의하리라 믿는다. 또한 그렇게 믿는 까닭은 다음의 아이덴티티에 대한 설명을 보면 쉽게 납득하리라고 본다.

아이덴티티의 의미

아이덴티티는 누가 누구인지를 아는 것을 일러준다. 누가 누구인지를 모른다면 우리는 도대체 무엇이 무엇인지를 모르게 된다. 개인들 간이나 집단들 간, 또는 집단과 개인들 간에 보이는 유사성과 차이와 거기서 생기는 의미의 생성작용signification을 모른다면 사회적 소통은 어려워질 것이다. 그 점에서 사람이나 사물을 비교하는 두 가지 기준 즉 비슷함(類似性유사성 similarity)과 다름(差異차이 difference)은 아이덴티티를 확인하는 역동적인 원리이자 사회생활의 핵심이다(Jenkins 2004 p.4). 여러 명의 남자들이 모여 있는 가운데서 갑돌이를 식별識別하는identify 방법은 갑돌이가 다른 남자들과 상이한 점—우선은 얼굴이나 두발 모양, 복장 또는 음성일 수 있다—을 찾아내서 다른 남자들과 비교하는데 있다. 그러므로 아이덴티티를 아는 데는 우선적으로 남과 비교하고 대조하는 일이 필수적으로 요구된다. 비교 · 대조 행위에는 그것의 반대 측면 이를 테면 다른 점을 찾는 일이 당연히 수반한다. 그래서 우리는 아이덴티티를 설명하기 위해 유사성과 차이를 언급하고 있는 것이다.

남들과의 유사성과 차이를 알아차리는 사람은 어떤 행위를 할까? 십중 팔구 남들을 이러저러한 부류의 사람으로 분류할 것이다. 자기와 비슷한 사람들은 비슷한 부류의 무리로 묶어 마음속 한 구석에 한데 잡아놓으며 자기와 상이한 사람들은 또한 그들끼리 모아놓을 것이다. 인간은 이렇게 사람들이나 사물들을 끼리끼리 범주화範疇化하여categorize 비슷한 사람들과는 가깝게 지내려 하며, 다른 사람들과는 멀리 있으려 한다. 멀리 한다는 것은 자기와 남과의 사이에 경계境界 boundary를 긋는 것을 의미한다.

우리 주변에서 흔히 듣는 지방 사투리를 예로 들러보자. 나의 한 친구가 카톡방에 띄운 우스개 얘기 중에 이런 게 있었다. 경상, 충청, 전라 및 제주 4도의 사투리 '경연' (?) 대목이다.

표준어: 빨리 오십시오.
경상도: 퍼뜩 오이소.
전라도: 허벌나게 와버리랑께.
충청도: 어여 와유.
제주도: 혼저 옵서예.

보낸 이가 주석으로 덧붙인 말. 이 사례를 보면 행동이 느리다는 충청도 사람이 '가장 빨리 말해잖아요?' 였다.

생후 며칠 만에 엄마한테서 몸과 머리에 익히기 시작한 언어—그것은 그 사람의 아이덴티티 구축에 거의 결정적으로 영향을 미친다. 아마도 언어공동체에서 익힌 사투리는 평생 거기서 태어난 사람을 따라다니며 그의 아이덴티티를 식별하는데 사용될 것이다. 나의 경우는 고향을 떠난지 60여 년이 지나서 말투가 꽤 서울화—정확히 말하면 표준화—했지만 어쩌다 아주 낯선 제주 출신자를 만나면 대번에 '제주가 고향 아니냐?'라는 질문을 듣곤 한다. 나의 말투와 억양에 제주 토박이 색깔이 완전히 벗겨지지 않고 아직 배어 있기 때문일 것이다. 그래서 나는 제주 출신임이 금방 드러나고 만다. 이처럼 한 사람의 아이덴티티 가운데 **언어 아이덴티티**Language Identity=LI가 유독 그를 식별하는데 상당히 유효하게 작용한다. 언어 아이덴티티의 개념이 진일보하면 앞에서 말했듯이 '언어사용의 주체' '주체는 말words과 시니피앙signifier signifiant(언어기호의 표기 즉 겉모습을 가리키는 용어)에 의해서 결정된다' 는 결론으로까지 이어진다.

그렇다면 아이덴티티는 개인적인 것인가? 아니면 사회적인 것인가? 대개의 사람들은 그것을 개인적인 것으로 간주하기 일쑤지만 실은 아이덴티티는 사회적인 것이다. 모든 인간의 아이덴티티는 의미와 관계의 문제로 귀착한다. 의미는 상호작용과 연관되어 있다. 아이덴티티에는 의견의 일치와 불일치, 관행과 혁신, 소통과 타협 등이 두루 얽혀 있다. 이들 모든 용어들 자체가 곰곰이 따져보면 사회적인 것들이다. 공동체나 남들과의 상호작용이 없으면 태어나기가 불가능한 단어들이기 때문이다. 아이덴티티가 관계의 산물이라는 것은, 의미를 생성하는 상호작용이라면 그것은 곧 사회관계에서 생기기 때문이다. 그래서 아이덴티티는 사회관계의 산물이다. 아이덴티티가 자아의 표현表現 expression인 동시에 남과의 연결連結 connection인 까닭은 이 때문이다.

아이덴티티가 사회적인 것이라는 점과 관련하여 젠킨즈는 "아이덴티티는 우리가 누구이며 동시에 다른 사람들 또한 누구인가를 이해하는 것"이라고 규정했다. 이는 '나는 누군인가?'라는 물음과도 이어져 있다. 그러므로 아이덴테테는 사람이 자기 자신을 이해하는 일인 동시에 남들을 이해하는 일이기도 하다. 이렇게 보면 아이덴티티는 합의된 것과 합의되지 않은 것의 공존에서 생기는 결과로서 적어도 원칙상으로는 항상 절충가능한negotiable 것, 타협가능한 것으로 이해된다. 이 점에서 아이덴티티는 고정되어 있지 않고not fixed 항상 유동적fluid이다. 이는 자아와 주체가 유동적이며 가변적이라는 말과도 맥을 함께 한다.

언어 말고, 아이덴티티 구축에 더욱 기세를 올리는 것으로는 사회 또는 집단의 문화가 있다. 땅이 좁고 인구가 5천 몇 백만인 한국에서도 지방에 따라, 연령집단에 따라, 직장의 종류에 따라 상이한 집단문화가 형성되어 있음을 우리는 경험하고 있다. 하물며 질펀하게 퍼진 넓고 넓은 대륙의 땅을 가진 데다 3억 명의 인구를 거느린 다인종多人種 사회인 미국의 경우에는, 북부문화와 남부문화, 동부문화와 서부문화, 아프리칸-아메리칸(흑인) 문화 · 히스패닉 문화 · 와스프(백인 · 앵글로-색슨 · 프로테스탄트계) 및 심지어 코리언-아메리칸 문화까지 존재한다. 미국인들은 이처럼 거주지역과 인종 그리고 교육환경에 따라 각기 상이한 자기들만의 하위문화下位文化를 형성하며 산다. 그렇다고 미국인이 하위문화별로 갈갈이 찢겨져 있다는 뜻은 아니다. 그들은 각기 다른 문화적 · 인종적 · 언어적 아이덴티티를 지니고 있음에도 타국에 대해서는 〈성조기星條旗 the Stars and Stripes를 보고 국가國歌 the Star-Spangled Banner를 들으면 즉각 경의를 표하는 미국인〉으로서의 공통된 아이덴티티를 지닌다. 타국과의 전쟁을 벌일 경우 자원입대하여 미국을 위해 싸우는 것은 그런 미국인으로서의 아이텐티티가 있기 때문이다. 미국인의 아이텐티티의 구축에 연관되는 것은 언어와 문화뿐만 아니라 좋아하는 스포츠팀, 정치적 이념 등도 물론 있다.

21세기에 들어서서 우리나라에서도 뚜렷한 정치 색깔을 띠며 서로 차이화差異化 경향을 보이기 시작한 것 중에는 이른바 좌파와 우파, 진보와 보수, 진보적인 젊은 층과 보수적인 노년층의 차이화 현상이다. 2017년 5월에 집권한 문재인 대통령을 끈질기게 지지하는 사람들을 '문빠' 또는 '대깨문'이라는 경멸조의 호칭으로 부르고 보수 야당 지지자들을 '보수꼴통'이라며 비하하는 멸칭蔑稱의 굴레를 씌우는 것은 모두 아이덴티티에 의거한 차이화에 기인한다. 이러한 범주화에는 '우리 쪽' 아니면 '저편 쪽'이라는 차별과 배척의 손가락질이 물론 강하게 작동한다.

개인의 아이덴티티는 "언제나 단수이면서 복수이며 결코 최종적인 것도 정착된 것도 아니다." "죽음마저도 그 모습을 결코 동결하지 못한다. 아이덴티티나 평판은 사후에도 재평가를 받을 수 있으며 어떤 아이덴티티는—예컨대 성인聖人이나 순교자는—무덤을 뛰어넘어서 성취될 수 있다."(Jenkins 2004 p.5).

네트 사회의 다중多重 아이덴티티

이상과 같은 아이덴티티에 대한 일반론을 네트 사회에 적용하면 전혀 다른 색깔의 아이덴티티와 우리는 만나게 된다. 하나의 사례를 보자.

멀티 페르소나: 현대인은 많은 가면을 쓰고 살아간다. 가령 '회사에서의 나'와 '회사 밖에서의 나'는 다른 정체성*(인용자: 아이덴티티)을 가진 사람이다. 이를 잘 보여주는 아이템도 있다. 요즘 직장인들이 출근길에 귀에 꽂고 다니는 에어팟(무선용 이어폰)은 '끼고 있을 때는 일반인, 뺏을 때는 직장인'으로 모드 전환을 알려주는 일종의 가면이다.…(중앙일보 2020년 1월 14일, 전미영 서울대 소비트렌드분석센터 연구위원).

페이스북·인스타그램·트위터 등 SNS별로 정체성이 다르고, 하나의 SNS에서도 여러 계정(부계정, 뒷계정)을 쓰며 자기 모습을 바꾸는 '다중자아'의 개념. 글로벌웹인덱스GlobalWebIndex GWI의 시장조사 리포트에 따르면 인터넷 사용자 98% 이상이 SNS를 사용하며, 한 사람당 평균 계정 수는 7.6개였다. Z세대(인용자: 1990년대 중반 출생자 즉 인터넷·웹세대) 이용자들은 보통 인스타그램 계정을 두 개 이상 갖고 있는데, 진짜 계정에는 과장과 거짓이, 가짜 계정에 오히려 현실이 드러나는 경향이 발견된다(김난도 서울대 소비자학과 교수가 이끄는 서울대 소비트랜드분석센터가 펴낸 『트렌드 코리아 2020』에서. 중앙일보 2020년 3월 26일).

'현대인이 쓰고 사는 가면'의 그 가면假面은 라틴어 persona의 역어이다. 그것을 현대 사람들이 쓰고 다니는 가면이 무슨 뜻인지를 이해하려면 보충설명이 필요하다. *Merriam-Webster's Collegiate Dictionary* 11th ed.에 따르면 라틴어 persona는 배우가 연극에서 쓰는 가면actor's mask, 연극의 등장인물character in a play로 나와 있다. 이 persona가 사회심리학에서는 퍼스낼리티personality에 적용되어 사회적 성격분석에 이용되었다.

김난도 교수가 이끄는 '서울대 소비트렌드분석센터'가 펴낸 『트렌드 코리아 2020』에 따르면, 시장소비 사회에서의 멀티 페르소나multi-persona는 다음과 같은 세 갈래의 특성을 지닌 것으로 나타난다.

첫째 현대인은 다중적 아이덴티티를 가진다. 현대인은 다양한 상황과 SNS 매체에 따라 그때그때 서로 다른 아이덴티티를 만든다. 여러 개의 가면을 쓰고 살아가는 현대인은 직장에서의 자아와 직장 밖에서의 자아—집안에서 가장으로서의 자아와 취미 클럽 동료들 사이에서의 자아—등 적어도 둘 이상의 자아를 갖는다. 김난도 교수에 따르면 "요즘 직장인들이 출근길에 귀에 꽂고 다니는 에어팟(무선 이어폰)은 '끼고 있을 때는 일반인, 뺄 때는 직장인'으로 모드 전환을 알려주는 일종의 가면이다." 이 점을 소비사회의 구매행위에 적용하면 현대의 소비자는 더 이상 일관된 구매자가 아니라 상황에 따라 맥락에 따라 취향과 선호를 바꾸는 다면적인 존재다. 따라서 실시간으로 소비자의 상황과 맥락을 파악하고 고객의 수요를 예측하여 서비스와 상품을 제공하는 초超개인화 전략이 더 중요하게 부상한다는 것이 김 교수팀의 전망이다. 그래서 이제 시장은 1명이 아니라 "그보다 더 작은 0.1명 단위로 세분해야" 한다고 한다.

둘째 '편리미엄' 즉 시간과 노력을 줄여주는 편리한 상품과 서비스에 주목하자. '편리한 것'이 곧 '프리미엄한 것'이 된다. 이는 구매경제가 경험경제로 이행하면서 나타나는 필연적인 결과다. 구매경제 시대의 가장 중요한 자원이 돈이라면, '경험경제' 시대에 가장 중요한 자원은 시간이다. 샤넬 백은 다른 사람이 대신 줄을 서서 사줄 수 있지만, 영화는 타인이 대신 봐줄 수 없는 것과 같다. 경험경제 시대에, 하고 싶은 일은 많고 시간은 부족한 현대인의 시간과 노력을 아껴주는 것이 프리미엄의 새 기준이 된다.

신이 내린 3대 가전이라 해서 '삼신三神 가전'으로 불리던 식기세척기 ·

로봇청소기·빨래건조기는 대표적인 가정 편리품으로서 밀레니얼 가족의 필수품이 이미 되었다. 샛별 배송, 가사도우미 서비스처럼 소비자의 시간을 아껴주는 비즈니스도 지속해서 성장할 것이다. 시간과 노력은 최소화하되 성과는 극대화하는 '편리미엄' 제품과 서비스에 주목해야 한다.

셋째 '오팔세대'(58세대). 50대와 60대가 소비시장의 주인공으로 부상하고 있다. 5060세대를 더 이상 시니어라 부르지 않는 게 옳을 것이다. 한국의 베이비붐 세대는 어느덧 50대 후반에서 60대 중반 나이가 되었지만, 그들은 고속성장의 주역답게 여전히 왕성한 사회활동을 이어가고 있다. 그들은 다시 새로운 일자리에 도전하고, 활발한 여가 생활을 즐기며, 자신만의 콘텐츠를 구매하면서 관련 업계의 판도를 바꾸고 있다. 그들에게 실버 또는 그레이grey로 대표되는 노년층 색깔은 어울리지 않는다. 다채롭게 자기만의 색깔을 드러내기 시작한 그들의 새로운 이름은 '58세대'이다. '오팔' OPAL은 '활기찬 인생을 살아가는 옛사람들' Old People with Active Lives의 약자를 가리킨다. 그들은 힘 빠진 늙은이 세대가 아니라 액티브active 세대이다. 오팔은 또한 '1958년생 개띠'의 '58'을 의미하기도 한다. 2018년 '서울시민 문화향유 실태조사'에 따르면 50~60대의 문화 관람률(1년에 한 번 이상 문화활동을 한 사람의 비율)이 모든 연령층 중에 가장 높았다(남성 77%, 여성 89%). 20대는 남성 66.3%, 여성 66%였다(중앙일보 2020년 1월 14일 전미영 서울대 소비트렌드분석센터 연구위원).

6 _ 이야기풀기·구술성 및 '메시지하는 자아'

(1) 이야기풀기와 자아

사람은 말과 더불어 살다 생을 마감한다. 사람은 태어나서 엄마한테서 말을 배우기 시작하는 순간부터 평생 동안 말에 묶여 살다 간다. 말은 사람이 자기를 표현하여 제시하는self-presentation 수단이자 매체이며 자기를 남과 연결하는 끈이다. 말은 굳이 언어만을 가리키지 않는다. 말은 언어를 포함한 모든 기호記號 sign와 상징象徵 symbol을 아우른다. 언어는 곧 기호 자체이기 때문이다. 말은 또한 단어 하나하나만을 가리키지 않는다. '말하다'에서처럼 이야기 즉 스토리story나 내러티브narrative를 지칭하기도 한다. 그래서 스토리텔링storytelling을 이야기하기 또는 이야기풀기라고 우리는 말한다.

파파차리시Zizi Papacharissi는 디지털 네트워크 환경과 연관시켜 스토리텔링을 이렇게 설명한다.

우리는 우리가 누구인지에 관해 이야기를 하며 이런 이야기들을 말함으로써 우리는 남들과 연결되며 우리 자신의 자아의식을 확인한다.···인간 존재를 위한 이야기풀기는 생존의 일상적인 양식 그 이상의 것이다 그것은 우리가 누구인지를 이해하는 방식이며 우리가 어떤 사람이 되고 싶은지를 상상하는 방식이다. 미디어는 이러한 과정을 늘 함께 있으면서 도와 왔다. 우리의 일상 경험을 동굴 벽에다 새겨 넣은 고대서부터 현대의 그림에 이르기까지, 의사소통을 하기 위한 언어를 발전시키기까지, 그 다음에 말하기 · 인쇄 · 출판 · 방송 · 팟캐스팅podcasting 및 우리의 이야기 공유를 위한 많은 플랫폼들을 개발하기까지 그것은 모두 표현expression과 연결connection에 관한 것들이다. 때때로 우리는 고무적인 큰 이야기를 풀어놓는데 성공하기도 하며 어떤 때는 이야기풀기에 실패하여 우리들의 연결고리가 끊겨버리기도 한다. 그럼에도 그보다 더 자주, 우리는 **언제나 창작중인**always in the making 이야기들을 말한다. 그 이야기들은 언제나 수정되며, 언제나 용해溶解될 수 있다always soluble. 기술은 우리를 돕기 위해 그리고 우리를 네트워크에 끼워 넣기 위해 거기에 있다. 하지만 우리를 식별하고identify 우리를 연결하거나

connect 또는 우리를 갈갈이 찢어버리는 것―그것은 우리의 이야기이다 (Papacharissi 2018 p.1).

이 글의 출처가 되는 책은 *A Networked Self* 다섯 권 시리즈의 두 번째 권이다. 시리즈의 각권 서론과 결론(없는 권도 있음)만을 보더라도, 편집자인 파파차리시가 얼마나 야심찬 계획 아래 네트 사회의 네트자아에 관한 탐구논문들을 집대성했는지를 어렵지 않게 확인할 수 있다.

이야기풀기는 사실상 네트자아의 진화 및 변혁transformation과 직결된 키워드이기 때문에 시리즈의 전권에 걸쳐 논의되고 있지만 집중적으로 다뤄진 것은 두 번째 권이다. 그래서 좀 길다 싶으면서도 장문의 인용문을 여기에 옮겼다.

이야기풀기는 자아와 어떤 관계에 있을까? 우리는 일상생활에서 아주 다양한 이야기를 말하며 산다. 집에서 나누는 자잘한 가족이야기나 가족과 연관된 이야기에서부터 직장에서 친지들과 교환하는 특수한 이야기들에 이르기까지 스토리의 내용은 실로 다양하다. 그처럼 다양한 스토리들 가운데 스토리텔링은 자아인식a sense of self을 가능하게 한다. 또한 스토리텔링 즉 이야기풀기는 우리를 둘러싸고 있는 세계에 대한 인식을 만드는 동시에 세계 안에서의 자아의 자리를 찾도록 도와준다. 물론 자아인식이든 세계인식이든 자아의 자리 찾기든 그것은 저절로 이뤄지지 않는다. 자기 자신과 세계에 대한 창의적 성찰이 없이는 불가능하다. 재래미디어는 물론 현대의 소셜미디어는 자아에 대한 성찰을 돕는다. 온라인과 오프라인에서 만나는 소셜미디어는 아이덴티티, 커뮤니티 그리고 문화를 중심으로 회전하면서 여러 가지 문제들을 던지며 그 문제들에 대해 우리가 반응을 보이도록 요구한다.

친구들과 나누는 카톡방이나 어느 홈페이지의 사랑방 대화에서 주고받는 대화들을 유심히 살펴본 네티즌이라면 그 이야기의 내용이 자신의 자아 성찰과 주변 세상에 대한 지식을 제공해 준다는 사실을 알아차렸을 것이다. 그 대화 공간은 수동적인 자아 성찰과 세상 인식을 갖게 하는데 멈추지 않고 자기 스스로가 능동적으로 자신을 남에게 표현하면서 남과의 연결고리를 만들고 있는 공간이다. 이렇게 자기 표현을 하는 자아에 대해 파파차리시는 "후기 근대사회에서 자아는 유동적 추상관념, 언제나 용해溶解되는 관념a fluid abstraction, always in solution으로서 표현된다"라고 말했다. 그렇게 표현된 자아는 "마찬가지로 신축적일 수 있는 현실과 개인의 결합을 통해서 구현된다."(Papacharissi 2018 p.2).

'언제나 용해되는' 자아는 현실과 부단히 교섭하는 자아가 일정한 형태나 관념으로서 고정되어 있지 않고 언제나 변하고 있다는 뜻이다. 다른 말로 하면 현실 속에서 이뤄지는 자아 표현表現 self-presentation과 자아 재현再現 representation(자기를 다시 드러내보임 또는 表象표상)은 끊임없이 진화하는 순환과정 다시 말해서 개인의 아이덴티티가 정치적 사회적 경제적 문화적 현실에서 제시되고, 그것들과 대조되며, 그것들에 적응하며, 그것들을 상대로 삼아 지켜지는 순환고리가 된다는 뜻이다. 영국의 저명한 사회학자 기든스는 이러한 유동적 자아를 '재귀적再歸的(반사적反射的) 자아reflexive self'라고 불렀다(Giddens 1991). 재귀적 자아란 자신의 주체나 자아가 자신이 음미吟味하는 것의 대상으로 되는 것을 말한다. 이 말은 reflexive의 다른 표현인 '반사적'을 써서 '반사적 자아'라고도 부를 수 있으나 의미의 면에서 재귀적보다는 명확성이 떨어진다. 이 '재귀적 자아'도 역시 자아가 고정되어 있지 않음을 알려준다.

(2) 구술성口述性: 각 시대의 우세한 소통 방식

말은 그것이 입 밖으로 나오건 문자로 쓰이건 또는 상징이나 데이터로 표현되건 기호記號 sign이다. 말이 시대의 문법 체계에 따라 통용되듯 기호도 또한 그 시대의 일정한 이야기풀기 문법에 따라 의미를 전달한다(앞의 참고 ☞ ⑨를 볼 것). 이야기풀기 문법을 파파차리시는 '스토리텔링 규약 storytelling conventions' 이라고 불렀다(Papacharissi 2019 p.8). 이 규약은 각 시대의 구술성口述性 orality을—즉 각 시대의 유력한(또는 지배적인) 소통방식a domionant way of communication for each epoch을 제시한다. 옹Walter. J. Ong에 따르면 구술성에는 두 종류가 있다—제1차적 구술성과 제2차적 구술성이다(Ong, 2002〔1982〕).

제1차 구술성the first orality은 글쓰기 · 인쇄와 같은 문자성文字性 literacy이 보편화하기 이전 사회 즉 구텐베르크이전 사회pre-Gutenberg society(엄격히 말하면 고대 원시사회)에서 우세했던 커뮤니케이션 방식이다. 제2차 구술성the secondary orality은 디지털 기술의 눈부신 발전으로 생성된 전자미디어 사회에서 우세한 의사소통 방식이다. 옹 자신은 지금과 같은 디지털 시대에 살지는 않았지만 그의 저서에서 "구술적 표현의 전자적 변형은…제2차 구술성이라는 신시대를 깨닫게 했다"(Ong 2002〔1982〕 p.133). 라고 지적한 것으로 미뤄 디지털 구술성이라는 용어를 사용해도 됨직하다. 제1차 구술성은 구텐베르크의 활판 인쇄술 발명 이전에 청각聽覺과 시각視覺 위주의 입말하기가 우세했던 의사소통 방식이다. 디지털 미디어가 본격적으로 세상을 뒤덮기 시작한 21세기 초 이후는 제2차 구술성의 시대에 해당한다. 제1차 시대와 제2차 사이에 긴 약 600년간은 서적과 인쇄물이 전반적으로 보급되어 사회의 모든 부면에서 글쓰기가 주도主導하는 변혁이 일어나서 '근대성modernity' 이 지배한 〈구텐베르크 삽입기Gutenberg parenthesis〉로 불린다(Tom Pettit 2007. Hartley 2002 p.207). 하틀리에 따르면 옹의 이 같은 접근법은 인터넷 시대—디지털 미디어와 각종 모바일 장치들로 얽힌 지금의 사회적 네트워크 시대에 구술성과 문자성에 관한 논의를 〈원시 대 문명〉의 이분법 도식으로 환원함이 없이 추적할 수 있는 장점을 지녔다. 〈구텐베르크 삽입기〉라는 발상은 인쇄–문자성이 그 우세함과 권위 및 편재遍在(도처에 있음)에도 불구하고 인간 사고의 훨씬 더 긴 궤도에서 보면—BC 3500년 전 수메르인의 진흙문자 발명 이후의 긴 시간의 흐름에서 보면 예외적인 기간이다. 이런 관점에서 보면, 인간의 사고 행로行路는 공간과 시간-지체time-delay에 기초하기보다는 말하기와 즉시성에 기초했던 먼 예전 시대의 커뮤니케이션 양식을 회복하는 과정을 향하여 달려왔다고 말할 수 있다(Hartley 2002[1982] p.207).

구술성의 변화 과정

구술성과 문자성	제1차 구술성	문자성	제2차 구술성
시대 구분	구텐베르크 이전 원시사회~인쇄 문화의 개시(1455년 인쇄발명)	구텐베르크 삽입기 (16세기~20세기 말)	포스트-구텐베르크 (21세기~)
유력한 소통 수단	입말 · 표정 · 부호	글쓰기와 서적 등의 인쇄물	디지털 미디어에 기초한 입말

파파차리시는 주체성의 관점에서 두 갈래 구술성의 특성을 설명했다. 제1차 구술성의 사회에서는 말하는이speaker가 입말을 통해 듣는이 listener가 자기 말을 아는지 어떤지를 떠봄에 따라 이야기(스토리)의 공유가 유기적有機的으로 진행한다. 이 경우 둘 사이에는 말을 주고받는 동안 주체성과 아이덴티티가 성립한다. 지금도 지방 소도시에서 열리는 5일장에 모인 사람들이 음식가게 앞이나 시장판에 모여앉아 즉석에서 서로 얼굴을 보며 나누는 대화가 바로 제1차 구술성에 해당된다. 그들은, 남이 자기 말을 이해하는지 여부를 상대의 맞장단 말투—'그래 맞아요, 맞아.' 또는 '어 그래? 정말로?' 등과 같은 말투—에 따라서 알아차린다. 이것이 바로 제1차 구술성의 두드러진 특징인 즉시성과 대면성對面性이다.

제2차 구술성의 특징은 사람들 간의 대면적對面的 face-to-face 상호작용을 뛰어넘어 TV뉴스 캐스터(뉴스프로의 앵커)처럼 디지털 미디어를 통한 말하기speech의 역할을 증대시키는 경우라든가 태블릿tabletPC나 스마트 폰smartphone의 스크린에서 상대방의 얼굴을 보면서 대화를 하는 구술문 화의 일상적 소통 방식에서 그 우세성優勢性을 읽을 수 있다. 이런 디지털 구술성의 사회는 "글쓰기·인쇄문화의 의도적인 자연스러움deliberate spontaneity으로 말미암아 발화자發話者가 시청자視聽者를 향하여 스토리 (이야기)를 발성發聲하는데 내재內在하는 주체성主體性을 사라지게 만들며" 둘 사이에는 "항구적permanent"이며 "침묵하는silent" 이야기들만이 생성 될 뿐이라고 파파차리시는 풀이했다(Papacharissi 2019 p.8).

　예컨대 KBS-TV의 장수長壽프로 중 하나인 〈한국인의 밥상〉의 내레이 터 겸 연기자인 최불암은 주체성을 지니고 있을까? 이 프로를 유심히 들 여다본 사람이라면 최불암은 미리 마련된 스크립트script를 충실히 이행 하는 내레이터임을 알아차릴 것이다. 프로담당 PD의 치밀한 설계에 맞 춰 각 지방의 토속음식을 철따라 만드는 시골마을을 또는 갯마을을 방문 하는 그가 아주 자연스럽게 마치 그 자신이 그 맛을 제대로 즐기는 듯이 연기하면 할수록 그리고 대본의 스토리를 아주 자연스럽게 낭독하면 할 수록 그의 주체성—즉 발화자의 주체성은 아무 말도 없이 사라지고 만 다. 파파차리시가 말하는 〈주체성의 말없는 사라짐〉은 이런 경우를 가리 키는 것으로 해석될 수 있다. 우리는—시골의 자연 풍경을 배경으로 펼 쳐지는 사람들의 생활 모습과 자연스런 발성을 실경實景보다 더 리얼하 게 재현하는representing TV 화면과 디지털 소리digitized sound를 '넋 잃 고' 바라보며 듣는 시청자는 내레이터의 "기술화된" 목소리, 다시 재생 해서 언제 들어도 "항상적"인 그 목소리＋연기에다 입맛＋귀맛까지 즐 기는 호강을 누린다. 유사한 사례는 KBS의 또 하나의 장수프로인 〈가요 무대〉에서도 볼 수 있는데 내레이터(김동건 아나운서)는 매회 거의 비슷한 형식으로 주체성이 '말없이 사라지는' 프로를 진행한다.

파파차리시는 저널리즘적 객관성—뉴스 보도의 객관성을 포함한다—의 패러다임에서도 저 먼 거리에서 전해지는 무미無味한 객관적 형식에 따른 주체성의 '침묵화'를 발견한다(Papacharissi 2019 p.8). 저널리즘적 객관성에 따르면 리포터reporters와 뉴스캐스터newscasters는 수용자에게 전달하기 위해 보도하는 자신의 스토리로부터 '객관적인 거리'를 두게 되어 있으므로 형식의 객관성 밑에서 주체성은 아무런 인기척도 내지 못한다. 이는 정보의 정확성을 다각도에서 균형있게 편향됨 없이 전달하려는, 이른바 공평한 뉴스 보도의 프로페셔널한 원칙을 지키려는 배려 때문이다.

여기서 파파차리시는 구술성의 주체성과 관련하여 우리에게 매우 시사적인 말을 던진다. "나는 지금의 시대를 디지털 구술성digital orality으로 옮겨가는 과도기過渡期로 이해했다." 이 말은 지금의 현 단계가 "스토리텔링의 실천이 소리냄과 말없음 속으로 사라져버리는 것, 입말로 튀어나온 것과 문자로 쓰인 것, 찰나적인 것과 항구적인 것, 편집 가능한 것과 리믹싱할 수 있는 것, 자연스레 흘러나옴에도 언제나 데이터화해 버리는 것들의 기이한 혼합체"가 존재하는 시대라는 뜻이다. 이어 파파차리시는 이런 결론을 내린다. "우리 시대의 스토리텔링 규약이 전진함에 따라 **네트자아를 위한 새로운 언어가 형체形體를 드러낼 것이다.**" "**새로운 언어**는 더 이상 말하기의 특권을 누리지 못한다. **네트자아의 언어는 코드code이다.** 그 코드가 장차 어떻게 정의된다 할지라도 그러하다." (Papacharissi, 2019 p.8. 언어의 코드화에 대해서는 제5장 제3절을 참조할 것).

참고 ☞ ⑨월터 J. 옹과 *Orality and Literacy*

옹Walter J. Ong(1912~2003)은 미국예수회the Society of Jesus 신부로서 영문학 교수이자 문화·종교사가史家이며 철학자이다. 그의 이름을 널리 알린 명저 *Orality and Literacy*(Routledge 1982)에서 옹은 구술성Orality에서 문자성

Literacy으로 이행하는 문화가 어떻게 문화 자체의 변화에 영향을 미쳤으며 또한 인간의 의식을 어떻게 바꿔놓았는지에 관심을 갖고 구술성의 여러 가지 특징들을 규명하는데 노력을 기울였다. 이 저서에서 또한 옹은 제1차적 구술성과 제2차적 구술성의 구별을 명확히 함으로써 오늘날 우리가 누리는 전자 미디어 기술 시대에 구술성이 우세한 커뮤니케이션 방식임을 밝혔다.

미국 미주리주 캔자스 시티에서 개신교도인 아버지와 가톨릭 신자인 어머니 사이에서 태어난 옹은 가톨릭 신자로서 성장했으며 1935년 예수회the Society of Jesus에 입회한 후 11년 뒤에 신부 서품敍品을 받았다. 예수회에 들어가기 전인 1933년 록허스트대학Rockhust College에서 라틴어 전공으로 문학사BA 학위를 받았으며 이어 1941년 세인트루이스대학Saint Louis Univ.에서 영문학 석사MA학위를 취득했다. 신부가 되기 전에 영문학 석사가 된 셈이다. 우리의 관심을 끄는 것은 이 MA 논문이, 나중에 미디어학자로서 대단히 유명해진 캐나다 출신의 젊은 마셜 맥루한Marshall McLuhan(1911~1980)의 지도 아래 작성되었다는 사실이다. 맥루한은 영국 케임브리지대학교에서 박사학위를 획득한 뒤 곧바로 이 대학에서 강좌를 얻었던 것이다. 옹은 그 뒤 같은 대학에서 철학과 신학 학위를 받았다. 박사학위는 하버드대학교에서 취득했다(학위 과정은 1948~1954). 더욱 놀라운 사실은 맥루한이 1962년 펴낸 *The Gutenberg Galaxy*의 여러 쪽들에서 '제자'인 옹의 1950년 저서들을 인용했다는 점이다. 옹은 1978년 미국 근대언어학회 회장에 선출되었다.

'현대의 고전'으로 평가받는 옹의 주저主著인 *Orality and Literacy*의 발간 30주년 기념판(2002)에서 서론(Before Ongism)과 발문跋文(After Ongism)을 쓴 존 하틀리John Hartley에 따르면 옹의 "30년 연구 성과를 응축한 *Orality and Literacy*는 그의 사상에 대한 광범위한 관심을 끌게 했으며 커뮤니케이션 기술들—말하기, 글쓰기, 인쇄, 미디어 스크린 및 컴퓨터—이 인간이 어떻게 생각하고 아는지에 어떤 영향을 미쳤는지를 알고 싶어 하는 사람들의 공감을 샀다."(Hartley 2002〔1982〕 p.xiii).

(3) 메시지하는 인간

앞에서 틈틈이 강조했듯 이야기를 풀기 시작하면 자연스레 거기에는 자아의식에 대한 다음 물음들이 따라붙는다. 지금 우리는 누구인가? 우리는 여태까지 어떤 인간으로 있어 왔는가? 앞으로 우리는 어떤 인간으로 될 수 있을까? 라는 물음들 말이다. 이야기풀기는 네트자아의 의식을 이야기 속에서 기획하거나 이야기 속으로 투영하기 때문에 이런 물음이 제기된다. 그런 스토리텔링을 파파차리시는 "듣기와 편집·교정 행위에 못지않게 (자기를) 들어내보임disclosure과 연관된 과정"으로 이해했다. 이야기를 지어(著述하여 authoring) 자기를 드러내보이는 일과 듣는 일 그리고 그것을 편집·교정하는 일은 남한테서 자기에게로 오는 이야기에 자기가 관여하는 일에 해당한다. 반면 자기를 드러내보임은 남한테로 자기를 알리는 행위에 속한다. 후자는 곧 자기제시self-presentation와 자기재현self-representation(또는 表象표상)의 다른 말이다. 따라서 자기를 드어내보임은 남과 이뤄지는 능동적 의사소통의 한 부분이 된다.

이런 성격의 스토리텔링을 하는 인간을 하틀리D. Hartley(2010)는 *homo nuntius* 즉 messaging human이라고 불렀다. messaging human이란 메시지를 주고받는 인간 즉 〈메시지하는 인간〉이다. 원래 주로 명사로서 사용되던 message가 이 경우에는 동사로 사용되었음에 주목할 필요가 있다. text가 texting으로, Google이 Googling으로 활용되는 것과 흡사하다. 이 단계에서 호모 사피엔스homo sapiens는 라캉이 말한 〈언어 사용의 주체〉·〈시니피앙의 주체〉와 거겐Kenneth J. Gergen의 〈의사소통하는 관계적 자아communicative relational self〉(제4장 제2절을 참조할 것)를 거쳐 바야흐로 〈메시지하는 인간〉으로 거듭 태어난다. 이런 인간을 가리켜 하틀리는 메시지를 통해서 메시지에 실려서 아이덴티티를 표현하며 "사회적 네트워크의 상호작용으로부터 개인의 아이덴티티를 생산하는"(Hartely 2010 p.305) **현대의 신종인류**新種人類라고 지칭했다

(Papacharissi 2018 p.3). 신종인류는 지질학적 연대기에 따라 현대를 Anthropocene(환경 파괴로 위기를 맞은 人間世란 뜻)의 시대에 사는 인간이다. 인류가 다른 모든 종들을 지배하는 지금의 신종인류 시대는 화석연료의 남용으로 말미암은 지구온난화와 무질서한 자연 파괴에서 비롯된 생태계 교란을 그 특징으로 드러낸다. 하틀리에 따르면 **신종인류**로서 현대를 사는 개인—사회적 미디어 플랫폼들이 엮는 연결고리(네트워크)에서 마디 하나의 자리를 차지하면서 많은 남들과 링크되는 네트자아 networked self는 "단순히 메시지를 보내며 받는 인간이 아니라 메시지의 체계 그 자체이다. 그들은 메시지에 의해 구성되며 메시지를 통해 생산적으로 된다. 메시지는 과정의 산물이지 투입input이 아니다."(Hartley 2010 p.19). '과정의 산물' 이라는 메시지—그것은 지금 우리가 날마다 사용하는 언어와 다른 기호들에 다름 아니다. 앞에서 언급한 디지털 구술성이 시사하듯 그것은 디지털 기호일 수도 있다. '투입' 이 아닌 '과정의 산물' 이란 구절의 의미는 네트자아가 단순히 수동적 존재가 아니라 남과 능동적으로 교신하는 어느 정도 창의적인 자아임을 가리킨다고 봐야 할 것이다.

이렇게 볼 때 개인은 자아와 타자 사이에 오가는 메시지를 지어authoring 드러내며disclosing 듣고listening 교정하는redacting 일을 통하여 구조와 행위능력agency 간의 간격을 조화시키려고 시도한다는 파파차리시의 말에 우리는 귀를 기우릴 만하다. authoring이라는 컴퓨터 전문용어는 그냥 저술하는 행위—즉 스토리를 짓고 말하는 행위를 가리키는 것이 아니라 컴퓨터상의 프로그래밍을 만드는 일을 가리킨다. 구조와 행위능력이란 말은 다소 어려운 용어이므로 〈참고 ☞ ⑩구조와 행위능력〉을 보기 바란다. 다만 위 구절을 간단히 풀이하면 행위능력은 구조에 대해 언제나 호응적이기만 한 것은 아니란 점에 유의해야 한다. 개인의 행위능력은 〈상호관계의 조직적인 패턴〉 즉 구조를 유지하는데 기능적일 수도 있으며 반대로 역기능을 발휘하여 구조를 흔들거나 와해시킬 수도 있다. 그러므로 구조와 행위능력 사이에는 언제나 어느 정도의 거리가 있게 마련이며 그 거리 위에서 네트자아는 창의적인 공간을 차지할 수 있지 않을까를 생각해 본다. 구조와 행위능력 간의 거리를 조화시키려 한다는 구절을 상기하면서 이런 가정을 해보는 것이다.

참고 ☞ ⑩ 구조structure와 행위능력agency

일반적으로 구조란 전체a whole를 구성하는 요소들component elements 또는 부분들parts로부터 우리가 관찰할 수 있거나 추정할 수 있는 **상호관계의 규칙적인 패턴을 일컫는다.** 사회학에서 말하는 구성요소는 가장 미시적인 사회적 행위능력social agency 즉 개인의 행위능력에서 출발하여, 여러 행위능력들이 상호기대에 의해 역할role로 연결되고 역할들은 공동목표를 중심으로 조직으로 연결되며 조직은 사회규범에 따라 제도로 연결된다. 이 경우 **사회적 행위능력-역할-조직-제도**를 사회구조의 각 차원次元 dimension들이라 부른다.

agency: agency는 그것의 본래 정의에 따라 인간만이 소유하는 것, 인간의 특이한 능력을 가리키는 것으로 오랫동안 이해되어 왔다. agency를 인간의 의도성intentionality과 연결짓는 이론과 어떤 목적을 달성할 수 있는 능력에다 연결짓는 이론들은 agency의 이러한 관념을 더욱 증폭시켰다. 그런데 최근에 과학·기술연구Science and Technology Studies STS와 행위자-네트워크 이론Actor-Network Theory ANT(제7장 마지막 절을 참조할 것) 그리고 몬트리올학파의 커뮤니케이션=조직이론(제5장 제2절②를 참조할 것) 등이 발전함에 따라 agency의 개념은 인간의 행위능력과 함께 비非인간적인non-humans 것까지도 포함하기에 이르렀다. 최근의 사회이론들은 기술 및 도구들과 같은 비인간적인 것들이 어떻게 행위능력agentic capacities이나 또는 준행위능력quasi-agentic abilities을 획득할 수 있는지를 분석하게 되었으며 이에 관한 논문과 서적들도 많이 출간되었다.

7 _ 소셜미디어 플랫폼의 구성요소

삶의 장소로서의 플랫폼

사람들은 공간空間 space을 '나'와 별로 상관없는 것으로 여기기 쉽다. 예컨대 마을회관이나 노인회관 또는 광장이나 해수욕장에 대해 언급할 경우 그것들은 남들이 모이는 곳(공간)이려니 라고만 생각하기 쉽다. 한데 그것들을 찬찬이 들여다보라. 거기에는 '나我'가 들어 있음을 알게 될 것이다. 그렇다. 공간은 나와 무관한 것이 아니다. '나'와 밀접한 관계를 맺으면서 '나'가 거기서 놀며 남과 사귀고 또한 '나'를 실현하는 곳이기도 하다.

디지털 생태계에서 자아가 많이 이용하는 공간은 소셜미디어 플랫폼이다. 페이스북, 트위터, 유튜브, 카카오톡 같은 공간 말이다. 한 권의 책 전체를 소셜미디어 플랫폼과 자아와의 관계를 구명하는 일에 사용한 파파차리시는 그런 의미의 공간을 이렇게 규정했다. "공간은—그것이 온라인이건 오프라인이건, 사적이건 공적이건, 물리적이건 증강된augmented 것이건, 가상적virtural이건 하이브리드hybrid한 것이건 간에—사람의 자아의식이 뚜렷이 실현되고 제시提示되며 표현되는 실행영역performative realms을 자아에게 제공한다."(Papacharissi 20018 p.4). 플랫폼 공간에서 우리는 자아를 의식하고 확인하며 내가 누구이며 또 누구이고 싶어 하는지에 관해 얘기를 한다.

그렇다면 뉴미디어 시대에 플랫폼 공간은 어떻게 제공되는가? 기술이 제공한다. "기술은 우리가 누구인지(자아의 의미)? 누구이고 싶어 하는지(자아의 존재)? 우리가 남과 어떻게 연결되고 싶어 하는지(사회적 연결)? 에 관한 이야기를 풀어내는 장소場所 place 또는 locus를 우리에게 바친다." (Papacharissi 2018 p.2). 인간의 오감五感을 연장시켜 삶을 도와주는 것이 기술이라고 여태까지 여겨온 우리에게 파파차리시는 기술의 의미에 대해 새로운 지평을 열어준다. 그는 기술의 속성이 '항상 새로워지려는 데' 있다고 보면서 거기서 기술과 인간 간의 관계를 탐색하고 있다.

기술은 우리가 사회적 관습에 따라 만들어진 장소에 관해 다시 생각하면서 거기에 적응할 수 있을 정도의 속도로 진보한다. 기술의 발전 속도와 우리의 그에 대한 적응 속도는 서로 비슷하다는 뜻이다. 이 점이 바로 우리가 강조해야 하는 기술의 특이성 중 하나이다. 기술 자체가 우리를 다소나마 사회적 존재로 만들지는 않는다. 그러나 기술은 우리의 사회적 활동을 조직하여 우리가 우리의 이야기—우리가 누구인지? 우리가 누구이고 싶어 하는지? 그리고 우리가 어떻게 남과 연결될 수 있는지?에 관한 이야기—를 말하는 새로운 장소를 열어주며 우리는 그 장소를 이용함으로써 사회적 존재가 된다. 1993년에 완전개방된 웹(발명은 1991년)이 21세기의 첫 10년 사이에 어떤 변화를 가져왔는지를 살펴보면 그 점을 실감할 수 있을 것이다. 그 기간에 웹은 수많은 플랫폼들을 만들어내는 데 결정적인 역할을 했으며 그렇게 함으로써 사회 자체의 생태계를 변혁시켰다. 또한 웹은 그렇게 기여하는 정도를 훨씬 넘어서 그 자체가 점차 플랫폼화했다. 우리는 지금 플랫폼화한 사회에서 살고 있다. 이 말의 참뜻을 알고 싶으면 아침에 들고 나가는 여러분의 스마트폰이 여러분에게 무엇을 제공하는지를 눈여겨 살펴보라. 여러분은 네이버Naver와 다음Daum 같은 포털 사이트와 카카오톡 같은 플랫폼들이 여러분 생활의 불가분한 일부로 이미 장착裝着되어 있음을 알아차렸으리라고 본다. 그게 바로 여러분이 날마다 체감하는 〈플랫폼화한 사회〉 또는 〈플랫폼 사회a platform society〉이다.

플랫폼의 구조와 하는 일

플랫폼이란 "이용자들 사이의 상호관계를 조직하도록 설계된 아키텍처 즉 프로그램을 만들 수 있는 아키텍처architecture(건축물과 같은 컴퓨터상의 구축물)"이다(van Dijck et al. 2018 p.9). 많은 사람들이 플랫폼을 온라인에서 여러 가지 일을 하도록 돕는—구체적으로 채팅, 메시지 공유, 댓글달기, 검색하기, 물건사기, 음악 듣기와 비디오 보기, 택시 부르기 등의 일을 하도록 돕는 기술적 도구라고 여기기 쉽지만 온라인상의 그런 활동만을 떠올린다면 플랫폼의 논리와 상세한 실행계획logistics을 놓쳐버리기 쉽다. 플랫폼은 실제로 우리가 사는 방식(삶의 방식)과 사회가 조직되는 방식(사회의 조직화 방식)을 만든다.

플랫폼의 논리와 실행계획을 알려면 우리는 무엇보다도 그것의 해부학적 구조를 알아야 한다. 플랫폼은 ①데이터라는 연료를 공급받아서 ②알고리즘과 인터페이스를 통해 조직되어 자동화하며 ③사업모델에 의해 추동推動되는 소유관계ownership를 통해 작동형태를 갖추며 ④이용자와의 합의를 통해 통제 받는다(ibid. p.9).

반 디엑van Dijck에 따르면 플랫폼은 우선 엄청난 양의 데이터를 자동적으로 수집한다. 데이터에는 콘텐츠 데이터와 이용자 데이터가 포함된다. 데이터의 수집은 하드웨어와 소프트웨어에 의해 이뤄진다. 플랫폼서비스에 접속하기 위해서 사람들이 이용하는 장치들은 자동적으로 데이터를 모아 분류할 수 있는 소프트웨어와 앱을 갖추고 있다. 따라서 마우스를 클릭하여 커서를 움직이기만 하면 이용자의 데이터가 쉽게 생성되어 저장되고 자동적으로 분석되며 처리된다. 여러분이 경험했음직한 구체적인 사례로서는 유튜브에서 트롯trot 곡이나 클래식 곡 하나를 즐겼다면 얼마 안 있어 화면에 다른 트롯 곡이나 클래식들의 모임이 뜨는 경우를 꼽을 수 있다. 이는 단지 여러분의 인터넷 프로토콜 주소IPA와 지리적 위치geolocaction뿐만 아니라 여러분의 이해 관심사와 좋아하는 일과 취미 등에 관한 상세정보가 고스란히 플랫폼으로 옮겨져 저장됨을 의미한다. 이를 역으로 풀이하면 여러분의 사생활에 관한 상세정보가 상당부분 플랫폼의 저장소에 차곡차곡 간직되어 있다는 뜻이 된다.

데이터는 플랫폼들 간의 연결성connectivity을 높이기 위해 일종의 연료를 공급한다. 그 수단이 바로 응용프로그램 인터페이스application programming interfaces APIs이다. 플랫폼은 이 API들을 수단으로 삼아 제삼자가 그들의 플랫폼 데이터에 접근할 수 있게 하며 이용자의 행동과 메트릭스—즉 제삼자가 새로운 앱이나 플랫폼을 구축할 수 있는 정보—를 자세히 들여다보게 한다(ibid p.9). 예를 들면 다양한 상품판매 사이트인 이베이eBay는 2000년에 최초의 공개적인 API를 시장에 내놓은 이래 지구 곳곳에서의 일자리 창출이 짐작컨대 웹을 데이터추동·플랫폼기반 생태계로 변형시켜버렸을 정도로 막강한 위력을 발휘했다.

플랫폼의 연결성 아키텍처를 규정하는 또 하나의 중요한 기술적 구성요소는 알고리즘이다. 앞서 말했듯이 알고리즘은 통상적으로는 어떤 문제를 풀기 위해 절차와 방법들로 짜인 일련의 질서정연한 명령들의 집합체계를 가리키는 것으로 이해되지만 여기서는 인풋 데이터input data를 원하는 아웃풋 데이터output data로 자동적으로 바꿔주는 자동화된 지시체계를 가리킨다. 예컨대 한국의 대표적인 포털 사이트인 네이버Naver 사장은 2020년 10월 22일 국회 국정감사장 답변에서 검색엔진을 통해 미디어 각사의 뉴스 헤드라인들을 네이버 알고리즘을 통해 미리 편집한다는 사실—즉 인풋 데이터를 원하는 아웃 데이터로 바꾼다는 것을 의미하는 편집—을 밝혔다. 한성숙 사장은 네이버가 '많이 본 뉴스와 댓글 많은 뉴스'의 순위별 디스플레이를 없애고 대신 '언론사별로 많이 본 뉴스'를 노출시켰다고 말했다. 이는 네이버 측이 편집자의 손이든 컴퓨터 알고리즘에 의해서든 간에 그때까지 사실상 네이버가 띄우는 뉴스 헤드라인들의 편집을 해왔음을 시인한 것이다. 이런 뉴스 헤드라인 편집은 알고리즘에 의거한 단순한 기사 제목 편집의 차원을 넘어서 뉴스 가치와 중요도를 네이버 측 자신이 저울질해왔음을 드러낸 것이다.

미국의 예를 보면, 구글의 페이지랭크PageRank 알고리즘은 웹 페이지의 하이퍼링크 횟수와 양을 계산함으로써 그 웹 페이지가 사회적 당면문제와 갖는 연관성의 정도를 규정하는 역할을 했다. 또 하나의 예로서, 페이스북의 뉴스피드NewsFeed 알고리즘은 여러분의 '친구들'과 '친구들의 친구들'의 온라인 활동을 토대로 계산한 끝에 여러분이 장차 노출될 만한 콘텐츠를 사전에 결정해버린다. 이와 같이 플랫폼은 알고리즘을 이용하여 엄청난 양의 콘텐츠를 자동적으로 걸러내며 그에 따라서 이용자들을 콘텐츠와 각종 서비스 및 기업 광고들과 연결짓는 역할을 수행한다. 따라서 플랫폼 소유자들이 그들의 알고리즘이 일하는 방식과 그 베일을 벗겨낼 수 있는 방도를 모른다 할지라도 그들은 여전히 비밀에 싸인 사업의 속사정을 감출 수 있으며 그 점에서 알고리즘이 하는 일은 결코 투명하다고 말할 수 없다. 게다가 플랫폼의 알고리즘은 날로 복잡해지고 있으며 끊임없이 수정에 수정을 거듭하고 있다(ibid p.10). 그래서 일반 이용자들은 알고리즘의 활동을 하나하나 샅샅이 알 수가 없다.

다음은 플랫폼 소유의 지위ownership status와 사업 모델business models에 관한 고찰이다. 지금까지는 플랫폼의 기술적 차원의 구조들에 관해 살폈다면 이제부터는 플랫폼과 경제적 관계에 관한 논의로 옮겨가려고 한다. 먼저 소유의 지위에 대해 논의하자. 반 디엑에 따르면 플랫폼은 각기 특수한 법적-경제적 지위를 차지하고 있다. 구체적으로는 플랫폼은 영리추구를 하느냐 비영리적이냐의 어느 쪽일 수 있는데 대개의 경우 회사명만을 가지고는 플랫폼 활동에서 이익을 얻는 회사인지를 판단하기가 애매하다. 예컨대 에어비앤비Airbnb의 경우 미국 회사가 운영하는 이 회사는 샌프란시스코에 본사를, 전 세계 19개 도시에 지사들을 두고 있다. 소유는 주주들이지만, 창업주 이외에 실리콘 밸리의 많은 벤처 자본가들이 주주로 참여하고 있다. 한 회사가 글로벌 회사인지 미국 회사인지는 세금 문제를 비롯한 법적 규제를 준수하느냐 마느냐 라는 문제와 얽혀 있다. 뿐만 아니라 소유의 지위 문제는 또한 플랫폼 사이트의 경제적 거래와 이용자와의 상호작용과도 연관되어 있다. 플랫폼 이용자가 소유자-소비자 관계를 인정하는 일은 당연히 제기되는 문제이다. 특히 이런 관계가 시간이 감에 따라 변할 수도 있기 때문에 그러하다. 한국에서 영업 이익을 올리는 유튜브와 트위터가 수익금을 미국 본사로 가져가는 것을 두고 한국 네티즌들이 왜 한국에서 이익금을 쓰지 않느냐 라고 항의하는 일이 타당한 목소리로 받아들여지는 것은 소유의 지위 때문이다.

플랫폼의 맥락에서 차지하는 사업 모델은 경제적 가치가 어떻게 창출되어 획득되느냐 라는 문제와 연관되어 있다. 온라인 세계에서 가치는 화폐와 관심money and attention 등 다양한 형태로 측정된다. 한국에서 활동하는 유튜버들이 자기 사이트에 대한 이용자의 방문 횟수—다른 말로는 데이터 쌓기와 이용자의 가치평가—가 인기 있는 수익화 수단으로 평가되는 것은 플랫폼 콘텐츠의 가치 즉 관심도가 걸려 있기 때문이다. 이용자들 가운데는 '플랫폼 서비스는 공짜라고 여기는 신화'가 팽배해 있는데 그것은 많은 플랫폼들이 그들의 서비스에 대한 요금을 이용자들에게 물리지 않기 때문이다. 지구규모의 거구적擧球的 시장을 장악하고 있는 페이스북, 트위터 및 구글Google은 "이용자, 콘텐츠, 데이터 및 광고를 자동적으로 연결함으로써 수익을 올리는" 세계에서 몇 안 되는 온라인 소셜 네트워크들이다(van Dijck 2018 p.10).

플랫폼 운영자들은 이용자 데이터를 자동적으로 수집 · 처리함으로써 개별 이용자들뿐 아니라 집단들도 수익표적으로 겨냥할 수 있는 동시에 그들의 프로파일profile(개략적으로 제시된 내용)을 작성할 수도 있다. "인구학적 프로파일 작성과 소비자에 대한 표적 겨냥은 다시 말할 필요도 없이 독자의 정보나 열람자의 정보를 수익화하기 위하여 매스미디어가 오랫동안 갖춰온 총 자료목록 중 일부에 지나지 않는다." 이밖에도 데이터 분석정보가 제시하는 정밀한 자료 도구들이 있는데 그것들은 구식 프로파일 작성법보다 훨씬 더 정확하고 빠르다. 예컨대 페이스북은 새 스마트폰을 찾는 특정 지역에 사는 20~25세의 여성이라면 그 여성을 리얼타임으로 식별하여 수익표적으로 삼을 수 있다(van Dijck 2018 p.11).

여기까지 고찰한 바를 종합하면, 플랫폼 아키텍처의 기술적 경제적 사회법률적sociolegal 구성요소들은 플랫폼에 의해 추동되는 사회성sociality의 역동성을 일러주고 있다. 한 플랫폼의 해부학적 구조를 해체시켜 보면 우리는 그 플랫폼에 종합된 전체적 구성요소들이 어떻게 이용자와 이용자의 실천들을 통제하는지를 이해하는데 도움을 얻게 될 것이다. 개별적인 플랫폼은 각기 다양한 특징들을 하나로 통합한 별개의 실체이지만 그것은 더 큰 규모의 생태계 속 일부로서 운영될 수 있을 뿐이다(van Dijck 2018 p.12).

이런 플랫폼을 통하여—자기 삶의 일부인 플랫폼을 통하여 자아가 자신을 표현하는 경우 거기서 어떤 영향을 받는지는 자명해진다. 인간은 그들이 만든 기술적 도구인 플랫폼에 연결되어 일상의 삶을 살 때 플랫폼의 사회성과 플랫폼에 대한 의존성으로 말미암아 자기 아이덴티티를 형성하는데 영향을 받을 수밖에 없다.

제5장

미디어 생태계의 변혁,
연결 저널리즘 및
디지털 쓰기 · 읽기

생태계의 지형地形이 바뀌면 이전부터 그 안에 살던 생물들은 생존을 위한 변신과 적응 투쟁을 벌인다. 도태된 생물은 이전의 생존방식으로 살다가 그 삶을 마감하게 마련이다. 마찬가지로 뉴미디어가 지배하는 디지털 네트워크 생태계에서도 전통미디어는 살아남기 위한 변신을 꾀하지만 새 생태계에 대한 적응에 실패한 미디어는 삶의 흔적만을 남긴 채 사라지고 만다.

미디어 생태계의 새 강자로 부상한 뉴미디어는 연결連結저널리즘 connection journalism이라는 이름으로 등장하여 이용자들에게 새로운 사회문화적 환경에 적응하기를 촉구한다. 뉴미디어가 활동하는 영역에서는 양지陽地와 음지陰地가 갈마드는 현상이 일어난다. 양지에서는 새 저널리즘 문화를 증진하는 활기찬 기운이 발산發散되지만 음지에서는 제5절의 인포데믹처럼 가짜뉴스의 생산과 같은 온갖 부정적인 일들이 벌어진다. 제6절은 저널리즘이 플랫폼 사회의 지배자로 나선 기업과 국가의 정치적·금전적 압력에서 자유롭기 위해 뉴스보도에서 지켜야 하는 두 가지 중요한 가치·준칙에 관해 기술한다. 마지막 절은 인쇄기술의 발명 이후 가장 획기적인 변혁으로 지적되는 디지털 읽기·쓰기 문제와 하이퍼텍스트에 대한 고찰에 할애하려 한다. 전체적으로 이 장章은 네트워크 자아는 디지털 네트워크 생태계에서 어떻게 존재하는가? 라는 물음에 대한 답을 얻으려는 노력의 일환으로 마련되었다.

1_ 전통미디어의 놀라운 변신

'디지털 뉴스 혁명이 시작됩니다'

'디지털 뉴스 혁명이 시작됩니다.'—어찌 보면 종이신문의 이 구호는 별로 새로울 게 없다. 기술 진보의 시대에 거기에 적응하는 일은 전통적인 구舊미디어의 당연한 생존전략이니까. 문제는 '혁명'이라는 구호의 외침에 있지 않고 그 구호의 의지를 어떻게 실천하느냐?에 있다. 2020년 9월 1일자 조선일보의 사고社告는 "지금까지 본 디지털 뉴스는 잊어라"라는 제목 아래 이런 말로 시작했다.

뉴스를 보는 방식이 달라집니다. 1일 0시부터 조선일보 홈페이지에 접속하면 신문을 펼칠 때처럼 어떤 기사가 중요한지 한눈에 볼 수 있습니다. 모바일과 PC화면 모두 또렷해진 활자, 감각적이고 직관적인 디자인으로 탈바꿈한 사진·동영상·그래픽이 뉴스를 빠르고 쉽게 소화할 수 있도록 도와줍니다. 모닝 커피를 마시듯 이제 뉴스를 즐기세요(조선일보 2020년 9월 1일 〈알립니다〉).

(1) 조선일보의 '디지털 혁명'

2020년으로 창사 100주년을 맞이한 조선일보는 한국 최대의 발행 부수(한국ABC협회 통계에 의거)를 자랑하는 주류 일간지로서 지금과 같은 변화의 페이스로는 미래를 기약할 수 없으리라는 불안감에서 스스로 〈디지털 뉴스 혁명〉이라고 부르는 대변신大變身을 시도한 것으로 보인다. 그동안 눈여겨 보아온 미국과 유럽의 대종이신문들의 변화가 이 일간지에 큰 자극을 주었으리라고 짐작된다.

조선일보의 사고社告에 실린 〈디지털 뉴스 혁명〉은 다음 몇 가지 계획으로 짜여 있다.

▶**최신 아크ARC 시스템의 도입**: ARC는 미국 최대의 IT기업들 중 하나인 아마존Amazon이 개발한 미디어운영 시스템이다. 아마존시스템은 워싱턴 포스트(소유주 아마존)를 비롯하여 시카고 트리뷴, 필라델피아 인콰이어러(이상 미국), 프랑스의 르 파리지앵 등 세계 유수의 22개 언론사들이 채택하는 시스템이다.

▶**뉴스로 놀고 뉴미디어로 웃는다**: "답답한 세상, 이젠 뉴스로 놀아봅시다." 〈알립니다〉는 시사 코미디의 명맥이 끊어진 요즘, 조선닷컴에서 속 시원한 풍자를 만나라고 권한다. 9월 4일부터는 동영상, 시사 개그 '공수처 김 검사'가 첫 방송을 내보낸단다. 사진 한 장으로 전달하는 신개념 뉴스도 시작된다. 그것은 'Zzin(찐) 뉴스다. '찐'이란 진짜란 말의 네트링고netlingo다. 네트링고란 컴퓨터로 매개된 커뮤니케이션CMC 시대에 탄생한 일종의 '디지털 방언方言'이다. 조선일보 기자들이 스마트폰으로 직접 전하는 라이브 방송 뉴스도 나온다. 다양한 플랫폼들을 통하여 생생한 뉴스가 다양하게 전달되기도 한다.

▶**인기 스토리텔러들의 동원**: 조선닷컴은 자사自社가 확보한 인기 스토리텔러storyteller와 외부 스토리텔러들을 동원하여 '뉴스레터(이메일)'를 통해 시청자들과 만난다.

▶**기사 읽다 영화 보고 쇼핑도 즐긴다**: 뉴스만을 오로지 읽는 시대는 지났다. 뉴스를 보는 동안 파도를 타듯 다른 정보와 이어지는 시대가 열린다. 다양한 플랫폼들과 연결되어 있으면 클릭 한 번만으로 한 뉴스에서 다른 뉴스로, 다른 사이트로 이동하면서 기사의 맥락과 흐름을 잡을 수 있다고 한다. 기사에 인용되는 페이스북·인스타그램·유튜브 등의 게시물을 원본 그대로 확인할 수 있게 된다. 기사를 읽는 동안 실시간으로 '좋아요'라는 반응의 수가 변하는 모습도 볼 수 있다고 한다. 서평을 읽다가 인터넷 온라인 서점에서 책을 살 수도 있게 된다.

이는 다양한 플랫폼들이 서로 이어지거나 플랫폼과 독자들이 이어진 연결 저널리즘connection journalism의 시대를 조선일보가 선도하겠다는 포부를 제시한 것이다. 이렇게 되면 독자는 정보를 접하면서 쇼핑을 하는 세상을 즐길 수 있는 이점이 있다.

(2) NYT, 8년 만에 디지털 제국으로 우뚝

뉴욕타임스NYT는 '디지털 퍼스트Digital First'의 기치를 내세워 혁신을 시도한 지 8년 만에 '디지털 제국帝國'의 신문으로 우뚝 섰다. 미국 제일의 퀄리티 페이퍼quality paper(품질 좋은 신문)의 영광을 디지털 미디어에서 다시 차지한 것이다. NYT의 디지털 유료 구독자 수는 2020년 10월 현재 470만 명, 종이신문 때 보유한 최고 발행 부수의 세 배에 달하는 숫자다(중앙일보 2019년 10월 17일 보도. 2020년 7월 5일 검색). NYT는 2025년까지 디지털 유료 구독자를 1000만으로 늘리겠다는 웅대한 목표를 향해 순항 중이라고 한다. NYT의 성공을 기획특집으로 다뤘던 시사주간 타임Time은 2020년 10월 21일자 호에서 "1000만 유료 독자도 달성 가능하다not out of reach"고 전망했다. "NYT는 스스로 길을 찾았을 뿐 아니라 그 길에 빛을 밝혔다." 타임의 이 호평은 근거 없는 찬사가 아닐 듯하다.

주간 타임이 NYT 성공의 열쇠로 지목한 인물은 젊은 발행인 아서 그레그 설즈버거Arthur G. Sulzberger(39). 가업을 이어 제5대 NYT 발행인이 된 그는 NYT의 디지털 혁신을 주도했다. 그의 첫 시발점은 2013년. 설즈버거가 30대 초반의 나이로 NYT에 디지털 혁명을 일으키는 책임을 맡은 이때만 해도 NYT에게는 매우 우울한 시기였다. 신문발행 부수는 NYT 전체 매출과 함께 하락했으며 인원 감축을 여러 차례 거듭하는 가운데 기자들의 사기도 거의 바닥을 쳤다.

설즈버거가 펴낸 96쪽짜리 혁신보고서가 NYT의 권위에 댄 비판의 칼날은 매서웠다. 디지털 시대에 적응하는 변화는 너무 느렸고, 일부 부서는 갈피도 못 잡는 편이었다. '디지털 퍼스'를 주창한 지 몇 년이 지났지만 "기사는 여전히 오후 늦게 송고된다" "모바일 앱은 신문의 구성을 답습했다" "편집국은 소셜미디어 전략에는 거의 신경쓰지 않는다." NYT의 몸을 가차 없이 해부한 보고서의 강력한 주문은 "신문 중심적인 제작 전통을 되짚어보는 작업을 다시 시작하라"였다. 종이신문적인 사고방식이 통하던 시대는 이미 지나갔다. 지나간 것은 미련 없이 과감히 버려야 한다. 그래야 새 시대에 살아남는다. 그러려면 다양한 소셜미디어가 세상을 뒤덮는 시대에 부응하는 흥미 있는 온라인 텍스트의 전달, 온라인 스토리텔링의 제작에 열중하라는 주문이었다.

혁신 초기, 온라인NYT의 홈페이지 방문자는 전체 이용자의 3분의 1에 불과했다. 그마저도 대부분 검색과 소셜미디어 공유 링크를 통하여 기사만 훑어보고는 나가버린다. 2013년에 NYT의 웹사이트에서 머문 이용자의 시간은 두 자릿수의 퍼센트가 줄었다. 인터넷 기사 열독閱讀(열람하여 읽음)의 10%가 소셜미디어를 통한 것이지만 NYT 기자들은 소셜미디어 활용법도 잘 몰랐다. 디지털 독자층을 발굴하는 작업은 구태의연한 기사들의 손에서 비非편집국 소관으로 넘어갔다. NYT 기사에는 해시태그hashtag(#가 붙은 키워드)가 없어서 열람자들이 재료·소요 시간 등에 따라 기존 요리 기사들을 검색할 길이 없었다. 보고서는 "우리 기사를 재포장하는 허핑턴 포스트Huffington Post 같은 인터넷 매체들이 웹 트래픽 숫자에서 NYT를 짓뭉개고 있다"고 개탄했다. 허핑턴 포스트는 2005년 창설된 미국의 대표적인 자유분방한 블로그 뉴스 미디어이다. 미국에서 가장 성공한 온라인저널리즘으로 평가받는 허핑턴 포스트는 한 달에 1억 5천 만가량의 이용자가 방문하는 세계 제일의 온라인 신문이다.

전통적 언론사들이 NYT의 성공사례를 본받아 환골탈태換骨奪胎하는 디지털 혁신의 길로 들어설 수 있을까? 문제는 거기에 있다. 조선일보의 '디지털 뉴스혁명'은 그 점에서 눈여겨 볼만하다. NYT의 혁신보고서는 이런 경구를 던진다. **"머뭇거리는 나날들, 우리는 경쟁자에게 더 뒤쳐진다."**

  디지털 환경에서 전통미디어가 자기 혁신을 하려는 것은 조선일보와 뉴욕타임즈에 국한하지 않는다. 다른 구미 신문들이나 한국의 다른 종이 신문들도 비슷한 노력을 기울이는 것으로 전해지고 있으나 여기서는 두 신문만을 사례로 들었다.

(3) 전통적 종이신문들의 퇴조

한국 종이신문들의 판매부수 격감

  조선일보는 왜 야심찬 '디지털 뉴스혁명'의 시나리오를 만들어 실행하는 것일까? 또한 뉴욕타임즈는 왜 혁신보고서까지 마련하면서 디지털 미디어로서 거듭 태어나려고 안간힘을 썼을까? 이 물음에 대한 답은 디지털 네트워크 환경에 적응하지 못하면 다른 미디어와의 경쟁에서 살아남지 못하리라는 불안감과 더 이상의 발전을 기약期約하기 어렵다는 한계의식에 있다.

  2010년부터 10년 사이에 한국 일간지들의 발행부수와 유료부수는 각기 26.6%와 10.1%씩 감소했다고 한국ABC협회가 2019년 12월에 발표했다. 2010년부터 통계가 잡힌 것은 그 해가 한국ABC협회가 국내 일간지 발행·유료부수를 본격적으로 공개하기 시작했기 때문이다. 발행부수란, 무가지無價紙를 합산한 일간신문의 총 발행부수를 일컫는 용어인데 이 부분에서 부수가 격감한 것은 영업이익의 감소로 말미암은 비용절감 때문이다. ABC협회에 따르면 일간신문사들은 인터넷 시대에 대응하기 위해 총 발행부수를 줄이는 대신 유료부수 위주의 판매전략을 펼쳤다. 이 때문에 위와 같이 부수감소를 단행한 것이었다는 해석이 있다.

  ABC협회의 발표를 보면 2020년에 이르기까지 일간신문들은 꾸준히 발행부수를 줄여온 것으로 드러났다. 2016년~2019년까지 4년 동안 발행부수 1위를 차지한 조선일보의 추이를 다음 비교표에서 살펴보자.

조선일보	2016년	2019년	증감율(%)
발행부수	1,513,073	1,212,208	20%▼
유료부수	1,254,297	1,162,953	7.3%▼

발행부수가 5분의 1이나 격감한 반면 유료부수의 감소율은 7.3%밖에 되지 않았다. 이는 판매 방침의 비중을 유가지 발행 쪽으로 전환했음을 일러준다. 그럼에도 유가지가 4년 동안에 9만 1천여 부나 준 것은 주목할 만하다. 왜냐하면 2020년으로서 창사100년을 맞은 조선일보의 독자들은 대부분 수십 년 애독자가 많기 때문이다. 이를 뒤집어보면 수십 년 애독자의 시대는 이제 저물고 있음을 반영하고 있다. 조선일보가 창사 100주년을 계기로 혁신적인 디지털 신문으로 거듭나려고 애쓰는 것은 이와 같은 구독사정의 변화에 기인한다고 본다. 그렇다면 조선일보와 한 달 차이로 창사 100년을 맞은 동아일보의 경우는 어떠할까?

동아일보	2016년	2019년	증감소율
발행부수	946,765	925,919	2.2%▼
유료부수	729,414	733,254	0.5%▲

우리는 동아일보에서 퍽 흥미로운 결과를 얻었다. 이 일간지는 발행부수의 감소폭도 적었거니와 유료부수는 오히려 미미하나마 약간의 증가세를 보였다. 위 두 신문을 중앙일보와 비교하면 어떨까?

중앙일보	2016년	2019년	증감율
발행부수	978,798	861,984	13.6%▼
유료부수	719,931	674,123	6.8%▼

전국 판매부수 1~3위의 세 일간신문을 비교한 결과 우리가 발견할 수 있는 사실은 발행부수의 경우 정도의 차이는 있으나 동일하게 감소 경향을 보였으며 유료부수의 경우는 동아일보만을 제외하면 둘 다 감소했다는 점이다. 동아일보는 아마도 2위 자리를 유지하기 위해 그동안 두 신문과 달리 배달소를 통해 집중적인 판매 캠페인을 벌인 것으로 보인다. 어떤 지하철역 앞에서는 동아일보 판촉원이 오르고 내리는 승객들을 대상으로 구독권유를 하는 모습이 간간이 목격되곤 했었다.

한국ABC협회가 2020년 4월에 발표한 2019년의 전국 일간지 발행·유료부수 통계에 따르면, 172개사의 발행부수는 총 938만 6,408부, 유료부수는 총 709만 5,868부였다. 발행부수는 2018년과 비교하여 2.75%(26만 4,379부)감소했고, 유료부수는 1.65%(11만 9,374부) 감소했다.

지금까지 살핀 결과 우리가 얻을 수 있는 결론은 페이스북, 트위터, 인스타그램, 유튜브 등 소셜미디어가 이용자들의 열람閱覽 viewship 건수를 폭발적으로 늘여가는 디지털 네트워크 환경에서 전통미디어들은 현저한 퇴조 경향을 보이고 있다는 사실이다. 전통적인 신문미디어가 퇴조현상을 보이는 원인들 중 하나는 나중에 살피겠지만 젊은이들의 외면에 있는 것으로 보인다. 전철을 탄 젊은이들한테서 목격할 수 있듯 그들은 뉴스를 종이신문이 아니라 거의 전적으로 소셜미디어를 통해서 입수하고 있다. 이를 반영하듯 네이버 뉴스 칸이나 카카오 메인페이지에는 언제든지 새로운 뉴스 제목들이 뜬다. 젊은이들은 거기서 뉴스를 얻기 때문에 굳이 집으로 배달되는 종이신문을 구독할 필요를 느끼지 않는다. 이는 배달신문의 시대 바꿔 말하면 전통 신문이 위력을 발휘하던 시대는 저물고 있음을 보여주고 있다.

그렇다면 미국의 경우는 어떠할까?

미국 신문산업의 현저한 퇴조

미국 언론산업에서 20세기의 첫 10년간은 아마도 가장 심각한 변화의 시기로 기록될 것이다. 언론인들과 다른 뉴스 생산관계자들은 인터넷의 발전이 본격화하기 시작한 초기 단계서부터 디지털 수단과 기술에 적응하는 노력을 기울였는가 하면—예컨대 영국의 유명한 공영방송인 BBC, 미국의 뉴스전문 방송인 CNN과 주류언론을 대표하는 뉴욕타임즈 등은 1996년까지 일찌감치 온라인 사이트를 개설하여 기술 변화를 앞장서서 따라갔다—전통 저널리즘의 대부분은 새로 등장한 온라인 뉴스를 종전 저널리즘의 연장쯤으로 간주하는 경향이 여전했었다(Flew 2014 p.107). 사실 인터넷은 정보 자원과 사실 점검fact checking의 유익한 원천인 동시에 뉴스 내용을 전파하는 새로운 미디어였지만 그것이 일으킨 변혁이 〈**총체적 정보생태계**the whole ecosystem of information」(Shirky 2008)〉에 미친 심대한 영향은 2000년대의 첫 10년이 다 지나기 전에 이미 미국 전역에서 드러나기 시작했다. 가장 심한 타격은 신문산업이 먼저 입었다. 2007년과 2010년 사이에 적어도 13개 미 주요도시 신문들이 발행을 중단했으며 훨씬 더 많은 신문들이 지면발행을 주週 2~3회로 줄이는 대신 온라인판만으로 명맥을 유지하기에 급급했다. 변화의 파도는 덴버 Denver(콜로라도주), 오클랜드Oakland(캘리포니아주), 시애틀Seattle(워싱턴주), 뉴올리언즈New Orleans(미시시퍼주), 볼티모어Baltimore(메릴랜드주), 신시내티Cincinnati(오하이오주), 디트로이트Detroit(미시건주), 앤아버Ann Arbor(미시건주) 및 앨버커키Albuquerque(뉴멕시코주)의 신문산업을 패퇴시켰다(Hirst 2011. Flew 앞의 책서 재인용). 2007~2009년간은 OECD(경제협력개발기구)의 모든 가맹국들에서 신문판매량이 감소했는데 그중에서도 미국은 30%, 영국은 21%나 격감했다(Flew, 앞 책에서 인용).

이보다 5~6년 뒤인 2015년까지의 변화는 더욱 심각하다. 미국 편집자·발행인 데이터북Editor & Publisher's DataBook의 집계에 따르면 2004

년부터 10년 사이에 미국 전역에서 총126개의 일간신문사가 문을 닫았다. 2020년까지의 몇 년 동안만 해도 미국 신문의 평일 발행부수는 7%가 하락했으며 일요판도 4%가 줄었을 것으로 추정되었다(우리나라와 달리 미국 신문들은 대부분 일요판을 별도로 판매한다. 그래서 평일 발행부수와 일요판 부수는 다르다).

충격적인 뉴스는 163년의 전통에다 미국내 총판매부수 2위를 자랑하는 대신문그룹인 매클래치McClatchy Co.가 심화深化하는 경영난을 못 이겨 파산보호를 신청했다는 사실이다(AP 2020년 2월 13일 보도). 유명한 지방일간지인 마이애미 헤럴드Miami Herald와 캔자스시티 스타Kansas City Star를 포함하여 미국 14개 주에서 30개의 신문을 발행하는 매클래치는 가넷그룹Gannett에 버금가는 제2의 대신문그룹이다. 경영난의 파도는 가넷과 다른 신문그룹에도 어김없이 들이닥쳤다. USA투데이를 발행하는 가넷은 2019년 사모펀드인 포트리스가 운영하는 게이트하우스에 인수되었으며 대형 신문체인인 미디어뉴스MediaNews그룹도 헤지펀드인 알덴 글로벌의 소유로 넘어갔다. 매클래치는 2006년에 대신문그룹인 나이트리더Knight Ridder를 45억 달러(약 5조 3천275억 원)에 인수하면서 경영난 악화를 겪은 것으로 보도되었다. 매클래치의 2019년 잠정수익은 전년도에 비해 12.1%가 떨어졌다. 이는 6년 연속 하락세의 바닥에 닿은 셈이다.

미국 신문업계는 매클래치와 같이 무리한 인수합병으로 경영난에 봉착한 경우도 있지만 대부분은 디지털 혁명이 초래한 기술 변화로 구독자를 대거 웹사이트에 뺏겨 심각한 수익 격감의 타격을 입었다. 판매수익의 격감은 인터넷의 등장으로 말미암은 광고 매출의 부진不振과 신문사 수입의 상당부분을 차지하는 구인·구직·안내 광고classified ad.의 대폭 감소에 기인한 것으로 분석되고 있다. 지면광고와 구독자 감소를 겪는 미국 신문들은 뉴욕타임즈처럼 과감한 온라인 뉴스 혁신을 꾀하는 노력을 기울였으나 페이스북, 트위터, 유튜브와 같은 미디어 플랫폼들이나 구글, 아마존과 같은 인터넷 대기업체로 집중하는 광고를 회수하는 데는 실패하고 말았다. 따라서 WSJ월스트리트저널, NYT처럼 디지털 구독자를 대거 확보하여 광고 수입을 올리지 않는 한 다수의 지역 신문들이 경영난에서 벗어나기는 쉽지 않을 것으로 보인다.

　WSJ와 NYT가 디지털 구독자를 확보해 광고 수입 감소 영향을 상쇄하고 있지만, 다수의 지방신문들은 점점 악화되는 경영난을 겪고 있다. 그 실례로서 2019년 디지털 구독자는 50%나 성장하여 20만 명이 늘었지만 전통적인 종이신문들은 계속되는 수익 감소의 늪에서 허덕이는 것으로 전해졌다.

　역사적으로 보면 미국 신문들의 판매부수는 주기적으로 증감현상을 보이곤 했다. 예컨대 1950년대에는 텔레비전의 출현으로 많은 구독자를 뺏겼었다. 날마다 뉴스의 주요 원천으로서 신문보다는 TV를 선호하는 미국인들이 급증했기 때문이다. TV의 공세에 대항하기 위해 신문들은 뉴스 품질을 향상시키는 보도 전략으로서 심층보도In-depth Reporting라든가 탐사보도Investigative Reporting 등에 주력한 끝에 TV로 빠져나가는 구독자를 붙잡는데 좀 성공을 거뒀으나 21세기의 디지털 혁명의 파도는 감당하기에 벅찼던 것 같다. 종이신문의 경영난은 온라인 뉴스의 놀라운 증가세 특히 젊은 독자층이 몰린 온라인 신문의 급성장과 광고 수익의 격감에 있다. 이에 비춰 온라인 독자를 확보하기 위한 뉴욕 타임즈NYT의 혁신 노력은 참고할 만하다. NYT는 2019년 5월 해외 특파원들이 보내는 뉴스를 토대로 'TV 뉴스 프로그램'을 만들어 열람자에게 제공하고 있다. 또한 NYT는 월트 디즈니Walt Disney Co.의 계열사가 소유하거나 대주주인 FX(유료 TV채널)와 Hulu(유료비디오 서비스) 프로를 첫 방영하는 사업도 2019년부터 벌이고 있다(NYT 2019년 5월 14~15일 검색).

2_ 신형태 언론의 등장과 연결 저널리즘의 출현

(1) 새로운 형태 언론의 등장

디지털 미디어 기술의 현기증 날 듯한 발전으로 말미암은 〈정보생태계의 총체적 변화〉는 앞에서 기술했듯 전통적 주류언론의 변신을 강요한 반면 정보생태계 자체에서도 일찍이 예상하지 못했던 전혀 새로운 형태의 저널리즘이 출현했다. 저널리즘 연구자가 손꼽은 새로운 언론 형태는 적어도 다음 4개에 이른다. ▲시민 저널리즘citizen journalism ▲네트워크 저널리즘networked journalism ▲컴퓨터 이용 저널리즘computational journalism 그리고 ▲연결 저널리즘connective journalism. 이들 가운데 앞의 셋은 디지털 정보기술의 발전으로 네트워크 사회가 형성됨에 따라 전통 미디어가 생존전략의 일환으로 디지털 기술 및 네트워크 개인networked individuals과 결합함으로써 실현된 저널리즘들이다. 그 점에서 그들 세 형태의 저널리즘은 전통 언론의 주요한 속성들을 장점으로 간직하면서 '아마추어 기자들'과 협력하여 뉴스를 수집·생산·전파하는 저널리즘이라고 말할 수 있다. 이에 비해 네 번째의 마지막 연결 저널리즘은 네트 사회의 주요 속성 중 하나인 상호작용하는 커뮤니케이션의 특성에서 생성生成된 저널리즘이라 부를 수 있다. 나중에 설명하는 바와 같이 상호작용하는 커뮤니케이션은 사람들 각각을 서로 연결하여 묶는다는 의미를 함축含蓄하고 있으므로 거기에는 인간들의 조직組織 organization이 내포되어 있다.

시민 저널리즘

시민 저널리즘은 2000년대 초 새로운 웹2.0 도구의 등장으로 나타난 대안代案 alternative 뉴스 생산 행위에 처음 붙여진 이름이다. 간단히 설명하면 시민 저널리즘은 전문언론인이 아닌 아마추어 개인들이 전통 언론기관과는 독립적으로 뉴스와 정보를 생산·보도·배포하는 대안 저널리즘이다. 이 대안 저널리즘은 사회적 관심을 가진 개인들이 온라인 웹사이트에 자기의 관심사나 기사 또는 창작문을 올려 발간할 수 있는 공간을 확보할 수 있게 됨에 따라 출현한 것이다.

시민 저널리즘을 이해하려면 먼저 시민자격citizenship과 웹2.0이라는 두 용어의 뜻을 이해할 필요가 있다. 시민자격의 경우 미국의 젊은이들 사이에서는 이 말을 과거와 다르게 규정하는 경향이 강하다. 과거에는 시민자격이 투표, 법의 준수, 규칙적인 뉴스 소비, 필요하다고 여길 경우의 군복무(미국은 징병의무제가 아니라 지원병제도를 택하고 있음)와 같은 의무로서 간주되었으나 지금은 항의집회 참가, 환경활동, 사회적 쟁점에 대한 보이콧, 민사소송 사건처럼 사회적 관심거리로 등장하는 사회활동 등에 관심을 표시해야 하며 거기에 적극 참여하는 것을 시민 자격으로 여기는 풍조가 젊은이들 사이에 퍼져 있다(Clark et al. 2017 p.10). 이 점에서 시티즌쉽은 단순한 네티즌의 개념과는 다르다는 점에 유의해야 한다.

웹2.0는 웹1.0의 일방통행식 특성과 대비되는 양방향 상호작용이 가능한 개념이다. 웹1.0이 온라인 사이트에 저장된 문서나 디렉터리를 열람 또는 내려받기만 하는 수동적受動的 방식의 네트워크라면 웹2.0은 이용자가 자기의 메시지를 카톡방에서 대화 상대자에게 전달하듯 대화 쌍방이 서로 교신할 수 있는 동시에 이용자가 직접 콘텐츠 제작에 참여하는 인터넷 공간이다. 웹2.0이 처음 세상에 알려진 것은 2004년. 이 시기를 전후하여 페이스북, 유튜브, 트위터가 2004년, 2005년, 2006년에 각기 차례로 서비스를 개시했다. 이 사실에 주목한다면 여러분은 소셜미디어, 마이크로블로깅microblogging 서비스와 온라인 비디오 공유 플랫폼들이 이용자 참여형 저널리즘이 출현하는 토대를 만들었음을 알 수 있다.

참고 ☞ ⑪ Web 2.0이란?

제2세대 웹사이트인 웹2.0은 이용자가 인터넷에서 콘텐츠를 공유할 뿐 아니라 콘텐츠 제작에 직접 참여하는 참여형 웹 또는 참여형 소셜웹으로 불린다. 웹2.0은 이용자가 수동적으로 콘텐츠를 열람만 할 수 있도록 제한된 제1세대 웹사이트인 웹1.0에 비하면 그 효용성이 월등히 우월하다. 이용자들은 가상 커뮤니티에서 콘텐츠 제작자로 참여하여 서로 상호작용을 할 수도 있고 서로 협업도 할 수 있다.

웹2.0 사이트는 1999년 다시 디누치Darcy DiNucci가 발명했으나 2004년에 팀 오라일리Tim O' Reilly 등이 2004년 웹2.0 회의에서 처음 사용함으로써 대중적 인기를 얻기 시작했다.

웹2.0이 출현하자 이용자들 사이에서는 혁명적인 변화가 뒤따랐다. 가장 놀라운 점은 소셜 네트워크 사이트SNS나 소셜미디어 플랫폼인 Facebook(2004), YouTube(2005), Twitter(2006) 등이 잇따라 등장하여 각기 수억 명의 이용자들을 거느리게 되었다는 사실이다. 이들의 등장으로 우리 사회는 플랫폼 사회 또는 플랫폼화한 사회로 불리게 되었다.

소셜미디어 플랫폼은 한국에서도 많은 이용자들을 확보하여 정치적 · 사회적 · 문화적 영향력을 행사하고 있다.

셰인 보우만과 크리스 윌리스에 따르면 시민 저널리즘은 "시민이나 시민집단이, 민주주의가 요구하는 독립적이며, 신뢰성 있으며 광범위한 해당 정보를 제공하기 위해…뉴스와 정보를 수집 · 보도 · 분석 · 전파하는 과정에서 적극적 역할을 수행하는 행위"로 정의된다(Bowman et al. 2003 p.9. Flew 앞의 책서 재인용). 매우 광범위한 정의이다. 이 정의 안에는 사건이 발행했을 경우 그 사건의 스토리나 현장 사진을 온라인으로 제보함으로써 사건의 증인 역할을 하는 보통시민에서부터 지역사회에 기반을 둔 역내외 뉴스 서비스, 시민 전문가의 보도 사이트와 그리고 이런 보도 사

이트들을 본 뒤 뉴스 미디어에 알려주어 전재轉載하게 하는 사람들에까지 이르는 일련의 제보 또는 보도 행위가 포함된다. 어쨌든 시민 저널리즘은 많은 이용자들을 거느리며 영향력을 행사하는 각종 소셜미디어들을 토대로 여러 나라들에서 번성하고 있다.

드럿지 리포트와 인디미디어: 미국의 경우는 맷 드럿지의 드럿지 리포트Drudge Report(DrudgeReport.com)와 아메리칸 미디어 센터의 〈Indymedia〉 사이트를 포함하여 다양하게 존재한다. 한국의 경우는 오마이뉴스OhmyNews가 여기에 포함된다.

드럿지 리포트는 클린턴 미국 대통령이 모니카 르윈스키Monica Lewinsky와 가진 성추문 스캔들을 1998년에 폭로하여 유명해진 웹사이트인데 이 미디어는 웹에서는 '누구나 무엇이든 쓸 수 있다anyone can publish anything'는 자유주의적 정치철학의 기치 아래 활동하는 행동파 저널리즘이다. 인디미디어는 1999년 세계무역기구WTO의 시애틀 각료회의 개막을 저지하기 위한 항의시위 중 이른바 대안정치代案政治 alternative politics를 표방하면서 공개적인 성토문서들을 발간한 것으로 널리 알려져 있다(Flew 2014 p.113).

오마이뉴스: 오마이뉴스는 2000년 2월 22일 창간되었다. 세계적으로 유명한 참여형 웹사이트들이 2004~6년 사이에 개통된 점에 비춰보면 오마이뉴스는 그보다도 이른 시기에 출현했다. 이 '시민 미디어'는 '뉴스게릴라들의 뉴스 연대' '모든 시민은 기자다'라는 구호 아래 진보 언론의 한 축을 이뤄 영향력 있는 보도 활동을 계속해 왔다.

(주)오마이뉴스의 홍보 사이트에 따르면 오마이뉴스는 인터넷 독자로부터 기사를 직접 받는다. 이들이 이른바 "뉴스게릴라(시민 기자)"다. "독자들 중 누구나 기자가 될 수 있으며, 기사를 작성할 수 있다. 독자들이

보내온 기사를 모아 편집하는 것은 상근직원들의 몫이다. 기사 비중은 20~30%가 상근직원이 작성하고 나머지는 시민 기자들이 쓰고 있다." 오마이뉴스는 2002년 노무현 대통령 당선 당시 '노풍盧風'을 견인한 주역으로 꼽힌 것을 자부한다. 2004년의 노 대통령 (불발) 탄핵 사태, 2008년의 미국산 쇠고기 수입 반대 촛불집회 등 주요 현안들을 다루면서 시민들의 정치참여의 마당을 확대한 것으로 알려져 있다. 2020년 9월의 (주)오마이뉴스 홍보 페이지에는 "창간 당시 727명이던 시민 기자가 2010년 3월 현재 6만 2271명, 해외까지 합하면 7만여 명으로 늘었다"라고 적혀 있으나 최근의 통계는 밝혀지지 않았다.

네트워크 저널리즘networked journalism

네트워크 저널리즘의 관심·이념과 시민 저널리즘의 그것과의 사이에는 유사성이 있다. 그렇다고 이들 두 저널리즘 사이에 절대적인 구분선을 긋기는 어렵다. 따라서 하나의 연속선상에서 '주류' '시민'의 어느 쪽에 더 가깝느냐 아니냐를 가지고 네트워크 저널리즘의 특성을 고찰하는 것이 바람직하다. 제프 자비스Jeff Jarvis는 "참된 스토리를 얻기 위해…사실들·질문과 답·아이디어의 시야를 공유하기 위해 전문언론인 professionals과 아마추어가 함께 일하는 저널리즘"을 네트워크 저널리즘으로 묘사했다(Jarvis 2006. Flew 앞의 책 p.114). 이와 아울러 '아마추어 기자들'이 기사의 취재·작성 등의 각 단계에서 '투입input'을 할 수 있도록 네트워크 언론인이 보장해야 하는 필요성을 강조하는 커뮤니케이션 학자도 있다(Flew 앞의 책 같은 쪽). 아마추어의 투입이 가능해지려면 달리 말해서 그들 아마추어 기자들이 뉴스 취재와 기사 작성 행위를 할 수 있으려면 그 기자들은 "더욱 광범위한 사회적 커뮤니케이션 네트워크에 참여하거나 그런 네트워크를 창조하는 새로운 길을 찾아야" 한다. 그런 새로운 길을 찾는 일이 말처럼 쉬운 것일까?

이 대목에서 우리는 앞에서 잠깐 언급한 정보 생태계와 전통 언론과의 관계를 살펴볼 필요가 있다. 인터넷을 중심으로 하는 정보 생태계는 매우 복잡한 다층적 구조를 형성하고 있다. 이 다층적 정보 생태계에서도 전통적 주류언론은 여전히 더욱 새로운 온라인 사이트에 걸쳐 유리한 입장을 계속 누리면서 존속하고 있다. 자본, 기술, 전문언론인 훈련을 받은 간부 언론인들에 대한 주류언론의 막대한 투자, 이미 확보해 놓은 독자층, 그들의 브랜드와 조직문화에 이미 부착된 신뢰성에 대한 독자층의 평판은 새로운 정보 생태계에서도 여전히 유효한 자산이다. 이와 동시에 주류언론은 저널리즘 자체가 변화할 필요성이 있음을 강조한다. 단지 새로운 미디어 기술에 대한 적응의 측면에서만 변화가 필요한 것은 아니다. "저널리스트들이 시민처럼 행동하면 할수록 그만큼 더 그들은 강해진다"고 한다(Flew 앞의 책 p.114).

한편 네트워크 저널리즘을 긍정적으로 보는 주창자들은 영국의 BBC 방송과 같은 공영방송에서 이념적인 모델을 찾는다. BBC는 영국 정부의 통신규제기구인 통신청the Office of Communications Ofcom이 내놓은 〈2000년대 공영TV에 관한 Ofcom 평가보고서the Ofcom Review of Public Service Television in the 2000s〉에 호응하여 시민 자격의 원칙들citizenship principles을 BBC의 공공목적 선언에 도입했음을 공개적으로 천명했다. 이렇게 함으로써 BBC는 온라인 사이트들에서 이용자들이 생산하는 콘텐츠를 증진하기 위한 새로운 전략과 자신의 방침을 일치시킬 수 있었다(Flew 앞의 책 p.115서 재인용).

이와 같은 맥락에서 우리는 호주 방송공사ABC 대표이사가 호주저널리즘교육협회the Journalism Education Association of Australia 2010년 회의 때 행한 연설의 몇 대목을 상기할 필요가 있다. 그는 네트워크 저널리즘이 누리게 되는 기회들—전문언론인과 아마추어들이 플랫폼의 공유를 통해 협력하는 기회들은 "저널리즘의 신新 황금시대"가 될 것이라고 선언했다. 이어 그는 이렇게 말했다. "이 새로운 세계에는 두 개의 뉴스룸(보도본부)이 있다. 하나는 지금 존재하고 있는 전통적인 뉴스룸이며 다른 하나는 디지털 생활의 가장 의의 있는 특징들 중의 하나로서 등장한 가상假想 virtual 뉴스룸이다."

이상의 고찰에서 알 수 있듯 네트워크 저널리즘은 전통 언론이 기존의 장점과 이점을 살리면서 디지털 생태계의 변화에 적응하는 전략을 슬기롭게 실천하려는 저널리즘이라고 요약할 수 있다. 이렇게 정리하면 앞에서 설명한 시민 저널리즘과 네트워크 저널리즘과의 사이에 성립되는 유사성이 무엇인지를 짐작할 수 있을 것이다.

컴퓨터이용 저널리즘computational journalism

컴퓨터이용 저널리즘의 영자 computational은 글자 뜻대로 옮기면 '컴퓨터를 이용 또는 운용하는' 의미를 지닌다. 그래서 computational journalism을 편의상 컴퓨터이용 저널리즘이라고 부르기로 했다. 컴퓨터이용 저널리즘은 가장 단순하게 설명하면 컴퓨터 툴tools을 저널리즘에 응용하는데 그 핵심이 있다. 그러나 이 응용은 컴퓨팅 기술을 저널리즘에 적용하는 것일 뿐만 아니라 데이터의 대규모 처리를 위해 사용자가 컴퓨터운용 기술에 적극 참여하여 정보에 접속·조직하며 또한 제시하는 새로운 방도들을 찾아내도록 하는 것이다.

이 장에서 내가 자주 인용하는 플루Terry Flew에 따르면 컴퓨터이용 저널리즘에 관해 새로운 점은 컴퓨터의 능력을 단지 툴로서만 이해하는 것이 아니라, 컴퓨터를 활용하는 기술을 몸에 익히는 것 다시 말해서 존 밀러John Miller와 스콧 페이지Scott Page가 "컴퓨터 운용computations의 바탕에 깔린 과정 즉 컴퓨터 운용 그 자체에 반대되는 과정"이라고 지적한 컴퓨터 운용을 익히는 일이다(Miller & Page 2007 p.77). 밀러 등이 말한 그 '과정'에는 일정한 정형들patterns—사람들이 여태까지 실행해 왔지만 바야흐로 여러 컴퓨터 장치들에 의해 훨씬 더 빠르게 그리고 훨씬 더 정확하게 실행할 수 있는 정형들을 검색하고, 그것들의 연관성을 보여주며 correlate 걸러내면서filtering 판별하는 것과 같은 일련의 과정들이 포함되어 있다.

또한 클라인Klein 등의 공동연구에 따르면 뉴스 수집의 과정은 의미만들기로서 알려진 컴퓨터 과학의 분야 다시 말해서 세상사에 대한 경험으로부터 새로운 지식을 끄집어내 생산하는—즉 의미를 만드는—과정과 밀접한 상관성을 갖고 있다(Klein, Moon & Hoffman 2006).

이상과 같은 까다로운 이론적 설명보다는 독자들에게는 구체적인 사례를 드는 편이 나을 듯하다. 컴퓨터이용 저널리즘은 전문언론인, 시민 저널리스트와 그들의 독자들 사이에 이뤄지는 협력과 공동창조의 기회를 더 많이 제공한다. 예를 들면 여러 플랫폼들을 통해 뉴스를 크라우드소싱crowdsourcing하고 공동보도하는 일이 여기에 포함된다. 기업의 아웃소싱outsourcing이 비용절감과 생산의 효율성 제고提高를 위해 외부업체에 생산을 맡기듯이 crowd와 outsourcing의 합성어인 크라우드소싱은 인터넷에 참여하는 네티즌 군중들한테서 아이디어와 정보를 얻어 이를 뉴스 제작에 활용하는 기법을 말한다. 많은 사람들이 인터넷을 통해 협력 작업을 하는 크라우드소싱은 한 사람이면 며칠 걸려 완성할 수 있는 일을 여러 사람이 낮은 수준의 리서치research에 힘을 모을 경우 단 몇 분만에 해치울 수 있음을 의미한다. 예를 들면 영국의 유력지인 가디언Guardian은 영국 국회의원들의 경비 청구서 내역을 조사한 적이 있는데 이 신문은 탐사연구 프로젝트를 세워서 거기에 크라우드소싱 기법을 도입했다. 텔리그래프 신문그룹의 2009년 기밀누설과 잇따른 후속보도로 촉발된 영국 국회의원들의 비용청구 의혹 문제는 가디언이 같은 해 데이터 활용 탐사방식을 도입하여 의원의 비용청구 조사를 주도해 나갔다. 가디언은 독자들이 의원별, 지역구별 또는 항목별로 검색할 수 있도록 상세한 데이터를 일반에게 전부 공개했다. 그러자 독자들은 그 데이터에 관한 코멘트나 질문들을 가디언 취재진에게 보내왔다. 이를 모아 가디언 취재진은 문제가 될만한 청구서들을 조사하고 이 조사를 중심으로 스토리를 만들었다. 탐사보도를 탄 뉴스 아이템의 흐름은 정부의 조사로 이어졌고 그 결과는 많은 의원들이 부당하게 비용청구를 한 것으로 밝혀졌다(Flew 2014 p.116).

궁극적으로 컴퓨터이용 저널리즘의 효용 가치는 사실을 발견하고 확보하는 낮은 수준의 작업에서 기자들을 해방시켜서 뉴스의 입증, 설명, 전달에 더 비중을 두게 될 때 나타난다. 의미를 만드는 일에 관여하는 기자들의 경우 컴퓨터이용의 툴은 기자들의 기능을 대체하기보다는 확장하고 보완하는데 도움이 된다. 요컨대 컴퓨터이용 저널리즘은 좀 더 빠른 속도로, 게다가 비용을 절감시켜서 질 좋은 뉴스를 생산하는 새로운 방도를 찾아내어 적극적으로 참여하는 미디어 수용자들에게 유익한 뉴스를 제공하는 저널리즘이다. 컴퓨터이용 저널리즘은 일정 수준의 신ICT 기술, 저널리스트의 능력과 문해력literacy뿐 아니라 저널리스트들이 '분산적 공동창조적 생산distributed and co-creative production'이라는 새로운 경제사회와 함께 그리고 그런 경제사회 안에서 어떻게 일할 수 있는가를 새롭게 이해하는데 그 요체가 있다(Flew 2014 p.116).

이상의 세 가지 대안저널리즘은 정도의 차이는 있으나 다 같이 기성의 전문언론인이나 전통 언론기관이 컴퓨터 기술과 인터넷 사이트를 통하여 '아마추어 시민 기자들'과 서로 협력함으로써 뉴스를 생산·배포한다는 공통점을 지니고 있다. 그런 공통점에도 불구하고 이들 세 대안저널리즘에 대한 고찰은 네트워크 사회가 내포하는 개인과 개인, 개인과 집단, 집단과 집단 간의 연결성connectivity 문제가 전제되어 있음에도 여기서 그것이 깊이 있게 다뤄지지는 않았다. 연결성은 인터넷과 소셜미디어로 상징되는 네트워크 사회의 특징인 동시에 개인의 아이덴티티 문제와 직결되어 있으며 저널리즘을 둘러싸고 있는 정보 생태계information ecosystem의 특성이기도 하다. 이제부터는 또 하나의 대안저널리즘으로 출현한 연결 저널리즘에 대한 논의로 옮겨가기로 하자.

(2) 몬트리올 학파의 커뮤니케이션론과 연결 저널리즘

뉴스관의 변화: 트위터나 페이스북, 유튜브나 인스타그램Instagram, 카톡과 같은 소셜미디어를 통해 문자메시지나 영상을 교환하는 젊은이들, 학교에서 일어난 항의시위나 맞불집회에 관한 이야기를 나중에 친구들에게 말하는 사람들은 "연결 저널리즘connective journalism에 참여하는 사람들"이다(Clark et al. 2017 p.13). 연결 저널리즘이라는 낯선 용어를 Young People and the Future of News에 도입한 두 명의 커뮤니케이션 학자들인 린 클라크Lynn Schofield Clark와 레지나 마치Regina Marchi는 그들의 공저 전체를 통해 전통 저널리즘—이를 전래傳來 legacy 또는 재래 在來 저널리즘이라 부르기도 한다—의 변화와 뉴스의 미래에 관해 폭넓은 고찰을 했다.

그들이 연결 저널리즘이란 용어를 도입하여 미디어의 장래를 논하는 근거는 무엇일까?

이 물음에 대한 답을 얻기 위해 두 학자들은 미국 청소년들의 뉴스관을 고찰했다. 청소년의 뉴스관은 곧 저널리즘관觀과 연관되어 있으므로 그들의 연구는 저널리즘의 미래를 아는 데도 도움이 된다.

첫째 미국 청소년들은 전통적인 주류미디어만이 뉴스를 전달해준다고 여기지 않는다. 뉴스는 전통미디어가 아닌 소셜미디어를 통해서도 얼마든지 생산되고 있다고 그들은 믿는다. 이에 따라 그들은 전통미디어 의존형에서 소셜미디어 의존형으로 저널리즘관을 바꿨다.

둘째 미국 청소년들은 어른들과 다르게 뉴스를 정의한다. 16세 된 청소년이 40세 된 장년이 하는 일과 똑같은 일에 관심을 가지리라고 여기는 것은 비현실적이다. 그들의 관심사와 통하는 뉴스가 그들의 뉴스이다.

셋째 많은 청소년들은 그들이 '뉴스'라고 여기는 애깃거리를 친구들과 공유하며 얘기를 나누는 것을 더 즐거워한다. 사실의 정확한 전달이라는 뉴스의 가치보다는 뉴스의 공유 가치를 그들은 더 중시한다는 뜻이다. 물론 이 말이 정확한 사실 보도를 무시한다는 뜻은 아니다. 소셜미디어 시대의 뉴스는 어디서 발생했느냐보다는 누가 그것에 관해 당신에게 알려줬느냐와 당신도 그 뉴스를 공유할 것인지 아닌지의 문제와 연관되어 있다.

넷째 오늘날의 '뉴스'란, 과거에 전통미디어가 취급했던 그대로의 뉴스가 아니다. 현재의 전통미디어가 내보내는 기사의 내용들은 과거의 미디어보다도 더 얄팍하며, 또한 전통미디어는 더욱 견고한 신문업체의 소유 아래서 통제를 받고 있다. 그래서 전통 언론사들이 살아남으려면 광고주의 관심을 끌 수 있을 만큼 최대한 많은 구독자를 확보해야 하며 그러려면 독자의 구미에 맞는 기사를 발굴하여 제공해야 한다. 그 결과 전통미디어의 뉴스에 관심을 갖지 않는 젊은이들이 점차로 늘어나는 것이 미국의 실정이다.

청소년들이 그들의 뜻대로 뉴스를 정의한다고 해서 어른들의 뉴스관과 전혀 별개라고 보는 것은 비약적 발상이다. 청소년들에게로 가는 뉴스는 전래 뉴스가 전적으로 배제되어 있지 않다. 그 뉴스는 재래미디어로부터 전달되는 경우가 왕왕 있다. 그 뉴스는 TV, 라디오, 인쇄저널리즘과 같은 구舊미디어와 결합되어 있으며, 최소한의 콘텐츠 창작 참여를 고취하는 전통적인 뉴스원源들과도 연계되어 있다. 청소년용 뉴스는 두 갈래에서 걸러진다. 하나는 뉴스원들을 통해서 걸러지며 다른 하나는 미국의 케이블TV나 유튜브 비디오로 방영되는 재미있는 풍자 뉴스프로와 같은 것들을 통해서도 걸러진다(Clark & Marchi 2017 p.79).

전통미디어에 대한 의존성이 감소하는 현상—때로는 신뢰성의 상실로도 이어진다—은 앞 절節의 마지막 대목에서 기술했듯 한국에서도 이미 나타나 있다. 그에 따라 대안저널리즘도 많이 등장하여 젊은 독자층을 확보하고 있다. 이런 현상은 전통 저널리즘의 퇴조와도 직결되어 있으나 한국에서는 전통미디어가 현재 흔들리고 있기는 하지만 아직은 많은 재래형 독자층을 껴안고 있는 것도 또한 사실이다. 전통미디어의 뉴스 제공에 아직도 신뢰와 기대를 두는 독자가 많다는 것은 우리나라 인구구조의 고령화·노령화와도 연관이 있다는 가설이 성립될 수 있을 것 같다. 별도로 이 분야에 대한 깊이 있는 탐구가 이뤄져야 하리라고 본다.

프로듀저로서의 개인: 이제 "뉴스는 더 이상 배달되는 생산품으로서 이해되지 않는다. 심지어 저널리즘은 생산품을 전파하는 산업도 전문직업도 아니다."(Clark et al. 2017. p.4). 미국 젊은이들은 뉴스의 생산자producer 겸 이용자user인 프로듀저produser로서 자신들이 인정받기를 원한다. 이 점에서 그들은 날마다 실제로 언론활동에 종사하고 있으며 소셜미디어를 이용하여 그들의 관심사를 서로 교환하고 커뮤니티에서의 반응을 일으키고 있다. 그렇게 함으로써 그들은 "커뮤니티의 구성원으로서 존재하기 위해서 그들이 직접 목격한 사람들에 관한 내러티브에로부터 중요한 스토리를 만들어낸다."(Clark et al. 2017 p.13).

이처럼 날마다 프로듀저로 일하는 젊은이들은 커뮤니티 안에서 어떤 존재일까? 이 물음을 목전目前에 두고 우리는 제4장에서 고찰한 마디(結節 node)로서의 개인, 무수한 마디들이 링크들links로 연결된connected 네트워크 사회의 진면목을 목격하게 된다.

네트워크 사회에서는 개인이 개인 및 집단과 연결되어 있으며, 소셜미디어 플랫폼들은 또한 그들끼리 그리고 개인들과의 사이에 무수한 연결고리를 만들고 있다. 이런 사회를 우리는 연결사회connected society라고 부른다. 연결 저널리즘은 연결사회에서 태어난 디지털 미디어이다.

몬트리올학파의 커뮤니케이션=조직 이론

디지털 시대의 사람들이 자신의 아이덴티티를 확인하기 위해 소셜미디어에서 자기 표현self expression과 연결적 상호작용connective interactions을 비중 있게 수행한다는 점에 관해서는 앞에서 이미 웬만큼 살폈다. 이를 토대로 우리는 연결 저널리즘에 대한 고찰을 다른 시야視野 perspective에서 하고자 한다. 다른 시야란 몬트리올학파가 제기한 〈커뮤니케이션=조직〉이론의 관점을 의미한다.

프랑스 문화와 학풍이 짙게 드리워진 몬트리올학파는 '조직을 만드는 커뮤니케이션organizational communication'론을 전문적으로 탐구하는 학자 집단이다. 이 학파는 캐나다의 몬트리올대학교 커뮤니케이션학부에 소속된 제임스 테일러James R. Taylor와 동료 교수들에 의해 창설되었다. 테일러의 논문 제목인 〈조직커뮤니케이션 연구에 대한 "캐나다"식 접근이 있는가?Is There a 'Canadian' Approach to the Study of Organizational Communication?〉의 "캐나다"식이란 표현법이 흥미롭다. 아마도 캐나다 커뮤니케이션학계의 독자적이며 특이한 접근법이라는 취지에서 쌍따옴표를 붙인 "캐나다"란 표현을 사용하지 않았나 짐작된다.

조직커뮤니케이션이란, 커뮤니케이션과 조직의 합성어에서 드러나 있듯 조직과 커뮤니케이션 간의 상호작용과 상관관계를 연구하는 분야이다. '조직되는 것은 무엇인가?what is becoming organized?'. '조직의 기본 논리는 무엇인가? 즉 조직은 어떻게 일을 하는가?what is its basic logic, or how does the organization work?' '조직은 어떤 운용과 과정 그리고 어떤 구체적인 자산을 통해 존재하며 자신을 유지하는가?' 몬트리올학파는 이런 물음들 달리 말하면 조직의 존재론적 물음들에 답하기 위해 생겨난

학파이다(Wikipedia 〈the Montreal School〉 2020년 9월 5일 검색).

　고등학교나 대학 시절에 동아리 조직을 만들거나 또는 직장생활에 오랫동안 몸담다가 동창회를 조직하는 일에 관여해 본 사람이라면 조직組織 organization이 무엇인지? 그리고 조직을 어떻게 만들 것인지를 어렴풋이나마 체감했을 것이다. 몬트리올학파가 발견한 조직의 개념은 '대화(말)를 통해 상호작용하는 과정에서 일어나는 '**담론적 · 물질적 구성체** discursice and material formations'에 초점이 맞춰져 있다. 이 말은 조직을 구성하는 데는 인간적 · 비인간적 요소들이라는 물질적인 것이 우선 동원되며 동시에 담론적=언어적 요소도 아울러 요구된다는 것을 뜻한다. 물질적 · 담론적 구성체가 만들어지는 과정을 유심히 살펴보면 거기에는 조직에 참여하는 사람들 사이에는 반드시 커뮤니케이션이 일어난다는 점을 알 수 있다. 또한 그들 사이에는 '집단적 동일체의식a collective sense of identity'과 '이념적 절충折衝 ideological negotiations'도 작용한다. 이 둘은 모두 의사소통하는 행위communicative action와 밀접密接해 있다. 베넷과 시거버그Bennett and Segerberg는 이를 **연결행위**connective action라고 불렀다(Bennet et al. 2012). 연결행위는 많은 사람들이 사회운동이나 정치적 활동(우리의 사회적 항의행위나 시위운동은 거의가 정치적 함의를 지니고 있음)에 참여하는 경우 거치게 되는, '군중을 포함하며 또한 군중에 의해 가능해지는 네트워크crowd-enabled networks'를 가리킨다(Clark & Marchi 2018 p.35).

　네트워크 안에서 사람들 사이에 이뤄지는 의사소통은 연결행위를 가능하게 하는 방식의 중심적 요소가 된다. 베넷 등이 주창했듯 "조직을 만들어가는 커뮤니케이션에서는 정보 공유와 메시지 전달을 뛰어넘어 연결행위 네트워크 자체에서 그 속성이 두드러지게 나타난다." 그들의 이 말—"조직을 만들어가는 커뮤니케이션의 속성"은 커뮤니케이션이 지닌 조직화하는 속성을 가리키는 동시에 '조직과 커뮤니케이션과의 밀접한 상호관계'를 일러주는 말이기도 하다. 베넷 등에 따르면 사회적 네트워크 기술은 인간으로 하여금 어떤 쟁점과 인간 간의 연결관계를 개인적인 것으로 만들 수 있는데 즉 개인화할 수 있는데 그 이유는 각 개인들이 네트워크의 연결고리를 통해서 남들과 **어떤 종류의 정보를 공유할 것인지 그리고 그 정보를 어떻게 공유할 것인지**를 스스로 선택하기 때문이다.

몬트리올학파에 따르면 연결행위의 개념은 '조직화하는 커뮤니케이션의 속성 즉 〈조직을 구성하는 의사소통적 요소들communicative constitutions of organization〉에 담겨 있다. 이 학파의 사상은 〈커뮤니케이션이란, 조직을 구성하는 것이며 동시에 그 자체가 바로 조직체이다〉라는 생각과 직결된다. 이 말을 풀이하면, 사람들은 생각을 표출하는 운반체로서 커뮤니케이션을 '이용'하기보다는 오히려 "조직체를 설립하여 구성하고 설계하며 유지하는 수단"으로서 커뮤니케이션을 이용하고 있다는 것이다 (Clark et al. 2017 p.36). 조직은 〈고정된 물건fixed things〉이 아니다. 조직은 커뮤니케이션 과정에서 경험되는, 때때로 아슬아슬하고 불안정한 관계들의 결과로서 부단히 실현되어 가는 과정過程 process의 산물이다. 때문에 몬트리올학파는 "합동으로 조정調整하는 활동에 참여하는 경우 사람들이 서로 남들의 뜻에 어떻게 자기를 맞춰 가는지(즉 절충해 가는지)?" 그 방식에 대해서도 관심을 갖는다.

연결행위와 연결 저널리즘

이제부터는 연결행위가 연결 저널리즘과 어떻게 연관되는지를 살피기로 하자. 연결 저널리즘과 연결행위 사이에는 공통점이 많다. ▶우선 둘다 커뮤니케이션을 〈조직의 구성요소〉로서 그리고 〈조직화 하는 속성을 간직한 것〉으로 간주하고 있는 점을 공언하고 있다. ▶둘 다 대화와 텍스트를 뛰어넘어 포용적인 커뮤니케이션 접근법과 사람들이 어떻게 의사소통을 하는지에 관한 다양한 감성적 방법들을 포괄하는 접근법을 택하고 있다. ▶둘은 커뮤니케이션의 애매성과 추론에 주목한다. ▶둘 다 이념적·물질적인 것에 대한 이해를 조직화 과정에서 나타나는 공동의 구성요소로서 공유하고 있다. ▶둘 다 조직화 과정과 조직체들에 관심을 갖고 있다(Clark et al. 2017 p.36). 앞에 열거한 공통점들 가운데 '대화와 텍스트를 뛰어넘어 포용적'이라는 구절에 대해서는 보충설명이 필요하다. 이 구절은 대화와 텍스트에 얽매이지 않는 둘 사이의 변증법적 관계를 가리킨다. 대화는 '조직화 과정의 장소'이며 텍스트는 대화를 통한 절충과정에 동원되는 인간적인 것·비인간적인 것을 규정하기 위해 이용되는 해석의 틀interpretive framework이다.

스토리의 공유

저널리즘은 그 콘텐츠가 뉴스이건 논평 또는 사설이건 독자에게는 세상의 이야기the story를 만들면서 그것을 전해준다. 그 점에서 저널리즘은 이야기풀기storytelling를 하는 조직이며 독자는 그 이야기를 전해 들으면서 더불어 공유한다(이야기풀기에 대해서는 자아와 연관지워 앞의 제4장 제6절에서 논의했음). 공유는 넓게는 친우들 사이에서 멈출 수도 있고 넓게는 지역사회 더 나아가서는 나라 전체로 확대되기도 한다. 여론은 바로 거기서 형성된다. 이 대목에서 우리가 중시하고 하는 것은 21세기의 디지털 미디어— 특정적으로는 소셜 네트워크 사이트SNS들이 그 이용자들의 이야기 공유에 어떻게 관여되는가이다.

미국 전역을 대상으로 실시된 한 연구에 따르면, 미국 젊은이들 가운데서 적어도 일주일에 한 번 정도는 페이스북이나 트위터와 같은 소셜미디어를 통해 뉴스를 얻는다고 응답한 사람이 45%에 달했다. 미국 청년의 78%가량은 온라인에서 메시지를 보내고 최신의 이야기를 공유하고 있다고 응답했다. 그리고 젊은 응답자의 절반은 적어도 일주일에 한 번은 링크를 공유하거나 정보를 전달한다고 했다(Cohen et al. 2012). 이 조사 결과는 미국 젊은이의 절반가량은 이미 뉴스를 전통 저널리즘이 아니라 소셜미디어에서 얻고 있음을 의미한다. 앞서 한국ABC협회의 조사 결과 전통적인 주요 일간지들의 구독부수가 상당히 줄어들고 있는 것도 한국 청년들의 눈에도 이미 소셜미디어가 뉴스원源으로서 부각되어 있으며 전통 주류 미디어는 이미 퇴조의 길에 들어섰음을 시사하고 있다.

미국 청년들의 온라인 활동은 주로 친구 관계에 기초하여 이뤄지고 있다. 이 청년들의 반응은 SNS 안에서 정보 공유에 참여했을 때 보상감報償感을 느낀다고 했으며 이러한 보상감은 청년들 자신의 개별적 아이덴티티 목표와 연관되어 있다.

SNS 안에서의 정보 공유는 청년들이 아이덴티티 의식을 얻는 데에만 도움이 되지 않는다는 것은 이미 널리 알려져 있다. 미국 청년들은 문화 참여의 측면에서도 SNS의 유익함을 알고 있다. 존 허만John Herman은 페이스북이 어떻게 해서 온라인 뉴스 소비의 중심부로 부상했는지 그리고 페이스북이 어떻게 정치적 미디어의 핵심부로 등장했는지에 관한 논평에서 이렇게 기술했다.

이용자의 관점에서 보면 (소셜 네트워크에서) 공유하는 것 하나하나가 발화發話행위act of speech인 동시에 한 조각씩 첨가되는 공개적 아이덴티티이다. 아마도 일부 사람들은 뉴스 탐닉자耽溺者로서 뉴스 담당책임자들이나 또는 일종의 객관적이고 충분한 정보를 보유한 독자로서 그들의 네트워크를 통해서 아이덴티티를 얻고 싶어 한다. 특정한 신념을 공유하고 싶어 하거나 또는 그들이 중요하다고 여기거나 여기지 않는 것을 사람들에게 전하고 싶어 하는 사람들도 더 많이 있을 것이다. 신문 스타일의 스토리는 무미건조하고 사실 나열식의 헤드라인 따위는 이런 목적에는 적절하지 않다. 하지만 훨씬 더 나은 헤드라인 즉 밈meme도 있다. 밈은 곧장 이념적 결론으로 껑충 뛰어가거나 어떤 주장을 논박하는 것이다(Herman, John, New York Times Aug. 20, 2016 accessed Aug. 28, 2016 by Clark et al.).

페이스북은 2010년에 언론 발행인들publishers이 독자들로 하여금 그들의 콘텐츠를 공유할 수 있도록 허용했다. 그러자 광범위하게 공유되는 링크들이 그들의 사이트로 몰려들었다. 처음에는 신문사들이 기사공유 행위에 열광했다. 기사공유가 언론사들이 발행한 뉴스 스토리 쪽으로 페이스북 열람자들을 끌어들이는데 도움이 되었으며 그것이 또한 정치적 각성과 공적 논의에 유익하다고 믿었기 때문이다. 뉴욕타임즈와 같은 일부 유력지들은 페이스북과 콘텐츠공유 협정을 맺기까지 했다. 2012년에 이르기까지 페이스북은 전통적인 뉴스미디어를 좇히고 거의 모든 정보의 제1차적 배포 허브가 되었다. 정보 공급원이 모바일 장치로 옮겨지게 되자 다른 소셜미디어들도 유사한 포털들을 개설하여 사람들이 각종 콘텐츠에 접속할 수 있게 했다. 두드러진 예가 버즈피드Buzzfeed이다. 버즈피드는 방문자의 75%를 소셜미디어 사이트들에서 끌어들였다. 버즈피드는 2006년에 창립된 미국의 뉴스·예능 전문 인터넷 미디어이다. 원래는 온라인 퀴즈, 〈리스티클listicle〉(list목록＋article기사의 합성어), 팝 컬쳐를 전문적으로 취급하는 웹사이트로 유명했는데 나중에 버즈피드는 글로벌 미디어·기술 회사로 성장하여 지금은 정치, DIY(do-it-yourself의 약자. 소비자가 직접 수리·조립하는 제품 판매), 동물과 사업을 포함한 다양한 토픽들을 커버하게 되었다. 2017년 현재 1,700명의 종업원을 두고 있으며 일·영·불·독어 등 8개국어로 서비스하고 있다.

이러한 정치적 콘텐츠와 뉴스의 공유는 연결 저널리즘이라는 신종 저널리즘에 가장 공통적인 스토리 공유이다. 사태가 이렇게 돌아가자 뉴스의 공유행위와 전통적인 전문직업 저널리즘를 비교하는 사람들 사이에서는 상당한 우려가 제기되었다. 우려의 핵심에는 정보 공유보다는 감성적으로 의식하는 아이덴티티가 놓여 있기 때문이다.

　정보의 공유 행위는 젊은이들의 일상생활과 직접적으로 결부結付되어 있다. 미국에서는 학교에 등교한 이후 교내생활 중에는 모바일폰 사용을 금지하는 학교들이 많다. 때문에 정보 공유는 학생들이 집과 학교 사이를 이동하는 시간이나 다른 학교활동에 들어가는 틈새에서 일어난다. 이렇게 온라인에서 젊은이들이 '노닥거리며 시간보내기hanging-out'는 그들이 사회화하는 방식을 보여주고 있다. 이러한 '노닥거리며 시간보내기'의 맥락 안에서 젊은이들은 연결 저널리즘에 날마다 참여하고 있는 셈이다. 그 과정에서 그들은 온라인상에서 자기 표현self-presentation을 하며 때로는 좋아하는 정보자료나 이모티콘emoticon들을 끌어들이기도 하며 때로는 고무적인 코멘트를 받기도 한다. 이와 동시에 소셜미디어 회사들은 그렇게 공유된 모든 정보자료들을 알고리즘에 종속시켜 지금의 콘텐츠와 이용자들에 의해 생산된 미래의 콘텐츠들의 흐름을 예측하면서 그것을 어디로 보낼지 그 방향을 지시하게 된다. 이러한 알고리즘을 미래의 데이터 마이닝data mining에 이어놓으면 거기서 발생하는 이익 가능성은 최대한으로 증대한다.

스토리 만들기와 스토리 풀기

　뉴스를 모아 편집하여 그것을 미디어를 통해 대중에게 제시하는 일을 저널리즘이 한다. 뉴스를 모아 편집하면 거기서 스토리가 생겨난다. 이른바 뉴스 스토리이다. 저널리즘의 가장 두드러진 특징은 그러한 스토리를 텔링하는 것 즉 이야기 풀기에 있다. 이런 방식으로 저널리즘 일반을 본다면 전통 저널리즘과 연결 저널리즘은 스토리를 만들고 독자들에게 제시한다는 점에서는 동일하다. 다만, 앞에서 이미 밝혔듯 요즘 젊은이들 사이에서는 한국이든 미국이든 무엇을 뉴스로 보느냐에 대한 이해와 견해가 어른 세대와 아주 다르다. 디지털 시대에 들어와서 흔히 목격되듯 소셜미디어가 사회에 두루 퍼져 있는 상황에서는 글쓰기 달리 말하면 스토리 쓰기는 젊은이들 간에 일상화되어 있으며 그에 따른 그들의 뉴스관도 상당한 변화를 보이고 있다. 그들은 주변에서 일어나는 일들 자기의 관심을 끌만한 일들을 목격하면, 그리고 그것이 자기의 표현·제시 나아가서는 자기의 아이덴티티 정립에 도움이 된다고 여기면 그에 관한 글을 써서 소셜미디어를 통해 동료들이나 모르는 남들에게 보낸다. 그 글을 받은 사람들은 응답의 글로 반응을 보인다. 이렇게 글을 보낼 때 즉 메시지를 보낼 때 그것은 창의적일 수도 있고 웹사이트에서 남의 메시지를 복사하여 퍼올 수도 있다. 어느 경우이든 메시지를 보내는 사람은 스토리를 만들며 스토리를 푸는 사람임에 틀림없다. 이와 같이 메시지를 주고받는 커뮤니케이션 과정에서 거기에 참여하는 사람들은 연결행위를 하는 셈이며 직접적이든 간접적이든 연결 저널리즘에 참여하게 된다.

전통 저널리즘과 연결 저널리즘은 이야기 풀기에 초점을 맞춘다는 점에서는 동일하다. 다만 둘 사이의 차이는 대응내러티브counter-narrative 가―다른 사람이 보낸 내러티브를 읽고 반응을 보이는 이쪽의 내러티브가 전통 저널리즘에서는 커뮤니케이션 과정의 마지막 단계에 일어나는 반면(집으로 배달된 신문의 기사를 읽고 신문사로 다음날 또는 며칠 뒤 보내는 독자 피드백feedback이나 일단 방영된 뒤에 수집되는 TV프로에 대한 반응이 그러하다) 연결 저널리즘에서는 그 첫 단계에서 생성된다는데 있다. 다양한 소셜미디어에서 흔히 목격되듯 대화나 메시지 교환에 참여하는 사람들은 나이에 상관없이 커뮤니케이션 과정의 첫 단계 다시 말해서 연결행위가 일어나는 바로 그 단계에서 대응내러티브를 보낸다. 메시지를 주고받기가 계속되면, 즉 내러티브의 빠른 교환이 이뤄지면 그 결과는 스토리텔링 즉 만들어진 이야기를 동료가 남들에게 풀어내는 일로 이어진다.

이렇게 하여 연결 저널리즘은 대응내러티브의 창조로부터 이동하여 나중에는 스토리텔링의 지원을 받는 행위에 참여하게 되는데 여기서 연결 저널리즘은 집단적 행위 또는 연결행위 쪽으로 통합될 수 있다. 이 경우 연결 저널리즘의 목표는, "직접적으로는 젊은이들의 선택을 받지 못할 수도 있으며 물론 전통 저널리즘에 영향을 주지 못할 수도 있지만 오늘날의 맥락에서 당연시되는 그리고 때로는 불균등하게 청년 인구 전반에 걸치는 여러 실천행위들practices과 여러 행위자들actors과 여러 맥락들contexts을 시인하는데 있다"(Clark & Marchi 2017 p.54).

그렇다면 우리는 저널리즘에 관심을 가진 사람들에게 이런 물음을 던질 수 있다. 이처럼 재빨리 진화하는 소셜미디어 환경에서 전문직 언론인과 전통 언론산업이 살아남기 위해서 수행하는 적절한 역할은 무엇인가? 뉴스의 미래, 저널리즘의 미래는 이 물음에 대한 답을 얻는 일과 연결되어 있다.

3 _ 사회 변화를 반영하는 언어기호들의 변화

(1) 워프 가설Whorfian hypothesis

언어나 기호와 같은 표현 수단에는 그 시대를 사는 사람들의 사고방식이 묻어 있다. 그들은 그들의 시대에 통용되던 표현방식에 따라 행동했으며 삶을 살았다.

미국의 인류학자 프란츠 보아스Franz Boas는 언어의 내부구조들 간의 관계를 처음 연구한 초기 프라하 구조주의학파의 뒤를 이어 인디언 토착언어에 관한 연구를 1920년대에 시작했다. 그때 그는 인간집단들이 그들의 특정한 필요와 목적을 위하여 그들의 언어를 어떻게 발전시켰는가에 대한 연구를 언어학의 목적으로 삼았다. 예컨대 동부아프리카의 전통적인 가축물이 부족인 누어Nuer족 사회에서는 가축의 색깔과 표지標識를 가리키는 정교한 어휘가 사용되었다. 그런 반면 그 누어족에게는 의복을 가리키는 단어들은 아주 적었다는 특징이 있었다. 이유는 누어족에게는 옷입기 방식보다는 가축이 더 중요한 역할을 수행하는 것으로 인식되었기 때문이다(Danesi, Marcel 2018 p.13). 역으로 현대사회에는 가축보다 의복의 유행이 훨씬 더 높은 가치를 지닌다. 이처럼 언어는 사회의 주요 관심사, 강조점, 세계에 대한 사회의 해석을 들여다보는 창이 된다.

이 사실을 구체적으로 이해하려면 워프 가설을 살필 필요가 있다. 워프 가설이란, 〈어휘語彙(수많은 단어들의 모음)와 언어의 문법은 사람들이 역사적으로 살아온 특정 세계를 인식하기 위한 인지적 필터〉라는 견해를 가리킨다. 달리 설명하면, 언어의 사용자는 그가 필요하다고 여기는 현실의 어떤 측면들에 관심을 기울이게 되며 그런 성향은 언어가 미리 만들어주는 것이다. 워프 가설을 따라 그 사회에서 사용되는 말들을 유심히 살펴 보면 그 사회의 문화와 구성원들의 사고방식을 알 수 있게 된다.

언어와 그 언어가 표출하는 사물에 대한 인지認知 cognition 간의 관계는 무의식적이다. 그러나 그 관계는 사람들이 사용하는 언어의 미세한 부분들에 묻어 있게 되므로 얼마든지 탐지될 수 있다. 구체적으로 말하면 영어권에서는 in, with, for와 같은 전치사의 사용이 미세한 의미 차이를 보이며, 한글에서는 ~는(은), ~가(이), ~을(를)과 같은 토씨(助詞조사)의 사용에 따라 의미 차이가 나타난다. 예컨대, '신문에 있는 것something *in a newspaper*' 을 읽는다 라고 말하는 경우 우리는 전치사 in을 통해서 정보를 담은 용기로서의 신문을 인식하게 된다. 그래서 '우리는 신문으로부터 많은 것을 얻었다*we got a lot out of the newspaper*' 라거나 '신문에는 아무것도 없다*there was nothing in it*' 라는 의미로 in이라는 전치사를 사용한다. 그런데 이탈리아어에는 *in a newspaper*의 *in*에 해당하는 전치사가 없다. 이탈리아인들은 대신 su(on)를 사용한다. 신문의 지면 위에 정보가 단어들을 통해 인쇄되어 있다 라는 의미로 su를 사용하는 것이다 (Danesi 2018 p.201). 한글의 예는 영어 문장을 우리말로 옮기면서 이미 예 시되어 있으므로 더 이상의 설명은 필요 없을 듯하다.

이렇게 보면 한 문화와 다른 문화 사이에는 장벽이 가로놓여 있어 서로 이해할 수 없게 된다고 말할 수도 있겠지만 워프 가설은 그 점을 강조하는 것이 아니라 인간이 세계를 인식하는 방식은 그 사회의 언어들에 이미 반영되어 있음을 주창할 따름이다.

이제부터 우리는 워프 가설이 실제로 어떻게 입증되는지에 대해 시대의 추세에 맞춰 새로 만들어진(新造된) 네트링고와 이모티콘들을 통해 살펴보기로 하자.

(2) netlingo와 emoji(이모티콘)

인터넷의 보급이 세계화하자 그것에 알맞은 새로운 언어기호들이 무수히 등장했다. 이런 현상은 비단 한국에만 국한하지 않는다. 영어권 특히 미국 사회에서도 유행했다. *네트언어의 출현이 대표적 현상이다.* 영어로는 이를 netlingo라 부른다. 거기에 발맞춰 emoji(emoticon)의 빈번한 사용현상도 일어났다. 몇 가지 예를 추려보면 다음과 같다.

▶생략형 언어기호들의 예

b4	= before
btw	= by the way
f2f	= face to face
b2b	= business to business
gr8	= great
omg	= Oh my God
ruok	= Are you OK?

thx	= thanks. 예전의 telex 시대에는 tks로 썼었다.
2moro	= tomorrow
g2g	= gotta go
DIY	= do-it-yourself. 소비자가 구입하여 손수 수리 또는 조립할 수 있도록 부품들이 가지런히 마련된 상품. 여기에 사진 또는 동영상도 포함될까?

▶특정 단어를 관형사처럼 쓰는 예

smart : smartphone, smart home, smart city, smart road, smart car, smartstory etc.

connected or connective (또는 networked) : connected society, connective journalism.

　　　　　　connected car는 자동차의 모든 기기들이 컴퓨터 및 인공지능과 연결되어 있어 운전자의 손을 빌리지 않고 자율적으로 주행하면서 필요한 정보를 알려주는 이른바 만능 자동차이다.

deep : deep learning(인공지능이 축적된 자료를 바탕으로 스스로 학습하는 기술),

　　　　　　deep web(접속불가능한 웹), deep thinking은 눈부시게 발전된 디지털 기술을 활용하는 사고.

　　　　　　deepfake은 인공지능에 의한 음안물의 합성, 조작 기술. 세계 여러 곳들에서 생산되는 이런 가짜 음란물은 제작 국가에 이를 처벌하는 규정 없으면 그것이 유포되는 나라에서는 사실상 처벌하기 어렵다. 2020년 가을 미국 대통령 선거운동 기간에는 **deep state**라는 말이 유행했는데 이 말은 권위주의 국가의 음모세력이 민주주의 국가에 은밀하게 침투하여 암약하는 제도권 밖의 숨은 권력집단을 지칭하는 말이다.

cyber-(또는 cy-) : cyberspace, cybertalk, cyberart, cyberedu, cybercollege, cybernetics, cyborg. cyber-는 컴퓨터를 나타내는 접두어.

e-(electronic) : email, esport(전자스포츠 경기), ecommerce(전자상거래)

hyper- : hypermedia, hypertext, hyperwriting.

▶합성어

코스프레: costume play 합성어인 cosplay의 일본어 발음 コスプレ를 알파벳 cospre로 표기한 데서 비롯한 말. 일본에서 유행하기 시작한 costume play fashion은 인기 있는 만화나 애니메이션에 나오는 캐릭터의 의상을 그대로 본떠서 모방하는 취미문화 행위가 코스프레이다. 이런 모방패션이 전용轉用하여 '권력자인 정치인이 선거철이 되니까 서민 코스프레를 한다'라고도 말한다.

이모티콘emoticon or emoji: emoticon은 감정을 의미하는 emotion과 도형을 뜻하는 icon의 합성어이다. 그래서 감정을 그림으로 또는 그림 같은 모양으로 표현하는 것을 가리킨다. 디지털 미디어 시대에 탄생한 이 신종 상징을 사용하는 빈도는 점점 많아지고 있다. 여러분 중에는 카톡 대화방에서 이모티콘을 사용한 경험이 많을 것이다. 문자 대신에 이모티콘을 사용하면 무엇보다도 문자 사용 때보다는 마음 편하게 나의 감정과 의사를 수월하게 표현할 수 있다.

emoji는 일본어로 그림문자를 뜻하는 한자인 繪文字회문자의 일본어 발음 에모지를 알파벳으로 emoji로 표기한 데서 비롯된 인터넷 용어이다. 일본어가 인터넷에 미친 영향력이 어느 정도인지를 가늠할 수 있는 사례이다.

예: 기쁨과 웃음: ^^ ^^ ㅎㅎ, ㅋㅋ. 슬픔: ㅠㅠ ㅡㅡ. 사랑해: ♥. 놀람 또는 감격: !!!. 의아해 함: ???. 상대방에 대한 욕: ㅗㅗ. 이밖에 ☺ 😎 ☹ ☢ 🔪와 같은 이모콘으로도 의사표시를 한다.

(3) 일상어의 변화와 새로 만들어진 단어들

신조된 외래어의 예

스밍: 스트리밍streaming의 준말. streaming은 인터넷에서 소리나 영상 또는 애니메이션을 실시간으로 재생하는 기법을 말한다.

인포테인먼트infotainment: information과 entertainment의 합성어. 즐기는 정보를 가리킨다. 예능프로에 정보를 곁들인 프로가 인포테인먼트이다.

인포텍infotech: information technology 즉 정보기술을 가리키는 영어의 준말이다.

인포데믹infordemic: information과 endemic(전염병)의 합성어. 전염병처럼 번지는 악성정보, 거짓 정보가 퍼져나가는 현상이 인토데믹이다. 북한 김정은 위원장의 2020년 4월 11일~5월 1일까지 공식 석상에 나타나지 않자 퍼진 수술 후 사망설, 의식불명설, 거동불편설 등이 여기에 속한다(이에 대해서는 나중에 나오는 〈인포데믹과 가짜뉴스〉항에서 상세히 다룰 것임).

프로듀저produser: producer＋user. 메시지의 생산자 겸 이용자라는 뜻이다. 시민 저널리즘에서 소셜미디어 플랫폼 이용자는 뉴스를 생산하는 동시에 소비하는 프로듀저이다.

신조된 한국어의 예

깜놀: 깜짝 놀랄 일.

낄끼빠빠: 낄 때는 끼고 빠질 때는 빠진다 의 약어.

넘→너무

노담: 담배는 노. 담배를 피지 않는다는 뜻이다.

뇌 없는 좀비: 댓글에 몰려다니며 주입받은 명령에 따라 행동하는 사람을 가리킨다.

대깨문: 대가리가 깨져도 문재인 대통령을 지지하는 사람을 뜻한다. 정치적 반대자인 우파 사람들이 사용하는 말이다.

덕질: 자기가 좋아하는 일 또는 물건이나 분야에 빠져 그것과 관련된 것들을 모으거나 찾아보는 행위를 일컫는 말이다.

데빵: '데빵 시대를 연다' 와 같은 용법으로 사용되는데 '데이터 요금 빵(0)인 시대를 연다' 라는 뜻이다.

빠던: 야구에서 홈런을 때린 타자가 기분이 좋은 나머지 빠따(bat의 일본식 발음)를 던지는 행위를 가리킨다. 영어로 뱃플립bat flip.

막장드라마: 줄여서 '막드' 라고도 한다. 막장드라마란 복잡하게 얽혀 있는 인물들의 관계, 달리 말해서 사람들의 보통 삶에서는 현실적으로 일어나기 어려운 자극적인 상황을 의도적으로 설정하여 줄거리를 전개하는 드라마를 가리킨다. 비현실적이고 자극적인 드라마. 1990년대가 트렌디 드라마를 낳았다면 21세기에 들어와서는 막장드라마가 대세大勢를 이루고 있다. 트렌디 드라마trendy drama는 1980년대 말 버블경제를 타서 소비붐이 일어난 일본에서 유행한 드라마의 경향을 가리킨다. 젊은 여성 특히 OL old lady의 화려하고 환상적인 삶에 몰두하는 모습을 주로 그렸는데 비현실적이라는 비판을 받았다.

먹방: 먹는 장면 또는 요리 교실을 보여주는 방송프로를 가리킨다. KBS의 장수프로인 〈최불암의 한국인의 밥상〉과 TV조선의 〈허영만의 백반기행〉도 먹방프로이다.

멍때리다(space out): 아무 생각도 하지 않고 멍하니 앉아 있는 상태. 비슷한 말로 **뻥**찌다가 있다.

멘붕: 멘탈 붕괴의 약자. 정신이 멍하여 아무것도 알 수 없는 상태를

가리킨다.

불멍: 불을 보며 멍하니 앉아 있는 상태. 불＋멍때리다의 합성어임. 불멍에서 **찌멍**(김치찌게가 끓는 모습을 보며 멍하니 앉은 상태)을 쓰자는 의견도 있다.

非비대면 근무, 非대면 면접, 非대면 수업, 非대면 회의·연주회·전시회: 코로나19 팬데믹이 2020년 1월 말부터 유행하자 사회적 거리두기 운동을 벌이면서 회사, 학교, 영업소 등에서 사람들 간의 대면 접촉을 피하도록 하라는 방역 당국의 방침이 시행되자 유행하기 시작한 말이다. 비대면을 언택트(untact＝un＋contact)라 부르는 것은 한국식 네트링고이다.

빠돌이: 인기 연예인이나 운동선수들에게 열광하는 극성팬 중 남성을 속되게 이르는 말이다.

빠순이: 빠돌이의 여성형. 산업화 시절의 '공돌이' '공순이'를 연상케 한다.

빠: 문빠처럼 특정 사람이나 장소에 심하게 빠져 남에게 불쾌감이나 심리적 피해를 주는 이를 비하하여 일컫는 비속어. 반대말로 안티를 지칭하는 말로서는 '까'가 쓰인다.

토착왜구: 본디부터 왜구倭寇 즉 친일파임을 지칭한다. 진보좌파 사람들이 보수우파 사람을 정치적으로 비하하며 부르는 말. 반일反日사상을 고취하기 위한 의도가 담겨 있다.

빼박: 빼도 박도 못한다 라는 뜻. 예: **빼박**증거가 나왔다.

샘 또는 **새임** 또는 **쌤**: 선생님을 가리키는 준말.

암튼: 아무튼.

영끌하다: 영혼까지 끌어모으다. 2017년 6월에 집권한 문재인 정부가 그동안 내놓은 무려 22번째(이후 몇 차례의 정책이 더 나왔으나 성공하지 못했음)의 부동산 대책—가격상승 억제 대책—에도 불구하고 2020년 7~8월

에도 서울과 수도권의 아파트 값이 계속 치솟아 2030세대가 집을 살 기회가 사라질 거라는 비관적 전망마저 나오면서 생긴 신조어가 '영끌하다'이다. 이 단어는 영혼까지 끌어모을 정도로 은행대출 등 온갖 수단을 다 동원하여 아파트를 살 자금을 마련하는 행위를 가리킨다. 당시 김현미 국토교통부 장관은 2020년 8월 25일 국회 관계 상임위 발언에서 "다주택자 등이 보유한 주택 매물이 많이 거래되었는데 이 물건을 30대가 '영끌' 해서 샀다는데 대해 안타까움을 느낀다"고 말한 적이 있다.

어공: 어쩌다가 공무원이 된 사람. 추미애 의원은 2019년 늦가을 여론의 지탄으로 물러난 조국 법무장관의 후임 장관이 되자 '조국 잡기'에 앞장선 윤석열 검찰총장의 수사 권한을 제한하려는 조치를 취하러 들었다. 그러자 '親尹친윤 네티즌' 들은 추 장관을 '**어공**' 이라 불렀다. 어공의 반대말은 **'찐공'** (진짜 공무원).

일베: 일간 베스트 게시물의 준말. 즉 극우성향의 인터넷 커뮤니티를 가리킨다.

짤방: 짤림방지防止의 준말. 사진 또는 동영상 전용 게시판에 그것들과 다른 글이 올려졌을 경우 그 글이 삭제되지 않도록 그 글과 상관없는 사진이나 동영상을 올리는 행위를 짤방이라 한다. '짤방용 사진' 이라 하면 바로 이런 용도로 쓰이는 사진을 가리킨다. 최근에는 글에 첨부된 이미지를 칭하는데 사용되기도 한다. 비슷한 말로 영어 **mashup**이 있는데 **매시업**은 다른 소스로부터 캐릭터나 상황을 끌어온 영상물이나 비디오를 일컫기도 하고 또는 달리 녹음된 성악곡에다 기악곡을 디지털 오버랩핑하여 만든 음악곡을 가리키기도 한다. **일종의 짜깁기**라 할까? 비슷한 말로 밈이 있다. **밈meme는** SNS를 통해 유포되어 다양한 형태로 복제되는 짤방 또는 패러디물을 일컫는다. 밈의 원래 뜻은 완성된 하나의 정보(지식과 문화)가 마치 DNA처럼 살아 있는 듯이 말과 문자를 매개로 세대에서 세대로 계승되어 보존된다는 것이다.

찐친: 진짜 친구. 진을 강하게 발음하여 찐이라 발음한다. **찐팬**, **찐공**처럼 **찐-**을 접두어로 만들어진 말들은 이외에도 많다.

칼퇴: 정시만 되면 어김없이 퇴근하는 사람을 뜻한다. 칼처럼 정확하다는 의미를 갖는다.

K-팝: 방탄소년단BTS처럼 해외로 나가 활동하는 가수들이 한국의 대중음악이나 팝송을 전파하여 큰 인기를 끈 경우 그 노래를 가리키는 말. Korea의 두음 K-를 접두어로 사용한 다른 '한국적인 것들'에는 K-컬처(2020년 아카데미 최우수상을 수상한 〈기생충〉과 2021년 골든글로브 외국어영화상을 수상한 〈미나리〉 같은 문화생산물), K-푸드(라면, 김치), K-카(현대자동차) 등이 있다. 2021년 2월에는 **K-할머니**Halmoni까지 신문 용어로서 등장했다. **K-Halmoni**는 재미교포 2세가 감독한 영화 〈Minari미나리〉에 등장하는 할머니의 역할이 이 영화에서 큰 비중을 차지하며 깊은 인상을 외국 영화평론가들에게 남겼기 때문에 생겨난 단어이다.

4 _ 뉴스의 생산–이용자produser

디지털 네트워크 생태계에서는 모든 사람이 뉴스와 정보의 소비자인 동시에 생산자이다. 메지지하는 이런 신종 인간을 가리키기 위해 영어권에서는 producer+user의 합성어인 produser란 신조어를 창조했다. 우리말로는 만들 産+쓸 用 두 글자를 합성한 〈산용자産用者〉라고 부를 수 있지 않을까? 프로듀저 즉 산용자에게서는 전통미디어 시대에는 서로 분리되어 있던 이들 두 개념의 융합fusion 또는 집합convergence이 일어나고 있다. 기껏해야 종이신문의 독자 투고란에 소견을 올리는 게 고작이었던 뉴스 소비자들이 뉴미디어 시대에 와서는 스스로 직접 때로는 동영상까지 제작하여 당당하게 자기 브랜드의 정보를 자기 게시판인 트위터나 페이스북 또는 유튜브에 올린다. 프로듀저는 디지털 네트워크 시대의 총아로 등장한 SNS social network sites의 최대 수혜자라고 볼 수 있다. 한 예로 기자를 대신하여 여객기의 불시착 현장을 찍어서 방송국에 보낸 이용자와 코로나19의 진원지震源地로 알려진 우한武漢에서 한 중국인이 발송한 동영상(2020년 1월)을 들 수 있다.

프로듀저의 사례

SNS는 재난의 발생 때 미디어 조직의 기자들이 미처 취재하지 못한 현장 사진을 이용자가 휴대전화로 찍어 영상정보를 제공하는데 아주 유효하게 사용된다. 두드러진 예를, 우리는 SNS 이용자가 아시아나 여객기의 불시착 순간을 촬영하여 방송국에 보낸 동영상에서 볼 수 있다. 2013년의 어느 날 샌프란시스코 공항에 착륙하려던 아시아나 항공기가 무슨 이유에서인지 활주로의 해안 끝자락에 부딪치는 장면의 동영상이 한국의 한 TV방송국에서 방영된 적이 있다. 이 불시착 동영상은 자기의 스마트폰으로 우연히 현장 부근을 촬영하던 한 이용자에 의해 포착된 것이다. 스마트폰에 탑재된 우수한 촬영장비 덕택에 우리는 이 사례 외에도 프로듀저들이 '취재'한 장면들을 자주 볼 수 있게 되었다.

요즘 SNS는 홍수 피해를 입은 이재민 돕기, 여객선 조난 유가족을 위한 위로금 모금 운동 발의, 촛불시위를 벌이자는 제안 등 각종 집회나 모임을 알려 조직하는 데에도 효과적으로 이용되고 있다. 이명박 정권 초기인 2006년 MBC의 오보에 분격하여 유모차를 앞세운 젊은 여성들을 비롯한 수많은 시민들이 광화문 거리에서 촛불시위를 벌이게 한 것도 SNS에 의한 신속한 정보유통의 효과이다.

SNS는 각종 선거에서 입후보자들의 자기 홍보에도 이용되며 정치인들의 일상적인 의정활동을 알리는 구실도 한다. SNS의 이런 특성과 효과 덕택에 프로듀저들은 시시각각으로 늘어나고 있다. 그것은 자기 표현의 도구이자 디지털 커뮤니티에 자기를 연결시키는 광장(공간)이다.

우한武漢 청년의 호소: 〈우린 바보가 아니다. 다 잘 알고 있다〉

중국 우한武漢 청년의 유튜브 방송이 아시아인들을 울렸다. 우한은 2019년 12월 하순에 돌기 시작한 코로나19 바이러스 전염병의 유행으로 사실상 유령 도시가 되었다고 한다. 중국 정부의 늑장대처와 지방당국의 한심한 환자(유사환자 포함) 처리에 분통이 터진 한 우한 청년은 춘절 설날(2020년 1월 25일)에 "이런 국가가 지구상에 또 어디에 있겠는가"라며 개탄했다. 그는 다른 목적이 있어서 유튜브 방송을 하는 게 아니라 세계가 우한 사람들에게 관심을 가져달라고 호소하기 위해 어렵게 유튜브를 하게 되었다고 밝혔다.

그의 절절한 호소는 2020년 1월 27일 오전 10시 45분 유튜브에서 내가 직접 다운로드한 것이다. 그 시점의 이 유튜브는 열람 건수 296만 건에 달했다. 11시간 만에 올린 기록이다. 그 뒤에는 훨씬 더 많은 열람자가 나타났을 것이다.

여러분 안녕하십니까?

이 영상을 보신다면 소중히 생각하셨으면 합니다. 정말 이 영상을 어렵게 올렸기 때문입니다. 중국 대륙에는 인터넷이 차단되어 그것을 뚫어야 했으며 게다가 속도가 느려 영상의 업로드가 정말로 어렵습니다. 저도 어찌어찌해서 여기까지 왔습니다. 다른 중국인들과 선량한 분들에게 이번 우한 폐렴·코로나바이러스 사태의 심각성을 알리고 우한 사람들이 처한 참담한 상황을 전하고 싶었습니다.

이곳 우한은 모든 교통수단이 차단되었습니다. 자가용을 굴릴래야 주유소도 닫았다 합니다. 가족이 고혈압이나 심장병에 걸리면 어떻게 하겠습니까?

응급전화 120에 걸면 전혀 연결이 안 됩니다. 계속 삐삐 소리만 납니다. 응급전화는 전혀 소용이 없습니다. 자신이 폐렴에 걸려 병원에 가려해도 전혀 엄두를 못낼 지경입니다. 병원에는 환자가 넘쳐 번호표가 없이 줄을 서게 합니다. 그래서 원래 건강한 사람도 교차감염이 될 수 있지요.

또 한 가지 말씀드립니다. 제 눈으로 직접 본 겁니다. 1월 23일에 우한이 봉쇄되기 전날인 22일입니다. 그 전에는 거리에 마스크를 낀 사람이 많지 않았습니다. 사람들은 평소대로 마작을 하고 여기저기 돌아다녔죠. 노점상들도 문을 열었구요. 그런데 지금 이렇게 이 도시는 봉쇄되었습니다.

저는 정말 묻고 싶고 관리들과 토론해 보고 싶습니다. 도대체 시장과 당서기는 그동안 뭘 하고 있었는지? 지방의 고위관리, 제1인자로서 (도시와 사람들이 이 지경에 이르기까지) 정말로 아무런 정보도 없었는가요? 만약 정보가 있었다면 왜 TV에 나와서 연설(설명인 듯)을 하지 않았나요? 왜 인민들에게 강제로라도 마스크를 써서 길거리에 나서도록 하지 않았나요? 이 끔찍한 (전염병) 사태를 알려서 경각심을 높이지 않았나요? 그들이 만일 폐렴 소식을 몰랐다면 직무유기에 해당합니다. 그런 사람은 관리가 되어서도 안 되며 진작 쫓겨났어야 했습니다. (이번 사태가) 저 자신에게 문제가 있는 건가요? (물론 아니지요).

1월 23일 우한시를 봉쇄한 다음에야 곳곳에 공지문이 붙었습니다(발병은 12월 하순이었다고 함). 마스크를 쓰라는 겁니다. 그래서 23일부터 24일, 25일. 이제야 마스크를 한 사람의 수가 늘기 시작한 겁니다. (마스크 건은) 인민이 협조하지 않아서 그렇게 된 게 아니라 정부가 손을 놓아버렸기 때문입니다. (그 이면에는) 나쁜 목적이 있었을 수도 있겠죠. 그게 뭔지는 여기서 토론하지 않겠지만.

이번 사태에서 정부가 2003년의 사스Sars 사태의 교훈을 잊고 잘못된 역사를 되풀이하는 건 분명합니다. 지금 외출하여 병원에 가려해도 모든 교통수단이 멈춰 섰습니다. 주유소가 문을 닫았습니다.

의료체계가 마비되었기 때문에 이번 사태는 엄청난 혼란이 일어났습니다. 지금 너무너무 혼란스럽습니다. **의료계에 있는 친구들한테서 들은 얘긴데요 환자가 입원하면 소염제나 호르몬제를 놔주는 게 전부랍니다. 한마디로 사람들은 죽기를 기다리는 형편입니다. 몸이 잘 버텨주면 다행이고 안 그러면 죽는 수밖에 없습니다.** 가장 어처구니없는 것은 이건 사실인데 병원에서는 진료카드가 없다면서 그러니까 의료품이 부족해서 환자들을 돌려보낸다는 겁니다.…

제가 유튜브에 출연한 것은 다른 (특별한) 목적이 있어서가 아닙니다. **그냥 한 사람이 살아가는 동안 진실한 말을 해야 하는 때가 있다고 생각해서입니다.** (그래서 유튜브 앞에 앉은 겁니다.) 살다 보면 어떤 목적으로 거짓말을 하기도 합니다. 하지만 어느 순간, **바로 지금 저는 제 양심을 걸고 진실한 말을 하고 싶습니다.**…

우리 중국인들은, 최소한 20~30대 젊은이들은 절대로 바보가 아닙니다. 우리는 다 정확히 알고 있습니다. 진창롱 교수 같은 거짓말쟁이는 바보나 어린애만을 속일 수 있을 뿐입니다. 우리는 절대로 바보가 아닙니다. 우리는 이 국가가 어떤지(어떠한 나라인지) 너무 잘 알고 있습니다. 우리는 다만 목소리를 높일 방법이 없고 능력이 없을 뿐입니다.

저희 몸은 육신입니다. 강철, 총알과 탱크를 이길 수는 없습니다.

이 영상을 보신 해외 중국인들에게 간청합니다. 저희를 도와주세요. 돈 한 푼을 들일 필요없이 클릭 한 번만 해주십시오. 그래서 영상 확산을 도와주시면 됩니다.…

지금 당신이 우한 사람이며 여기서 생활하고 있다면 입장을 바꿔서 생각해 보세요. 당신의 가족 친지와 주변 사람들이 자기도 모르는 사이에 병에 걸렸는데, 무방비 상태에서 병에 걸렸는데 치료도 진단도 못 받고 병의 고통에 시달리며 죽음에 이르고 있다면 어떻게 하시겠습니까? 목숨은 하나밖에 없습니다. 죽으면 그 하나도 없습니다.…

영상을 보시는 분들은 정말로 새겨 들어주세요. 저는 公安(경찰)에 끌려 갈 수도 있습니다. 하지만 진실한 소식을 알리고 싶었습니다. 우리 일반사람들은 아무런 힘이 없습니다.

저희도 민주, 자유, 개방된 사회를 꿈꾸고 자유롭게 트위터나 유튜브에 접속하고 싶습니다.···바보는 없습니다. 다만 방법이 없을 뿐입니다. 지금 우한 사람들은 국제사회의 관심이 필요합니다. 지금 저희는 발만 동동 구르고 있습니다(2020. 1. 27. 신세기TV〔유튜브〕서 다운로드).

이 유튜브의 내용이 어느 정도 진실인지는 알 수 없으나 음성으로 들은 문장의 내용으로 미뤄 코로나19의 전파 당시 우한시의 정황은 짐작할 수 있다는 점에서 그리고 무엇보다도 디지털 네트워크 생태계의 시대에 발생한 위기의 순간에는 이러한 소셜미디어 플랫폼이 대단히 유력한 정보 생산—전달 수단이 될 수 있는 사례를 보여줬다는 점에서 프로듀저인 〈우한 청년의 호소〉 일부를 여기에 인용했다.

다음은 조선일보 오피니언란(독자 투고)과 네이버 댓글란에 실린 댓글들의 일부 모음이다. 댓글들은 얼핏 SNS를 단지 이용한 것으로만 비칠지 모르나 자세히 살펴보면 댓글을 쓴 이용자 자신이 뉴스를 생산하고 있음을 알 수 있다.

▲ "요즘은 '방콕' 여행이 최고"(2020년 2월 7일 조선닷컴)
2020년의 이 무렵이면 한국에서도 코로나19 방역 조치의 일환으로 사회적 거리두기를 한창 시행 중이었다. 각급 학교 학생들의 등교 금지와 비대면 수업 실시, 단체 모임과 회식의 자제, 결혼식 참가자 수의 제한 등의 조치가 중앙/지방 정부 당국에 의해 실시되었다. 급한 용무가 아닌 한 사람들은 극도로 외출을 삼가고 있었다. 이런 상황에서 앞의 댓글이

조선일보 오피니언란에 올라온 것이다. '방에 콕 쳐박혀 지낸다' 라는 뜻의 '방콕' 이 우리나라의 많은 여행객들이 즐겨 찾는 동남아시아 국가인 태국의 수도 방콕과 발음이 같다는 점에서 이런 댓글을 만든 것이다.

▲"가는데 시간 버려, 오는데 시간 버려. 이병으로 갔다가 상병 때나 오 겠네"(2020년 2월 3일 네이버)

〈남북합의에 막혀… 軍, 전차 신고 미국 가 원정 한미 훈련 추진〉이란 제목의 기사에 딸린 댓글이다. 군 당국이 미국 캘리포니아주에 있는 대규모 야외 훈련장으로 육군 전차와 자주포 등을 수송해 한미 연합 훈련을 실시하는 방안을 추진하고 있다고 보도되었다. 실현된다면 창군 이래 처음으로 우리 군 기갑 장비가 미국 본토까지 이동하여 훈련하는 첫 사례가 된다. 2018년 북미 정상회담 이후 대규모 한미 연합 훈련이 중단되고 〈9·19 남북 군사합의〉 이후 최전방 포사격 훈련마저 못 하게 되자 실효성이 의심되는 '미국 원정 훈련' 까지 추진한다는 비판이 제기되었다.

▲"내 말 안 들으면 버럭질 하겠지"(2020년 2월 4일 네이버)

〈秋미애 법무장관 "상명하복 박차고 나와라" 尹석열 검찰총장 "선거 수사 확실히 하라"〉 라는 기사에 딸린 댓글이다. 추 장관은 신임 검사 임관식에서 "검사 동일체 원칙은 사라졌지만 검찰 내에 아직도 상명하복 문화가 뿌리 깊게 자리하고 있다"며 "박차고 나가길 바란다"고 말했다. 추 장관이 사실상 검사들에게 윤 총장 등 지휘부에 저항할 것을 부추겼다면, '청와대 선거 개입 의혹' 에 대한 수사를 지휘해온 윤 총장은 살아 있는 권력에 대한 수사 의지를 재천명한 것이라는 해석이 나왔다.

▲"운명 공동체라서 대통령이 혼밥 했구나"(2020. 2월 5일 조선닷컴)

〈주한중국 대사 "중한中韓은 운명공동체, 여행 제한 않는 WHO 따라야"〉란 기사에 딸린 댓글이다. 싱하이밍 주한중국대사가 기자회견을 열고 우한 폐렴과 관련한 우리 정부의 중국 후베이성 체류자 입국 금지 조치에 대해 "(여행 제한은) 불필요하다는 세계보건기구WHO의 근거에 따르면 되지 않을까 한다"며 한국 정부의 입국 금지 조치를 확대하지 말라고 요구했다. 싱 대사는 "중·한 양국은 운명공동체"라며 "역지사지易地思之했으면 한다"고 말하기도 했다.

문재인 대통령은 취임한 그해 연말 무렵인 2017년 12월 16일에 중국을 방문했는데 체류 중 하루는 부부가 '홀로' 식사(혼밥)하는 장면이 국내 신문에 보도되었다. 대통령의 '혼밥'에 대한 비아냥은 위와 같은 맥락에서 나온 것이다.

▲"그래도 '읽씹' 이네"(2019년 11월 22일 네이버)

〈김정은, 文 대통령 친서 공개하며 "부산 갈 이유 없다"〉란 기사에 따른 댓글이다. 북한 조선중앙통신은 최근 김정은이 문재인 대통령에게서 부산 한·아세안 정상회의에 초청하는 친서를 받은 사실을 공개했다. 김정은은 "지금 시점에 형식적인 수뇌 상봉은 하지 않는 것만 못하다"며 표면적으로는 '정중한 거절'을 했지만, 실제로는 문재인 정부의 '저자세 외교'를 폭로하며 면박을 준 것이라는 해석이 나왔다. 이에 대해 "김정은이 그래도 메시지를 읽긴 해서 다행"이라는 반응이 나왔다('읽씹'은 문자 메시지 등을 읽기만 하고 답하지 않는다는 뜻).

5 _ 인포데믹과 가짜뉴스

인포데믹Infordemic은 정보inormation와 전염병epidemic의 합성어이다.

앞에서 간단히 설명했듯 나쁜 정보나 흥밋거리 정보가 전염병의 유행처럼 입소문을 타고 짧은 기간에 널리 번지는 현상을 가리키는 인터넷 시대 신조어이다.

가짜뉴스fake news는 옥스퍼드대학교 출판부에서 펴낸 *Dictionary of Media & Communication*의 정의를 눈여겨 볼만하다. "사실 면에서 정확하다고 주장은 하지만, 기만적이며 속임수를 쓰며 입증하기가 불가능하고 허위인, 아마도 뉴스 가치가 있을 만한 사건이나 사태에 대한 조작적인 설명manipulative account 특히 입소문을 타도록 짜인 소셜미디어의 선동적인 설명을 말한다."(Chandler et al. 2020). 이 풀이는 이렇게 요약될 수 있다. ▲가짜뉴스는 표면상으로는 사실fact이라고 주장하되 ▲그 내용은 기만적이며 속임수를 쓰고 있으며 입증불가능하며 ▲입소문을 타도록 설계된 선동적인 설명을 담고 있다. 따라서 가짜뉴스는 표면상 사실인 것처럼 포장되어 있으므로 그것이 가짜인지 진짜인지를 보통사람들은 분별하기가 어려우며 입소문을 타고 번지기 쉽도록 짜여져 있으므로 전파 범위는 매우 광범위하다.

가짜뉴스는 방송계 · 연예계 · 스포츠계의 스타, 국회의원이나 장차관 · 광역시장 · 도지사와 같은 유명인과 연관된 일이라면 평상시에도 매우 빠르게 전파되어 많은 사람들의 입에 오르내린다. 또한 가짜뉴스는 코로나19와 같은 팬데믹이 번질 때에는 함께 유행하는 경향을 띤다.

성균관대학교 이재국 교수팀의 〈가짜뉴스 확산경로 추적〉 연구에 따르면 가짜뉴스의 특징은 주기적으로 되풀이되는 '반복성', 정치인이나 방송인이 언급하면서 확산하는 계기가 만들어지는 '유명인 효과' 등으로 나타났다. '나꼼수' 출신인 김어준이 자신이 진행하는 교통방송라디오 프로에서 "코로나는 대구 사태이자 신천지 사태"라고 말해(2020년 2월 코로나19의 1차 유행 당시 대구광역시와 개신교 일파인 신천지교회에서 집중적으로 발생한 점을 지적한 것임) 물의를 일으킨 일이나, 2014년의 세월호 침몰 사건이나 미국이 박근혜 정권 때 중국과 북한의 핵미사일에 대한 방어망을 구축하기 위해 한국에 배치하는 도중에 중지된 '사드Thaad(고고도 미사일 방어체계)'와 관련된 가짜뉴스들도 유명인의 발언에서 비롯된 경우가 많았다. 이재국 교수팀은 2018~2019년 〈개 구충제 암 치료에 특효〉〈화폐개혁 괴담〉〈대북 지원으로 쌀값 급등〉〈북, 국민연금 200조 원 요구〉〈세월호 고의 침몰〉등의 가짜뉴스와 2016년의 〈사드 전자파 괴담〉 등 6건을 선정하여 소셜미디어·커뮤니티 등 16개의 SNS 사이트에 퍼져 있는 16만 3천770건의 게시물을 조사했다(조선일보 2020년 4월 15일).

이 가운데 정치인·연예인이 키우는 가짜뉴스에 대한 연구의 한 대목을 살펴보면 다음과 같다.

2018년 미국에서 폐암을 앓고 있던 조 티펜스(62)란 사람이 개犬 구충제 펜벤다졸을 먹고 완치되었다는 영상이 미국의 암환자들 사이에서 유포된 적이 있는데 2019년 초 한국의 어느 사람이 이를 한국어로 번역하여 자기 블로그에 올렸었다. 초기에 그 블로그의 열람view 건 수는 200회로 별로 주목을 받지 못했다. 하지만 5개월 뒤에는 "암 투병 중인 개그맨 김철민이 개 구충제 복용을 시작했다"라는 소문이 퍼지면서 이 소문은 가짜뉴스로서 폭발했다. 가장 많이 본 게시물 조회 건수가 무려 234만 회(2019년 11월 기준)로 다섯 달 만에 1만 배 이상으로 관심을 증폭시켰다. 그러자 유명인의 이름을 탄 이 가짜뉴스는 '믿을 만한 정보'로 둔갑하여 삽시간에 많은 열람자들 사이에 유포되었다.

'유명인을 타는 소문'은 기업들이 유명인을 광고에 기용하는 원리와도 궤를 함께 하는 데서도 그 '유효성'이 드러난다. 2016년 경상북도 성주 지역에 대한 사드 배치를 앞두고 각종 반대시위에서 "참외 다 죽을 것" "임신부 유산할 것" 같은 '괴담'이 퍼졌다. 이재명 경기지사(당시는 성남시장)가 이를 받아 "사드는 인체에 치명적"이라는 글을 자기 페이스북에 올리자 처음에는 40여 건(2016년 7월 11일)에 불과했던 괴담성 게시글 숫자가 171건→387건→446건으로 사흘 만에 10배 이상 증가했음이 연구자들에 의해 관찰되었다. 李 시장의 발언을 인용한 게시글들이 잇따라 등장한 것은 물론이다.

'인터넷 뉴스는 못 믿어'

가짜뉴스는 어느 시대에나 있었다. 진짜가 유명해지면 질수록 진짜를 모방하는 가짜는 가짜 시장에서 극성을 부린다. 화와 복禍福이 동거同居하듯이 가짜는 진짜와 함께 생활한다. 다만 예전의 전통미디어 시대에는 미디어 자체에서 가짜가 판을 치는 일은 드물었지만 지금의 소셜미디어 시대에는 자칫 한눈을 팔면 그 가짜에 얼른 홀리기 쉬울 만큼 흔해졌다. 이러한 차이가 나타나는 원인은 아마도 조직화된 미디어 집단이냐 개인 미디어냐의 구별에 있는 듯하다. 전문가들 사이에서는 예전의 전통적인 구미디어에서는 게이트키핑gatekeeping과 같은 이른바 '품질관리 시스템'이 조직체 안에서 상당할 정도로 작동했었기 때문에 사전에 가짜의 출현을 상당한 정도로 방지할 수가 있었다. 그러나 개인이 자기의 SNS 사이트에 올리는 게시글은 자기 이외에는 사전통제 시스템이 전혀 없기 때문에 그 개인은 자기의 의도대로 아니면 부지부식不知不識 간에 남의 글에 홀려서 가짜뉴스를 띄우기가 쉽다. 그래서 SNS는 가짜뉴스 생산과 전파의 온상이 되어 있다는 비판이 제기되는 것이다.

그래서 온라인을 통해 막무가내로 퍼지는 가짜뉴스의 폐해와 신뢰성 문제는 전 세계적인 현상으로 등장했다. 영국 옥스퍼드대학교 로이터저널리즘연구소가 2019년 6월 발표한 〈디지털 뉴스 리포트〉에 따르면, 전세계 뉴스 소비자의 55%가 "인터넷의 뉴스가 사실인지 거짓인지 걱정된다"라고 응답했다. 이 조사는 38개국에서 7만 5천 명을 대상으로 실시되었다. 우리나라에서는 한국언론진흥재단을 통해 약 2천 명이 조사에 응한 것으로 되어 있다.

국가별로는 브라질(85%), 포르투갈(75%), 영국(70%), 멕시코(68%)에서 가짜뉴스에 대한 우려가 컸다. 덴마크(31%), 독일(38%) 등은 상대적으로 인터넷 뉴스에 대한 신뢰도가 높은 것으로 드러났다. 우리나라는 1년 전 조사 때보다 2% 포인트 내린 59%로서, 조사 대상 38국 중 19위였다. 이는 한국 미디어에 대한 신뢰도가 조사대상국들 중 중간에 해당한다는 뜻이다.

그렇지만 한국은 뉴스 전반에 대한 신뢰도 조사에서는 최하위를 기록했다. "대부분의 뉴스를 신뢰하느냐"는 질문에 한국인은 22%만이 '그렇다'고 응답했다. 전 세계 응답자 평균(42%)의 절반 수준에 그친 것이다.

프랑스(24%)는 2018년 말 '노란 조끼 시위'의 영향으로 뉴스 신뢰도가 11%포인트나 떨어져 한국보다 한 계단 위인 37위였다. 조사 대상국 중에서는 핀란드(59%)의 뉴스 신뢰도가 가장 높게 나왔다(조선닷컴 2020년 2월 28일).

김정은 신변이상설의 인포데믹

2020년 봄은 두 건의 팬데믹으로 한국인들이 고생했다. 하나는 중국 우한武漢발(근본적인 발원지發源地에 대해서는 중국과 미국·유럽 국가들 간에 이견異見을 보이며 논쟁을 벌이고 있음)등 코로나19 바이러스 팬데믹이며, 다른 하나는 그해 4월 중순부터 5월 11일까지 지속된 김정은 관련 인포데믹infordemic이다. 그 뒤 김정은 인포데믹은 가라앉았지만 코로나의 경우는 의학전문가들 사이에서 가을철이나 겨울철이 닥치면 코로나가 다시 기승을 부릴지 모른다고 경고했다(의사들의 경고는 12월 초순에 제2차 유행이 시작됨으로써 맞은 예언으로 판명되었음).

김정은 인포데믹은 4월 15일 태양절을 맞아 북한 최고지도자이자 김일성의 손자인 정은이, 할아버지와 아버지의 시신屍身이 나란히 안치된 금수산궁전을 참배하지 않은 사실이 뒤늦게 드러남으로써 번지기 시작했다. 태양절은 김일성의 생일을 기념하기 위한 북한의 최대 명절. 가부

장적家父長的 신정神政국가theocracy인 북한에서 손자가 조부묘祖父廟를 참배하지 않은 것은 불경불충不敬不忠에 해당한다. 때문에 이후 정은의 몸에 이상異常 사태가 발생한 것이 아니냐는 추측이 북한 관찰자들 사이에 일기 시작한 것이다 그러다가 4월 25일의 이른바 '조선인민혁명군 창건' 기념일에마저 정은이 불참하자 그의 신상에 대한 의혹은 더욱 불거졌다. 이른바 '조선인민혁명군'이란 김일성이 만주에서 중국 항일연군抗日聯軍(김일성은 제1군 제6사司 사장司長으로 활동하다 연해주를 거쳐 소련 하바로프스크 인근 병영으로 피신하여 거기서 조국의 해방을 맞았음)에 참여하여 투쟁하던 초기인 1932년에 창설했다고 북한 측이 주장하는 무장집단이다. 북한 인민들이 여전히 존경하는 조부의 후광과 권위를 등에 업고 최고지도자의 자리에 오른 정은으로서는 이 창군 기념일에마저 불참했다는 사실도 역시 할아버지에 대한 불충이 된다. 그의 행적에 대한 의혹은 그 때문에 더욱 확대재생산되어 퍼져나갔다.

김정은의 건강이상설은 김이 4월 12일 북한 서부지구 항공·반半항공사단 예하 추격습격기 연대를 시찰한 후 20일까지 일체의 공식 행사에 나타나지 않자 일기 시작했다. 이상설은 4월 20일 한국의 북한 소식 전문매체인 데일리NK의 '수술 후 치료중'이라는 보도에 이어 미국 CNN이 수술 후 중태설을 보도함으로써 증폭되었다.

물론 그 뒤 정은의 건강이상설이나 수술후유증설을 부정하는 한국 정부 당국자와 미국 당국자의 공식적인 부인 발언이 있었음에도 불구하고 그런 부인 발언이 인포데믹의 전파를 잠재우기에는 충분하지 않았다. 4월 28일 김연철 통일부 장관은 국회 외무위원회 보고에서 태양절 행사 불참에 대해서는 "이례적인 일로 보고 있으나 코로나19 방역 상황을 고려해야 할 필요가 있다"면서 정은이 묘향산의 향산특각香山特閣 의료원에서 심혈관계 시술을 받았다는 일부 보도는 "가짜뉴스"라고 단언했다. 이보다 엿새 앞선 4월 22일 미국의 존 하이튼 합참 차장은 정은이 여전히 북한 핵과 군 전력을 완전히 통제하고 있는 것으로 추정한다고 말했다. 〈녹취록〉 I don't have anything to confirm or deny anything along those lines, so I assume that Kim Jong-un is still in the full control of the (North) Korean nuclear forces and the (North) Korean military forces. I have no reason not to assume that.

그럼에도 한미 당국자의 공식 발언을 비웃듯 〈김정은 인포데믹〉은 5월 2일 북한 조선중앙TV를 통해 김정은 북한 국무위원장이 전날(1일) 평안남도 순천인비료공장 준공식에 참석한 장면이 중계되기까지 수그러들지 않았다. 인포데믹의 참으로 끈질긴 생명력을 실감하게 하는, 〈가짜뉴스에 압도당한 진짜뉴스의 소동〉이었다.

가짜뉴스의 문제는 그 소동의 파문이 가짜임이 판명된 시점에서 일단락되는데 있지 않고 사회적 · 경제적 또는 정치적으로 심각한 폐해를 낳는 결과를 초래하는데 있다. 예를 들면, 이명박 정권 시절에 발생한 이른바 〈광우병 파동〉은 이 정권에 상당한 영향을 미친 것으로 보이며, 박근혜 정권 시절에 일어난 〈세월호 침몰 사건〉은 박근혜 대통령과 연관된 루머(사건 당일 아침 7시간 동안 박 대통령의 동정에 대한 의혹 등)가 번져나간 끝에 나중에 박 대통령 탄핵으로까지 이어진 것으로 보이는 일련의 〈의혹 시리즈〉 중 첫 단계에 해당된다는 점에서 앞으로 커뮤니케이션 학자들에 의해 깊이 있는 연구가 실행될만한 사건일 듯싶다.

6 _ 플랫폼에서의 뉴스 보도

뉴스의 플랫폼화

앞의 제2절-(2)에서 살핀 바와 같이 요즘 젊은이들의 뉴스관은 이전의 어른 세대에 비해 크게 달라졌다. 그들은 ①뉴스는 전통미디어만이 아니라 소셜미디어에서도 생산하는 것이며 ②뉴스는 정확한 정보의 가치보다는 친구들과 더불어 얘기를 나눌 수 있는 공유의 가치를 지닌 것이어야 한다고 여긴다. 이렇게 변한 뉴스관은 젊은이들을 독자로 확보하기 위한 소셜미디어 플랫폼들 간의 치열한 경쟁을 낳았다. 그 결과 소셜미디어가 전하는 뉴스의 생산 · 유통에는 상업적 이익을 중시하는 기업의 압력이 더욱 가중되는 경향을 보여 왔다.

그렇다면 젊은이들의 변한 뉴스관에 비춰 볼 때 재래 저널리즘이 금과옥조처럼 중시해온, 사실의 정확하고 공정한 전달이라는 전문직 언론인의 윤리적 실천 준칙準則은 허물어지고 있다는 뜻일까? 그렇지는 않다. 가짜뉴스fake news와 허위정보disinformation가 소셜미디어에서 많이 생성되고 있다는 비판에 비춰보면, 디지털 네트워크 생태계에 사는 우리는 뉴스의 정확성과 공정성을 언론인이 지켜야 하는 중요한 가치로서 그리고 윤리적 실천 준칙으로서 당연히 중시해야 한다.

뉴스의 정확성과 공정성을 일단 염두에 두면서, 우리는 소셜미디어 플랫폼 생태계에서 형성되는 연결 저널리즘connective journalism 달리 말하면 플랫폼 저널리즘platform journalism을 집중적으로 탐구하며 분석한 네덜란드의 저명한 여성 미디어학자 반 디엑José van Dijck(1960~)의 뉴스에 대한 고찰을 살펴보기로 하자.

디엑은 전문직 언론인이 지켜야 하는 두 가지의 중요한 가치들을 제시했다. 〈**공익 우선의 가치**the public value〉와 〈**정확하고 빠짐없는 뉴스 취재**the accurate and comprehensive news coverage〉이다(van Dijck et al. 2018 p.50~51). 공익 우선의 가치는 역사적으로 전문직 저널리즘을 이끌어왔으며 따라서 민주 정치에서 언론이 준수해야 하는, 대단히 중요하다고 간주되는 가치이다. 공익 우선의 가치를 실현하려면 무엇보다도 언론의 독립성이 확보되어야 한다. 언론의 독립성은 정치인, 정부 및 기업들한테 그들의 행위의 결과에 대한 책임을 물을 수 있는 뉴스 미디어 능력의 핵심에 자리 잡고 있다. 〈정확하고 빠짐없는 뉴스 취재〉의 가치는 독립성의 전제조건이 된다. 이러한 뉴스 취재의 자세는 사회적으로 주요한 사건·사고뿐만 아니라 매우 광범위한 사회적 행위자들과 집단들이 표명하는 의견이 일반민중의 관심을 여과 없이 끌 수 있도록 보장하기 위해서 증진되어 왔다.

디엑은 이들 두 가지 가치가 실현되는 과정에서 플랫폼 미디어가 받는 갖가지 압력에 주목했다. 디엑은 압력이 가해지는 집단을 정치인, 정부 및 기업으로 한정한 듯이 보이는데 그것은 구미歐美사회의 일이며 우리나라의 경우에는 여기에 정치권력화한 노조와 시민단체가 압력의 당사자로 추가되어야 한다. 그들의 지지를 받아 집권했다고 볼 수 있는 문재인 정권은 그 점에서 노조와 시민단체의 '정치적 압력'에서 자유롭기 어려웠으며 실제로 그들의 구미口味와 비위脾胃에 맞지 않는 정책을 수립하고 시책을 펴는데 주저했음이 뚜렷했다.

유럽과 미국의 예에서 드러났듯이 2012년에만 해도 소수의 마이너리티 인터넷 이용자들이 소셜미디어를 통해 뉴스를 입수하는 실정이었다. 그러나 그로부터 4년 뒤에는 유럽연합과 미국의 인구 중 46%가 뉴스 소스로서 소셜미디어를 이용하는 단계에 이르렀음을 로이터연구소the Reuters Institute가 발견했다(van Dijck et al. 2018 p.53). 로이터연구소에 따르면 "스마트폰을 통해 소셜미디어를 이용하는 사람들이 더 많았으며 그들은 웹사이트나 앱과 같은 유명 브랜드의 관문을 이용하는 경향은 적었다." 이것은 인터넷의 다른 경로보다는 소셜미디어 플랫폼을 이용한 뉴스 소비가 상당히 증가되었음을 의미한다. 구체적으로는 페이스북이 뉴스의 배포와 선택을 점차로 지배하고 있는 현상을 들 수 있다. 페이스북의 그런 지배력은 광고 수익에서 반영되어 나타났는데 2018년 현재 페이스북과 구글을 합친 미국내 디지털광고 수익은 60%에 달했다. 다른 모든 온라인 사이트와 재래식 뉴스제작사의 합계 수익은 40%로서 소수로 밀려났다(van Dijck et al. 2018 p.53). 한국의 경우 미국만큼은 아니더라도 상당한 정도로 디지털광고 수익이 증가한 것으로 추정할 수 있다. 그것은 네이버 · 다음과 같은 포털 사이트와 페이스북, 유튜브, 카카오 같은 플랫폼의 이용률이 젊은이들 사이에서 현저히 증가한 사실에서도 알 수 있다.

플랫폼의 뉴스 헤드라인 게시권 장악

우리는 이 통계에서 뉴스의 플랫폼화platformization를 목격한다. 뉴스의 플랫폼화는 플랫폼을 운영하는 서비스 회사의 이용자에 대한 영향력이 증대했음을 의미한다. 뉴스의 선택과 헤드라인 게시揭示(메인 화면에서의 디스플레이) 및 배포에서 이용자를 향한 플랫폼의 영향력이 커졌다는 것은 2020년 9월 정기국회 본회의장에서 발단發端한 한 '사건'에서 여실히 알 수 있다. 온라인 조선일보 보도(2020년 9월 8일)에 따르면, 야당인 〈국민의힘〉의 주호영 원내대표의 교섭단체 대표 연설이 진행 중이던 9월 8일 낮 네이버Naver 부사장 출신이자 청와대 국민소통수석을 지낸 윤영찬 더불어민주당(여당) 의원은 의원실 보좌관한테서 주 의원의 연설이 유력한 소셜미디어 플랫폼인 카카오Kakao 뉴스의 메인으로 떴다는 메시지를 받았다. 그러자 윤 의원이 "이거 카카오에 강력히 항의해주세요." "카카오 너무하군요. 들어오라 하세요"라고 윤 의원 스마트폰에 적힌 답신 문자가 기자 카메라에 고스란히 찍히고 말았다. 이 문자가 미디어 보도를 통해 알려지자 즉시 정치적 파문이 일어났다. 동시에 소셜미디어 플랫폼이 뉴스의 배포와 선택을 '편집'하고 있지 않느냐는 의혹을 야당 의원들 사이에 불러일으켰다. 실제로 야당 측은 "그동안 포털(네이버를 지칭함)을 청와대와 여당이 좌지우지했다는 소문이 시중에 팽배했는데 이번 사건으로 이 사안이 드러났다"(아세아경제 2020년 9월 8일) 라며 정치공세를 강화했다.

이 의혹은 그로부터 한 달 뒤인 10월 8일 국회 국정감사장에서, 플랫폼에서 뉴스 디스플레이에 대한 편집도 '조작' 될 수 있다는 가능성 쪽으로 기우는 발언이 나왔다. 조성욱 공정거래위원장은 국회 정무위원회의 해당기관 국정감사장에서 검색 알고리즘을 변경하여 자사自社 제품을 검색창의 상단에 노출시켰다는 이유로 최근 네이버에 시정 명령과 함께 과징금過徵金 267억 원을 부과한 사실을 밝히면서 "알고리즘의 조작 · 변경이 다른 분야에서도 가능할 것으로 본다"라고 말했다. 그의 발언은 "네이버 쇼핑과 동영상에서 알고리즘의 조작이 있었는데 다른 분야에서도 조작이 가능한가?"라는 한 의원의 질문에 대한 답변으로 나온 것이어서 소셜미디어 플랫폼에서의 뉴스의 편집 조작의 가능성이 있다는 뜻으로 국회의원들에게 받아들여졌다(중앙일보 2020년 10월 9일).

네이버의 검색 엔진이 뉴스 헤드라인의 게시를 편집한다는 사실은 2020년 10월 22일에도 다시 드러났다. 중앙일보에 따르면 한성숙 네이버 사장은 국회 국정감사장으로 불려나온 직후 네이버는 "많이 본 뉴스와 댓글 많은 뉴스의 순위별 디스플레이를 없애고 대신 '언론사별로 많이 본 뉴스'를 노출시켰다"라고 말했다. 이는 정치 · 경제 · 사회 등의 분야별 조회照會(무엇을 물어보거나 알아봄) 수, 댓글 수의 상위에 오른 기사 제목이 사라진다는 것을 의미하는데 이렇게 되면 네이버 검색자들은 국가 전체적으로 어떤 뉴스가 전국 뷰어들viewers의 관심을 끌었는지를 알 수 없게 된다. 결과적으로 이것은 네이버 측이 편집자의 손에 의해서든 컴퓨터 알고리즘에 의해서든 간에 사실상 뉴스 헤드라인의 편집을 해왔음을 시인한 것이며 다만 논란이 일어난 이후 편집 방향의 기준을 변경했을 뿐임을 말해준다. 네이버의 검색창에 대한 편집 방침 변경에 따라 앞으로는 전국의 언론사별 뉴스 1건씩, 한 번에 5개 언론사의 기사만이 검색창에 뜨게 된다. 네이버에 따르면 71개 언론사에서 기사 1개씩, 총 71건의 기사가 동일한 확률(랜덤)로 배열된다. 이는 각 언론사가 71분의 1의 확률로 네이버뉴스에 노출된다는 의미이다. 국회 정무위원회 국정감사 증인으로 출석한 한성숙 네이버 대표는 '뉴스 알고리즘 조작' 의혹에 대한 야당 의원의 질의를 받자 "(이 문제로) 2017년 처음 국정감사에 나왔을 때는 사람이 편집하고 있었는데, 지금까지 개선했다"고 밝히면서 "(지금은) 개발자들이 만든 컴퓨터 알고리즘으로 편집한다"고 답했다. 여당인 더불어민주당의 오기형 의원은 "네이버가 일반 검색 시장에서 시장지배적 지위를 가지고 있고, 이것이 쇼핑 검색 시장에도 파급된다"는 점을 지적하면서 "(소셜미디어) 플랫폼 사업자로서 네이버가 일반 검색과 쇼핑 검색을 각각의 회사로 분리하여 소유하거나, 한 회사에서 운영하더라도 정보의 차단막을 설치하도록 하고 위반하면 라이선스를 취소할 수 있을 정도가 되어야 한다"고 말했다(중앙일보 2020년 10월 23일).

　플랫폼에서의 이와 유사한 뉴스 편집 논란은 미국에서도 벌어졌으며 결국 논란의 당사자인 페이스북이 사실점검fact checking 기구(단체)들과 협력하기로 노력할 것을 다짐함과 동시에 "부적절하고 공격적이며 불법적인 콘텐츠를 뿌리 뽑기 위해" 기존의 '커뮤니티 운영팀에 3천 명의 새로운 모니터들'을 고용함으로써 일단락되었다.

　페이스북의 이른바 '트렌딩' 뉴스편집팀 논란은 2016년 5월 디자인·기술 웹사이트인 기즈모도Gizmodo가의 폭로가 발단이 되었다. 기즈모도는 페이스북이 편집팀을 고용하여 트렌딩 알고리즘의 길을 가이드했다고 폭로한 것이다. 기즈모도의 폭로로 말미암아 인간의 손이 배제된 채 자동적으로 처리된다고 간주되던 알고리즘에 〈인간으로 구성된 편집팀〉이 소셜미디어 회사를 통해 개입했다는 사실이 밝혀짐으로써 세계 미디어의 주목을 끌었다. 자기네의 책임을 부인하던 페이스북은 마침내

2017년 1월 〈페이스북 저널리즘 프로젝트〉라는 타이틀의 개선책을 발표함으로써 뉴스 산업과의 "유대를 더욱 강화"하고 "디지털 시대에 정보를 얻는 독자들이 되기에 필요한 지식을 제공할 것"을 다짐했다(van Dijck et al. 2018 p.50).

페이스북이 겪은 시련은 서로 연관된 일련의 사태들이 진행되고 있음을 우리에게 일러주고 있다. 하나는 페이스북과 같은 기반플랫폼들 infrastructural platforms이 뉴스의 생산·유통과 상업화를 실현하는 중심적 마디들central nodes이 되려는 노력에 박차를 가하고 있다는 점이다. 그런 노력들 중 하나가 이용자들을, 그들의 친구들 및 가족들의 게시물과 연결connect시켜주는 일을 주목적으로 삼는다 라는 점이다. 다른 하나는 매우 광범위한 뉴스 기업들—전통적 뉴스미디어로부터 허위정보의 생산자들을 망라하는 뉴스업체들—이 소셜미디어 플랫폼들을 겨냥하여 그들의 콘텐츠를 배포·수익화하는데 열을 올린다는 점이다(van Dijck et al. 2018 p.50).

공익 우선의 가치와 언론미디어의 독립성

뉴스의 플랫폼화와 연결 저널리즘의 시대는 뉴스를 취재·보도하는 언론인이 어떤 가치들을 준수하고 실천해야 할 것인가 라는 물음이 제기된다. 이 물음은 이전의 전통 저널리즘 시대에도 제기된 것이나 다양하고 많은 프로듀저들이 소셜미디어 플랫폼들을 통하여 뉴스의 취재·보도에 참여하는 시대에는 다시금 진지하게 고찰하지 않으면 안 되는 물음이다. 이에 답하기 위하여 우리는 앞에서 제시한 두 가지의 중요한 가치들— 즉 ▶공익 우선의 가치 ▶정확하고 빠짐없이 망라된 뉴스 보도—을 숙고해야 할 필요를 느낀다. 두 가지 가치 중 첫 번째의 것은 뉴스 보도로 영향을 받는 대상 즉 사적 이익이냐 공적 이익이냐를 판단하는 준칙이다. 두 번째는 〈공익 우선의 가치〉를 실현하기 위한 뉴스 보도의 절차적 형식을 지적하고 있다.

우리는 뉴스 보도의 객관성—공정성 및 정확성은 그에 따르는 부수적 문제로서—에 대해 논의했을 때 그러한 보도 준칙이 철학적, 언어적, 과정—절차적 측면에서 얼마나 달성하기 어려운 난제難題임을 알아차렸다. 그러므로 뉴스 보도의 '전략적 의식儀式' 또는 '(형식이라는) 용기容器에 담기 전략a strategy of containment'으로 비판받는 객관성에 매달리기보다는 차라리 〈정확하고 빠짐없는 보도〉 쪽으로 기자가 자신의 취재활동을 집중하는 편이 더 낫다. '빠짐없는 보도'란 구절은 〈문창극 총리 후보자 사관〉 파동(2014년 6월에 KBS 도막 보도로 일어난 사건을 말함)에서 보았듯이 취재 대상의 단편적斷片的인 도막이 아니라 그것의 전모全貌를 들어내서 투명하게 보여주는 취재 보도를 할 것을 지시하는 말이다. 취재보도의 '정확함accuracy'과 사실들의 '빠짐없는' 제시提示—이들 두 절차적인 준칙은 더 이상 논란의 여지없이 일선 언론인들은 말할 것 없고 저널리즘 연구자들 사이에서도 이미 확고부동하게 정착定着한 취재 보도의 수칙守則이다. 이 둘은 모두 진실眞實을 찾아 보도하기 위한 선행절차일 뿐이다. 핵심은 진실의 보도이다. 진실의 보도는 사실의 집합을 알리는 일만으로써 달성되지 않는다. 사실은 진실과 구분되어야 한다. 사실은 진실을 캐내는 선행단계일 뿐이다. 진실을 알리기 위해서는 먼저 사실을 모아야 하되 취합聚合된 사실들 간에 숨겨진 관계들이 어떤 의미를 가지는지에 대해 환하게 규명糾明되어야 한다. '정확하고 빠짐없는 보도'의 가치가 강조되는 까닭은 진실을 일반 민중the public에게 숨김없이 밝히는 데 그 본뜻이 있다.

다음에, 뉴스 보도가 플랫폼화하는 사회에서 우리가 특별히 그것의 준수遵守를 강조해야 하는 것은 〈공익 우선의 가치〉이다. 공익 즉 공적 이익公的利益을 강조한다고 해서 이 말이 개인적인 사적 이익私的利益을 무시 또는 외면해도 좋다는 것을 의미한다고 보아서는 안 된다. 공익 우선의 가치는 자유시장경제의 존재를 인정하느냐 마느냐라는 양자택일의 이분법에서 논의할 성질의 문제가 아니다. 그것은 시장경제를 토대로 삼는 민주주의 체제 아래서 개인의 사적 이익 추구를 인정하는 토대 위에서 그 사익이 사회 전체의—또는 공동체의—공익을 해쳐서는 안 되는 원칙 위에서 준수되어야 마땅하다는 점을 말하고 있다. 다시 말하면 사익과 공익이 취재 보도의 현장에서 충돌하는 경우 공익이 사익에 우선하며 따라서 사적 이익의 추구는 공익 우선의 테두리 안에서 지켜져야 함을 강조하고 있다.

공익 우선의 준칙을 지키려면 무엇보다도 공익이 우선되도록 도와주는 여건이 조성되어야 한다. 이런 여건은 정·업政業의 권력 즉 정부·정치권력과 기업권력의 압력으로부터 언론미디어가 자유로워야 하며 자주적인 보도와 논평을 할 수 있는 독립성이 담보되어야 한다. 정부나 정치권력이 자신에게 비판적인 미디어에 부당하게 간섭한다거나 광고를 구실로 삼아 기업이 미디어의 기사에 간섭하는 일을 배제하려면 무엇보다 독립성을 수호하려는 미디어 스스로의 굳은 의지와 실천이 선행되어야 한다. 동시에 미디어의 독립성에 대한 정·업 측의 미디어 침해가 민주사회와 민주정치의 발전을 저해하는 가장 중대한 파괴행위임을 국민 전체가 인식해야 한다.

독립성 인정에 대한 정·업 권력 측의 의지는 민주사회·정치의 발전을 위한 필요조건에 지나지 않는다. 민주사회·만주정치의 발전을 위한 충분조건은 언론미디어가 독립성 확보와 공익 우선의 가치 준수를 확실하게 실천할 때 비로소 달성된다. 그때에라야 민주주의와 언론미디어는 함께 상호발전을 향한 순탄한 항해를 계속할 수 있다. 공익 우선은 다수자의 이익만을 대변하지 않으며 소수자의 이익을 배제하지 않는다. 정·업 측의 한정적인 호의베풀기와 법·제도의 틀을 벗어난 자의적恣意的 행사가 있다면 그것은 미디어의 자주적인 보도와 논평에 의해서 감시와 견제를 받아 마땅하다.

7 _ 하이퍼텍스트와 디지털 쓰기 · 읽기

'詩도 SNS 세상에 적응해야 한다'

"스마트폰 하나로 모든 걸 해결하는 세상이다. 시詩도 거기에 적응해 짧아져야 생명력을 얻는다."

'극極서정시' 운동을 표방한 시집『수원 남문 언덕』(서정시학)을 펴낸 최동호 시인(66)이 2011년부터 시단詩壇에 제안한 신조어가 네 마디의 앞 구절이다. 극서정시란 '극도極度로 축약된 단형시短型詩'를 뜻한다. 고려 대학교 국문학과 명예교수이자 문학비평가로도 활동하는 최 시인, 그의 극서정시는 4행이 기본이다.

창 밖에 걸어놓은
등불 하나
고독한 섬이
바람의 둥지를 흔든다.

「등대」라는 시제詩題의 이 시가 극서정시의 대표랄 수 있다. 그의 극서정시는 일본의 하이쿠俳句はいく처럼 단 한 줄짜리도 몇 편 있다.

최 시인은 "요즘 우리 시가 길고 장황하고 난삽해진 현상을 반성하기 위해 극서정시의 개념을 제시했다"면서 "시는 컴퓨터 칩처럼 고도로 집약된 정보를 담으면서 시 본연의 노래로 돌아가야 한다"고 역설했다. 그의 극서정시론詩論을 지지하는 60대 이상 중진 시인들이 짧은 시로 시집을 묶는 게 요즘 문단의 새 흐름이기도 하다. 최 시인은 아마추어 시인들이 SNS에 올리는 짧은 시 유행과는 거리를 둔다. "SNS 시는 너무 얇고 가볍다. 극서정시는 시인들이 전통 시학詩學을 유지하면서 휴대폰 화면에 들어갈 수 있는 120자 이내의 시를 쓰자는 것이다."며 "짧지만 극적劇的 전환이 있어야 한다"고 최 시인은 말했다(조선닷컴 2014년 4월9일).

SNS 시대에 적응하기 위해 '변해야 하는 것'은 시 짓기 만이 아니다. 시 짓기 외에도 다른 글쓰기와 읽기 즉 디지털 쓰기·읽기도 변해야 한다는 것은 일반론이다.

디지털 생태계에 맞춰 '변해야 하는 것'은 맞지만 그 변화가 구술성口述性 orality(앞의 제4장 제6절에서 문자성文字性 literacy과 대비하여 설명했음)으로의 회귀回歸를 지향하는 것이라 보는 편이 타당할 것이다. 시는 원래 목소리에 실려 읊었던 형태를 갖지 않았던가? 우리의 3행 정형시 시조를 보라. 시조는 낭독과 동시에 태어났으며 문자로 씌어진 다음에도 기회 있을 때마다 목소리를 높여 읽곤했다. 뿐만 아니라 알게 모르게 개최된 수많은 시낭송회를 상기해 보라. 그것은 시가 쓰기보다는 읽기에서—다시 말해서 낭송에서 그 생명을 찾으려는 올바른 몸부림이라고 봐야 하리라. 그 점에서 보면 최 시인의 '극서정시' 운동은 시의 본 고장 회귀를 위해 올린 깃발이다.

소셜미디어 플랫폼들에서 보듯 지금의 21세기 첫 20년은 구술성과 문자성이 혼합된 대단히 흥미진진한 혼성 시대이다. 우리는 전자 미디어에 기반을 둔 제2차 구술성이 디지털 읽기—쇠퇴한 듯했던 상태에서 디지털 시대에 와서 다시 왕성해진 읽기—와 서로 상호작용을 하는 시대의 한 복판에 살고 있다.

TV의 광범위한 보급 때문에 한때 쇠퇴한 듯 싶었던 읽기가 1980년부터 2008년 사이에 무려 3배 증가했다는 사실(Bohn et al. 2010 p.7)을 앞에 두고 우리는 읽기의 문제를 새로운 각도에서 조명해야 함을 인식하게 된다. 디지털 시대에 읽기가 '부활' 한 것은 그것이 인터넷상에서 이용자가 단어들을 수용하는 '압도적으로 바람직한 방식' 이기 때문이다(ibid p.7).

이 절節은 위와 같은 읽기의 '부활' 을 염두에 두면서 디지털 읽기·쓰기의 실천 사례보다는 그것들의 원리를 알리는데 할애하려고 한다. 실천은 원리를 따라가면 될 것이다.

디지털 쓰기·읽기digital writing and reading는 구텐베르크의 활판 인쇄 기술의 발명 이후 최대의 가장 놀라운 발명이다. 디지털 쓰기·읽기는 단순히 컴퓨터에 저장된 온갖 자료들을 검색하여 읽고 쓰는 일만을 가리키지 않는다. 컴퓨터에 저장된, 자기가 필요로 하는 특정 자료들을 찾아내 사용하려는 사람은 유목민이 풀을 찾아 산과 들을 헤매듯 여러 텍스트들 사이를 누비며 다녀야 한다. 그가 누비는 광대한 인터넷의 텍스트 초원草原은 인쇄 시대의 텍스트와는 크게 다르다. 이 차이를 이해하기 위해 우리는 먼저 텍스트와 하이퍼텍스트hypertext의 차이부터 이해해야 한다.

(1) 텍스트와 하이퍼텍스트

텍스트란?

텍스트text는 가장 쉽게 접하는 첫 번째 상식적 차원의 경우 육필肉筆로 원고지에 쓰인 것, 타이프된 것, 인쇄된 것을 지칭한다. 두 번째의 것은 시나 소설과 같은 문학적 분석의 대상이 되는 완성된 작품 전체를 지칭한다. 세 번째는 언어학에서 사용되는 개념인데 글의 형식을 갖추고 언어학적 통일성과 의미론적 통일성을 지니되 특정 문맥文脈 context 안에서 담화談話 speech와 기호언어sign language를 포함하는, 연속하여 엮어진 담론談論 discourse을 의미한다. 네 번째는 구조주의 문학이론에서 사용되는 개념이다. 이에 따르면 문자적 창조물을 글쓰기writing or écriture(프랑스어)라는 사회적 제도의 산물로서 개념화한 것을 말한다. 이 경우 사회적 제도의 산물이라는 구절의 의미는 언어적인 해당 코드codes와 규약 conventions에 따라 해석하는 과정을 통해 해독자解讀者 reader가 능동적으로 생성하는 것이다. 다섯 번째는 기호학적 · 문학이론적인 개념인데 이 경우는 해독하여 그 의미를 찾을 수 있는 기호들의 체계를 가리킨다. 기호들에는 영화, TV—라디오 프로그램, 광고, 그림 및 사진들이 포함된다. 이러한 풀이를 따르면 어떤 구조주의자에게는 우리가 사는 세계 전체가 '사회적 텍스트'가 된다.

하이퍼텍스트란?

하이퍼텍스트hypertext는 인터넷을 사용하는 사람이라면 날마다 접촉하는, 컴퓨터 네트워크 온라인online에만 존재하는 정보매체다. 인터넷 주소창에 나타나는 네이버의 주소 https://www.naver.com의 머리에 보이는 https의 htt가 바로 하이퍼텍스트의 약호略號이다. text의 머리에 붙은 접두어 hyper—는 원래 'beyond=초월적, super=대형의, 큰'이라는 뜻을 갖고 있지만 '비연속적nonsequential' '비선형적 nonlinear'이라는 의미도 지닌다. 인터넷상의 무수한 텍스트들의 성격을 들여다보면 hyper-의 의미는 전통적인 인쇄물 텍스트를 '뛰어넘는' 것으로 보는 것이 타당할 듯싶다.

앞서 살핀 텍스트의 개념과 마찬가지로 하이퍼텍스트의 개념도 논의하는 연구자의 정의에 따라 여러 가지로 달라진다. 그중 세 가지만을 추리하면 다음과 같다.

①웹the Web을 발명한 팀 버너스—리Tim Berners—Lee에 따르면 하이퍼텍스트는 디지털 텍스트 안에 HTML 링크를 설치하기 위해 고안된 방

법을 가리키는 용어이다. HTML은 HyperText Markup Language(하이퍼텍스트 생성생어. 하이퍼텍스트를 찾아내는 언어)의 약자이다. 즉 웹 브라우저에서 하이퍼링크(하이퍼텍스트에서 한 문서가 다른 사이트와 연결된 단어를 본문과 다른 색깔로 표시한 언어, 부호 또는 영상을 말함)를 클릭하면 링크된 요소들이—구체적으로는 텍스트 파일, 음성 파일, 이미지, 심지어 가상세계의 위치와 같은 요소들이 브라우저창窓으로 실려 가게 된다. 간단히 말하면 검색 엔진을 통해 찾아낸 문서에 나타난 전문용어의 의미를 알기 위해 누군가가 그 용어를 풀이하여 올린 블로그와 하이퍼링크하여 얻는 정보가 하이퍼텍스트이다.

②Hypertext라는 신조어는 원래 넬슨Theodor(Ted) Nelson(1937~)이 1965년에 처음 만든 것으로서 인간과 컴퓨터를 접속interface시키는 선견적先見的인 개념이다. 넬슨은 전통적인 텍스트의 개념을 대체하기 위해 하이퍼텍스트란 용어를 창안해 냈는데, 전통적인 텍스트에서 독자는 필자 또는 저자가 미리 의도한 **통로**path를 따라 그의 정보체계 바꿔 말하면 그의 텍스트(수필이나 논문, 책 등)를 읽게 된다. 즉 전통적 텍스트의 독자는 저자가 정한 오직 한 가지 통로만을 제공받을 뿐이지만 넬슨의 하이퍼텍스트는 이러한 재래식 관념을 깨버렸다. 넬슨의 하이퍼텍스트는 독자에게 **복수의 다원적 통로**를 제공하고 그렇게 함으로써 독자 자신의 자료(데이터) 연결 노력을 통해 텍스트를 다연속적multi-sequential으로 헤쳐서 가는 능력을 독자에게 부여하여 사고의 유연성을 발현發現하게 하는 개념이다. 넬슨은 인간의 마음은 연상작용association에 의해 작동한다고 보았다. 마음은 어떤 하나의 문제를 붙잡으면 즉각 다른 항목으로 옮겨가서 기묘한 사유 궤적의 그물을 형성한다는 점에 넬슨은 주목했다. 하이퍼텍스트에는 '**모든 것이 다른 모든 것과 서로 뒤섞이고 뒤얽혀 있다.**'

③하이퍼텍스트의 구조는 하이퍼링크들로 연결된 텍스트 블록block

들—이를 정보 덩어리 또는 정보 더미라고 부른다—로 구성되어 있다. 이용자들에게는 여러 가지 상이한 접속규약들이 제공된다. 한 건의 정보와 다른 건의 정보를 컴퓨터가 자동적으로 처리하여 연결해 주는 정보의 수집·정리 수단이며 그 텍스트들을 연결·정리하는 방식은 **비선형적**nonlinear, **비연속적**non-sequential으로 이뤄진다. 이는 하이퍼텍스트 자체가 시작과 중간과 끝이 없는 방식으로 구조화되었음을 말한다. 그러므로 하이퍼링크를 통해 검색되는 텍스트와 텍스트 사이에는 경계가 흐려지거나 또는 무경계無境界로 인식될 수 있다.

참고 ☞ ⑫ **Theodor(Ted) Nelson(1937~)**

영국 옥스퍼드대학교의 사회학자이자 철학자인 넬슨은 자크 데리다Jacques Derrida, 롤랑 바르트Roland Bartes, 안드리에스 반 담Andries van Dam과 더불어 문학이론과 사회과학 이론에서의 패러다임 혁명을 주창한 학자이다. 그는 문학이론에 관해 글을 쓰는 다른 많은 사람들과 마찬가지로 중심, 주변, 위계질서, 선형적 사고linear thinking에 기초하는 개념체계를 포기할 것을 요구했다. 그 대신 다선형성multilinearity, 마디node(結節), 링크link(連結), 네트워크(網 network)와 같은 개념들로 바꿀 것을 바랐다. 넬슨은 그의 *Literary Machines*에서 다음과 같이 말했다.

하이퍼텍스트라는 용어를 통해 나는 비연속적인 글쓰기, 즉 곳곳으로 흩어져서 독자에게 그중 어느 하나를 선택하도록 허용하고 양방향 스크린에서 독자에게 가장 잘 읽히는 텍스트를 의미한다. 일반대중이 이해하고 있듯이 이것은 독자들에게 서로 다른 경로(통로)들을 제공하는 연결부들에 의해 이어진 (연결된) 일련의 텍스트 덩어리들이다(조지 랜도 지음 『하이퍼텍스트 2.0』 여국현 외 옮김 문화과학사 2001, p.14에서 재인용).

하이퍼텍스트와 전통적 텍스트와의 차이점 요약

①비선형적 글쓰기와 선형적 글쓰기: 하이퍼텍스트는 정보 조각들이 컴퓨터에 의해 자동적으로 처리되므로 정보정리 방식이 비선형적non-linear이다. 인쇄텍스트는 일반적으로 독자로 하여금 왼편에서 오른편으로, 위에서 아래로 라는 식으로 선형적인 방식으로 글을 읽도록 되어 있다. 이에 비해 하이퍼텍스트에서는 독자가 텍스트 뭉치들 사이를 신속히 비연속적으로 파도타기처럼 건너뛰거나surfing 항행navigating할 수 있다.

참고 ☞ ⑬비선형적non-linear 또는 비연속적non-sequential 이라는 개념

서적과 같은 인쇄물은 해독자reader가 한 지면의 왼쪽에서 오른쪽으로(→) 그리고 위쪽에서 아래쪽으로(↓) 읽어 가야만 하는데 이를 선형 양식linear fashion의 읽기라고 한다. 인쇄물은 이런 읽기 방식을 해독자에게 강요한다. 인쇄물과 달리 히이퍼텍스트는 이용자user＝해독자들에게 하나의 텍스트더미에서 다른 텍스트더미로 신속히 그리고 비선형적으로 즉 비연속적으로 이동해 가도록 한다. 「비연속적」이란 한 텍스트를 지그재그로 읽어가기도 하고 글줄을 건너뛰며 읽기도 하며, 이 텍스트에서 저 텍스트로 마음대로 옮겨가기도 한다는 뜻이다.

선형적 계서적階序的 hierarchical인 구조라는 경향은 육필원고原稿 문화에서도 현저히 드러나지만 인쇄술에서 더욱 강화되었다. 그 결과 텍스트의 구술적口述的 성격(시각적인 것에 대한 의존성)은 쇠퇴했다. 오늘날 논문, 에세이, 보고서와 같은 논픽션물의 주요 형태는 내용 제시가 선형적인 것으로 되어 있고 내용의 조직에 있어서는 계서적으로 쓰도록 하고 있다. 이것은 업계와 기술계통의 글쓰기 모델이 되어 있음과 동시에 학계와 과학계의 글쓰기 모델로도 되어 있다. 그러나 컴퓨터는 문자로 쓰인 텍스트가 이런 식으로 선형적 형태를 취해야 한다는 점에 의문을 던진

다. 하이퍼텍스트를 통해 이용할 수 있게 된 새로운 전자 글쓰기 공간을 제공받은 작자가 동시에 여러 줄線의 생각을 즐기고 제시할 수 있는데 왜 굳이 선형적이고 배제적인 사고를 해야 하는가?

해체철학자인 데리다는 1976년에 『그라마톨로지에 대하여』를 썼을 때 이미 하이퍼텍스트에 관한 날카로운 통찰력을 보여줬다. 그는 비선형적 글쓰기가 선형적 글쓰기에 의해 말살되지는 않았지만 억압을 받아왔다고 주장했다. 데리다는 근대사회를 사는 우리의 모든 경험을 종래의 선형적 방식으로는 적절하게 기록될 수 없다고 믿은 나머지 새로운 방식의 글쓰기를 시작해야 한다고 결론지었다. 볼터에 따르면, "데리다는 하이퍼텍스트가 출현하기 이전에 날카로운 통찰력을 보여줬지만 전자 글쓰기는 그가 언급한 새로운 글쓰기인지는 알 수가 없었다"고 말했다(Bolter 1991). 데리다는 "**선형적 글쓰기의 종말이 책의 종말**"이라고 생각했다. 그러나 볼터는 하이퍼텍스트라는 형태로 등장한 "**새로운 전자미디어가 선형적인 형태와 비선형적인 형태를 동시에 채택하는 방식으로 책을 재규정한다**"고 보았다.

②복수의 통로를 이용한 의미생산: 하이퍼텍스트는 전자의 움직임으로 연결된 텍스트 뭉치로 있다. 이런 구조를 지니기 때문에 하이퍼텍스트는 이용자들에게 각기 상이한 복수의 통로를 제공한다. 독자들은 이 통로를 적절히 이용하여 스스로 자기가 원하는 연결망을 만들어 간다. 연결망을 스스로 만들고 그에 따라 스스로의 의미를 생산하는 것이다. 이에 비해 전통적인 인쇄텍스트는 작자가 설정한 단선적인 단일 통로(a single pathway)를 독자가 따라가도록 짜여 있다. 그래서 독자는 작자의 의도한 바에 따라 글을 읽지 않으면 안 된다. 이는 작자에 의한 읽기 방식의 강요를 의미한다.

③**작자와 독자가 함께 참여하는 하이퍼텍스트**: 하이퍼텍스트는 부분적으로는 작자와 독자가 서로 참여하여 구성한다. 텍스트 뭉치의 연결망을 스스로 만들어 의미생산을 스스로 한다는 점에서 **하이퍼텍스트의 세계에서는 쓰는이와 읽는이 사이의 경계가 흐려진다.** 전통적 텍스트는 의미생산과 전달이 일방적이어서 독자는 거기에 참여할 틈이 존재하지 않는다.

바로 이런 영향력 때문에 정보사회론자들은 하이퍼텍스트가 인간의 읽기와 쓰기 방식에 영향을 미치며, 읽기·쓰기에 대한 교육 방식에 영향을 미치며, 글 내용의 의미해독 방식에 영향을 미친다고 주장한다. 다시 말해서 하이퍼텍스트라는 정보기술의 발전으로 말미암아 인쇄미디어 사회와 근본적으로 상이한 정보사회가 도래했다고 주장하는 사람들이 대두한 것이다. 과연 그들의 주장대로 정보기술이 인간사회를 변화시킨다는 기술결정론을 우리가 받아들일 수 있을까. 이에 관한 논의는 제7장을 참조하기 바란다.

④**학습 방식을 바꾸는 하이퍼텍스트**: 하이퍼텍스트는 인문과학과 사회과학에서의 교육 방식과 학습 방식을 바꾸고 있다는 주장도 대두되었다. 이런 주장들 가운데는 인쇄미디어에 의한 선형적인 글쓰기 방식이 혁명적으로 변화하여 '완벽한 커뮤니케이션 기술'로 한걸음 다가가게 했다는 설도 있다.

▲인쇄문화에 나타난 하이퍼텍스트 사례

다음에 소개하는 자료는 인쇄 시대의 저술에서도 초기 단계의 하이퍼텍스트와 하이퍼링크가 사용된 흔적을 읽을 수 있다.

정민 한양대 교수는 2012년 7월부터 1년간 미국 하버드대 옌칭燕京연구소 방문학자로 머물렀다. 그는 동양 고서의 보고寶庫인 옌칭도서관에서 한 일본인 학자의 이름을 만난다. 후지츠카 지카시(藤塚鄰, 1879~1948). 서울대 전신인 京城경성제대 교수로 추사秋史 김정희金正喜 연구자이다. 소장하던 추사의 〈세한도歲寒圖〉를 아무런 대가 없이 한국에 돌려준 인물이다. 1940년 경성제대京城帝大 교수직을 정년퇴임하고 일본에 돌아갈 때 그가 수집한 장서와 자료는 기차 화물칸 몇 량을 가득 채울 정도였다. 후지츠카는 한·중 지식인 교류와 관련된 자료는 무엇이든 긁어 모은 것이다.

정민 교수는 어느 날 옌칭도서관에서 우연히 후지츠카가 소장했던 옛 자료를 발견했다. 책(인용자: 텍스트)은 다시 책(인용자: 하이퍼텍스트)을 불렀다. 한·중 지식인 관련 책을 찾다 보면 여지없이 후지츠카 소장본이었다. 일본이 패전한 후 경제적 곤란에 처한 아들이 내놓은 아버지 소장서 중 상당수가 들어온 것이었다. 후지츠카는 책 속에 숱한 메모(인용자: 하이퍼링크)를 남겨놓았다. 정민은 고백한다. "이 자료들을 되풀이해 들춰보다가 내가 부처님 손바닥 안의 손오공 같다는 생각을 했다. (후지츠카는) 구체적인 관련 정보를 더 얻으려면 다시 어느 책을 보아야 하는지 정확하게 지시하고 있었다. 나는 그의 메모를 따라가면서 그와 나 사이에 묘한 접속이 이루어지는 듯한 비밀스러운 느낌을 종종 갖곤 했다."

정민은 후지츠카 소장본과 관련 자료를 통해 18세기 한·중 지식인 교류의 모습을 꼼꼼히 복원한다. 홍대용(洪大容, 1731~1783)은 한·중 지식인 교류의 첫 장을 연 조선 지식인이었다. 그는 북경에서 한족 지식인 엄성·육비·반정균 등과 만나 사귀며 관련 기록을 남겼다. 이어 유금·이덕림李德懋·박제가朴齊家·류득공柳得恭·박지원朴趾源 등이 사행使行길에 나서면서 활발한 지식인 교류가 일어났다.…(조선일보 2014년 5월 24일 북리뷰).

(2) 글쓰기 기술의 변화와 발전
인쇄술과 타이프라이터에 의한 글쓰기: 인쇄술과 타이프라이터의 발명에 의해 글쓰기의 기계화가 이뤄지기까지는 파피루스=종이 위에서 펜이나 붓을 움직여 문장을 만드는 글쓰기 방식이 행해졌다. 글쓰기의 혁명은 활자가 발명되고 인쇄의 기계화가 달성됨으로써 가능했다. 글쓰기의 기계화가 최초의 텍스트 프로세서인 인쇄술의 진화를 초래한 것이다. 이는 단어들을 일시에 대량복제할 수 있는 기술의 발전을 의미한다. 19세기 말엽에서 시작하여 20세기 초에 더욱 발전하여 개량된 자동식자기Linotype(식자기는 1884년의 발명품)는 텍스트 프로세싱을 더욱 촉진시켰다. 컴퓨터는 텍스트의 생산, 인쇄의 효율성과 신속성에다 신축성을 부가함으로써 글쓰기 기술에 혁신을 초래했다. 디지털 글쓰기는 인쇄된 서적의 출판에 이은 글쓰기 기술의 대변혁이다.

디지털 글쓰기는 분명히 전통적인 텍스트와 대조되는 새로운 기술임에 틀림없지만 이 신기술은 안정화하지 않고 아직도 끊임없이 변하고 있는 중이다. 디지털 글쓰기는 예전의 글쓰기 및 인쇄술과 병행하여 존재하고 있다는 뜻이다. 신기술이 도입되었다고 해서 예전 기술이 모두 완전히 대체되는 것은 아니다. 왜냐하면 기술은 모든 필요를 충족할 만큼 적절성이 입증되어야 하기 때문이다. 예컨대 인쇄술의 발명으로 서적출판에서 기계식 인쇄술에 의해 필경筆耕이 완전히 대체되어 없어지기는 했지만 그렇다고 해서 육필원고 쓰기가 완전히 종말을 고한 것은 결코 아니다. 다만 인쇄 기술과 육필원고 쓰기 기술 사이의 경계가 흐려졌을 뿐이다. 오늘날에도 볼펜과 종이는 여전히 메모 필기용과 대인커뮤니케이션용으로 필요하다. 이렇게 보면 식자植字 typesetting와 워드프로세싱word processing 그리고 육필원고 쓰기handwriting(手稿수고 작성)는 적어도 가까운 장래에는 서로 보완관계를 유지하면서 계속될 것으로 보인다.

맥루한의 관찰을 빌리면 어떤 미디어의 '내용'은 항상 또다시 다른 미디어로 전환된다. 더 발전된 미디어 기술은 이전 단계의 기술을 포섭한다는 얘기다. 몰드롭Moulthrop(1991)에 의하면 '글쓰기는 말하기를 포섭하며, 인쇄는 글쓰기를 포섭하며, 영화는 말하기와 글쓰기 두 미디어를 함께 포섭한다.' 음성에 헤드라인의 몽타주가 들어가는 경우가 그러하다. 맥루한이 말하는 **'인간의 확장extension 가운데 가장 최신의 연장 미디어인 하이퍼미디어─즉 하이퍼텍스트─는 소리와 그래픽, 인쇄와 비디오를 통합하고 있다.'**

컴퓨터는 지금까지 있어 온 어떤 미디어와도 아주 다른 글쓰기 미디어를 제공한다. 볼터의 표현으로는 '글쓰기 공간'을 마련해주는 것이다. 인쇄 시대에는 작자와 독자가 텍스트를 인쇄된 책에 있는 것으로만 간주했다. 즉 인쇄된 책이라는 개념적인 공간의 경우에 한해서만 글쓰기가 고정되어 있었다. 따라서 그 공간을 따라가야만 하므로 읽는이는 작자에 의해 통제를 받는다. 왼쪽에서 오른쪽으로(→) 그리고 위에서 아래로(↓) 텍스트의 내용을 읽도록 통제받는 것이다. 책이라는 텍스트의 공간은 인쇄된 수천 권의 복제 형태로 존재하는 제본된 책에 의해 규정된다.

이에 비해 **컴퓨터상의 새로운 글쓰기 공간은 텍스트가 디스플레이되는 컴퓨터 스크린과 텍스트가 저장되는 디지털 메모리를 포함하고 있다.** 이러한 디지털 환경의 특징은 유동성에 있으며 작자와 독자 간의 쌍방향적 관계를 가능케 한다는 점에 있다. 디지털 글쓰기는 "물리적 표면 위에 물리적 표지標識의 형태로 나타나는 정보가 아니라 전자부호의 형태로 된 정보를 컴퓨터가 저장한다는 중핵적中核的 사실"에서 그 두드러진 효과를 발휘한다(Delany & Landow 1993 p.7). 컴퓨터 스크린에 나타나는 문자는 종이 위의 문자와 같은 듯이 보이지만 실은 다르다. 디지털로 이뤄진 전자 문자는 "컴퓨터 메모리에 저장된 디지털 부호의 일시적 재현再現"(Delany & Landow 1993 p.7)에 지나지 않는다. 따라서 스크린상의 텍스트는 실제의 텍스트와 다른 것으로 인식된다는 의미에서 '가상적virtual' 인 것이다.

인쇄된 텍스트와 달리 디지털 부호로 생산된 가상텍스트는 추상적이다.
그것은 항상 "아무런 물리적 구체성이 존재하지 않는 시뮬라크르simulacres"
이다(Landow. 1994 p.6). 스크린에 나타나는 텍스트의 가상적 특성은 실제
로 있는 것도 아니며 그렇다고 상상적인 것도 아닌 새로운 존재 양식이
다. 그것은 컴퓨터의 작용에 의해 생겨난 simulated existence(모조模造된
존재)일 뿐이다. 컴퓨터 이용자는 그런 공간을 물리적으로 만질 수도 없
고 그 안에서 이동할 수도 없다. 그럼에도 불구하고 그 공간에서는 독자
와 작자 그리고 텍스트 3자간의 상호작용이 일어난다. 그런 상호작용이
발생하는 공간이야말로 3차원 공간이라고 말할 수 있다. 그 공간의 깊
이, 길이 및 높이가 소프트웨어라는 수단을 통해 탐지될 수 있기 때문에
3차원 공간인 것이다(Snyder 1997 p.4).

컴퓨터 스크린에서 만나는 텍스트는 작자에 의해 창조된 일시적 버전
으로서 존재한다. 즉 텍스트의 원초적 전자버전은 컴퓨터 메모리에 남아
있다. 글 쓰는 사람이 현재 작업 중인 텍스트의 버전을 메모리 칩에 저장
하라는 컴퓨터의 명령에 따라 그것을 메모리 칩에 저장할 때 비로소 전
자카피와 현재의 버전은 통합된다. 그때까지 작자는 전자카피 위에서 작
업을 한다. 여기서 스크린상의 텍스트는 컴퓨터 메모리 칩에 저장된 텍
스트와 잠시 동안 하나로 된다. 그러나 작자가 항상 만나는 것은 오리지
널 버전이 아니라 저장된 텍스트의 가상이미지일 뿐이다. 이러한 과정이
가져오는 결과는 "텍스트로부터 개별 작자가 지워지거나 추상화된다"는
점이다(Snyder 1997 p.4).

디지털 글쓰기의 가장 생소한 특징에 대해 볼터Bolter는 다음과 같이
말했다. "그것(디지털 글쓰기)은 쓰는이(작자)나 읽는이(독자)에게 다 같이
직접적으로는 접근불가능한 것이다.···많은 단계의 지연遲延 deferral이 있
기 때문에 독자와 작자는 텍스트를 조금이라도 식별하기가 어려운 처지

에 놓인다. 텍스트는 스크린상에 또는 트랜지스터 메모리 속에 또는 디스크disk상에 있다."(Bolter 1991 pp.42~43). 그래서 전자텍스트는 매우 다이내믹하며 동시에 변덕스럽고 불안정하다volatile 라고도 말할 수 있다.

컴퓨터에 의한 글쓰기는 생각하기와 글쓰기 간의 구획선을 흐리게 함과 동시에 우리의 사고방식 자체를 어느 정도 만들어 간다는데 그 특징이 있다. 지금까지 발명된 글쓰기 기술로 창조된 공간은 어떤 특정 사고는 허용하고 다른 사고는 배제하는 경향이 있었다. 칠판은 되풀이해서 지우고 고치고 또 쓰는가 하면 우연한 생각과 자연발생적인 것을 고쳐시키는 경향이 강하다. 이에 비해 볼펜과 종이는 신중함과 문법에 대한 충실과 정결함 그리고 절제된 사고를 요구한다. 인쇄 지면은 퇴고推敲, 교정校訂, 편집編輯을 거듭할 것을 요구한다. 컴퓨터는 하이퍼텍스트에 의거하여 응용할 때 새로운 사고방식—원거리 송신을 하며telegraphic, 모듈적이며 modular(다양하고 신축적인 표준단위들로 구성되는), 비선형적이며nonlinear, 가단적可鍛的이며malleable(여러 번 두드리고 펴도 끊어지지 않는 탄력성을 지닌), 협력적인cooperative 사고방식—을 자극한다. 디지털 시대의 우리는 '생각을 조직하는 방식으로 글쓰기 공간을 조직'하며, 우리가 '생각하는 방식으로 세계 자체를 조직'해야 할 것이라는 한 연구자의 말이 귓가에 어른거린다.

제6장

—

몸·정보·기술과의 상호관계

1 _ 파인만, '종이가 일을 한다' : 미디어와 인간 뇌의 상호작용

　사람은 자기가 사는 환경 안의 대상들을 이용하는 동시에 대상들과 얽힌 관계에 대한 자기의 기억을 뒷받침하면서 그 기억에 대한 생각을 엮어가는 능력을 지녔다. 기억을 엮은 다음에는 그것들을 기발하게 종합하는 능력도 사람은 가졌다. 사람이 상대하는 대상들에는 사물뿐 아니라 그것들의 공간적 배치상태, 색깔, 모양과 그밖에 다른 여러 가지 속성들도 포함된다. 일반적으로 인간이 환경 안의 대상들을 이용하는 일은 그렇지 않은 경우에 가능한 것보다 더 정교한 사고를 할 수 있는 능력을 키우는데 도움을 준다. 이는 인간이 사고능력을 향상시키는 데는 환경과의 끊임없는 상호작용이 진행되어야 함을 입증하고 있다. 인간은 환경을 떠날 수도, 외면할 수도 없으며 그 안에서 그것을 유효하게 활용하는 방법을 모색함으로써 더 나은 삶을 사는 길을 찾아간다. 그렇게 함으로써 인간은 환경에 매몰되어 환경의 노예로 전락하는 위험스런 함정을 피할 수 있으며 동시에 인간에게 도움되는 환경을 만드는데 성공해 왔다.

　이 장章에서는 위와 같은 문제의식 아래 인간의 몸과 뇌 그리고 기술을 포함한 환경—뉴미디어를 포함한 디지털 네트워크 생태계—과의 상관관계를 살피면서 인간이 슬기로운 뉴미디어 이용자가 되는 '행위능력'이 어떻게 발휘되는지를 살피고자 한다.

종이 위의 기록이냐? 종이가 실행한 일이냐?

앤디 클라크Andy Clark가 노벨물리학상 수상자인 리처드 파인만Richard Feynman과 사학자 찰스 와이너Charles Weiner 사이에 오간 대화의 일부를 인용한 대목은 인간과 환경 간의 가능성을 구체적으로 드러내 보여 준다.

와이너가 '하루하루 한 일들의 기록이 종이 위에 다 있군요'라며 파인만에게 말을 건내자 파인만은 고개를 젓는다.

"난 실제로 종이 위에서 그 일을 했어요."

파인만의 말을 받아 와이너는 이렇게 반문한다.

"글쎄요. 그 일은 당신의 머릿속에서 한 것일 테지만 그 기록은 아직도 여기에 있지 않소?"

파이만은 와이너의 말을 단호히 거부한다.

"아니죠. 종이는 기록이 아니죠. 정말로 아녜요. 종이가 일을 한 거예요. 종이 위에서 일을 했음에 틀림없어요. 이것이 (일을 한) 그 종이입니다. 맞죠?"(Clark 2008 p.xxv).

와이너와의 대화에서 파인만은 종이 위에 쓰인 생각들이, 자기가 미리 갖지 않고 있다가 종이 위에 펜을 대자마자 비로소 적혀진 것임을 분명히 했다. 오히려 종이 위에서의 글쓰기 과정은 자기의 사고를 구성하는 데 빼놓을 수 없는 불가분不可分한 일부라는 것이다. 파인만은 **종이와 연필—바꿔 말하면 미디어가 사람의 뇌 속에서 작용하는 뉴런들** neurons신경기본단위처럼 **자신의 인지**認知 **체계의 일부**라고 본 것이다.

'종이가 일을 한다'라는 파인만의 말을 믿지 못하는 사람에게는 연주자와 악기와의 관계가 더욱 설득력을 발휘할 수 있을 것이다. 가야금의 명수는 잘 자란 오동나무로 만든 가야금 통과 그 위에서 멋지게 튕겨지는 줄(弦현)을 만나야 귀명창耳名唱의 청각을 즐겁게 할 수 있다. 널리 알려진 이 친근한 사례에서 우리는 무엇을 알 수 있을까? 가야금 연주에서 곡조를 타는 것은 연주자인가 가야금인가? 답은 물론 둘 다이다. 황병기의 명작 「숲」을 타는 것은 황병기인 동시에 가야금 자체라는 뜻이다. 얼른 이해가 아니 되겠지만 우리는 말이 안 되는 듯싶은 말의 뜻을 이해하는 데서 얘기를 진행하기로 하자. 〈황병기 가야금 작품집〉 제1집에 실린 「숲」은 한국 음악사상 처음으로 창작된 현대 가야금곡이자 작곡자 황병기 예술의 천품天稟이 유감없이 발휘된 걸작이라는 평을 듣는다. 이런 걸작의 연주는 연주자의 뛰어난 재능과 가야금 통에 메인 열두 줄이 혼연일체渾然一體를 이뤄야 귀명창을 감동시키는 명곡으로 탄생한다. 현을 타는 자와 악기통·줄의 혼연일체—연주자가 가야금이 되고 가야금이 연주자로 하나되는 이 오묘한 경지에서 우리는 '종이가 일을 하고' '가야금이 곡을 탄다' 라는 말의 참뜻을 이해할 수 있을 것이다. 바로 여기서 '종이가 일을 한다' 라는 파인만의 말은 단순한 말재간이 아니라 진실임이 판명된다.

원로 조각가로서 한국예술원 회원인 최종태 서울대 명예교수(88세 2020년)의 말 또한 파인만의 말을 간접적으로 뒷받침해 준다. "60년 동안 흙을 만졌더니 요즘은 손이 알아서 흙을 붙인다."고 한다(동아일보 2020년 2월 17일). **'손이 알아서 흙을 붙인다'** 라기보다는 '흙이 알아서 손에 척척 붙는다' 라고 그는 말하고 싶었던 게 아닐까? 어느 쪽이든 괜찮다. 나중에 설명하듯, 우리의 생각하기thinking에는 무의식이 작용한다는 심리학자들의 발견을 깨닫게 되면 의문은 풀릴 것이다. 지하 작업실에서 동아일보 기자와 만난 그는 가톨릭 미술의 대부代父로 알려진 예술가이다. 2000년에는 성북구에 있는 길상사吉祥寺의 관음상을 제작하면서 고 법정法頂 스님(길상사의 창건자), 고 김수환金壽煥 추기경과도 각별한 인연을 맺었다. 그가 자기 몸의 일부인 손과 흙과의 관계 다시 말해서 몸의 일부와 흙과의 관계에 대해 실토한 말은 파인만의 '종이가 일을 한다' 와 같은 줄기의 맥을 이루는 말로 들린다. 둘 사이에는 아무런 장애물이 없이 소통이 이뤄진 것이다.

2_ 클릭과 손끝에서 만나는 세상: '세계는 당신의 손끝에 있다'

우리 삶의 거의 모든 영역에 포진한 디지털 기기와 장치들은 우리의 사고와 일거수일투족一擧手一投足을 지원하거나 대행해준다. 이런 시대에 사는 사람들이 뉴미디어 특히 소셜미디어와 맺는 접촉 범위와 정도는 실로 어마어마하게 넓다. 낮은 수준에서만 보더라도 뉴미디어와의 접촉은 이메일, 웹사이트, 검색엔진, 스마트폰을 통한 메시지 주고받기, 디지털 파일 만들기, 각종 파일의 보존과 전파傳播 등에서 이뤄지고 있다. 높은 수준에서는 빅데이터Bigdata를 활용한 소비자 기호嗜好 조사와 시장 경향의 파악에서부터 증강현실Augmented Reality AR과 인공지능Artificial Intelligence AI의 폭넓은 활용에까지 전개된다. 가장 비근한 예로는 어쩌다 스마트폰을 깜빡 잊고 집에 두고 나온 날에는 '나'는 마치 세상에서 고립되어 있는 듯한 느낌마저 드는 경우가 있다. 그 점에서 스마트폰은 우리의 일상생활에서 늘 휴대하지 않으면 안 되는 불가분의 필수품이 되어버렸다. 지하철 계단을 오르내리면서 또는 횡단보도를 건너면서도 눈길은 자기 발밑 쪽으로 가지 않고 손에 든 스마트폰에 집중하고 있는 젊은이들을 보라. 그들은 단순히 노인 세대와 다른 Z세대, M세대가 아니다. 그렇게 치부하기보다는 갖가지 디지털 미디어가 필수품으로서 우리

곁에 엄연히 실재하고 있으며 젊은이들은 그 사실을 생생히 증명하고 있을 뿐이다. 우리는 떼어버릴래야 떼어낼 길이 없는 불가분不可分한 인연을 각종 디지털 미디어와 맺고 있으며 그래서 디지털 미디어의 광활한 바다에 푹 잠겨서 살고 있는 셈이다.

이쯤에 국한해서 보더라도 미디어의 영향은 결코 무시할 수 없을 정도에 이르렀다. 헤일즈가 말했듯 "우리는 미디어를 통해서 미디어와 더불어 미디어와 나란히 생각한다."(Hayles 2012 p.2). 인간과 미디어가 하나로 일체화—體化하는 경향을 보이는 지금의 시대에는 더욱 그러하다. 30여 년 전에는 도저히 상상도 할 수 없었던 신기술을 응용하는 뉴미디어가 한 군데로 집합convergence하는 추세가 강해지는 요즘의 뉴미디어 생태계를 보면서 우리는 미디어의 바다에 잠겨 있음을 실감한다.

〈네트워크로 이어져서 프로그램을 만들 수 있는 기계들〉networked and programmable machines이 즐비한 세계, 구체적으로 소셜미디어 플랫폼 생태계(이하 플랫폼 생태계라 약칭함)는 과거의 인쇄문화와는 뚜렷이 다르다. 그 점에서 인쇄와 문자성文字性 literacy(제5장의 구술성orality과 함께 참조할 것) 시대의 지배력은 점점 쇠퇴하고 있다. 비근한 예로 볼펜이나 예전의 타이프라이터를 가지고 집필작업을 했던 경우에 범했던 오류의 유형은 디지털 워드프로세서에서 일하다 저지르는 오류와는 전혀 다르다. 더욱 극적인 양상은 학계의 연구 분야에 준 충격이다. 예전 학자들은 한 편의 연구논문을 쓰기 위하여 도서관을 몇 번이나 찾아 참고서적을 뒤적이곤 했지만, 오늘날의 학자들은 필요한 정보와 원천자료들을 간단한 웹사이트 검색과 접속 절차를 거치는 수고만으로써 많은 분량의 귀중한 자료들을 획득할 수 있게 되었다. 검색과 접속은 손끝으로 키보드를 두드리고 마우스로 클릭 한두 번 하는 동작만으로 가능해진다. 우리는 클릭과 손끝에서 온누리의 모든 것들과 만나는 세상에서 살고 있다.

이 경이로운 변화에 대해 헤일즈는 **"세계는 사람의 손끝에 있다"**라고 말했다(Hayles 2012 p.2). 키보드에 접속하는 순간, 클릭 한 번으로 '손끝'이 입수할 수 있는 엄청난 양의 거구적擧球的 global 정보—그 정보 저장소의 크기는 우리의 상상을 초월한다. 손끝에서 열리는 세계는 그냥 저기서 우리와 따로 떨어져 있지 않다. **'클릭과 손끝에서 만나는 세상'는 미디어가 우리를 세계와 연결시켜**connect, **관계를 맺어주며** relate, **상호작용**interaction**을 가능케 하는 세계이다.** '클릭과 손끝에서 만나는 세상'는 순간적으로 미디어와 하나로 되는 세계이다. '나'가 미디어이고 미디어가 '나'가 되는 세계이다. 강원도 벽지 마을인 정선의 외딴 집에서 노트북을 열어 작동시키면서 세계와 대화하는 젊은이의 손끝은 세계의 창문을 열어 그 안을 샅샅이 들여다보는 〈마법의 핑거팁 fingertip〉이다. 그 〈손끝〉은 거대한 세계와 상호작용을 일으키면서 인간에게 **거체적擧體的 변화**whole-bodily changes를 초래하고 있다. 웹사이트로 연결되는 키보드에서 벌어지는 읽기와 쓰기, 이를 토대로 이뤄지는 정보의 집중과 확산을 중심으로 일어나는 **거체적 변화**—그것은 단순히 심리학적 변화에 머물지 않고 거기서 훨씬 더 나아가서 뇌의 신경학적 변화 neurological changes까지도 일으키고 있다. 〈손끝〉이 디지털 미디어와 상호작용한 결과로서 초래하는 신경학적 변화는 우리 뇌의 신경회로를 재배선再配線하는rewiring the brain 효과를 이미 발휘하고 있다. 이런 변화 속에서 우리가 주목해야 하는 일은 디지털 읽기와 쓰기 방식의 커다란 변화보다도 더욱 중요한 변화이다—디지털 기술과 결부되어 발생하는 중대한 변화는 경제적·사회적·정치적 영역에서 츠나미津波를 일으키고 있다. 이런 변화는 엄청난 수량의 연구들에 의해 확인되고 있을뿐더러 누구나 열람할 수 있는 귀중한 문헌기록으로서 컴퓨터 '라이브러리'에 고이 저장되어 있다.

  그런데 손끝이 바깥세상과 만나서 우리가 **'뭘 안다'**고 하는 경우의 그 '앎'=지식과, **'뭘 한다'**고 하는 경우의 그 '함'=행위는 〈대체로〉 우리

밖에 존재하는 세상의 대상들objects을 통해서 그리고 대상들에 대해서—다시 말해서 도구들이나 기술적 매개체들과의 상호작용을 통해서 우리의 환경 안에서 발생한다. 우리의 '앎'은 대상들이 군거群居하는 환경에 대한 앎이며 그 '앎'을 토대로 이뤄지는 환경 속 대상들에 대한 대응행위이다. 여기서 '대체로'를 강조한 것은 '대체로'에서 빠지는 영역이 엄연히 존재함을 가리킨다. 즉 우리의 인지認知행위는 우리 몸 밖의 대상들을 향해서만이 아니라 그것들과 더불어 우리 몸 안의 뇌 속에서도 일어난다. '대체로'는 바로 우리 뇌의 신경회로를 주목하라는 경종의 표지標識이다.

'종이가 일을 한다' '손끝에서 키보드가 일을 한다'라는 사례를 가지고 클라크는 인지認知 연장extended cognition의 모델을 개발했다. 사람의 생각이 종이로 연장되어 종이와 더불어 인지작용이 생긴다 라는 뜻이다. 일찍이 마셜 맥루한이 '미디어는 인간의 연장이다'라고 말한 바로 그런 세상이 지금 실현되고 있다는 의미이다. 클라크는 인지연장 모델을, 인지가 뇌 안에서만 일어난다고 상상하는 뇌고착腦固着 모델Brainbound model과 대비하여 고찰했다. 둘의 차이는 명백하다. 신경병학적·실험적 사례들을 보면 인지연장 모델이 뇌고착 모델을 압도한다(Clark 앞의 책).

3_ 진화의 추동력은 메타인지적인 앎

사람들은 의식적으로 알지 못한 채 어떤 행위를 수행하는 경우가 많다. 모르는 사이에 하는 행위가 의외로 많다면 여러분은 아마도 놀랄지 모르겠다. 이처럼 우리의 행위가 뜻밖에도 복잡성을 띠고 있다는 점을 안다면 우리는 이런 물음을 제기할 것이다. 그렇다면 도대체 의식이 하는 역할은 무엇인가? 특히 영장류靈長類의 뇌를 '자기를 아는 앎'(자아지自我知) 으로 도약시킨 진화적 추동력은 무엇인가? 그 답으로 바그John A. Bargh 는 **메타인지적인 앎**認知的 知 metacognitive awareness을 제시했다. "메타인지적인 앎이란 환경뿐 아니라 자신의 사고 안에서 일어나는 일들을 자기가 알기 때문에, 상이한 심리상태와 활동들을 조정하여 그 모든 것들이 다 함께 작용하게 한다."(Bargh 2005 pp.37~60. Hayles 2012 p.95서 재인용). 메타인지적 앎은 자기 자신의 학습이나 사고 과정을 알아차리거나 분석하는 것을 말한다.

간단히 말하면 '나의 앎을 아는 것'—그것이 **메타인지적인 앎**이다. meta-라는 접두어가 붙은 단어로서 우리가 알아둘 가치가 있는 주요 단어로는 meta-language, meta-physics가 있다. 메타언어는 우리가 언어에 관해 말하거나 풀이하는데 사용되는 언어—즉 '언어를 아는 언어', '언어에 관해 풀이해주는 언어'를 가리킨다. 메타피직스는 형이상학形而上學이다. physics가 물체와 에너지에 대해 연구하는 물리학物理學을 가리키듯 형이상학은 물체를 떠난, 달리 말하면 우리의 신체(physic) 밖에 있는 또는 신체를 떠난 정신세계를 분석하며 연구하는 철학을 말한다. 이렇게 meta-의 의미를 터득하고 나면 메타인지meta-cognition의 meta-의 뜻도 쉽게 해명되리라고 본다.

메다인지에 대한 얘기가 나온 김에 좀 더 쉽게 설명한 전문가의 설명을 듣기로 하자. 다음은 김정운이란 심리학자의 설명이다.

메타인지는 학습능력과도 깊은 관련이 있다. 컬럼비아대학교의 리사 손 교수는 학습능력이 뛰어난 아동은 자신이 '모르는 것', '틀리는 것'에 관심을 집중한다고 했다. '모른다는 것을 안다'는 메타인지가 활성화된다는 이야기다.

메타인지는 인지적 과정에만 해당되는 것이 아니다. 자신에게 일어나는 신체적 · 심리적 · 정서적 변화를 인식하고 대처하는 능력과도 관련된다. 한때 연애를 잘 하려면 놀이공원에서 무서운 놀이기구를 타보라는 심리학적 조언이 유행했었다. 무서워서 가슴이 뛰거나 땀이 나는 것을 마치 상대방에 대해 호감을 가진 결과로 잘못 연결지웠기 때문이다. 틀린 이야기는 아니다. 신경학자인 안토니오 다마지오Antonio Damasio(1944~)는 이와 관련해 '신체표지標識 가설'을 주장한다. 정서적 변화가 일어날 때 신체에 생기는 반응, 즉 '신체표지'는 뇌에 흔적을 남긴다는 것이다. 뇌는 저장된 신체표지에 따라 자신의 정서적 상태를 해석한다는 거다(중앙선데이 2020년 2월 29일 〈김정운의 바우하우스 이야기〉〔30〕).

메타인지와 더불어 알아둬야 할 용어는 **메타인지적 의식**metacognitive consciousness이다. 그것은 "사람이 지각─운동기능知覺─運動機能의 다양한 구성요소들을 모아서 결합시킬 수 있는 작업장이다."(Hayles 2012 p.95). 의식이 활동하는 작업장이라는 뜻이다. 바그에 따르면 의식의 작업장은 인간에게 이득을 준다. "다른 (생물) 종種들은 자신들을 위한 심리 작업을 하기 위해 자기들 안에 내장된 악령들demons에게 의존하지만 인간은 스스로의 악령을 구축할 수가 있다." 이것이 바그의 풀이다.

이러한 실증연구들에도 불구하고 사람들은 비非의식적nonconscious, 무無의식적unconscious 행위가 인지의 강력한 원천이 될 수 있다는 생각에 여전히 저항감을 보인다. 왜 그럴까? 의식이 없는 상태에서 어떻게 아는 일이 가능하냐 라며 의문을 품기 때문이다. 그런 의문은 인간의 행위능력human agency 자체를 인정하지 않으려 하기 때문에 일어난다. 디엑스터휘스 · 아츠 · 스미드Dijksterhuis et al.(2005)는 그런 부정적 견해가 잘못이라고 반박한다.

이들은 데카르트의 명제를 뒤집는 방식으로 **'생각 자체가 대개 무의식적'**이라고 말한다. 데카르트의 명제를 뒤집는 방식이란, '나는 생각한다. 그러므로 나는 존재한다 I think, therefore I am' 라는 저 유명한 명제를 가리킨다. 앞에서도 밝혔듯 이 명제는 인간이 〈이성적으로〉 '생각하며 그러므로 존재한다' 는 것을 의미한다. 데카르트 명제에서 가장 핵심적인 요체는 인간의 사유 자체가 〈이성적〉이며 〈의식적〉이라는 점이다. 앞의 세 학자들은 이 명제가 품은 '이성적 의식작용'을 '생각의 무의식'으로 바꿔놓았다. 인간의 사고에 무의식이 작용한다 라는 점을 염두에 둔 채 다음 인용문을 읽으면 "종이가 일을 한다"라는 파인만의 말이 무슨 뜻인 지를 쉽게 이해할 수 있을 것이다.

우리가 쓰고자 하는 글에 대해 생각하는 것은 무의식적이다. 우리는 읽고 있다 라고 말하지만 우리의 무의식적 메카니즘—그것이 숙고하는데 필요한 자료들을 우리가 다만 획득할 뿐이다. 우리는 때때로 우리의 의식 속으로 침투해 오는 생각의 산물産物들 중 일부를 의식해서 알지만 생각하는 일 즉 심사숙고하는 일 자체에 대해서는 의식해서 알지 못한다(Dijksterhuis et al. 2005-77. Hayles 2012 p.95서 재인용).

그래서 디엑스터휘스 등은 사고의 처리과정을 통계수치로 제시하면서 "우리의 생각이 무의식적이라는데 우리는 기뻐하지 않으면 안 된다"라고 말한다. 그들의 결론은 이렇다. **"우리는 (뇌 속으로) 들어오는 모든 정보의 아주 적은 양만을 (의식을 통하여) 다룰 수 있을 뿐이다. 나머지는 우리가 알지 못하는 사이에 처리되고 만다. 생각하기와 같은 일을 해야 할 때마다 무의식적 메카니즘이 작동하며 도와주는데 대해 우리는 고맙게 여기자."**(Dijksterhuis et al. 2005 p82. Hayles, 2012 p.96).

새로운 무의식의 역할
웹사이트 게임에 중독된 이용자들의 습관을 고찰한 연구자들은 습관

이전에 뇌의 무의식이 게이머들에게도 작용하는 것을 발견했다. 무의식이 습관에 선행한다는 뜻이다. 무의식의 영역이 사람의 행동에서 중요하다는 점은 헤일즈도 인정했다. 그의 입장은 무의식의 역할에 무게를 두고 있다.

이 분야에 관심을 두는 광범위한 연구 분야들 즉 신경과학, 심리학, 인지과학 등을 포괄하는 최근의 연구 성과들을 보면, (생각을 통해) 목표를 정하고 우선순위를 매기며 의식과 통상적으로 결부된 다른 활동들을 하는 경우 무의식은 예전에 생각했던 것보다 훨씬 더 큰 역할을 수행하는 것으로 판명되었다(Hayles 2012 p.94).

이 경우의 무의식을 요즘 학자들은 '새로운 무의식new consciousness'이라 부른다. 프로이트가 발견한 종전의 무의식 개념과 차별화하기 위해 21세기의 학자들 사이에서는 그렇게 불린다. '새로운 무의식'은 환경에 신축적이며 정교한 반응을 보이지만, 의식에는 접근하지 못한 채 남는다. 말하자면 '새로운 무의식'도 역시 프로이트의 경우와 마찬가지로 의식의 표면으로는 부상하지 않는다. 헤일즈에 따르면 의식에 도달하지 않는 새로운 무의식이 있다는 결론은 많은 실험과 경험적 증거들에 의해 뒷받침되고 있다.

무의식의 작용에 덧붙여 헤일즈는 바그John A. Bargh가 대학생들을 상대로 실시한 언어 실험의 결과를 소개했다. 실험은 대학생들을 두 집단으로 나눠 실시되었다.

(가)군 학생들에는 그들이 알지 못하게 무례함rudeness을 가리키는 동의어들을,

(나)군 학생들에는 예의바름politeness의 동의어들을 적어놓은 어휘 리

스트를 주어서 읽게 했다.

그런 다음에 두 집단의 학생들이 무대 장치를 설치한 낭하廊下를 걷게 하고는 어떤 반응을 보이는가를 실험연구자들이 유심히 살폈다. 그 결과, rudeness 동의어들을 본 학생들은 무례한 반응을 그리고 politeness 동의어들을 본 학생들은 예의 바른 반응을 보였다. 이 연구성과는 무엇을 뜻하는가?

언어의 기능 작용에서 **"의식적인 의도와 행동의 발동체계 behavioral (motor) systems는 기본적으로 뇌 안에서 분리되어 있다.** 달리 말하면 행동하도록 인도하는 발동체계의 대부분은 아니더라도 많은 부분은 의식적 접근에 대해 불투명하다는 것이 앞의 실험 사례에서 드러난다."(Bargh 2005 p.43).

이 실험에서 발견된 사실은 이렇다. 작동 중인 기억 안에서 (의식적인 知지 = 앎에 접근할 수 없는) 의도된 표상表象 representations들은 (접근할 수 없는) 행위들을 가이드하는데 사용되는 표상들과 다른 곳에서 다른 구조로 저장된다. 이 사실은 사회심리학에서 행동지시정보 제공priming actions의 기초가 되는 메카니즘을 이해하는데 매우 중요하다(Bargh 2005 p.47).

또한 이 사실은 "비의식적non-conscious인 목표 추구와 비의도적 행동의 다른 형태를 위한 신경 기초"를 제공한다(Bargh 2005 p.48).

헤일즈는 바그의 실험 결과를 다음과 같이 정리했다.

이 관찰에서 뇌는 작동 중인 기억 안에서의 행위 회로를 통해 **부분적으로 기억하지만 이 기억들은 의식적인 知앎가 도달할 수 있는 범위 밖에 있다.**"(Hayles 2012 p.95).

4_ 기계와 몸과의 관계: 정보의 기초는 물질성

어느 미디어 학자가 말했듯, 몸과 기계는 서로 싸우는 용어들이다. 두 단어는 그들 자체 안에 서로 양립할 수 없는 성질의 것들이 통합되는 변증법적 작용을 일으킨다. 20세기 말에 이르러 사람들은 그들의 하드 드라이브에 펫네임(애칭)을 붙이는 동시에 인간의 몸을 훈련시켜 기계화하는 일에 대해 말하곤 했다. 몸은 하느님의 이름으로 만들어진 성聖스러운 것이자 속俗된 것이다. 그래서 몸은 육체의 모든 악과 혼돈으로부터 괴로움을 당한다. 기계는 인간의 창조성이 만든 산물이자 혼 없음의 상징이다. 사회가 인간과 기계를 어떻게 통합하며 분리시키는가라는 주제는 기술에 관한 철학적 대중적 언설言說 discourse(언설을 담론으로 대체하는 게 통례이나 육중한 담론의 무게를 덜기 위해 언설을 사용했음)의 핵심을 이뤄왔다. 자연과 문화가 서로 대립하는 개념이듯 몸과 기계도 전통적으로 서로 대립해 왔다(Lunenfeld 2000 p.64).

그러나 20세기는 이 둘의 합일con-fusion로 발생하는 풍부한 사례들을 보여줬다. 기계화된 교통은 자전거, 자동차 그리고 비행기를 우리들에게 가져다 줬다. 이 기계들은 번갈아 그들의 운전자를 육체와 금속이 서로 얽히는 상태로 끌고 가서 그들의 밀착관계를 점점 더 강화했다. 전신, 전화와 같은 전기통신 미디어는 인간의 몸과 몸 사이의 거리를 단축하거나 또는 사실상 없애 버렸으면 하는 생각의 방향을 신기한 것에서 필요한 것으로 이동시켰다. 라디오, 영화, TV와 같은 전통적 매스 미디어는 내러티브와 뉴스를 제공해 왔으며, 이용자의 몸들로 구성되는 '대리공동체surrogate community'를 창조했다. 미디어 이론가인 맥루한의 말에서 아이디어를 빌린다면 인터넷으로 연결된 '디지털 지구촌a global digital village'이 만들어진 것이다.

다른 커뮤니케이션 미디어가 차지했던 자리에는 컴퓨터가 들어서서 인간— 기계의 상호작용성interactivity이라는 깃발을 드높이 올렸다. 인간의 몸과 기계의 결합— 그것은 전혀 새로운 통합 형식인 '기계인간'의 신화에 불을 지폈다. '기계인간'은 컴퓨터의 작동으로 움직이는 유기체 즉 사이보그cyborg(cybernetic +organism의 합성어)이다. 안경에서 인공심장에 이르기까지, 보청기에서 생명공학적으로 합성된 단백질에 이르기까지 인간의 몸은 이미 합성체로 구성되어 있다. 몸과 기계의 혼성창조물—사이보그는 양가성兩價性 ambivalence, 가치저락價値低落 slippage, 기술적 편만성遍滿性 ubiquity의 시대에 알맞게 설계되어 있다(Lunenfeld 2000 pp.64~65).

(1) 가상성의 조건the Condition of Virtuality

생명과학적 지식의 배경을 지닌 예리한 여성 문학이론가인 헤일즈는 스마트한 기계의 시대에 몸이 처한 특수한 조건 즉 가상성virtuality이 무엇인지를 밝히는 일에 나섰다. 그 성과는 〈가상성의 조건〉the Condition of Virtuality이라는 논문으로 탄생했다(Hayles 2000 pp.68~94). 나는 그 논문에 의거하여 가상성의 조건을 설명하고자 한다.

그의 논문에 따르면 "가상성이란 물질적 대상들과 정보정형informational patterns이 상호침투한다는 문화적 인식"이다. 이 정의는 자신의 연구를 진행하기 위한 전략적 정의인데 주의력을 집중하지 않으면 얼른 이해하기 힘든 말이다. 이 정의에서 주목해야 할 것은 **물질성**materiality**과 정보의 이원성**二元性 duality of information이다. 대립하는 이항二項들이 하나로 합일하는 전일적全一的 사상을 몸에 익힌 헤일즈가 그 둘을 분리해 놓고 고찰한다는 것은 우리가 눈여겨봐야 할 일이다. 그는 일단 물질성과 정보를 두 갈래로 나눠서 살핀 다음 그 둘이 어떻게 하나로 합일하는가를 설명한다.

정보는 누구나 알다시피 비물질적인 것으로 간주된다. 그 점에서 물질

성과 정보는 서로 분지分枝된bifurcated—즉 두 갈래로 나뉘어 대립하는
듯이 보이는 두 개념이다. 한쪽 가지(枝)는 물질성이며 다른 쪽 가지는 정
보라는 뜻이다. '나눠서 떼어진다'라는 뜻의 분리分離란 말이 사용되지
않고 분지란 용어가 사용된 점에 주목함이 좋다. 둘로 나뉜 分枝는 줄기
쪽으로 내려오면서 하나로 합쳐진다. 원래 하나였던 두 가지가 왜 나눠
졌을까? 이들 둘의 분지는 제2차 대전 직후 전쟁과 연관된, 역사적으로
특수한 전후 상황에서 출현한 인간의 구축물이라고 헤일즈는 지적한다.
헤일즈가 가상성의 정의에서 〈문화적 인식〉을 강조했을 때 그의 의도는
그것이 단지 심리적 현상에 불과함을 꼬집은 것만은 아니다. 가상현실假
想現實 virtual reality의 특성을 가리키는 이 말 즉 가상성이 성립하기 위해
서는 기술적 장치들이 전제되어 있어야 한다. 잠자는 동안 꾼 꿈처럼 아
무것도 없는 공간에서 가상성이 뚝딱 만들어지지는 않는다. 머리 밖에
기술적 장치들이 반드시 갖춰져 있어야 한다. 그래야만 가상성은, 유력
한 기술 장치들이 인간의 주변에 배치된 상태에서 구체적으로 나타나는
심성心性 경향mind-set을 가리키는 용어로서 이해될 수 있다.

　가상성이란 관념이 제2차 세계대전 전후에 개발된 것임에 대해서는 설
명이 필요하다. 정보와 물질성을, 서로 분리될 수 있는 비연속적 개념으
로 구축한 분석적 연구들은 1940년대와 50년대 사이의 기간에 특히 종
전 직후에 많은 과학적·기술적 분야에서 진행되었다. 제2차 대전은 무
엇보다도 정보의 가치가 존중되었던 상황에 있었다. 정보는 그것이 무엇
이든 간에 시간과 경쟁하여 앞설 수 있어야 한다. 정보가 말이 달리는 속
도만큼 빨리 전달된다면 그것이 무엇이냐는 그다지 중요하지 않다. 목적
지까지 말보다 늦게 달린 정보는 그 유용성이 사라져 버리는 경우가 왕
왕 있었다. 그런데 정보의 신속한 전달은 기술적 기반구조infrastructure가
충분히 발전해 있을 때에라야 비로소 가능하다. 그때 비로소 정보는 상
품으로서 제 값을 받을 수 있게 된다. 제 값을 받게 된 정보는, 포대와 보

병대가 군사적 성공에 중요한 가치를 지닌 것과 마찬가지로, 싸움터에서 이기는데 아주 중요한 가치를 지닐 수 있다는 뜻이다. 여기서 우리는 분명하고도 중요한 결론을 도출할 수 있다. **정보의 효능은 아주 또렷하게 드러난 물질적 토대에 의해 좌우된다** 라는 것이다. 신속한 운송체계로부터 광섬유 케이블에 이르기까지, 기술이라 불리는 그런 물질적 토대가 갖춰지지 않으면 정보는 물질세계에 영향을 미칠 수 있는 능력의 면에서 아주 보잘것없는 한계선에 머물게 되고 만다. 간단히 말해서 기술의 물질적 토대가 갖춰진 정보라야 물질세계에 영향을 미칠 수 있다는 것이다. 한데 아이로니컬하게도 이러한 물질적 토대가 제자리를 차지하게 되자마자 물질성을 압도하는 것으로 인식되던 정보의 우월성—그것으로 말미암아 정보의 가치가 실현되던 바로 그 물질적 기반구조의 중요성은 흐릿하게 되어 버리는 아이로니가 발생한다(Hayles 2000 p.72).

헤일즈에 따르면 정보와 물질성의 둘로 나뉜 범주는 자의적恣意的이며 임의적인 것이 아니다not arbitrary. 그렇다고 자연적이지도 않다not natural. 그렇다면 그 두 범주는 어떤 성격의 것일까? 두 갈래의 범주화는 1940~50년대 당시의 기술 상황 속에서 잉태되었다가 나중에 출생한 것으로서 구체적으로는 신뢰성 있는 수량화數量化 quantification 작업을 서둘던 신생 기술산업의 필요에서 생겨난 관념임에 주목해야 한다. '자의적'이지도 '자연적'이지도 않다면 정보/물질성의 이원화는 어떻게 생겨난 것일까? 이런 따위의 논쟁을 계속하는 것은 자연이 무엇이냐를 정의하는 일과 연관되어 있어 복잡한 논쟁에 논쟁을 초래하므로 여기서는 별로 유익하지 않다. '자연'을 무엇이라고 정의하든 그것은 "양방향으로 상호작용하는 전일적全一的 환경a holistic interactive environment"임에는 틀림없다. 집에서 밥을 지으려고 끓인 물은 수증기로 변하며, 수증기가 하늘에 오르면 구름(雲)이 되며, 구름이 찬 공기와 만나면 비(雨)로 바뀌어 땅이나 강에 떨어진다. 그렇게 떨어진 물은 수도관을 타서 다시 우리의 가정으로 들어와 음료수를 우리에게 공급한다. 이처럼 밥 짓는 데서 시작하여 구름을 거쳐 수돗물로 되돌아와서 우리 가정에 공급되는 물의 순환과정 전체를 살펴보면 그 과정은 하나의 거대한 '전일적 환경'임을 알아차릴 수 있다. 헤일즈에 따르면 물질과 정보의 이원성은 요컨대 인간이 대상세계를 더 잘 이해하기 위해 구축한 인위적 이분화二分化 또는 이항대립dichotomy에 지나지 않는다는 것이다(Hayles 2000 p.69). 이 말에는 물질과 정보를, 굳이 이원적 성질을 지닌 관념으로 보지 않아도 된다 라는 함의가 묵시적으로 깔려 있다. 〈참고 ☞ ⑭전일성의 불교적 개념〉을 읽어보면 두 개념의 전일성을 이해할 수 있으리라고 본다.

이와 같이 물질과 정보를 넓은 의미에서 〈하나로 되어 있음〉〈전일적인 것〉으로 이해한다면 물질성을 지닌 몸과 비물질성에 속하는 정보가 어떻게 하나로 합일하는가를 이해하는데 도움이 되리라고 본다. 이상의 설명에 유념하면서 다음에 설명하는 정보 패턴pattern 定型정형이 몸을 어떻게 표현하는지 그 과정을 살피기로 하자.

참고 ☞ ⑭전일성全一性의 불교적 개념

불교 대승경전 중 하나인 화엄경에는 다즉일多卽一, 일즉다一卽多란 말이 나온다. 글자 풀이를 하면 '각양각색의 많은 것들이 실은 다 하나로 귀일歸一한다.' '하나인 그것이 실은 많은 갈래의 모습을 보인다.' 란 뜻이다. 불교의 세계관은 불일불이不一不二[異]의 입장을 견지하는데 이는 '이 세상 만물은 현상現象의 면에서는 하나인 채로 같지도 않으며 그렇다고 모두 제각각 별도의 것인 채로 존재하지도 않음'을 의미한다. 다시 풀이하면 '현상적으로는 제각각 달리 보이면서도 실은 그 깊은 원천에서는 하나로 통일된, 둘이 아닌 하나의 세계' 라는 뜻이다. 우리가 사는 객체적(대상적) 환경 바꿔 말하면 자연세계와 사회세계를 원융합일圓融合一하는 것으로 보는 전일적 견해를 취하는 것이 대승불교 특히 공관空觀사상과 화엄華嚴사상에 입각한 불교의 기본입장이다. 반야경般若經 계통에서 발전한 공관사상은 세상의 모든 것은 '고정적이며 영원한 실체實體 substance를 갖지 않으며 그래서 空한 것'이라고 보는 불교사상인데 반야심경般若心經을 포함한 반야경 계열의 경전은 이 공관사상을 설한다. 화엄사상은 앞에서 화엄경의 유명한 두 구절을 들어 아주 간략히 설명했지만 좀 까다로운 불교 용어를 빌리면 이사무애理事無涯, 사사무애事事無涯의 두 용어를 특징으로 삼고 있다. 이사무애란 세상 만물의 불변하는 영원한 근본 성질인 본체(理 substance)와, 고정되어 있지 않고 늘 변하는 현상(事 phenomenon) 사이에는 아무런 걸림이 없다는 뜻이다. 즉 본체와 현상은 서로 독립되어 있지 않으므로 서로 융통합일融通合一함을 말한다. 사사무애는 세상에서 일어나는 모든 일과 현상들은 서로 걸림이 없으므로 서로 교류하며 융합한다는 뜻이다. 그래서 일즉일체一卽一切 일체즉일一切卽一(하나가 곧 모든 것이며, 모든 것이 곧 하나다)이라고 한다.

헤일즈가 말하는 '상호작용하는 전일적 환경'도 이러한 대승불교의 세계관과 맥을 함께 하는 것이라고 볼 수 있지 않을까 한다. 신과 인간, 혼과 육체, 이성과 감성, 말(음성언어)과 글(문자언어), 현전現前 presence과 부재不在 absence의 대립이항 중에서 어느 한쪽 즉 전항前項 계열에 우월성을 부여하여 그것들의 특권적 위치를 인정하는 사고방식 위에 성립된 서양형이상학—그것을 이성-음성중심-현전중심주의라고 비판한 철학자는 프랑스의 자크 데리다이다. 그의 해체解體(탈구축deconstruction) 사상은 이렇듯 서로 배척하는 이분二分된 대립항들로서(~을 갖고서) 잘못 구축된 사고의 틀을 부수고 이를 탈구축脫構築하여 새로운 형이상학을 세우려는 사상이다. 이것도 깊이 고찰해보면 세계의 기본바탕을 전일성全一性의 견지에서 보는 관점이자 원융합일·불일불이의 관점이라 볼 수 있지 않을까 한다.

(2) 분자생물학: 정보정형定型이 몸을 '표현'한다

현대의 분자생물학적 연구에 따르면, **몸은 유전자에 코드화되어 있**

는 정보를 '표현'한다고 한다the body is said to "express" information encoded in the genes. 그 점에서 정보(유전자형)/물질성(몸)이라는 이원성을 구축한 중요한 분야들 가운데 하나는 바로 분자생물학이다. 몸이라는 물질성의 내용은 유전자형 즉 정보코드informational code가 제공하며 이에 따라 몸의 물질성은 이미 존재하는 의미론적 구조를 분명하게 드러내게 된다. 이 경우 몸=물질성을 통제하는 것은 유전자형=정보코드이다. 왜냐하면 유전자형은 물질적 대상(몸)을 존재하게 하는 힘으로 간주되기 때문이다.

몸의 재생산이 정보코드에 의해 제어될 수도 있다는 생각은 오스트리아 출신의 이론물리학자인 에르빈 슈뢰딩거Erwin Schroedinger(1887~1961)가 그의 영향력 있는 저서 *What Is Life: The Physical Aspect of the Living Cell*(McMillan 1944. 이 책은 1943년 2월의 대중강연록임. 서인석 옮김『생명이란 무엇인가』한울사 2020(2014))에서 제시했다.

슈뢰딩거의 뒤를 이어 리차드 도일Richard Doyle은 분자생물학의 담론—또는 언설—을 〈**수사적**修辭的 **소프트웨어**rhetoric software〉라고 지칭했다. 도일은 유전자가 어떻게 몸을 생산하는 원초적 정보정형原初的 情報定型 originary information pattern으로 간주되는지를 규명했다. '몸을 생산하는 정보정형'이라 하면 논리적으로 앞뒤가 맞지 않는 듯이 들린다. 유전자가 몸 안에 들어 있지 몸이 유전자 안에 들어갈 수는 없지 않는가? 그래서 이를 '불가능한 도치倒置 impossible inversion'라 부른다. 이 말은 실제로는 일어날 수 없는 일이 사실상 일어났음을 가리킨다. 다른 말로는 "**개념적 도치**conceptual inversion"이다. 도일이 지적하고자 한 요점은 이러한 개념적 도치란 것이 실험적 성과로서 나온 것이 아니라 '수사적 어법'에 지나지 않는다는 점이다. 바로 이런 의미에서 담론은 〈수사적 소프트웨어〉로서 기능하는 것이다. 이는 마치 담론이 실험실 기구의 하드웨어에서 프로그램을 운영하여 실험실 혼자서는 달성할 수 없는 성과를 이뤄내는 것과 같다(Hayles 2012 p.70).

1970년대에 이르면 수사적 소프트웨어는 〈**수사적 신격화**rhetoric apotheosis〉의 단계에 이른다. 리처드 도킨즈Richard Dawkins의 저서 *The Selfish Gene*(한국어역 『이기적 유전자』 40주년 기념판 을유문화사 2018)는 그런 신격화를 그려낸 책이다. 도킨즈의 수사법에서는 유전자가, 인간 존재로 불리는 '뚜벅뚜벅 걷는 로봇' 자체를 좌지우지하는 '정보상의 행위능력자informational agents'로서 구축된다. 간단히 말해서 유전자가 '정보상의 행위능력자'가 되어 로봇을 통제한다는 뜻이다.

도킨즈에 따르면 인간의 모든 행동은 짝짓기의 선택에서부터 심지어는 이타적利他的 행위에 이르기까지 자신의 목적을 달성하려는 유전자에 의해 통제되는 것처럼 취급된다. 한마디로 유전자는 이기적이다. 이렇게 보면 정보 자체가 로봇의 물질성을 지배하는 우월성을 지니게 된다. 물질성에 우월하는 정보―그것은 바로 정보 자체가 '수사적 신격화'의 위치에 있음을 가리킨다.

'수사적 신격화'는 물론 은유metaphor이다(은유에 대해서는 졸저 『꽃은 스스로 아름답다고 말하지 않는다』[2008]를 참조할 것). 실제로 도킨즈는 자신의 설명을 믿지 않는 불신자들에게 유전자에 의한 인간 행동 통제는 단지 이야기를 다채롭게 꾸며낸 방식에 지나지 않는다고 밝히곤 했다. 헤일즈는 도킨즈의 이러한 '수사적 신격화'를 받아들여서 "은유는 논쟁의 열기를 북돋우는 것 이상의 일을 한다.…그것은 그것이 기술하는 **행위를 실행하는 담론적 행위능력자**discursive agents**와 같은 기능을 수행한다.** 이러한 담론적 실행성을 통해 정보정형은 몸의 물질성을 누르고 개가를 올린다Through this discursive performativity, informational pattern triumphs over the body' s materiality.―개가는 정형과 물질성을 구별함으로써 그리고 물질성에 대한 정형의 특권화에 의해서 달성된다."(Hayles 2000 pp.70~71).

참고 ☞ ⑮분자생물학分子生物學 molecular biology

분자생물학은 단백질 효소의 생합성生合成을 지배하는 DNA의 구조와 특성을 중심으로 중요한 생명현상을 설명하려는 생물학의 한 분야이다. 1940년대에 DNA가 유전자의 본체임이 밝혀지고 동시에 DNA의 유전정보가 RNA를 통하여 세포질 속에서 단백질 합성을 지배한다는 사실이 차츰 알려지면서 분자생물학은 본격적으로 발전하기 시작했다. 분자생물학은 1953년 J. D. 왓슨과 F. H. C. 크릭에 의해 DNA의 2중 나선구조의 모형이 제시됨으로써 새로운 단계를 맞이했다. 그 후 분자생물학의 주류는 DNA의 복제 및 단백질의 생합성을 중심으로 유전의 본질 및 유전의 메카니즘을 설명하고 나아가서는 생명체의 조절작용이나 진화의 현상을 설명하는 쪽으로 나아갔다.

따라서 분자생물학의 중심은 분자유전학이라고 볼 수 있다. 그러나 근육의 기본이 되는 수축단백질인 액토미오신이라는 단백질의 분자구조를 바탕으로 근육의 수축운동을 설명한다든가 뇌에서의 기억 작용을 단백질이나 RNA의 미세한 구조의 변화로 설명하려는 시도 등도 분자생물학에 포함시키고 있다 (『두산백과』의 설명을 참조하여 작성했음).

이렇게 해서 '**불가능한 도치의 효과**'는 도킨즈의 은유이든, 막대한 자금이 아낌없이 투입되는 인간게놈 프로젝트Human Genome Project이든 간에 "(물질성에 우월하는) **지배적 위치를 차지하는 정보를 구축하며 물질적 세계에 대한 통제력을 확보한다.**"(Hayles 2000 p.72)

정보는 물질적 토대가 없으면, 다시 말해서 신속한 교통체계로부터 광섬유 케이블까지에 이르는 기술적 토대가 없으면 물질세계에 영향을 미칠 수 있는 능력면에서 주변적인marginal 것으로 뒤쳐지고 만다. 그러나 아이로니컬하게도 일단 물질적 토대가 주어지면 정보는 물질성에 대해 우월성을 지닌 것으로 인식되며 그에 따라서 정보를 가치 있게 만들어준 토대 자체의 중요성은 흐려지고 만다. 정보의 물질성에 우월성은 동시에 담론의 실행이라는 지원을 받아야 힘을 얻는데 헤일즈는 은유의 효과가 담론의 실행성을 담당하고 있음을 알리고 있다.

물질성에 대한 정보의 우위성이 가장 설득력 있게 제시된 책으로서는 한스 모라베치Hans Moravec의 *Mind Children: The Future of Robot and Human Intelligence*(Harvard Univ. Press 1990)를 들 수 있다. 그는 "인간 존재는 본질적으로 신체적 현전現前 bodily presence을 통해서 보기보다는 정보정형informational patterns을 통해 표출된다. 만일 기술이 정보정형을 복제할 수 있다면 그것은 인간 존재에게 실제로 중요한 모든 것들을 확보하게 된다. 알기 쉽게 설명하기 위해 그는 하나의 환상적 시나리오를 제시한다. '당신'이 '당신의 의식consciousness'을 컴퓨터로 다운로드하는 환상을 실현시킨다면 즉 '당신'의 모든 것이 송두리째 컴퓨터로 옮겨진다면 '당신의 몸'은 쓰레기 같은 몸이 되며 그것은 텅 빈 껍데기로 변하고 만다. 일단 '당신'이 새롭고 찬란한 몸 안에 편안히 머물 수 있게 된다면 '당신'은 참으로 멋있게 불사不死의 존재가 된다. 그런 몸이 다 닳아서 낡아지게 되면 '당신'은 다만 '당신의 의식'을 새 모델로 옮겨놓기만 하면 될 것이다. 전혀 걱정할 게 없다. '당신'의 정보가 컴퓨터를 왔다 갔다 하기만 하면 '당신'은 영생할 수 있으니까.

도무지 믿겨지지 않은 이런 따위의 환상적 비전을 반박할 이유는 많다. 그러나 단 한 가지 우리가 주목해야 할 점이 있다. 그것은 모라베치의 판타지가 지닌 호소력을 설명하는데 도움이 되는 사물들의 상관관계 correlation이다. 그것은 모라베치의 텍스트에서는 물론이고 우리들 문화의 다른 많은 사이트에서도 발견되는 이분법 사고와 연결되어 있다. 모라베치의 텍스트에서는 결국 **정보/물질**information/matter**의 이분법이, 그보다 더 오래되었으며 더 전통적인 정신/물질**spirit/matter**의 이분법으로 옮겨져서 재구성되어 있다.** 물론 인간 존재와 혼魂(정신)을 동일시하는 심성의 경향과 인간 존재와 정보를 동일시하는 일 사이에는 상당한 차이가 존재한다. 영혼성spirituality은 보통 정신적·물리적인 수양과 연관되어 있지만, '정보로서의 혼soul-as-information'이 신체로부터 달아난다고 상상하는 일은 적절한 고도기술에 접근할 수 있느냐의 여부에 달려 있다.

참고 ☞ ⑯무의식의 세계

헤일즈는 그의 저서 *How We Think*(2012)에서 인간의 의식 세계를 의식, 무의식the unconscious과 비의식the non-conscious으로 3분하고 있지만 비의식이 무엇인지에 대해서는 명시적으로 설명하지 않았다. 이 여성 문학이론가의 글을 감싸는 문맥context(맥락脈絡)에서 보면 아마도 비의식은 의식과 무의식—정신분석학에서 무의식은 경험을 하기는 했지만 그 대상에 대한 경험적 지각이 의식의 표면으로 떠오르지 않고 의식의 밑바닥에 깊이 가라앉아 있는 상태를 가리킨다—의 개념에 포함되지 않은, 대상의 자극에 대해 찰나적으로 인간이 전혀 의식하지 못하는 지각이 아닌가 한다. 예컨대 갑자기 불어닥치는 먼지를 보고 찰나적으로 눈을 감아 망막을 보호한다든가 목구멍에 들어간 불순물에 대해 기침을 하여 내뱉는가 하는 일종의 자율신경적 지각 반응이 여기에 속하는 것으로 짐작된다. 이것은 잠정적인 나의 견해일 뿐 정확한 개념 규정에 대해서는 좀 더 깊이 있는 고찰이 필요하다.

정보이론에서는 정보가 부호로 바뀌어서 통신망을 통해 전송된다, 메시지 자체가 전송되는 것이 아니라 부호화된 메시지encoded message 즉 부호signal들만이 수신자에게 보내진다. 수신자는 그 부호들을 decoding(해독)하여 의미를 안다. 디지털 시대의 표현으로 이 말을 바꾸면 메시지는 〈디지털화한 기호digitized signs〉로 바뀌어서 전송傳送 transmission되며 수용자는 이 디지털 기호들을 풀어서 해독하는 것이다. 그래서 프랑스의 해체deconstructin脫構築탈구축주의 철학자인 자크 데리다Jacques

Derrida(1930~2004)는 '메시지는 언제나 목적지에 도달하지 않는다'라고 말했다. 정보이론의 용어로 해석하면 메시지는 보내지지 않는다 라고 말해야 더 나을 것이다. 보내지는 것은 부호뿐이니까. 데리다식 표현을 빌리면 메시지는 또한 현전現前하지도 않는다. 보내지지 않는 메시지는 눈앞에 없기 때문이다. 그것은 다만 정형定型 patterns일 따름이다. 메시지는 단지 부호화되어 매체를 통해 부호로서 전송될 때에야 비로소—예컨대 잉크가 종이 위나 전기 박동으로 프린트될 때에야 비로소—그것은 물질적 형태를 얻게 된다.

샤넌C. Shannon은 정보를 현전으로서가 아니라 패턴patterns 定型정형으로 규정했다(Shannon et al. 1949). 아마도 그가 패턴을 선택한 것은 신뢰할 수 있는 수량화quantification와 이론적 일반성theoretical generality이라는 두 가지 엔진에 의해 구동驅動(동력을 가하여 움직임)된 때문인 듯싶다.

샤넌 정보이론의 핵심은 무엇보다도 정보를 물질적 토대로부터 분리시키는데 있다. 이처럼 정보를 물질적 토대로부터 떼어내서 추상화하면, 정보는 자유롭게 부동浮動하며free-floating, 문맥 변화에 영향을 받지 않는 탈脫문맥화de-contextualization를 얻게 된다. 대단한 기술적 위력 때문에 정보가 이렇게 추상화로 변신하게 되면, 수학의 함수로 정보를 수식화數式化하는 일이 가능하다. 샤넌은 정보의 수식화를 통해 정보의 일반성에 있어서 강력한 힘을 지닌 수식원리theorem를 개발할 수 있었다. 샤넌의 수식원리는 정보를 구현俱現하는embody 미디어에 상관없이 진리로 간주되었다.

샤넌 정보이론은 또한 정보가 정확하게 목적지에 전송되려면 잡음이 없어야 한다는 전제 위에 성립되었다. 이런 실용적 목적을 달성하기 위해 샤넌은 자기가 근무하면서 연구를 진행한 벨전화연구소에서 전화의 송수신선으로부터 가능한 한 잡음noise(이 경우는 전화선의 소음을 의미하지만 예전 TV스크린의 빗줄기 선線들이나 라디오 방송의 불필요한 잡음 등을 가리키기도 함)를 제거하는데 기술력을 집중시켰다. 따라서 섀넌 정보이론은 정확한 전송이라는 목적을 달성하기 위해 정보/잡음information/noise, 부호/비부호signal/non-signal의 이분법에 의거했으며 그에 따라 잡음과 비부호는 반드시제거되어야 하는 대상이 되었다. 그러나 데리다의 용어를 빌리면 그러한이원성二元性은 '대리보완성의 경제economy of supplementarity'와 연관되어 있다. 다시 말하면 특권적 우위에 있는 부호·정보 및 패턴은 그 우위성을 확보하기 위해서 대리보완적인 것들 즉 비부호·잡음 및 randomness(정형에 대립되는 비정형의 무질서無秩序 또는 난맥亂脈)의 존재에 의존하지 않으면 안 된다. 이것이 바로 이원성의 변증법dialectic(대립관계에 있는 이항二項을 나란히 놓는 것)이다. 이항대립의 변증법에서는 이항의 한 쪽은 다른 쪽의 존립을 위한 전제가 된다. 패턴은 랜덤니스가 있음으로 말미암아 성립되며 부호는 비부호가 있음으로 말미암아 존재 가치를 얻는다.

가상성의 조건

헤일즈는 다음과 같이 강조한다.

정보/잡음의 관계와 마찬가지로 정형/무질서pattern/randomness는 대립이항의 두 갈래로 나뉘어서 2분할dichotomy되는 것이 아니라 변증법dialectic적으로 합쳐져서 상호침투하는 용어들interpenetrating terms이다.

정보의 개념은 정형과 무질서의 상호작용으로부터 생성된다. 이와 비슷하게 물질성은 현전現前과 부재不在 presence/absence의 변증법에 의해서도 생성되는 것으로서 이해될 수 있다.

정보가 물질성보다 우위를 차지하여 특권을 지닐 때 정보와 연관된 정형/무질서의 변증법은 물질성과 연관된 현전/부재의 변증법보다 우위에 서는 것으로 인식된다. **가상성**virtuality**의 조건은 현전/부재가 정형/비정형으로 대체되고 정형/비정형에 선점**先点 preempt**당하는 것이다**(Hayles 2000 pp.77~78).

위 인용문에서 우리는 헤일즈가 집중적으로 논하려고 하는 '가상성의 조건'과 마주하게 된다. 앞에서 논의된 주제인 가상성은 "정보의 비물질적 영역에 사는 일에 관한 것이 아니라, 물질적 대상들이 정형과 상호침투한다는 문화적 지각perception에 관한 것"이라고 헤일즈는 결론지었다 (Hayles 2000 p.94). 헤일즈의 결론 부분은 얼른 이해하기 어렵다고 여길지도 모를 독자들을 위하여 나는 러넌펠드의 풀이를 덧붙이고 싶다. 그는 헤일즈의 변증법적 설명을 다음과 같이 풀이했다. "디지털 환경에 깃든 것으로 많은 사람들이 여기는 '이것이냐 저것이냐'의 선택—몸이냐 기계냐의 선택—은 '둘 다 함께' 즉 '몸과 기계의 둘 다 함께'를 위한 탐구가 된다."(Lunenfeld 2000 p.65).

이 대목에서 우리는 몸과 기계—좀 더 포괄적으로 보면 기술 전반—가 합일合—con-fuse하는 과정을 본다. 여태까지 분리되어 있다고 철석같이 믿었던 몸과 기계가 하나로 합친다는 것은 대단히 놀라운 발상법이 아닐 수 없다. 실제로 그 둘이 하나로 합쳐진다고 보는 것이 아니라 둘이 상호작용한다—더 나아가서는 **함께 진화한다는 의미의 공진**共進 co-evolution을 한다 라고 보는 것이다. 다음 제5절은 몸과 기계의 공진에 대해 논의한다.

5_ 기술 생성의 개념: 환경 영향에 따른 인간의 후생적 변화

기술 생성: 지속적인 호혜적 인과因果관계

디지털화가 인간의 사고에 미치는 영향을 뒷받침하는 근거들 중 하나는 **기술 생성**技術生成 technogenesis의 개념이다. 이 개념은 이 책의 앞부분에서 언급한 맥루한의 이론과 약간 닮은 데가 있다. 그러나 맥루한의 기술결정론technological determinism과 기술 생성론을 동일시하는 기도企圖는 적절하지 않다. 기술 생성의 개념은 기기나 기술의 발달에 따라 인간도 함께 진화해 왔다는 생각을 뜻한다. 다른 말로는 기인공진론技人共進論이라고 부를 수 있다.

이 용어에는 인간이 도구의 개발·보급과 더불어 진화해 왔다는 전제가 깔려 있다. 풀이하면 인간과 기술(도구)은 함께 진화해 왔기 때문에 기술이 먼저 발전한다고 해서 인간이 거기에 뒤처지거나 기술의 지배를 받지 않고 기술의 진화 정도에 적응하면서 인간도 더불어 진화한다는 뜻이다. 이 전제는 특히 고고인류학자들 사이에서는 아무런 논쟁거리도 되지 않은 채 받아들여지고 있다. 한 예를 들면 두 다리로 걷는 인간의 직립보행直立步行이 도구의 제작·보급과 함께 **공동진화**共同進化했다는 견해를 들 수 있다. 직립보행은 두 팔을 해방시켰으며, 그 결과 도구를 이용하는 인간의 능력은 거기에 적응할 경우 대단한 이점을 인간에게 주었다. 그래서 두 다리 걷기의 발달은 더욱 가속화했다. 가속화 현상은 반복적으로 수직상승하는 나선형의 진보를 초래했다. 클라크Andy Clark는 이를 "지속적인 호혜적 인과관계因果關係 continuous reciprocal causation"라고 불렀다(Clark 2008). 이는 진화의 덕을 기술과 인간이 함께 지속적으로 번갈아가며 입어왔다는 뜻이다.

후생적 공동진화의 사례

KBS는 2015년 9월 어느 날 밤 프로에서 다음과 같은 특집보도를 방영했다. 이 보도는 몬순 기후의 영향을 받은 보르네오 수림樹林과 거기에 사는 생명체인 호랑나비가 환경의 변화에 적응하기 위해 독성을 지니게 되는 사례를 일러준다.

보르네오의 호랑나비는 몬순의 영향에 의한 주변 수림의 변화에 적응하기 위해 독성을 지닌 나비로 진화했다. 몬순이 퍼부어댄 폭우는 수림의 나무들로 하여금 생존을 위해 독성을 지닌 잎사귀들을 생성해냈다. 왜냐하면 비가 너무 많이 쏟아지면 나무들은 살아남기가 어려우며 그나마 남은 나무들은 다른 생명체들—예컨대 원숭이와 다른 동물 그리고 곤충들—의 먹이감으로 노출된다. 이러한 수림의 약육강식에서 살아남아 종족을 보존하려면 약탈자들을 물리칠 수단이 필요했다. 나무 잎사귀의 독성물질은 생명의 위기에 맞서는 수단으로서 생겨난 것이다. 나무 잎사귀나 꽃의 액을 빨아먹는 호랑나비는 나무의 독성 때문에 자신도 그에 적응하며 독성물질을 지니게 되었다.

먹잇감을 기다리던 보르네오 거미는 자신이 친 거미줄에 호랑나비가 붙들린 걸 보고 달려갔으나 호랑나비가 독성을 지녔음을 알아차렸다. 거미는 줄을 끊어서 호랑나비가 땅으로 떨어지게 했다. 거미는 호랑나비의 독성을 피함으로써 자신을 보호했으며 호랑나비는 자신의 독성물질 때문에 살아남을 수 있었다(KBS-TV 2015년 9월 12일 밤 10시 방영된 「몬순이 보르네오 수림에 미친 영향」).

볼드윈 효과와 후생적 변화

기술 생성의 개념은 진화evolution 일반과 마찬가지로 **진보progress에 관한 것이 아니라 적응adaption에 관한 것이다.** 인간과 기술 사이에 일어나는 역동적인 변용變容 transformation(또는 變形변형)이 긍정적 방향으로 나아간다는 보장은 어디에도 없다. 오히려 현대의 기술 생성은 인간이 환경에 어떻게 순응하느냐의 문제와 연관되어 있다. 이런 관점에서 인간과 기술이 얽힌 관계의 양쪽은 서로 조절과정을 거치면서 변용을 겪고 있음을 인정해야 한다. 이런 상황은 환경을 정태적靜態的인 것으로 보는 동시에 변화는 대체로 유기체 안에서 일어난다고 보는, 아주 단순한 다윈주의보다는 좀 더 복잡하다. 그것은 흡사 광속光速에 가까운 속력으로 비행하는 우주선의 상대적 시나리오와도 같다. 시간의 팽창을 측정할 수 있는 우주선 속의 시계—그 자체는 지금 논의 중인 바로 그 현상에 속해 있으므로 이런 수단에 의한 팽창효과에 관한 정확한 측정은 불가능하다.

그래서 지금 진행 중인 변화의 범위를 파악하기에 충분할 만큼 폭이 넓고, 기술 생성적 변용이 지시하는 기준에서의 변화에 적합할 만큼 굴신적屈伸的 flexible이며, 긍정적 결과와 부정적 결과를 구분해내기에 충분할 만한 미묘한 접근법이 필요하다.

이런 아이디어를 현대라는 시기에 적용하려면, 두 가지 수정된 설명이 필요하다. 먼저 미국 심리학자 겸 철학자인 제임스 볼드윈James Mark Baldwin(1861~1934)이 19세기 말에 돌연변이와 관련하여 주창한 '볼드윈 효과Baldwin Effect' (1896)를 들 수 있다. '볼드윈 효과'란 유전적 돌연변이가 일단 일어나면 종種 전체가 돌연변이에 적응하는 능력을 증대시키는 방향으로 그 종에 의해 환경이 재정비 또는 재창조되며 바로 그때 종 전체로 번지는 변화에는 가속도가 붙는다. 볼드윈 효과는 최근에 활발히 진행된 진화생물학적 연구에 의해 '후생적後生的 변화epigenetic change'의 중요성이 인정되는 방향으로 바뀌었다.

후생적 변화란 유전자 코드를 통한 변화라기보다는 환경이 주도하여 일으킨 변화를 말한다. 좀 더 구체적으로는, 환경적 영향에 의해 생긴 유전자 정보가 유기체의 본질substance과 행동으로 전이轉移하여 그 유기체의 성질을 바꿔놓는다는 것이다. 다시 말하면 태생적 유전자에 의한 변화라기보다는 후천적後天的 유전자 변이가 유기체의 행동 변화에 중요하게 작용한다는 뜻이다.

뇌와 말초신경계의 신경가소성神經可塑性
여기서 우리는 두 번째의 현대적 적용에 주목할 필요가 있다. 인간생물학에 있어서의 후생적 변화는 인간의 적응력을 훨씬 더 높이는 환경적 변화로 말미암아 가속도가 붙을 수 있다(이 구절은 지금의 디지털 네트워크 생태계에서 일어나는 기술과 인간 간의 상호작용을 이해하는데 매우 중요하다). 그런 가속화로 말미암아 후생적 변화는 더욱 촉진되어 상승작용을 일으킨다. 이러한 역동적 과정에는 후생적 변화를 통해 작용하는 인과관계因果關係가 얽혀 있는데, 이 인과관계는 유전적 돌연변이보다도 훨씬 더 빠르게 일어나기 때문에 현대의 디지털 기술 생태계에서 발생하는 진화는 더욱 빠르게 진행할 수 있다. 특히 비슷한 하나의 방향으로 복수의 요인들이 작동함으로써 환경의 변화는 급속히 벌어진다. 이 가설假說은 신경생리학 neural physiology, 신경병학neurology과 인지과학cognitive science의 최근 연구들에 의해 그 신빙성이 뒷받침되고 있다. 이들 신경과학 계열의 연구 성과에 따르면, 중추신경계인 뇌腦와 주연(말초)신경계周緣神經系는 상당히 높은 수준의 신경가소성神經可塑性 neural plasticity 즉 신경유연성柔軟性을 지닌 것으로 밝혀졌다(Hayles 2012 p.11). 여기서 말하는 뇌의 중추신경계는 대뇌의 전두피질前頭皮質 frontal cortex을 포함하는데, 전두피질은 고등정보의 인지적 처리를 맡고 있으며 주로 성인들의 사고에서 작용한다. 말초(주연)신경계에는 대뇌변연계大腦邊緣系가 포함되며 여기서는 정보의 감성적 처리를 맡는다. 주로 10대의 흥분·공포·분노 및 공격성 등의 감정을 일으키는 뇌 부위가 바로 이곳이다.

　뇌의 신경가소성은 유아와 어린이 및 젊은 층에서 최대로 발휘된다. 성인이 되어서도 어느 정도는 계속되기는 한다. 그 가소성은 심지어 늙은이가 되어도 작용한다(Hayles 2012 pp.10~11. 뇌의 가소성과 기억에 관해서는 塚原仲晃『腦の可塑性と記憶』岩波現代文庫 2010도 참조했음. 츠카하라의 책은 1987년에 집필된 것임에도 현재의 뇌신경과학의 성과와 일치되는 견해가 많다는 전문가의 평을 듣고 있다).

6_ 수정 볼드윈 효과와 뇌의 가소성可塑性

이 절은 수정된 볼드윈 효과를 신경가소성과 연관지어 고찰함으로써 신경가소성이 사람의 평생에 걸쳐 작동하는 뇌신경과 말초신경의 기능이며 그것은 곧 인간의 〈행위능력의 자유agential freedom〉와도 연결되어 있음을 지적하고자 한다.

(1) 수정 볼드윈 효과

후생적 변화가 젊은이들을 하이퍼주의력hyper attention으로 몰아가는 지금의 디지털 생태계 시대에 〈**수정 볼드윈 효과**〉는 많은 의문을 풀어주는데 도움을 주는 이론이다. 후생적 진화론의 개척자인 볼드윈에 따르면 주의력attention의 메카니즘과 연관된 현대적 변화 즉 현대 고도 기술사회에서 발생하는 변화는 DNA의 변화를 통하지 않고 후생적 변화 즉 환경적 변화를 통하여 일어난다고 한다. 이 말은 후생적 변화와 유전적 변화 간의 관계에 집중되었던 최근 몇십 년 동안의 연구자들의 관심이 크게 변했음을 의미한다. 볼드윈은 19세기 말에 발표한 논문에서 다윈의 자연도태自然淘汰 natural selection론이 대폭 수정된 관점에서 생물의 생활을 관찰할 것을 제의했다. 그 제의가 수정 볼드윈 효과란 이름으로 불린다.

수정 볼드윈 효과란, 피드백 고리feedback loop가 볼드윈이 앞서 제시한 것처럼 유전적 돌연변이와 환경수정 사이에서 작동하지 않고 **후생적 변화와 가속加速되는 환경수정 사이에서 작동하여 후생적 변화의 확산을 지원하는 효과**를 말한다. 예를 들면 사람들이 점점 더 빠른 속도로 영상물을 파악하는 능력을 지니게 되자 비디오와 영화의 장면들은 '더 빠른 정화상靜畫像 still'이 되어버리므로 지각의 경계들boundaries of perception을 한층 더 멀리 밀어내면서 식역하임계점識閾下臨界点 a subliminal threshold(알지 못하는 사이에 영향을 미치는 한계점)을 이동하는 표적으로 만들고 만다. 즉 부지부식 간에 영향을 미치는 그 한계점이 고정되지 않아 애매해진다는 뜻이다.

정보집약적 환경의 경우도 이와 마찬가지다. 젊은이들이 더욱 더 하이퍼주의력 쪽으로 움직이게 되면 그에 따라 그들은 자기네 환경을 수정하게 된다. 환경수정은 수집되는 정보를 통해 이뤄진다. 젊은이들은 이와 같이 환경을 수정하면서 하이퍼주의력에 적응하게 된다. 그에 따라 환경의 수정은 더욱 더 정보집약적으로 된다. 예컨대 음악을 들으면서 웹서핑web surfing과 논문 쓰기를 동시에 실행하는 일 따위가 그러하다. 처음에는 상당히 서툴게 행해지던 이런 따위의 동시다발적 행위가 이제는 아주 익숙한 일상이 되어버렸음을 우리는 젊은이들의 일상생활에서 관찰할 수 있다. 이런 변화는 젊은이들 사이에서 뿐 아니라 정보집약 환경에서 생활하는 거의 모든 사람들한테서 보편화되어 있는 정도이다.

프랑스의 철학자 카테린느 말라부Catherine Malabou(1959~ : 킹스턴대학교와 한때 자크 데리다가 교수직을 맡았던 미국 어바인 캘리포니아대학교 교수를 겸하고 있음)는 후생적 변화의 가속화 문제와 관련하여 신경가소성을 3단계로 나눠서 설명한다. 3단계 신경가소성을 살펴보면 환경변화를 따라가는 인간의 신경 반응이 어떻게 나타나는지를 알 수 있다.

첫째 발달 단계developmental level: 이 단계에서는 시냅스생성synaptogenesis이 중요한 메커니즘으로서 작동한다. 시냅스synapse란 신경자극이 하나의 뉴런에서 다른 뉴런으로 지나가는 길목의 지점point을 가리킨다. 시냅스는 뇌・척수의 회백질灰白質 gray matters과 신경절神經節 등에 집중되어 있는데 회백질은 회백색을 띤 두뇌와 척추의 신경세포인데 구어로는 두뇌, 지능을 의미한다.

둘째 신경세포의 연접변조連接變調 synaptic modulation **단계**: 빈번히 사용되는 뉴런 집단들neuronal groups을 위해서는 신경세포 연결의 효율성이 강화되지만 별로 사용되지 않은 뉴런 집단의 경우에는 감소한다. 이 단계는 신경가소성과 연관되어 있다. 뉴런 집단이 사용되는 빈도는 정보 환경과 상관성을 갖는다.

셋째 손상회복reparative level **단계**: 교통사고 등의 사고 피해자나 뇌 손상 또는 뇌기능 장애를 겪은 환자들의 경우가 이 단계에 해당한다. 손상회복 단계는, 손상된 신경네트워크의 목표나 용도를 재지정할 수 있는 뇌의 능력에 관해 예시해주지만 그것들은 본래의 성격상 비교적 소수의 특정 사례에 한정되어 있다.

우리의 당면 목적을 위해서 여기서는 발달 단계와 연접변조 단계의 두 범주에만 주목하기로 한다. 발달 단계는 태아·유아 및 어린이들에게 광범위하게 적용되는데 반해 연접변조 단계는 **신경가소성**이 성인들에게도 활성적인 자원임을 보여주고 있다(Malabou 2008 p.5. Hayles 2012 p.101).

말라부에 따르면, 신경의 기능작용neuronal functioning에 관한 현대적 모델들—구체적으로는 단 한 개의 뉴런a single neuron보다는 복수 뉴런들의 네트워크를 강조하는 모델들과, 가소성을 뇌기능-뇌형태학morphology의 중요한 평생 속성屬性으로 간주하는 모델들—은 참으로 묘하게도 현대 지구자본주의와 닮은꼴을 하고 있다. 즉 〈복수 뉴런들의 네트워크 모델〉은 〈프로그램을 만들 수 있는 기계들〉의 네트워크를 통해 신경기능이 작용하고 있다는 점에서 그러하며, 대상들과 사람들을 끊임없이 재편성하고rearranging 새로운 목표를 지향하도록 재조정하고 있다repurposing는 점에서 또한 그러하다(Hayles 2012 p.101).

말라부는 여기서 이런 물음을 제기한다. "뇌의 의식이 순전히 자본주의 정신과 일치하지 않도록 하려면 우리는 무엇을 해야 하는가? *What should we do so that consciousness of the brain does not purely and simply coincide with the spirit of capitalism?*" (Malabou 2008 p.12. Haykes 2012 p.101서 재인용. 이탤릭체의 강조는 원문대로임).

말라부의 이런 전략은 뇌의 가소성可塑性 plasticity과 굴신성屈伸性 flexibility을 명쾌하게 구별함으로써 가소성의 특징을 선명히 드러내는데 그 뜻이 있다. 우리는 이 점을 눈여겨봐야 한다.

(2) 뇌의 가소성, 자기 형성을 위한 가능성

말라부에 따르면 뇌의 가소성은 환경적인 힘environmental forces과 뉴론(기본 신경단위)의 변화 사이에서 작용하는 능동적인 역동성과 연관되어 있다. 즉 가소성은 자기 형성self-fashioning을 위한 자기 자신의 원상회복 가능성을 지칭하는 용어로서 사용되었다. 일본 뇌과학자인 츠카하라塚原仲晃도 환경 변화에 유연하게 대응하는 뇌의 성질을 일찍이 지적함으로써 말라부와 같은 견해를 밝혔었다. 츠카하라는 뇌의 신경가소성에 대해 다음과 같이 말했다. "우리 인간의 뇌는 갖가지 자극을 받음으로써 정상적으로 발달해 간다. 뇌의 회로는 이러한 자극에 유연하게 반응하며 그 기능을 조절해가는 유연柔軟한 성질 즉 가소성을 갖고 있다. 가소성은 나이가 어릴 때 가장 현저하게 발달하며 특히 이 시기에 적당한 자극을 받는 것이 정상적인 뇌의 발달에 중요하다. 이 시기를 지나서도 자극의 효과가 없어지는 일은 없지만 어릴 때에 비해서 대단한 노력이 필요하게 된다."(塚原仲晃 著 『脳の可塑性と記憶(뇌의 가소성과 기억)』岩波現代文庫 2010〔1987〕 pp.5~6).

뇌의 가소성은 성인에게도 구비되어 있음은 실험에 의해서 입증되었다. 안경 속에 프리즘을 끼워넣어 좌우의 시계視界를 역전시킨다든가 상하의 시계를 역전시킨다든가 하면 처음에는 좌우 또는 상하를 거꾸로 지각知覺하게 되는 매우 위태로운 상황에 처하게 되지만 차츰 시간이 지나면 역전 프리즘의 작용에 인간이 익숙해져서 '새로운 시·공간에 적응'하면서 정상적인 행동을 보이게 된다. 이는 뇌 속의 가소적인 성질을 가진 신경회로에서 새로운 시각視覺 환경에 적응하는 재편성이 일어났기 때문에 가능해진 일이다. 츠카하라는 이러한 뇌의 가소성을 "뇌의 기본적 성질"이라고 지적했다(塚原仲晃 앞의 책 p.8).

말라부는 앞에 설명한 가소성과 다른 개념으로서 굴신성을 사용했다. 뇌의 양면성―가소성과 굴신성―에 유념하면서 그의 말을 경청해보자. 그가 말하는 굴신성은 '지배적인 신세계 질서에 굴종하는 성질'을 의미한다. 여기서의 '신세계'는 15세기 말에 발견된 그 '신세계The New World'에 비유한 글로벌화한 디지털 세계를 가리킨다. 따라서 그의 굴신성은 '현대 지구자본주의' 즉 지구화한 디지털 자본주의의 '화인火印'이며 따라서 그것은 "폭발적 전복顚覆"의 대상이 된다. 이에 반해 가소성은 "(뭔가를) 만드는 능력일 뿐만 아니라 부수기도 하는 능력, 폭발적으로 저항하는 능력일 뿐만 아니라 적응하기도 하는 능력the capacity not only to make but to unmake, to explosively resist as well as to adapt"을 의미한다. 말라부의 경우 굴신성은 새로운 세계 질서를 수동적으로 받아들이는 수용성受容性에 관한 것이지만 가소성은 저항과 재편성의 잠재력을 지닌 것으로 간주된다. 그 점에서 앞에서 언급한 변증법적인 이원성은 정신/육체처럼 서로 대립되는 둘을 품고 있는데 뇌의 가소성/굴신성도 예외가 아니다. 굴신성에 대한 가소성의 우위 또는 우세라는 대립적 지위를 가리키는 것이다. 따라서 말라부의 이론을 소개한 헤일즈에 따르면 "뇌를 의식하게 된다고 함은 이러한 저항의 잠재력을 의식하게 됨을 의미하며"(Hayles 2012 p.101). 그 '저항의 잠재력'은 가소성으로 이어지는 뇌의 한 부분을 지시하는 것으로 이해해야 할 것이다.

그런데 말라부의 수사법에는 문제가 있다. "의식하게 된다becoming conscious"라고 말하는 경위의 그 '의식'은 "쓰인 언어의 해독解讀 decoding (예컨대 그의 책을 읽는 일과 같은 것)과 같은 높은 수준의 인지 기능을 통하여 해법이 발견될 수 있음을 제시하는 듯이 보이지만", 우리가 앞에서 살핀 바와 같이 "앎(知)의 무의식적unconscious 비의식적nonconscious 수준은 지구자본주의의 가속화하는 속도와 굴종성 요구로부터도 영향을 받게 된다(영향을 받는 정도는 분명히 무의식·비의식 쪽이 의식意識쪽보다 한층 더 많다)." 그렇다면 인간이 자본주의의 요구에 저항하기 위하여 무의식과 비의식을 어떻게 동원할 수 있을까? 이 경우, 헤일즈에 따르면, 말라부에게는 아무런 해법이 없다. 그는 다만, 뇌가 그런 일을 할 만큼 충분히 가소적可塑的임을 '의식상에서 안다conscious awareness'—즉 개념적인 독해讀解—라는 것을 자신 있게 기대했을 따름이다. 그래서 헤일즈는 다른 해법을 제시했다. 그 해법은 기술 생성 즉 기인공진技人共進의 개념에 깃들어 있다(Hayles 2012 p.102). 그 해법은 "디지털 미디어를 이용하여 지속적인 호혜적 인과관계성의 순환에 개입"하는데 있다. 그렇게 개입하면 "인간은 가속화하는 정보 흐름의 압박에 단지 수동적으로만 반응하지 않고 그런 압박을 적용하는 기술 자체를 상이한 목표의 달성에 이용하는"(ibid. p.102) 능동적인 대응을 모색하게 된다는 것이다.

(3) 〈가정적假定的 틈새〉에 있는 행위능력의 자유

이상과 같은 말라부의 논거와 헤일즈의 견해를 자세히 분석해 보면 〈신경가소성을 이용하여 우리 자신의 가능성들을 의식하게 되는 것to become conscious of our own possibilities〉은 다름 아닌 인간의 **행위능력이 지닌 자유**agential freedom를 지칭하는 다른 표현임을 알아차릴 수 있다. 구체적으로, 말라부는 "(언어기호로 표현되는) ▲재현再現의 뉴런적 수준the neuronal level of representation(이 경우 재현 즉 表象표상은 현실의 대상을 五感오감

제6장 몸·정보·기술과의 상호관계 323

으로 知覺지각하여 다시 나타내는 것)과 ▲의식적 사고의 정신적 수준the mental level of conscious thought 사이에 생기는 틈새나 갭에서 행위능력의 자유를 찾아냈다. 전자는 〈원형자아原形自我the proto-self〉 또는 〈뉴런적 자아neuronal self〉로, 후자는 〈자기 기술적 자아自己記述的 自我the narrated or autobiographical self〉 또는 〈의식적 자아conscious self〉로 불릴 수도 있다 (ibid. p.102). 이 두 수준 사이의 연결은 좀 신비스런 상태로 남아 있다. 때문에 인지認知과학—실제로는 신경생리학, 신경병학과 이와 연관된 분과과학을 포함한 객관적 과학들 가운데 어떤 것—은 단순히 객관적 기술을 뛰어넘어 지구자본주의가 요구하는 굴종성에 대해서는 저항과 같은 '이데올로기적 정보를 갖춘 자세ideologically informed stance'를 가지고 맞서지 않으면 안 된다고 말라부는 주창한다(Hayles 2012 p.82). 〈행위능력의 자유〉가 온 지구를 지배하는 자본주의의 굴종성 강요에 저항해야 한다는 말은 반드시 지구자본주의만이 〈자유〉의 저항 대상이라는 뜻이 아니다. 〈자유〉가 행사되는 대상을 지구자본주의로 한정할 불가피한 이유도 없다. 즉 '지구자본주의'란 단어의 자본주의에 우리의 생각을 굳이 얽어맬 불가피한 까닭이 없다는 뜻이다. 〈행위능력의 자유〉란, 우리에게 굴종성을 요구하는 것이라면 그것이 무엇이든 거기에 저항해야 하며 그것의 '폭발적 전복'을 도모해야 하는 대상으로 우리가 지정指定해야 하는 환경에 적응하는 인간 잠재력의 원천이자 그것의 발현發現이다. 요컨대 그런 〈자유〉가 발현되어야 하는 대상은 굴종성을 강요하는 자본주의뿐만 아니라 인간이 따라갈 수밖에 없는 것으로 간주되는 기술과 그 장치들—디지털 네트워크 생태계를 움직여가는 기술과 장치들도 거기에 포함된다.

〈행위능력의 자유〉가 **신경적 자아**(원형자아原型自我)**와 의식적 자아**(자기기술적 자아自己記述的 自我) **사이의 틈새**(gap)에 깃들어 있음을 학자들이 발견한 것은 실로 획기적인 사태이다. 우리 몸 안을 구석구석 휘감아 도는 신경순환계(신경적 자아神經的 自我)와 뇌의 의식 작용(의식적 자아意識的 自我)이 완벽하게 합일슴─하지 못한 나머지 그 둘 사이의 좁은 경계境界 boundary에 틈새가 생겼다고 한다. 은유적으로 설명하면, 그 틈새는 어둠이 갈라놓은 새벽의 밝음과의 사이에 생기는 것으로 '가정假定된 postualted' 아주 좁은 공간과도 같다. 그 틈새로 들어오는 새벽의 빛은 땅과 바다에서 뭇 생명을 키워내는 일을 참으로 멋있게 수행한다. 말라부의 창의적 발상에는 그런 은유가 적용되어 마땅할 듯하다. 그 틈새에서 우리는 구체적으로 무슨 일을 할 수 있는가? 이 점을 곰곰이 따지지 않으면 안 된다.

틈새란 언제나 뭔가를 얻게 해주는 획득의 공간이자 뭔가를 새로 만드는 창조적인 공간이다. 인간의 〈신경적 자아〉와 〈의식적 자아〉 사이에 생기는 틈새도 자기 형성의 가능성을 열어 주는 창조적 공간이다.

그러한 〈틈새의 있음〉을 의식상으로 아는 일conscious awareness만으로는 충분하지 않다. 우리는 말라부가 비전으로서 제시한 〈행위능력의 자유〉를 그 틈새에서 찾아내어 어떻게 활성화시킬 수 있는지? 를 강구해야 한다. 또한 그런 〈자유〉를 발휘하여 누리기 위해서는 어떤 실천적 행위가 가능한지? 도 우리는 아울러 숙고해야 할 것이다.

헤일즈는 위와 같은 '가정적假定的 틈새the postulated gap(자명하다고 가정하는 것의 틈새)'를 그 정의에 나타나 있듯이 '의식상의 재현conscious representation'에 이용할 수 없다는 점에─다시 말하면 오감五感으로 지각한 대상들을 의식의 표면에 부상시키는 일에 이용할 수 없다는데 문제가 있다고 보았다(Hayles 2012 p.83). 그런 〈가정적 틈새〉라면 그것은 아무리 창조적이라 한들 과연 쓸모가 있을까? 그런 틈새를 의식의 표면으로 부상浮上시킬 수 있는 방도는 없을까? 그 일이 어렵다면 의식의 표면에 〈가정적 틈새〉가 부상하도록 하는 효과를 내는 기술적 조치를 우리가 취하면 어떨까?

사회성계측기sociometer와 신체계측기somameter

헤일즈는 하나의 가능성을 발견했다. 그 가능성은 기술 생성technogenesis 의 개념에 내포되어 있다. 앞에서 이미 설명했듯 기술 생성의 개념은 기술의 발달에 따라 인간도 함께 진화해 왔다는 발상發想법을 가리킨다. 앞에서 우리는 이를 기인공진론技人共進論이라고 불렀다. 디지털 시대의 전문적 용어를 사용하여 헤일즈의 '가능성'을 표현하면, "디지털 미디어를 이용하여 지속적인 호혜적 인과관계의 순환에 건설적으로 개입하는 것"을 가리킨다. 다시 되풀이하면 〈지속적인 호혜적 인과관계〉—거듭 언급하는 이 구절은 '인간이 가속화하는 정보 흐름의 압력에 단지 수동적으로 반응하지 않고, 오히려 이러한 압력을 응용하는 바로 그 기술 자체를 인간의 다른 목적에 이용하는 것'을 의미한다. 요컨대 인간과 기술의 공진共進(함께 진화)이라는 발상법에서 우리는 기술 발전에 대응하는 〈행위 능력의 자유〉가 발현될 수 있는 가능성을 찾을 수 있다고 본다.

헤일즈는 기술 생성의 시야와 관점에서 그런 가능성의 해법을 제시한다. 그것은 디지털 미디어를 이용하여 '지속적인 호혜적 인관관계의 순환'에 건설적으로 개입하는 것이다(Hayles 2012 p.102). 구체적으로 그것은 "의식적 · 무의식적 · 비의식적 앎conscious, unconscious and nonconscious awareness을 포함하여, 인간이 환경에 대해 나타내는 반응의 전일적全一的 속성the holistic nature of human response to the environment"과 연관되어 있으므로 이를 활용하는데 있다. 〈(의식과 무의식 일체를 포함하는) 인간이 환경에 대해 나타내는 반응의 전일적 속성〉을 따르면 "무의식적 · 비의식적 지각에 의한 앎을 의식(의 표면)에 떠오르게 하는 방식으로, 그 무의식적 · 비의식적 지각을 이용할 수 있는 장치들을 만들 수 있는 가능성이 열리게" 된다(ibid. p.102). 그런 장치들 중에는 ▲사회성계측기sociometer 와 ▲신체계측기somameter가 있다. MIT 교수인 알렉스 펜틀랜드Alex Pentland가 개발한 사회성계측기(2008)는 미묘한 움직임들은 물론이고 그밖에 다른 무의식적 · 비의식적 신호들까지도 감지感知할 수 있는 데다 실제로 의식과 신경 반응의 다른 수준들 사이에 형성되는 피드백 고리도 만들어냈다. 펜틀랜드는 사회성계측기가 측정할 수 있는 네 개의 기준을 설정했는데 이 네 기준은 ①영향 ②흉내내기 ③활동 ④일관성이다 (Pentland 2008 P.4. Hayles ibid.). 의식적인 마음이 위와 같은 네 가지 반응들을 모니터링하기는 사실 어렵거나 불가능하기 때문에 펜틀랜드는 그 신호들을 "정직한 신호들"이라고 불렀다. 가짜 신호들에는 고도의 저항 반응을 보였다는 의미에서 펜틀랜드는 그런 이름을 붙였다. 펜틀랜드가 제시한 데이터에 따르면 그의 사회성계측기가 탐지할 수 있는 이러한 신호들은 실험의 결과와 효과를 판단함에 있어서 다른 어떠한 의식적인 분석 양식보다도 신뢰성이 높은 것으로 나타났다.

비슷한 연구 프로그램은 듀크대학에 있는, 헤일즈의 동료인 마크B. N. Mark 교수가 대학원생 그룹과 함께 개발한 신체계측기에 의해서도 추진되어 왔다. 펜틀랜드의 사회성계측기와 비슷한 마크의 신체계측기 somameter는 전기피부반응Gavanic Skin Response GSR(전기 자극에 대한 감정반응에 의해 일어나는 피부의 전기전도 변화를 읽는다: 거짓말 탐지기에 응용됨)과 같은 무의식적 · 비의식적 신호들을 탐지할 수 있으며 그러한 정보를 '의식 상의 앎'에 피드백하여 의식의 표면으로 부상浮上하게 할 수 있는 장치이다.

헤일즈는 기술 생성 개념에 의거한 인간의 무의식적 · 비의식적 반응을 측정한 결과를 분석한 끝에 다음과 같은 결론에 도달했다. "이러한 연구 프로그램들이 달성한 실천적 목표들은 신경가소성이 행위를 호출하는 철학적 요구에 대한 근거를 제공해 줄 뿐만 아니라 인간과 디지털 미디어 기술의 혼합을 통한 건설적 개입을 가능하게 하는 강력한 자원을 제공하고 있음을 생생하게 입증하고 있다."(Hayles ibid. p.103).

인간 행위능력의 자유에 대한 고찰은 여기서 멈추고자 한다. 〈신경 회

로의 자아〉와 〈의식적인 자아〉사이에 있는 것으로 〈가정假定된 틈새〉가 '
행위능력의 자유'를 발휘하게 하는 틀림없는 공간인지 아닌지? 그 문제
가 앞으로 전개되는 실험들에 의해 확인될 때 비로소 우리는 기술의 재
빠른 진보에 슬기롭게 적응하는 인간의 능력에 대해 굳은 신뢰를 두어도
무방하리라고 믿는다.

제7장

인간-기술의 관계와
그 미래를 보는 관점

이 장의 주목적은 디지털 네트워크 생태계에서 발견되는 인간과 기술, 사회와 기술 간의 '지속적인 호혜적 인과관계' 내지는 '공진共進하는 관계'를 살피는데 도움을 주는 몇 가지 사회과학 이론들에 관해 비판적 또는 긍정적 측면에서 소개하는데 있다. 그 이론들로서는 사회적 기술형성론, 테크노문화론 그리고 무엇보다도 특히 〈**행위자-네트워크 이론 ANT**〉을 들 수 있다.

그에 앞서 나는 우리말의 '기술'이 무엇을 의미하는지에 대해 프랑스어 technique와 영어 technology를 프랑스 사회학자 엘륄이 1950년대 말에 발간한 저서를 중심으로 비교적 상세히 살폈다. 이 책과 다른 사회과학자들—물론 문화연구가들도 포함하여—이 제창提唱한 사회와 기술 간의 관계에 관한 고찰들은 그 나름의 유익한 안목을 우리에게 제시해주긴 했지만 그들의 고찰은 기술 생성에서 사회 쪽의 비중을 지나치게 높이 평가했거나 또는 능동적인 인간 행위능력human agency의 중요성을 간과看過한 중대한 결함을 안고 있다. 그래서 이 장의 마지막 절에서 상당한 비중을 두어 비교적 자세히 소개한 ANT는 인간—사회—기술 간의 상호관계를 파악하기 위한 매우 균형잡힌 시야視野perspective와 관점觀點viewpoint을 알려주고 있다. 요컨대 ANT는 인간 행위능력뿐 아니라 비인간적非人間的 non-human인 행위능력까지도 고찰의 대상에 포함시킨다는 점에서 디지털 네트워크 생태계를 사는 지금의 우리에게는 매우 가치 있는 관점과 좌표를 제시해준다고 믿고 있다.

'우리의 운명은 결국 자연에 달려 있다'라는 격언maxim은 비단 생물학자나 세균학자들만이 외치는 말이 아니다. 사회과학이나 문화비판적 관점에서 세상을 보는 다른 사람들도 명심해야 하는 아포리즘aphorism이다. 코로나19 감염 바이러스가 2020년 1월부터 우리나라를 비롯하여 온 세계를 침공한 이후, 이 책의 마지막 탈고과정을 거치는 이 순간에도 비인간적 요인들이 오히려 인간의 운명을 상당한 정도로 쥐고 있지 않나 라는 생각을 떨쳐버리기가 어려웠음을 나는 솔직히 고백하고 싶다. 그 점에서, 현대 인간의 삶의 구석구석까지 사실상 일상적으로 개입하고 있는 플랫폼 사회—앞으로는 AI-클라우드Cloud 사회라 불릴지도 모른다—에서 사는 네트워크 자아 즉 '나'는 〈행위능력적 자유agential freedom〉의 가능성을 비인간적인 행위능력과의 절충 또는 타협negotiation 과정을 통하여 모색해야 하지 않나 라고 생각한다.

1 _ 엘륄의 비관적 기술결정론

기술이란 무엇인가?

상식적으로 우리는 기술technology or technique이란 말을 들으면 먼저 기계가 떠오른다. 동시에 기계는 유용한 것, 우리의 생활을 편리하게 해주는 것이라고 여긴다. 이런 생각은—그것이 사실이든 오류이든—기술이 가장 명백하고 가장 거대하며 가장 인상적인 것이라는 점에서 연유한다. 실제로 기술의 역사라고 말할 수 있는 것을 살피는 경우 그것은 기계의 역사에 다름 아니었다. 더 말할 것도 없이 기술은 기계와 더불어 시작되었다. 나머지 모든 것도 수공예手工藝mechanics에서 발전했다. 그래서 기계가 없는 기술의 세계는 존재하지 않으리라는 것도 사실로 받아들이게 되었다. 특히 기술이 비약적으로 발전한 1980년대 이후 지금에 이르기까지 우리의 일상생활에서 기술은 어느 정도 필수불가결한 일부분으로 되었으며 실제로 기술을 이용하는 범위는 생활의 구석구석까지 상당히 넓어졌다.

21세기를 맞이하면서 우리는 기술의 개념이 '유용한 기계'란 생각에서 훨씬 더 벗어나서 어떤 과제를 해결하기 위한 작업의 조직화된 체계로까지 확대되었음을 인식하게 되었다. 컴퓨터 하드웨어는 '기계'의 범주에 넣을 수 있으나 소프트웨어는 이의異議 없이 '기계'라고 부르기가 어렵다고 여기는 사람도 있을 것이다. 재래식 기계의 관념에 비춰보면 컴퓨터 소프트웨어는 '기계'가 아니겠지만 그것은 더 말할 나위 없이 하드웨어의 일을 돕는 '기술'임에는 틀림없다. 이 대목에서 우리는 기술의 개념을 '기계'와 동일시하는 방식에서 진일보하며 회사운영의 효율화를 위한 경영체계나 관료제bureaucracy와 같이 작업의 조직화된 체계까지도 기술의 범주에 포함시키게 된다.

아주 일반적으로 말해서 과학은 우리의 지식을 넓히며 기술은 우리의 행동을 넓힌다. 못은 나무 조각을 재빨리 쉽게 이어 붙이는데 필요한 매우 중요한 기술이다. 맥도널드 김밥집이나 햄버거 가게는 누구나가 얼른 간편하게 식사하는데 필요한 '유용한 기술'이다. 만일 우리가 안전한 건축을 하기 위해 못(釘 못 정)의 용도를 연구한다면 그 결과는 단순히 못을 이음의 연장으로 분류하고 이음체계를 위한 공학적 지침에다 개념의 초점을 맞출 것이다. 마찬가지로 패스트푸드 음식점은 식품 보급과 음식 생산을 위한 광범위하고 효율적인 시스템이 되며 그 점에서 패스트푸드점의 경영체계는 기술에 속한다. 이런 관점에서 기술을 나사못이나 기중기起重機 같은 물질적 기술material technology과 패스트푸드점 김밥집 같은 사회적·물질적 기술social and material technology의 복합체로 분류하여 고찰하는 견해도 있다. 후자의 사회적 기술에는 군대의 전략전술과 삼성그룹을 조직, 관리하는 관료제적 상하질서체계도 포함된다.

기술의 의미를 이렇게 넓혀서 생각하면 위와 같은 사례들은 어떤 과제를 수행하는 우리의 능력을 증대시켜주는 발명이 전제됨을 알 수 있다. 이런 관점에서 프랑스의 사회학자 자크 엘륄Jaques Ellul(1912~1994)이 기술에 대해 내린 개념은 앞으로의 기술과 인간 간의 관계를 고찰하는데 유용하리라고 본다. 엘륄은 기술에 대해 "인간 생활의 모든 부면에서 **합리적**으로 도달했으며 **절대적 효율성**을 지닌 수단 방법들의 총체"(Ellul, Jacques 1964〔1954〕)「Note to the Reader영어판 독자에게 드리는 저자 註」p.xxvi) 라는 포괄적인 정의를 내렸다. 인간과 기술 간의 관계를 처음으로 고찰했다고 볼 수 있는 유명한 그의 저서의 1964년판 영역본 *The Technological Society*에 서문(Forward)을 쓴 저명한 미국 사회학자 머튼Robert K. Merton은 엘륄의 정의를 이렇게 풀이했다. "technique란 미리 정해진 성과를 달성하기 위해 표준화된 수단들의 복합체"라고(Ellul 1964 p.vi). 엘륄에 의하면 프랑스어 technique는 단순히 기계—기술의 의미를 넘어선다. 기술은 미리 결정된 목표를 달성하기 위한 표준화된 수단 방법들의 총체를 가리키므로 그 경우의 기술은 인간을 포함하여 "모든 것들을 통합하는" 거대한 존재로서 우리 앞에 군림하게 된다. 이렇게 현대인들을 압도하는 기술 현상에 대해 엘륄은 "인간이 적응하지 않고 기술이 인간을 적응시키는 것이다."라고 말했다. 앞서 우리가 고찰한 기술—인간의 공진共進 관점과 대비하면 엘륄의 기술 개념은 그것과 상당히 거리 먼 것임을 알 수 있지만 일단 그런 거리를 인정하고서 우리의 논의를 진행하기로 하겠다. 엘륄이 기술과 인간 간의 관계를 보는 관점은 무엇보다도 기술에 대한 그의 '비극적' 관념과 연결되어 있다.

기술의 지배는 '필연적 비극'

기술결정론의 입장을 취한 엘륄은 기술이 초래하는 현대문명의 비극을 보았다. 기술이 어떻게 작동했길래 비극적으로 보인 것일까? 엘륄은 **'기술의 지배가 증대하는 현상은 현대문명의 필연적 비극'**이라고 말했다. 비극이 초래되는 과정은 이렇게 묘사되었다. "기술이 오로지 기계에 의해서만 표현되었던 동안에는 기계는 인간의 외적 대상으로 머물렀으며 인간은 기계로부터 독립하여 자신을 주장하는 자주적 위치에 있었다. 그러나 기술이 인간을 포함한 모든 부면으로 침투하여 들어오자…인간은 기계와 통합되어 버렸으며 기계가 점차 인간을 흡수한다. 이 점에서 기술technique은 기계와 전혀 다르다. 현대사회에서 너무도 뚜렷해진 이러한 변혁은 기술이 자율화한 사실에서 연유하는 결과이다."(Ellul 1964[1954] p.6)

엘륄은 기술중시관에서 비롯된 도덕적 가치의 쇠퇴를 강조하긴 했으나 그렇다고 말세론적인 비관론이나 사회학적 종말론을 쓰지는 않았다. 그는 근대사회에서의 기술의 역할이 무엇인지를 검토하면서 현대 기술문명의 발전의 배후에 숨겨진 힘이 무엇인가를 이해하는데 도움이 될 수 있는 사고체계를 우리에게 제시해주는데 크게 이바지했다. 현대문명은 끊임없이 진보하는 기술문명이다.

그에 따르면 현대문명은 돌이킬 수 없이 줄기차게 확대되기만 하는 기술의 법칙이 생활의 모든 부면으로 침투한 문명이다. 현대문명은 제대로 검토도 되지 않는 목적을 달성하기 위해 끊임없이 수단의 개량을 추구하는데 몰두하는 문명이다(Ellul 1964). 현대문명에서는 기술이 목적을 수단으로 바꿔버린다. 그 결과, 예전에는 정당한 가치를 인정받던 것이 오직 다른 무엇을 달성하는데 도움이 될 경우에만—달리 말하면 다른 목적을 달성하기 위한 유용한 수단이 되는 경우에만 비로소 가치 있는 것으로 인정받는다. 그렇게 해서 기술은 역으로 수단을 목적으로 바꾼다. 즉

'know-how'(기법技法)가 궁극적인 가치를 지니게 되는 것이다.
엘률은 다음과 같이 말했다.

기술은 점차 문명의 모든 요소들을 정복해왔다. 우리는 이미 이 점을, 인
간의 경제적 지적 활동과 관련하여 지적한 바 있다. 그러나 인간 자신은 기
술에 압도당한 나머지 기술의 대상으로 되어 있다. 그리하여 인간을 자기의
대상對象 object으로 삼은 기술은 사회의 중심이 된다. 이 놀라운 사태―아무
도 놀라게 하는 것 같지 않은 이 사태―는 **기술문명**으로 설계되곤 한다. 기
술은 엄정하므로 우리는 충분히 그 중요성을 파악해야 한다. **기술문명은
기술에 의하여** 구축되었으며―기술에 속한 것만을 문명의 일부로 만든다
는 점에서―기술을 위하여 구축되었으며―이러한 문명에 있는 모든 것이 기
술적 목적에 봉사한다는 점에서―배타적으로 **오로지 기술일 뿐임을**―기
술이 아닌 모든 것을 배제하거나 기술적 형식으로 환언해 버린다는 점에
서―의미한다(Ellul 1964 p.129).

기술의 영향이 가장 심대하게 미친 분야는 경제이다. 머튼에 따르면 기
술중심주의가 현대문명을 지배함에 따라 경제에 관한 지적 훈련이 '기술
화'했으며 그 결과 경제활동의 도덕적 측면을 주요 관심사로 삼았던 예
전의 정치경제학은 경제의 기술적 분석으로 대체代替되었다. 이러한 경
제기술자들은 '무엇이어야 하는가?' 보다는 '무엇인가?'에만 오로지 관
심을 갖는다.

기술중심주의는 또한 정치에도 큰 영향을 미쳤다. 기술자의 눈에는 정
치란 상대방과 기술을 경쟁하는 터전에 지나지 않는다. 그들에게는 국가
와 '정치적 인간'이 판이하게 구별된다. 머튼은 이 점에 대해 다음과 같
이 정리했다.

기술자에게 국가는 자신이 개발한 수단을 적용하는 또 하나의 영역일 뿐이다. 기술자에게 국가는 인간 의지의 표현도 아니며 신의 섭리에 의한 창조물도 아니며 계급투쟁의 산물도 아니다. 국가는 **효율적으로** 기능을 발휘하는 서비스를 제공하는 기업이다. 기술자는 국가를 국가의 상대적 정의正義의 면에서 판단하지 않고 기술을 이용하는 국가의 능력의 면에서 판단한다. 정치적 독트린은 무엇이 좋은가가 아니라 무엇이 유용한가를 중심으로 회전한다. 목적은 시야에서 사라지고 효율성이 중심적 관심사가 된다(Ellul 1964 p.vii).

머튼의 풀이를 이 자리에서 자주 소개하는 까닭은 '**기술사회**'에 관한 엘륄의 분석을 그가 당시의 사회학적 용어를 덧붙여서 알기 쉽게 정리했기 때문이다. 기술결정론의 입장에서 기술이 지배하는 사회가 어떤 사회인지에 대해 엘륄은 비관적 입장에서 서술했다. 이러한 분석 과정에서 특히 엘륄은 라디오와 텔레비전 등과 같은 미디어 기술의 산물이 인간을 어떻게 바꿔놓는지에 대해서도 상세히 고찰했는데 머튼은 다음과 같이 요약했다.

엘륄의 생각으로는 기술이 지배하는 문명에서는 인간의 삶이 행복하지 않다. 겉보기에 행복해 보이더라도 그 행복은 완전히 순종하는 대가를 치르고 사들인 것이다. 기술사회에서 사는 인간은 좋아하도록 요구받은 것에 만족해야 한다. 만족하지 않는 사람들에게는 도피처가 제공된다. 즉 그들은 기술이 지배하는 대중문화*popular culture 미디어와 커뮤니케이션 미디어에 몰입

---

*우리나라에서는 일찍이 mass culture를 대중문화로 옮겨 사회학 · 언론학계에서 폭넓게 사용해 왔다. 따라서 popular culture를 다시 대중문화로 번역하는 것은 적절하지 않아 보인다. 그럼에도 이 용어를 대중문화로 굳이 옮긴 것은 사회학과 정치학 연구자들이 populism을 대중영합주의로 옮기는 추세를 보이기 때문에 나도 그것의 같은 계통어인 popular를 대중적이라 옮기기로 했다. 한때 popular culture를 민중문화로 번역할까 생각하기도 했으나 우리나라에서는 민중民衆이란 말이 좌파계열 연구자들이 사회주의사회에 사는 인민人民의 대용어로 삼았기 때문에 민중이란 말도 피했음을 밝혀둔다.

하는 것이다. 이런 과정은 자연스런 것이어서 기술문명의 모든 부분은 기술 그 자체에 의해 생성된 사회적 욕망에 부응하게 된다. 그 다음에 진보는 점진적 비인간화를 촉진한다. 그것은 정처 없이 바쁘게 움직이다가 급기야는 기술에 자살적 복종을 하고 마는 비인간화이다.

원저의 타이틀이 의미하는 것

엘륄의 프랑스어 원저 *La Technique ou L'enjeu du siécle*는 우리말로 옮기면 『기술 즉 100년의 쟁점(또는 이해관심사)』이 될 것이다(프랑스어 enjeu 는 '도박에 건 돈' 또는 '쟁점', '이해관계'의 뜻을 지님). 주목해야 할 것은 '파스칼 의 도박'을 상기하게 하는 부제副題 *L'enjeu du siécle*보다는 본제本題인 *La Technique*이다. 원저의 이 본제를 영어로 *Technological Society*로 옮긴 존 윌킨슨John Wilkinson의 말을 들어보면 프랑스어 technique의 함의含意가 〈기술적 사회〉라고 표현해야만 살릴 수 있다는 판단이 작용한 듯하다. 역자의 판단을 이 자리에서 굳이 밝히려는 것은 영어 technology 가 '기계적인 기술mechanical technique'과 동일시하기 쉬운 사람들의 오류를 방지하기 위해서이다. 윌킨슨이 *La Technique*를 *Technological Society*로 옮긴 데서 알 수 있듯 기술에는 당연히 technology와 society 사이의 상호관계와 상호작용이 포함되어 있다.

기술이 사회 · 인간과의 '호혜적 상호관계'(제6장 마지막 부분에서 헤일즈가 사용한 용어임)를 통해 생기며 공진共進한다는 사실은 엘륄의 기술결정론 이 간과한 점들과 한계를 이해하는 데에도 도움이 될 뿐더러 곧 기술記述 하는 〈기술의 사회적 형성social shaping of technolugy〉론, 기술에 관한 〈행 위자-네트워크 이론actor-network theory〉을 이해하는 데에도 유용하리라 고 본다.

영역본 *Technological Society*의 역자인 윌킨슨의 말을 우선 들어보자.

독자는 la technique가 그것을 구성하는 서너 개의 요소들인 개별기술들 techniques과 구별되어야 한다는 점을 어느 정도 재빨리 알아차리라고 본다. la technique는 일반화된 기계적인 기술mechanical technique 이상의 의미를 갖는다. 실제로 그 용어는 어떤 최종 목적을 확보하기 위하여 사용되어온 모든 개별 기술들all individual techniques의 조직적인 종합에 다름 아니다.…이렇게 그 의미를 규정하는 것은 **기술의 범위**를 강조하는 장점이 있다. 그런데 엘륄의 부가적인 설명은 개별기술들이 목적 자체가 됨으로써 모든 전통적인 인간의 목적과 가치들에 대해 냉담해졌기 때문에 그런 규정으로는 충분하지 않음을 분명히 하고 있다. 우리가 가졌던 이전의 수단들은 모두 목적이 되었다—더욱이 인간적인 것을 전혀 갖지 않은 데다 우리가 최선이라고 여길지 모르는 것에 적응하지 않으면 안 되는 목적이 되어버린 것이다.…보편적 자율적인 기술적技術的 사실로서의 la technique는 〈기술적 사회〉 자체로서 그 모습을 드러냈다. 기술적 사회에서 인간은 거기에 확고하게 통합된 하나의 분절된分節 articulated 구성요소에 지나지 않는다. *The Technological Society*는 자율적인 기술이 모든 사회의 전통적 가치들을 어떻게 빼앗으며, 그래서 그러한 전통적 가치들을 뒤엎고 억압한 끝에 마침내 일거암적—巨岩的 monolithic인 세계문화—모든 비기술적인 차이와 다양성은 단순한 겉모습에 지나지 않는 문화—를 어떻게 생산하는지 그 과정을 기술하고 있다(Ellul 1964 p.x).

인용문 가운데 나오는 글귀들이나 그것들의 의미—기계적 기술과 개별 기술들이 통합된 기술technology, 자율적인 기술, 기술의 전통적 가치·목적 탈취, 기술이 생산하는 일거암적인 세계문화, 본래 수단이었던 기술의 목적화 등—는 기술이 일방적으로 그것이 지닌 자율적 힘에 의해 사회와 인간을 규정하지 않음을 일러주고 있다.

기술은 사회와 인간과의 상호작용을 통해 사회와 인간에게 받아들여지

며 사회와 인간을 통해 변화를 겪으면서 다시 그 변화를 사회와 인간에
투사投射한다는 점은 많은 사람들이 인정하고 있을 것이다. 때문에 이제
부터 우리는 비판적인 안목에서 엘륄의 기술결정론을 고찰하면서 그 대
안을 찾아볼 차례에 있다.

2 _ 사회적 기술형성론

기술결정론의 문제점

로빈 윌리엄즈Robin Williams는 기술결정론에 대해 "'연구와 개발'을
자생적인 것으로 가정假定하며, 신기술은 독립적인 영역에서 창안되어
새로운 사회나 새로운 인간조건을 만든다"라는 관점이라고 규정했다
(Williams 1996 p.868). 레이몬드 윌리엄슨과 데이빗 에지Raymond
Williamson & David Edge는 기술결정론의 특징을 다음의 두 가지로 분류
했다.

①기술의 성격과 기술 변화의 방향은 문제될 것이 없거나 사전에 미리
결정된 것이다. 이 말을 다른 말로 하면 기술적 코드technical code가 있다
는 것이다. 이는 기술내적인 논리나 경제적 명령에 종속되었다는 견해이
다.

②기술은 인간의 작업, 경제생활, 전체로서의 사회에 필요하며 동시에
결정적인 영향을 미친다. 기술 변화는 사회적 조직적 변화를 낳는다
(Flew 2014 p.38에서 재인용).

이러한 기술결정론의 입장을 뉴미디어의 핵심 기술인 컴퓨터에 적용하
면 어떻게 될까? 다음과 같은 견해가 성립될 수 있을 것이다. '컴퓨터는

인간사회로부터 어떻게 해서든 독립적이며 따라서 외부에서 인간사회에 작용을 가하는 자율적인 힘이라고 대체로 간주된다'라는 견해가 그것이다. 현대의 기술과 사회와의 관계를 연구하는 학자들은 이와 같은 기술결정론적 견해에 이의를 제기한다. 이미 앞에서 살폈듯이 기술은 독립적으로 사회와 인간에 영향을 미치지 않는다고 그들은 여기기 때문이다.

사회적 기술형성론

그래서 기술결정론에 대한 대안으로 제기된 연구 노선이 〈사회적 기술형성론social shaping of technology〉이다. 윌리엄즈 등에 따르면 사회적 기술결정론은 '기술은 사회적 산물이며, 그것이 만들어진 조건과 용도에 따라 일정한 틀을 갖게 되며, 따라서 기술의 블랙박스를 열어서 기술의 내용과 기술의 혁신과정에 내장된 사회경제적 패턴들patterns을 노출시켜 분석하도록 해야 한다'라는 전제 위에 서 있다. 이러한 전제를 충족시키기 위하여 연구자들은 기술technology을, 인간이 자연을 변형하고 사회적 상호작용을 가능케 하며 인간의 능력을 연장하는 도구와 인공물人工物 수준의 상식적 이해를 하기보다는 좀 더 폭넓은 이해가 필요하다. 이런 관점에서 하드웨어로서의 기술에 대한 정의는 다음의 세 가지로 확대될 필요가 있다. ①기술이 적용되는 용도에 대한 고려 즉 기술의 용도를 둘러싼 사회적 맥락脈絡 context, ②기술의 개발과 응용적 용도에 수반隨伴하는 지식의 체계와 ③사회적 의미.

앞서 엘륄의 저서가 영어명 *The Technological Society*로 탄생한 배경을 고찰했을 때 잠깐 언급했듯 기술에 해당하는 영어 technology의 기원을 살펴보더라도 기술은 '독립적인 힘'으로 간주될 수 없는 이유가 확연히 드러난다. 그리스어 techne와 logos의 합성어인 technology는 ▲실용적이거나 응용적인 기예技藝arts and skill라는 techne의 의미와 ▲체계적인 사고력, 지식이나 담론이라는 logos의 의미가 합쳐서 탄생한 말이다.

이렇게 보면 〈사회적 기술형성론〉이 고찰하는 세 갈래 길은 곧 technology 라는 말 자체에 이미 내장되어 있음이 드러난다.

뉴미디어와 기술 간의 상호관계를 분석한 테리 플루Terry Flew(2014)에 따르면 학자들의 연구를 통해 기술결정론의 논리적 결함과 이 결함이 실제로 어떻게 작동했는지가 잘 드러나 있다. 플루는 다른 연구자들을 인용하여 두 가지 성과를 소개했다. 하나는 **개스형 냉장고의 실패**이며 다른 하나는 지금도 광범위하게 사용되고 있는 이른바 **QWERTY형 타이프라이터의 성공**이다. 1930년대에 출시한 개스형 냉장고가 시장지배에 실패한 원인은 제품의 속성에 있지 않고 GEGeneral Electric, 웨스팅하우스Westinghouse, 켈빙턴Kelvington과 같은 대형 전기제품생산회사와의 경쟁을 할 수 없었던 데 있다. 말하자면 시장경쟁에서의 패배가 주원인이란 뜻이다.

오늘날 우리가 노트북과 스마트폰 등에서 두루 사용하고 있는 QWERTY형 키보드의 글자 배치는 레밍턴Remington이 19세기 말에 타이프라이터를 대량생산하기 시작하면서 사실상 시장을 지배하는 '기술잠금'의 효과를 냈기 때문이었다. 그 당시 글자 배치에 대한 광범위한 합의가 이뤄지지 않았음에도 QWERTY형을 따를 수밖에 없었던 것은 레밍턴의 시장선점과 지배 때문이었다 한다.

개스형 냉장고의 실패와 QWERTY형 키보드 타이프라이터의 성공은 사회적 기술형성의 역사적 사례임과 동시에 사회적 목적을 위한 최고의 기술이면 언제나 시장을 지배한다는 기술결정론에 의문부호를 찍는 사례로 꼽을 수 있다.

사회적 결정론

기술결정론의 결함을 보완하는 대안으로서 등장한 것은 '단순한 사회적 결정론'이다. 이 '사회적 결정론'은 '기술과 대규모 경제이익 간의 단순한 관계를 강조하는' 입장을 취한다. 과학철학자 브루노 라투어Bruno Latour는 사회적 결정론에 대해 이것은 기술을 '사회적 특이성을 단순히 반영하는 거울'이라고 보는 관점에 지나지 않는다 라고 비판했다. 이는 기술이 사회적 필요성에 의해 생겨나는 것이라고 보는 입장이므로 이런 사회적 결정론에는 물질적 형태인 기술이 어떻게 스스로 사회적 환경을 형성하는가에 대한 고찰이 전적으로 결여되어 있다.

경제학자 로버트 헤일브로너Robert Heilbroner(2003)는 종전의 기술결정론과 대칭을 이루는 사회적 결정론은 수정된 기술결정론이라고 지적하면서 이를 비판했다. 그에 따르면 이런 결정론적 입장은 실제로 자본주의사회의 특징을 반영한 것에 지나지 않는다. "손으로 돌리는 맷돌hand-mill은 여러분에게 봉건영주가 지배하는 사회를 제공하며 증기로 돌리는 제분소steam-mill는 여러분에게 산업자본주가 있는 사회를 준다"라는 칼 마르크스의 말의 의미를 곰곰이 성찰한 헤일브로너는 마르크스가 기술결정론자인 정도에 못지않게 그의 입장은 자본주의가 기술 발전의 촉매역할을 한 특수한 방식을 보여준다고 말했다. 헤일브로너에 따르면 다른 사회에 비해 기술 발전을 더 이룩한 사회도 있으며 기술 진보 역시 어떤 역사적인 시기에 집중하는 경향을 보이기도 했다. "기술 변화는 기성의 사회적 조건과 양립하지 않으면 안 되며" "사회에 대한 기술의 영향을 지워버리는 것" 또한 잘못이라고 그는 지적했다. 기술은 사회의 몸the body of society의 영향을 받으면서 동시에 그 몸에 영향을 미친다 (Heilbroner 2003 p.402). 기술과 사회 사이에는 양방향의 영향이 서로 작용한다고 보는 것이 헤일브로너의 견해이다.

헤일브로너는 자본주의의 발전은 생산기술의 발전에 대해 역사적으로 촉매역할을 했다고 주장한다. 즉 시장이 성장했고 산업자본가계급이 생겨났으며 기계가 인간노동을 대체해 가는 경향을 보이는 것—이 모든 것들이 신기술의 채택에 자극을 주는 작용을 했다고 한다. 그 결과 자본주의는 기술 변화의 힘을 급속히 발전시킬 수 있었다. 중시해야 할 점은, 기술결정론의 부분적 진실은 특정 기술이 일단 채택되어 사용되면 그 기술은 넓은 의미에서 사회와 문화를 형성하는 잠금쇠를 얻게 된다는 점이다.

3 _ 테크노문화technoculture 연구

technoculture테크노문화란 용어는 메리엄 웹스터 같은 표준영어사전에는 아직 수록되지 않았으며 학계에서만 약간의 인기를 얻고 있는 정도의 신조어이다. 우리말 역어 테크노문화도 널리 보급될 만큼 정착된 용어가 되지 못해서 생소하다. 그래서 나는 임시로 테크노문화로 옮겨 사용하고자 한다. techno-를 영어 접두어로서 그냥 남긴 것은 기술-문화란 단어와 구별하기 위해서일 뿐 다른 특별한 의도는 없다. 독자의 편의를 위해 우선 간단히 테크노문화 연구를 소개하면 그것은 기술과 문화 간의 상호작용, 기술과 문화의 정치를 탐구하는 연구 분야라고 말할 수 있다.

먼저 미국 대학교 커리큘럼에서 테크노문화 강좌가 어떤 형태로 소개되는지부터 살펴보기로 하자. 그것이 테크노문화를 이해하는데 도움이 될 듯하기 때문이다. 〈프랑켄슈타인에서부터 하이텍공상과학 소설에 이르는 테크노문화〉란 타이틀 아래 소개된, 워싱턴DC 소재 조지타운대학교의 영어/커뮤니케이션 · 문화 · 기술 강좌에는 이런 설명이 딸려 있다.—"낭만주의 시대서부터 현재에 이르는 문학과 대중문화popular culture에 있어서 기술의 사회적 수용과 사회적 표현을 다루며 영화, TV, 최신 애니메이션 비디오 및 웹진Web'zines을 포함한 모든 미디어가 망라된다(Wikipedia 2020년 11월 25일 검색). 거기에 덧붙여 강좌의 초점은 주로 미국 문화와, 기계 · 컴퓨터 · 인간 신체가 어떻게 사람들에게 상상되어 왔는지에 맞춰져 있다고 한다.

데이비스 캘리포니아주립대UC Davis 테크노문화연구학과의 강좌는 "현대 미디어와 디지털 예술, 지역 미디어, 과학적 · 기술적 분야에 대한 예술의 관심사에 대한 학제간學際間 접근"에 역점을 두고 있다. 이상을 보면 테크노문화 연구에서는 기술과 문화에 다 같이 비중을 둔 듯이 보이지만 굳이 구별을 짓는다면 '문화' 쪽에 더 무게를 실린 듯하다.

이상과 같이 대학교 학부강의에서 드러난 테크노문화 연구의 주요 관심사를 염두에 두면서 그동안 테크노문화를 연구해온 학자들의 견해를 들으면, 테크노문화의 이론들은 기술에 관한 비판이론— 즉 비판적 기술론을 확대한 것이라고 말할 수 있을 것 같다. 비판적 기술론은 "기술은… 세계를 특정한 방식으로 구조화하는 과정"과 연관되어 있으므로 "기술과 사회적인 것the social을 서로 분리된 영역으로 보지 말 것"을 제의하고 있다(Sholle 2002 p.6). 그렇다면 테크노문화 연구가 비판적 기술론을 확대한 것이라는 말은 구체적으로 무엇을 의미하는가?

테크노문화 연구에서 여러 기술은 사회가 어떻게 구조화되는가—즉 사회의 구조화構造化 방식뿐만 아니라 사회가 그 안에 사는 사람들에게는 어떻게 비치는가에 대한 사람의 생각—즉 사회관社會觀을 형성한다고 주창한다. 이런 연구 노선을 따라서 데브라 베니타 쇼Debra Benita Shaw는 테크노문화 연구를 "기술과 문화 간의 관계들에 대한 탐구"인 동시에 "그런 관계들이 사회생활의 패턴, 경제구조, 정치, 예술, 문학과 대중문화에 어떻게 표현되는가"를 규명하는 분야라고 기술하고 있다(Shaw 2008 p.4). 여기서 중요한 것은 테크노문화란, 우리가 이미 깊숙이 잠겨 사는 세계라는 점이다. 그래서 "우리가 문화를 결정하는데 있어서 기술의 역할을 고려할 때 그리고 그런 세계의 변화를 초래하는 기술을 우리가 어떻게 이용 · 생산 · 규정하며 그 기술과 관계를 맺는데 수행하는 문화의 역할을 고려할 때" 바로 이것이 "우리 자신을 이해하는데 변화를 초래하는 활동이라는 점"이다(Shaw 2008 p.6).

　문화를 결정하는데 기술이 수행하는 역할과 관련하여 릴리아 그린Lelia Green은 통신기술이 테크노문화의 특히 중요한 형태라고 강조한다(Green 2002). 그의 견해는 정보통신기술ICT의 역할이 테크노문화 연구에서 중요한 위치를 차지한다는 뜻으로 이해된다. 그린의 견해는 새삼스런 것은 아니지만 문화를 결정하는데 기술이 수행하는 역할을 강조하는 가운데 특히 정보통신기술을 지적했다는 점을 주목해야 한다. 그린은 또 테크노 문화와 같은 용어가 지닌 위험risk에 대해서도 경계했다. 그린에 따르면 기술과 문화의 정의를 아주 폭넓게 잡을 경우 '전기에서부터 자동모터운반체와 싱크로나이즈 수영에 이르기까지 모든 것이 다 테크노문화적인 것으로 보일 수 있다' 라는 것이다(Flew 2014 p.41).

　테크노문화 연구자들은 앞에서 고찰한 사회적 기술형성론에 대해 그것은 기술을 단순한 도구들의 집합으로 보는 관점이라고 지적, 여기에 의문을 던진다. 이런 의문은 비판적 기술론의 입장에서 제기되고 있다. 비판적 기술론이란, "기술은 특정한 방식으로 사회를 구조화하는 과정이며…따라서 우리는 기술과 사회적인 것을 분리된 영역으로 보아서는 안된다" 라는 입장을 취한다(Sholle 2002 p.6). 다시 말하면, 기술은 사회적인 것과 상호작용한 결과로서 생겨났다는 입장을 말한다. 뉴미디어와 관련하여 데이빗 숄David Sholle이 밝힌 기술형성론에 따르면 "컴퓨터와 같은 기술은 애초부터 사회적 과정의 산물"이라는 것이다(Sholle 2002 p.7). 또한 기술철학자 앤드루 핀버그Andrew Feenberg는 "기술 발전은 경제학, 이데올로기, 종교 및 전통에 기원을 둔 문화적 규범들에 의해 억제된다"라고 주장한다(Feenberg 2003 p.657). 그러면서도 기술은 "상식과 철학자가 다 같이 비슷하게 상정하는 인공물과 사회적 관계 간의 선線을 넘어선다"라고 핀버그는 말했다(Feenberg 1999 p.201). 우리는 가끔 바로 그점에 눈길을 주지 않는다. 왜냐하면 기술적 합리성이 바탕에 깔려 있다는 것 다시 말하면 우리가 '기술적 코드technical code'라고 부르는 것—단지 신념이나 이데올로기만이 아니라 기계의 구조 속으로 효과적으로 통합된 '기술적 코드'가 있다는 것을 기정사실로서 받아들이기 때문이다(Feenberg 2003 p.658). 핀버그의 이러한 관점을 우리가 굳이 이름붙인다면 테크노문화Technoculture론 또는 테크노문화적 접근법이라고 할 수 있다(Flew 2014 pp. 40~41).

테크노문화가 지닌 특별히 중요한 형식은 무엇보다도 커뮤니케이션 기술이라고 말할 수 있다. 이 점에 관해서 릴리어 그린Lelia Green은 기술문화라는 용어를 사용하는데 리스크가 있음을 지적하면서 문화와 기술 양쪽을 폭넓게 정의할 경우 전기에서 자동차·싱크로나이즈 수영에 이르기까지 모든 것을 다 기술문화적인 것으로 볼 수 있는 리스크기 따른다고 지적했다. 이런 리스크를 피하기 위해 그린은 커뮤니케이션에 대한 제임스 캐어리James Carey(1992)의 통찰력 있는 규정을 빌려서 테크노문화의 개념이 적용되는 범위를 좁혔다. 캐어리에 따르면 '문화의 기반을 이루는 것은 언어와 다른 상징적 형태이며 이들 언어와 상징적 형태를 통하여 커뮤니케이션이 성립된다.' 그린은 캐어리의 이 정의에 입각立脚(딛고 서다)하여 커뮤니케이션이란 "기술적 맥락에서 문화적 소재cultural material를 이루는 커뮤니케이션…공간과 시간을 함께 뛰어넘는 또는 공간이나 시간을 각기 뛰어넘는 문화의 소통을 허용하는 커뮤니케이션"이라고 규정했다. 캐어리의 커뮤니케이션 정의를 따르는 그린의 테크노문화 개념은 미디어 기술을 특수하게 언급하는 입장에 서 있다고 할 수 있다. 즉 그는 "문화적 소재가 창조되며 유통되는 매개媒介커뮤니케이션을 위한 도구들tools for mediated communications"이 테크노문화 연구의 중요한 대상임을 말하고 있는 것이다.

4 _ 행위자–네트워크 이론 ANT

'모든 존재자들은 관계의 네트워크 안에 있다'

〈행위자–네트워크 이론Actor–network theory ANT〉은 프랑스의 과학철학자 겸 사회학자인 브루노 라투르Bruno Latour(1947~)를 주축으로 일단의 프랑스 · 영국 연구자들이 제시한 사회이론이다. '이론'이라고 표현하기는 했지만 엄격히 말하면 ANT는 '사회적인 것the social'에 대한 연구를 예전의 방식과 아주 다르게 깊이 파고들어 가는 방법론적 접근이라고 해야 옳을 것이다. 라투르에게 따라붙은 학문적 이력이 말해주듯 그는 철학에서 인류학, 사회학 그리고 기호론(학)에 이르기까지 다양한 현대 사회이론들에 대한 광범위한 지적 토양을 축적한 토대 위에서 ANT를 구축했다.

기술과 문화 · 사회와의 관계relations를 다루는 이 장章에서 ANT를 마지막으로 소개하는 까닭은 라투르의 ANT가 앞에서 소개한 기술결정론과 사회적 기술형성론을 배격하면서 ▶문화 · 사회 및 ▶인간과 ▶기술의 삼각구도를 통해 기술의 발전 문제를 파악하려 했기 때문이다. 그 점에서 ANT는 무엇보다도 재래사회학의 논쟁점으로 부각된 이원론적 관점dualist perspective—인간의 행위능력과 사회구조 간의 관계라는 이원론—을 거부하면서 〈사람 · 사물 · 이념들을 포함한 모든 존재자들entities의 속성을 관계적 네트워크에서 그것들 3자가 이룩한 생산their production in relational networks과 떼어놓을 수 없는 것〉으로 본다. 재래사회학이 지금까지 취해온 인간과 기술(사물)에 대한 대립적 시야視野perspective를 대칭적 관점觀點symmetric viewpoint으로 바꿔놓았다는 점에서 ANT는 대단히 도전적이다.

ANT— 또는 ANT 접근법—는 1980년대 초 대학 연구소에서 처음 개발되었다. 이 시기는 인터넷 프로토콜 스위트Internet Protocol Suite IPS라고 부르는 전송제어시스템이 1980년 미국 국방부에서 제정됨으로써 인터넷 시대가 본격적으로 열린 때였다. ANT 개발 참여자는 미셸 칼롱 Michel Callon과 브루노 라투르 그리고 방문연구자 존 로John Law였다. ANT는 처음에는 과학과 기술에서의 혁신과 지식 창조의 과정을 이해하려는 시도에서 창안된 것이었지만, 기존의 과학—기술연구STS, 대규모 기술체계에 대한 연구 및 알지르다 줄리엥 그레마스Algirdas Julien Greimas의 기호론(학) 등을 포함한 광범위한 프랑스의 지적 자산 덕택에 발전할 수 있었다. 그 점에서 ANT는 인류학과 사회학, 기술과학 연구의 성과 그리고 기호론에 의거하여 개발된 성과물이다. 이 대목에서 우리가 간과해서는 안 되는 분야는 프랑스의 포스트구조주의post-structuralism 이다. ANT는 포스트구조주의가 탐구과제로 삼은 많은 과제들과 특히 비토대적非土臺的 non-foundational (foundationalism토대주의 또는 기본주의는 기본이 되는 기정사실을 처음부터 옳다고 믿고 그 토대 위에서 사고를 전개하는 방식을 말함)이며 〈물질적-기호론적material-semiotic 관계들〉에 대한 관심을 반영하고 있다. 라투르는 이러한 철학적 지식을 바탕으로 STS 분야에 매진했으며 그 결과 자신의 연구 성과들을 기술과 사회 간의 관계를 이해하는 대단히 폭넓은 틀로 발전시킬 수 있었다. STS로 일컬어지는 학제學際간 연구는 폭넓게 설명하면 사회, 정치 및 문화가 어떻게 과학 연구와 기술 혁신에 영향을 미치며 또한 과학 연구와 기술은 거꾸로 어떻게 사회 · 정치 · 문화에 영향을 끼치는가를 탐구하는 분야이다. 라투르의 ANT는 STS에 전념하는 과정에서 출현한 학문적 산물이다.

무엇보다도 ANT에서 우리가 주목해야 할 것은 그 용어의 앞에 '사회적'이라는 한정적 형용사가 붙지 않았다는 사실이다. '사회적 네트워크'가 아닌 '네트워크'라는 좀 더 포괄적인 의미를 지닌 용어가 사용된 까닭은 ANT가 사회에 관한 사회적 '이론'에 국한하지 않고 다시 말하면 사회를 구성하는 또 다른 성원인 비非인간들—온갖 기술과 장치들까지를 포함한다—과 그것들의 집합체까지도 연구 대상에 포함시켰기 때문이다. 따라서 사람들과 물건들things 그리고 이념과 같은 존재자들entities(정확한 사전적인 뜻은 다른 것들과 달리 〈별도로 자족적自足的으로 존재하는 것들〉임)의 속성은 관계들의 네트워크networks of relations에서 생겨나는 것, 다시 말하면 관계들의 생산과 분리될 수 없는 것으로 간주된다. 여기에 기술技術이 개입되면 그로 말미암아 기술과 행위자들actors은 사회기술적 체계 sociotechnical system의 불가분不可分한 부분이 된다. 이것이 라투르가 말하는 ANT의 일반적인 기본 개념이지만 ANT가 대상으로 삼는 범위는 일반론에서 한 걸음 더 나아가서 사회세계the social world와 자연세계the natural world, 인간적인 것humans과 비인간적인 것non-humans, 나노분자 nanoparticles와 몸bodies까지를 두루 연구 대상으로 삼고 있기 때문에 상당히 넓혀진다. ANT가 제창된 이후 실제로 지난 30~40년 동안 그 응용분야가 문화비평, 디자인, 영화와 미술까지를 아우를 만큼 상당히 넓게 확장된 사실에서도 이 점은 확인된다.

이상의 설명을 염두에 두고 ANT를 우선 간단히 정의하면, 〈자연세계와 사회세계에 있는 모든 존재자들은 끊임없이 변전變轉하는 하이브리드한 관계들constantly shifting hybrid relations의 네트워크들 안에 존재한다고 보는 사회이론〉 또는 그런 '사회이론'을 기반으로 하는 방법론적인 접근 또는 방법론적 전략이라고 말할 수 있다.

'사회적인 것'에 대한 비판

라투르는 무엇보다도 재래사회학이 디지털 네트워크 시대의 도래와 짝맞춘 산업시대의 종언과 더불어 연구의 타당성과 적합성을 상실했다고 보았다. 구체적으로 19세기 후반과 20세기 초엽에 걸쳐 프랑스의 오귀스트 콩트Auguste Comte(1798~1857)와 에밀 뒤르켐Emile Durkheim

(1858~1917), 독일의 카를 마르크스Karl Marx(1818~1883)와 막스 베버 Max Weber(1864~1920), 영국의 허버트 스펜서Herbert Spencer(1820~1903) 가 개발했으며 이들을 계승한 현대 사회학 이론들은 정보·기술사회의 특징인 무수한 관계들의 네트워크를 분석하는데 역부족이라고 라투르는 판단했다.

　20세기의 마지막 20~30년 동안(1970~1999)에 우리는 산업사회와 기술·정보사회를 뚜렷이 양분하는 엄청난 사회적 변혁을 경험했다. 그것의 뚜렷한 분수령은 대체로 1980년대로 꼽힌다. 그 시기에 학자들이 그때까지 연구 대상으로 삼아왔던 '사회society'와 '사회적인 것the social'이라는 개념은 '근원적이라 할 수 있는 변혁'(Latour 2007 p.2)을 맞이했다. 원인의 대부분은 과학과 기술의 발전으로 생겨난 생산물들이 엄청나게 확대되어 사람의 삶에 폭넓은 영향을 끼친 데 있다. 비유적으로 말하면 디지털 네트워크가 광범위하게 인간 일상생활에 속속들이 침투한 네트워크 생태계는 사람이 기술장치인지, 기술장치들이 사람인지를 분간하기 어렵게 만든 상태를 특징으로 하고 있다. 이를 선명하게 목격한 라투르는 이렇게 말했다―사실상 온갖 것들things이 얼기설기 얽히고 이어진 삶의 자연적·사회적 세계에서 "'사회적'이라고 부를 만한 특수 관계들 specific relations이 그리고 '사회'로서 기능할 수 있는 사회적인 독자영역을 구성하는 데로 집합시킬 수 있는 특수 관계들이 과연 존재하는지, 어떠한지? 는 분명하지 않다."(Latour 2007 p.2). 그래서 학자들마다 '사회' 및 '사회적인 것'과 맞붙어서 그 의미를 해명하기 위해 수행한 작업들은 각양각색이었다. 그는 물었다―'사회'란 도대체 무엇인가? '사회적'은 또한 무엇을 뜻하는가? 왜 어떤 활동들은 '사회적 차원'을 지닌다고 하는가? 현재 작동 중인 '사회적 요인들'의 존재는 어떻게 증명할 수 있는가? '사회'에 관한 연구가 아닌 달리 말하면 다른 사회적 집합체other social aggregates에 관한 연구는 언제 유익한 연구가 되겠는가? 사회가 가는 길은 어떻게 바꿀 수 있는가? 라투르는 그 답을 두 갈래의 서로 다른 접근로에서 찾았다. 하나는 상식적인 접근이며 다른 하나는 '사회적인 것을 재결합하는reassembling the social 길'이다(후자에 대해서 라투르는 같은 이름의 책을 2005년 출간했다). 그 길은 라투르의 ANT가 걷는 길이다. '사회적인 것을 재결합하는 길' 달리 말하면 새로운 '집합체the collective를 찾는 길'은 상식적인 접근로의 기본적인 이치를 당연한 것으로 받아들여서는 안 된다(그렇다고 해서 라투르는 상식의 길을 완전히 무시하지는 않았다). 그 길에는 "사회적 질서에 특수한 것은 아무것도 없다. 어떠한 종류의 사회적 차원도, 사회적 맥락도, '사회적'이나 '사회'라는 딱지를 붙일 수 있는 실재하는 현실reality이라는 특이한 영역도 없다."(Latour 2005 p.4). 이 말은 재래사회학에 대한 통렬한 비판임과 동시에 새로운 사회학의 출현을 시도試圖하는 개척자적 비전이었다.

재래사회학의 이론들—다시 말하면 근대화와 더불어 창시되어 발전한 고전적인 사회학 이론들이 디지털 네트워크 시대를 규명하는데 적합하지 않다고 선언했음에도 라투르는 그것들을 통째로 완전히 버리지는 않았다. 라투르 자신이 밝혔듯이 "근대화의 끝과 ANT의 정의定義 definition 사이에는 연결선이 있다." 이 말의 뜻은 근대화가 끝나는 지점에서 ANT가 태어난 사실에서 벌써 암시되어 있다. 그는 또 이렇게 선언했다—"내가 취한 극단적 입장들은 상식과 얼마간의 연결을 갖고 있다는 인상을 나는 통째로 흔들어 내버릴 수는 없다."(Latour 2005 p.4).

현대의 기술·정보사회를 새로운 관점과 시야에서 탐구하기 위해 지금의 우리가 받아들일 만한 〈라투르 원칙들〉 중에는 곧 설명하게 되는 '일반화된 대칭성'과 '물질적·기호론적' 네트워크가 있다. '일반화된 대칭성'의 관념은 예전에 주로 인간을 '사회적인 것'의 주요 요소로 취급하던 생각을 비인간적 물건들non-human things—즉 스마트폰과 태블릿, 내비게이션, 사물인터넷IoT 등으로까지 확대해야 한다는 관점을 가리킨다. 이 경우 '대칭성'은 인간과 비인간 양쪽을 대등한 위치에 놓는 것을 말한다. '물질적·기호론적' 네트워크는 이러한 물적物的 대상들 사이에 성립하는 물질적 관계들과 그 관계들 사이를 흐르는 기호론적 의미(이 절의 마지막 부분에 비교적 상세히 서술함)를 품고 있다. 따라서 ANT 연구자들은 기호론적 의미가 깃들어 있는 물질적 관계들을 추적하여 규명하는 일에 혼신渾身의 노력을 기울이지 않으면 안 된다.

ANT의 네트워크

라투르의 Actor-network Theory ANT를 이해하려면 하이픈으로 이어진 Actor와 Network의 두 용어를 먼저 파악하지 않으면 안 된다. 네트워크란 무엇을 의미하는가? 그 답부터 우선 찾아보자. 앞의 제4장 4절에서 인체의 단백질 네트워크를 설명하면서 그 특성을 풀이했는데 ANT의 네트워크는 그것과 완전히 일치하는 개념은 아니다. 일찍이 네트워크 사회의 도래에 대해 본격적으로 연구한 프랑스 사회학자인 마누엘 카스텔Manuel Castellsl(1942~)의 설명에서 그 특성의 일부를 짐작할 수 있지 않을까 한다. 그는 마셜 맥루한의 유명한 맥심인 "미디어는 메시지이다"를 상기시키면서 "네트워크는 메시지이다"(Castells 2000〔1996〕 p.1)라고 선언했다. 그가 말하는 "네트워크는 우리 사회의 새로운 사회적 형태 social morphology를 구성하며 그런 사회에서는 정보시대의 지배적 기능과 과정이 네트워크를 중심으로 점차 조직되어 간다."(Castell 2000〔1996〕 p.469: 개정판은 초판의 40%가 바뀌었다). '새로운 사회적 형태'란 말은 기존 사회의 형태를 혁신적으로 바꾸었다transform라는 의미를 내포하고 있다. 그의 말을 간략하게 풀이하면 우리 시대의 정보사회는 곧 네트워크 사회이며 사회의 네트워크는 얼기설기 얽혀 온갖 메시지들을 끊임없이 실어 나르고 있다. 카스텔이 정의하는 네트워크는 앞에 나온 바라바시의 정의 (제4장 4절)와 마찬가지로 "상호연결된 마디들nodes(結節결절)의 집합"임에는 틀림없지만 나중에 설명하듯 우리가 통상적으로 아는 어망魚網과 같은 그물의 개념과는 동일하지 않다.

카스텔의 '네트워크＝메시지'라는 견해를 받아들인다 하더라도 라투르의 ANT에서 핵심적 위치를 차지하는 네트워크의 개념은 카스텔의 견해와 반드시 일치하지는 않고 엇비슷하다는 점에 유념해야 한다. 라투르의 말을 빌리면, ANT의 네트워크는 그 애매한 의미로 말미암아 그것이 생겨난 이래 많은 연구자들 사이에서 오해를 일으켜 왔으며 때문에 그 자신도 차라리 네트워크란 말을 "오래전에 포기했어야 좋았을 것"이라는 소회를 피력한 적이 있다(Latour 2005 p.129).

ANT의 네트워크는 프랑스의 사상가 디드로Denis Diderot(1713~1784)가 물질과 영혼을 나누는 데카르트적인 구분을 피하기 위해서 물질과 신체를 서술敍述하기 위해 사용한 프랑스어 réseau레소(網그물)에서 유래由來한다. 이 용어의 기원은 애당초부터 존재론적인 색채가 강한 구성요소를 지니고 있었다. 라투르는 그 점에 대해 이렇게 해명했다(Latour 1998)—"아주 간단히 말한다면 ANT는 본질을 기술記述하는 메타포(은유隱喩)를 바꾼 것이다a change of metaphors to describe essences. 즉 우리는 어떤 표면들surfaces 대신에 필라멘트(혹은 들뢰즈Gilles Deleuze의 어투로는 rhyzome*)와 같은 실낱들을 얻은 셈이다(Deleuze and Gattari 1980)."

라투르의 해명은 같은 논문에서 또 이렇게 이어진다—"좀 더 정확히 말해서 그것은 위상位相*의 변경a change of topology이다. 2차원의 평면平面이나 3차원의 공(球) 대신에 마디들nodes(結節결절)은 그것들이 가진 수만큼의 많은 차원을 갖는다 라는 관점에서 사고할 필요가 있다. 유사한

---

*rhyzome 또는 rhizome은 들뢰즈·가타리의 공저『천 개의 고원』에 나오는 은유어로서 땅속에서 줄기는 위에서 뿌리는 아래서 수평으로 뻗어나가면서 자라는 땅속줄기식물을 가리킨다.

*位相위상은 위상기하학topology의 위상을 가리키는데 위상기하학에서는 길이 크기 따위의 양적 관계나 모양 또는 형태를 무시하고 도형 상호간의 위치나 연결 방식을 연속적으로 변형시켜 그 도형의 불변적 성질을 파악하거나 그런 변형 아래서 얼마만큼의 다른 도형이 있는지를 연구한다.

상태의 것을 들자면, ANT는 근대사회가 지위, 계층, 영역, 범위, 구조, 체계라는 관념을 사용해서는 결코 이해될 수 없으며 사회가 섬유 모양의, 실낱 같은, 철사 같은, 끈 같은, 밧줄 모양의, 모세관의 성격을 갖는다고 인식해야만 근대사회를 충분히 기술할 수 있다고 본다."

이상의 설명을 들으면 우리는 ANT의 네트워크가 통상적인 기술적 의미technical meaning로는 쉽게 이해하기 어려운 용어임을 알 수 있다. 라투르의 해설에 따르면 ANT의 네트워크에다 "하수도나, 철도, 지하철, 전화 '네트워크' 같은 통상적인 기술적 의미를 부여하는 것"은 잘못이다. 컴퓨터 네트워크에서 보이는 것처럼 최근의 기술적인 네트워크는 "네트워크의 특성—상당히 멀리 떨어져 있으면서도 서로 연결된 요소들 사이에 순환circulation이 존재한다는 특성이 종종 나타나는데, 이 순환은 정확한 경로를 따라 네트워크의 특정 마디들 사이를 이리저리 따라 돌면서 그 특정 마디들에 전략적 성격을 부여한다." 그 점에서 컴퓨터 네트워크는 ANT 네트워크와 유사하지만 컴퓨터 네트워크는 "행위자-네트워크의 기본적인 유형이 아니다." (Latour 1998). ANT의 네트워크를 고찰할 때 우리가 명심해야 할 점은 그것을 재래형 네트워크와 혼동하거나 유사한 것으로 간주해서는 안 되며, 최근의 기술적 네트워크와도 백 퍼센트 동일한 것이라고 여겨서는 안 된다 라는 것이다. 중요하고 확실한 것은 ANT 네트워크가 많은 마디들이 실낱 같은 것들의 이음처럼 서로 연결되어connected 있다는 점이다. 그래서 ANT에는 "오직 연결들만이 있을 뿐"이라고 라투르는 선언한다. 전통 사회학이 주요 연구 대상으로 삼은 개인은 가족을 거쳐 친족, 집단, 각종 제도 등으로 확대되어 마침내는 사회전체 또는 국민국가로 이어진다. 그렇게 이어지는 과정에서 "크기(규모scales)가 제각각인 전체 메타포들은 하나의 메타포—즉 연결의 메타포로 대체되는 것이다."(Latour 1998). 그런 성격의 네트워크이므로 그것은 안과 밖—내부와 외부—이 없는 경계 자체일 따름이다. 우리가 물을 수 있는 유일한 질문은 "두 요소들(인용자: 여기서는 마디들) 사이에 연결이 성립되어 있는지 아닌지? 일뿐이다." 그 네트워크는 "뒷면(背景)을 덮는 앞면(前景)도 아니며, 하나의 단단한 토양에 생긴 틈새crack도 아니다. 그것은 동일한 일격을 가함으로써 동시에 배경과 전경을 만들어내는 들뢰즈의 피뢰침과 같은 것이다"(Deleuze 1968. Latour 1998).

ANT의 행위자

재래사회학에서는 행위자actor라는 용어가 사회구조를 구성하는 중심적 요소를 가리킨다. 그 경우의 행위자는 곧 인간 행위자에 다름 아니다. 그러나 라투르의 ANT에서는 **행위자가 사람에게 한정되지 않는다.** 이 점을 분명히 하기 위하여 라투르는 actor 대신 actant행위소行爲素란 용어를 가끔 사용하기도 한다. actant 역시 행위자를 가리키는 말이지만 ANT의 행위자는 인간humans과 비인간non-humans을 두루 넘나들며 그것 둘을 모두 지칭한다. 이 점에서 라투르와 다른 사회학자들 사이에는 중대한 상이相異(서로 다름)가 나타나며 바로 그 지점에서 둘을 가르는 뚜렷한 분수령이 만들어진다. 그래서 actant는 네트워크 안에 형성된 관계들의 자취를 낱낱이 추적구명追跡究明함으로써 인간들의 결합이나 연결뿐 아니라 인간과 비인간적 대상들의 결합이나 연결까지도 고찰하는 방식을 확고히 하기 위해서 사용되는 용어이다. 달리 말하면 라투르의 actant는 활성적인 것the animate(생명을 지닌 것)과 비활성적인 것the inanimate, 인간과 비인간, 주체와 대상subject and object이라는 두 영역을 완전히 분리하기를 거부한다. 그레이엄 하만Graham Harman이 강조하듯 "모든 존재하는 것들entities은 각기 제 스스로의 힘으로 즉 독립적으로 존재하는 것"이기 때문이다(Harman 2007 p.36). 그래서 모든 독자적인 존재자들의 결합associations은 "서로 연속되는 사회적 사태들a social sequence of events의 인간적·비인간적 행위자들 사이에 성립되는 어떠한 연결도" 모두 껴안게 된다(Blok and Jensen 2011 p.167). 여기서 라투르는 "차이를 만듦으로써 어떤 사태를 수정하는 것—그것이 무엇이든 행위자"로 부를 것을 제의하면서(Latour 2005 p. 71) 이를 다음과 같이 설명했다.

거의 아무런 의심할 나위도 없이, 주전자는 물을 '끓이며', 칼은 고기를 '자르며', 바구니는 식품을 '담으며', 망치는 못 머리를 '치며', 난간은 어린애가 떨어지지 않게 '보호하며', 자물쇠는 불청객이 못 들어오도록 방을 '잠그며', 비누는 더러운 것을 '씻어내며', 일과표는 학습활동의 '목록을 만들며', 가격표는 사람들의 계산을 '돕는다' 등.…어떤 행위능력자agent에 관해 묻는 질문은 단지 이런 것일 게다. 어떤 다른 행위능력자가 행위action를 하는 과정에서 조금이라도 차이가 있는지? 없는지? 누군가가 이런 차이를 탐지하도록 허용하는 어떤 시도가 있는지?(Latour 2005 p.71).

그러면 행위자의 행위는 어떻게 발생하는가? 일견 당연히 받아들여도 될 만한 이런 물음을 굳이 제기하는 까닭은 그에 대한 답이 라투르의 ANT에 숨겨진 블랙박스black box를 푸는데 큰 도움이 되리라고 보기 때문이다. 라투르에 따르면 **행위자는 그 자신이 관계를 맺는 남이나 남들에 의해 '만들어 진다'**. 라투르를 다시 인용하면 "행위자는 많은 남들에 의해 행위를 하도록 만들어지는 것이다."(Latour 2005 p.46). 즉 〈actor-network〉가 보여 주듯 network와 하이픈으로 이어진 actor는 "행위의 원천이 아니고 그 자체를 향해 몰려드는 수많은 독자적 존재자들存在者(物) entities의 이동하는 표적"이다. '이동하는 표적'과 관련하여 라투르는 행위자를 이렇게 규정한다. "행위자는 고정된 존재자fixed entities로 여기지 않고 유동체流動體 flows로서, 순환하는 대상objects으로서, 무엇인가를 경험하는 시련trials으로서 간주되는 것이다." 따라서 "행위자의 안정성과 계속성과 동형성同形性 isotopy은 남의 행위와 남의 시련에 의해서 획득되는 것이다."(Latour 1998). 독자들의 이해를 돕기 위해 아이덴티티identity(동일성 또는 정체성)란 개념을 여기에 도입하면, 행위자는 〈'나'의 아이덴티티가 '남'과의 다름에 의해서 성립된다〉라는 뜻과 같은 궤도상에 있다. 즉 '나'의 존재를 확인하기 위해서 '남'이란 존재가 반드시 필요하다 라는 뜻이다.

라투르는 그의 글에서 메타포와 수사법을 많이 구사한다. 그의 글을 이해하기 어려운 것은 그 때문이다. 그는 메타포들을 다시 되살리는 방식으로 '행위자'라는 말에 암시되어 있는 의미들을 은유적으로 끌어낸다. "무대 위에 선 연기자(배우)an actor는 배역의 행위를 결코 혼자서만 하지 않는다. 그러므로 우리가 어떤 행위를 할 때 누가 그리고 무엇이 행위를 하는지는 명확하지 않다. 연기하기play-acting를 시작하는 순간 우리는 실타래처럼 얽힌 두터운 난맥의 수렁으로 빠진다. 그 곳은 누가 배역을 잘 소화해 내는지 알 수가 없는 곳이다."(Latour 2005 p.46). 이런 은유와 앞서의 설명에서 우리는 라투르의 행위자가 비단 사람에 한정되지 않고 비인간적인 것the non-human, 즉 동식물들에서 우리 주변의 온갖 디지털 가재도구들과 온갖 디지털 장치들에 이르기까지 실로 다양하며 그 다양성(다른 것들이 많다는 함의를 갖고 있음)과 복수성으로 말미암아 행위자의 행위는 '불확실한 것임'을 알게 된다. 이상과 같은 설명 방식을 듣노라면 라투르의 ANT는 당연히 사회와 기술에 대한 직선적直線的인 기술결정론을 배척함을 알게 된다.

매개와 번역

ANT에서는 생각과 개념들이 어떻게 한 곳에서 다른 곳으로 옮겨가는지를 설명하기 위해 **매개**媒介 mediation**와 번역**translation이라는 용어들이 사용된다. 매개와 번역은 ANT에서 핵심적 위치를 차지하는 용어들이므로 그것들의 의미를 알려면 다음 설명을 이해할 필요가 있다. 두 단어는 연결—또는 연속—및 관계와 밀접하게 결부되어 있음을 유의해야 한다. 매개에 대한 라투르의 설명에는 그가 흔히 즐겨 쓰는 메타포가 동원된다. 예컨대 어부와 해양학자와 인공위성과 가리비(조개의 일종)가 그것들이다. 이들 네 가지 존재자들은 찬찬이 살펴보면 그들 사이는 보통 사람의 눈에 잘 띄지 않는 〈관계의 연결선〉으로 이어져 있다. 해양학자는 인공위성을 통하여 가리비를 캐는 어부들의 활동과 가리비의 생태계 변화를 면밀히 관찰하며 분석한다. 그러므로 그들 네 존재자들 사이에는 관계가 성립된다. 라투르에 따르면 "그들은 그들끼리 서로 맺는 관계들—다른 것들이 전혀 뜻밖의 예기치 않는 일을 하도록 만드는 그런 따위의 관계들을 가질 수 있다. 이것이 바로 (앞의 어부와 해양학자 등 네 가지 사이를 이어주는) **매개자**mediator **또는 매개의 정의**이다."(Latour 2005 p.106).

번역은 본래 외국어를 자기 나라 말로 옮기는 것을 가리키는데 ANT에서는 행위자-네트워크를 구축하는 질서 있는 과정 자체를 의미한다. 번역 과정은 두 개의 다른 언어를 서로 같게 만드는 동일성의 과정이면서 동시에 두 개의 다른 언어 사이에 차이를 만들어내는 차이성의 과정이다. 번역에서 두 언어의 차이는 항상 새롭게 만들어진다. 이와 마찬가지로 ANT에서도 번역의 핵심은 한 행위자의 이해나 의도를 다른 행위자의 언어로, 다른 행위자의 이해나 의도에 맞게 치환置換 displacement(자리바꿈)하는 프레임을 만드는 행위에 있다(홍성욱 2010 p.25). 라투르는 번역의 예로서 아인슈타인의 상대성이론, 파스퇴르의 세균학 및 켈빈 경 Lord Kelvin의 열역학을 들었다. 라투르는 이들 세 학자가 제시한 이론들의 예을 들면서 "종전에는 하나의 끈a string으로 된 사회적 설명이었던 것과는 전혀 다른, 존재자들을 잇는 연결"이 여기서 나타났다고 말한다. 감염병의 세균 이론을 개척한 프랑스의 세균학자 파스퇴르Louis Pasteur (1822~1895)의 박테리아를 보자. 박테리아의 발견은 세균의 존재를 몰랐던 이전 시대와는 전혀 다른—그래서 질병의 자연발생설을 거부하는, 전혀 다른 〈사회라는 관념〉을 낳게 했다. 파스퇴르의 박테리아는 감염병을 규명하는 새로운 추적자를 통해서 인간사회가 '사회적으로 연결되어 있음'이 무엇을 뜻하는지에 대해 거의 대부분을 해명해주었다. 이렇게 해서 박테리아는 감염병의 퍼짐이라는 연속의 상태에 있어서 '하나의 팩터 a factor(要素요소)'임과 동시에 '하나의 액터an actor(행위자)'로서—하나의 끈으로 이어진 중간자들intermediaries이 따라가는 원인cause 대신에 행위자로서 연구자와 관찰자들에 의해 기술되어 간다. 라투르는 번역에 대한 또 하나의 예를 social이란 단어의 그리스어 어원 socius에서 찾는다. socius는 '다른 이를 따라가는 사람', '뒤를 따르는 사람, 추종자', '함께하는 사람, 제휴자 또는 동료'란 뜻을 품고 있다. "이러한 것을 지칭하기 위해서 즉 많은 행위자들 중의 한 행위자도 아니며 그 많은 행위자들 중 일부를 통하여 운반運搬되는—모든 행위자들 뒤에 있는 힘a force도 아닌, 말하자면 **변형**transformation**을 운반하는 연속**a connection을 지칭하기 위해서 우리는 **번역**翻譯 translation이란 단어를 사용한다."(Latour 2005 p.108). 간단히 말하면 이쪽에서 저쪽으로 옮겨지는 이동의 연속이 곧 번역이다. 이렇게 해서 '번역'이란 단어는 다소 특수화한 의미 즉 특수화한 인과성 因果性 causality을 운반하지 않은 채 다만 **두 매개자들**two mediators**에게 영향을 가해서 공존**共存**하게 하는 관계**關係 a relation를 가리키게 된다 (Latour 2005 p.108). 여기서 라투르는 이른바 '결합사회학*'의 목적을 재정의하면서 이렇게 확언한다—"사회란 것은 없다. 사회적 영역도 사회적 유대도 없다. 있는 것은 **추적 가능한 결합들을 생성할 수 있는 매개자들 간의 번역**들이다."(Latour 2005 p.108).

---

*결합사회학은 라투르가 전통사회학socio-logy을 둘로 나눠서 '사회적인 것에 관한 학문science of the social'과 '결합에 관한 학문science of associations'을 언급한 것 중 하나이다. '사회란 것은 없다'라는 라투르의 선언은 괄목할 만한 과학·기술의 발전으로 말미암아 인간을 대상으로 삼은, 근대적 관념의 예전 '사회society'와 '사회적인 것the social'이란 용어를 버리고 비인간적인 물건things과 기술이 포함된 '사회적인 것'을 주요 행위자로 등장했음을 가리킨다.

물질적 · 기호론(학)적 네트워크

라투르의 ANT는 기술과 사회의 네트워크를 물질적 · 기호론(학)적 관계material and semiotic relations의 측면에서 탐구하는 길을 일러준다. 그 길을 걷는 기본 원칙 중 하나는 네트워크 안의 관계들—즉 네트워크를 구성하는 마디와 마디의 연결과 결합이 '물질적 · 기호론적'임을 이해하는 것이다. 이 기본 원칙은 ANT의 몇 가지 원칙들—또는 가설적 원칙假說的 原則들 가운데서 첫 머리에 꼽히는 가장 중요한 원칙이다. 우리는 앞에서 ANT는 〈자연세계와 사회세계에 있는 모든 것들이 끊임없이 변전變轉하는 관계들의 네트워크들 안에 존재한다고 보는 사회이론〉이라고 소개한 바 있다. 이 말을 달리 표현하면 ANT는 〈네트워크에 있는—수많은 상이한 사물들different things로 엮인 네트워크 세계에 있는 관계들의 끈들 즉 수많은 연결 · 결합들을 철저히 탐구하는 방법론〉으로 정리될 수 있다. 이 문장은 〈자연세계와 사회세계에서 끊임없이 변전 · 이동하는 관계들〉과 〈수많은 상이한 사물들이 서로 맺는 수많은 연결 · 결합들의 끈들〉의 두 구절로 나눠서 이해함이 좋다.

물질적이란 말은 〈네트워크에서 이뤄지는 인간과 사물들 간의 관계들이 물질적이다〉라는 뜻이다. 컴퓨터로 매개된 네트워크의 관계들은 찬찬히 들여다보면 노트북 · 스마트폰과 인터넷, 사물인터넷IoT 등과 마찬가지로 모두 물질적이다. 디지털 부호들에 실려 네트워크를 타서 오가는 문자들과 아이콘들(이모티콘들) 그리고 음성과 영상들은 모두 물질로 이뤄져 있음을 알 수 있다. 이와 동시에 그것들이 맺는 관계들 또한 물질적이다. 관계를 맺는 행위가 '물질적'이라 함은 관계 자체뿐만 아니라 관계의 생성을 돕는 미디어 장치들도—페이스북Facebook, 트위터Twitter 및 카카오톡Kakao Talk과 같은 소셜미디어 플랫폼들에서 네티즌들이 교신하는 일을 돕는 장치들도—또한 물질적이라는 뜻을 담고 있다. 그래서 ANT

는 "나노입자에서부터 인간의 몸들과 집단들, 생태계와 유령들에 이르기까지 세상의 모든 실재하는 것들entities은 담론적·물질적 관계들의 이동하는 하이브리드 그물a shifting hybrid webs 안에서 구성되고 다시 재구성된다는 기본적인 존재론적 주장을 수반하고 있다"라고 학자들은 지적한다(Blok et al. 2019 〈서론〉). 우리가 눈 귀 코 혀 몸과 같은 오감五感을 움직여서 물건들과 그것들의 관계를 경험할 수 있다는 뜻에서 '변전·이동하는 사물들의 관계'를 고찰하는 일은 경험론적이다.

모든 관계들의 물질성을 이해한 다음에 우리가 관심을 두어야 하는 대상은 '기호론(학)적*'이란 말이다. '기호론(학)적'이란 이 단어는 도대체 무엇을 가리키는가?

일상생활에서 행해지는 커뮤니케이션이 의미를 전달하는 과정이라고 말할 때 그 과정에서 우리는 기호들signs―기호론(학)의 두 창시자인 소쉬르Ferdinand de Saussure와 퍼스Charles S. Peirce가 열거한 언어기호, 상징symbols과 도상·지시기호들iconic signs and indexical signs―을 사용한다(기호론의 기초에 관해서는 참고 ☞ ⑨를 참조할 것). 기호들은 서로 간의 차이差異differences에 기초하여 의미를 전달한다. 물론 여기에 기호들의 체계 즉 텍스트를 감싸고 있는 문맥文脈 context(사회관계를 지칭하는 경우에는 脈絡맥락이라고도 함)이 작용하는 점을 잊어서는 안 된다. 하나의 기호는 자기와 다른 남 또는 다른 남들different others과 어울리는 데서 의미를 생성하게 된다. 이 경우 기호는 그것이 지시하는 대상對象 objects과 '필연적necessary 관계'를 갖지 않고 다만 '자의적arbitrary 관계'를 가질 따름이다. 자의적이란 말은 기호와 대상 간의 관계가 어떠한 문화에서나 다 동일하며 공통된다라는 뜻이 아니라 문화고유의 것, 문화특정적이라는 뜻이다. 예컨

---

*기호론(학)은 두 창시자 중 하나인 소쉬르의 경우에는 semiotics, 다른 하나인 퍼스의 경우에는 semiology로 불리는데 이를 반영하여 나는 가끔 기호론(학)이라고 쓴다.

대 '개'라는 기호가 가리키는 반려동물을 영어권에서는 dog, 독일인은 Hunt훈트, 일본인은 いぬ이누 그리고 중국인은 犬kuan 또는 quan이라고 각기 달리 부르는 경우가 여기에 해당한다. 그래서 기호와 대상 간의 관계는 자의적이며 문화특정적culture-specific인 것이다(기호의 의미생성에 대해서는 졸저 『꽃은 스스로 아름답다고 말하지 않는다』 개미 2008, 제1부 제2장을 참조할 것. 간단한 설명은 참고 ☞ ⑦을 볼 것).

네트워크의 관계들이 '구성되고 다시 재구성되는' 과정에서 생성되는 의미가 '기호론(학)적'이라 부르는 것은 그 관계들이 서로 다양한 '다른 것들different things'과 상종相從함으로써 의미를 생산하기 때문이다. 기호들이 의미를 생성하는 방식과 마찬가지로 네트워크의 관계들도 다름(差異차이 difference)을 보이는 다른 것들the others과 어울림으로써 비로소 의미를 만든다. 앞에서 살핀 바와 같이, 다른 것들 중에는 사람이 아닌 비인간적인 것들non-human things이 당연히 포함된다. 소셜미디어 플랫폼 생태계에서 경험하는 비인간적인 것들로는 스마트폰, 내비게이션GPS, 자동건강체크기 같은 온갖 도구와 장치들이 있다. 인간이 이들 비인간적인 것들과 맺는 관계는 바로 다름을 언급하는 기호론적인 관계이다. 강아지가 '강아지'인 것은 강아지가 아닌 다른 것 즉 고양이나 토끼와 같지 않고 다르기 때문이다. 그래서 우리는 기호론적 다름(차이)의 관계들에 의거하여 의미가 생산된다는 점을 유의해야 한다.

그렇게 생산된 의미는 항상 불변인가? 아니다. 기호론적 의미는 마냥 고정되어 있지 않다. 하나의 단어가 새로운 문맥에서 다른 단어를 만나면 먼저 경우의 의미는 변한다. 예컨대 '고프다'라는 말이 배(腹)를 만나 '배가 고프다'로 되면 통상적인 글자 뜻대로 '무엇을 먹고 싶다'라는 의미를 생성한다. 하지만, 눈(眼)과 만나 '눈이 고프다'로 되면 '무엇인가 구경거리를 보고 싶다'라는 의미를 만든다. 2002년 서울―도쿄 월드컵이 한창인 때 축구 국가대표팀 감독 거스 히딩크가 토로吐露한 '나는 아직 승리가 고프다 I'm still hungry for a victory'로 되면 그때까지 2연승을 하던 대표팀에게 '나는 다음 경기에서 또 이겨 기쁨을 안기고 싶다'라는 뜻을 지니게 된다. 이와 같이 하나의 사물a thing이 다른 것the other thing 과 만나 다른 문맥에서in a different context 생성하는 기호론적 의미는 고 정되지 않고 개방적이자 가변적이다. 그 점에서 기호론적 의미는 늘 생 성되는 과정의 산물이며 과정의 의미인 것이다.

ANT가 '기호론적'이라는 용어에서 우리가 간관해서는 안 되는 점은 기호론적 텍스트 분석text analysis과 ANT의 텍스트 분석 사이에 상관관 계가 성립한다는 것이다. ANT를 기호론적이라 부르는 까닭은 기본적으 로는 이러한 상관관계 때문이다. 주지하다시피 텍스트는 언어기호들의 결합 또는 연결a combination of signs이다. 기호론적 분석자들이 흔히 지적 하듯 텍스트는 그 자체가 말하는 바를 의미하지 않는다. 텍스트에 담긴 의미는 그 연구자나 독자의 분석 관점과 방식에 따라서 달라질 수 있다. 예를 들면, 우리나라의 많은 사람들에게 읽혀온 소설 텍스트인 『삼국지 三國志』는 시대에 따라서 다양하게 해석되어 왔으며 긍정적인 평가를 받 는 등장인물도 독자의 해석에 따라서는 유비劉備나 제갈공명諸葛孔明에서 조조曹操로 바뀌기도 했다. 그 점에 비춰 텍스트에 담긴 의미는 고정적이 지 않고 유동적이며 언제나 새롭게 만들어질 수 있다. 또한 텍스트의 의 미는 이로정연理路整然하지 않아 모순을 품고 있으며 그 모순은 쉽게 식 별되어 노출될 수 있다. 텍스트 안의 모순이 드러난다면 그 텍스트는 해 체될 운명에 놓이게 된다. 그래서 텍스트의 문門은 언제든지 해체되도록 개방되어 있다. 이 말을 뒤집으면 텍스트에 대한 결정적인 해독은 있을 수 없으며 모든 텍스트들은 모순, 틈새, 괴리disjunction, 단절discontinuity 및 역설적인 구절들을 품고 있다는 뜻이 된다.

라투르에 따르면 "(그러한) 텍스트와 담론談論 discourse에, 그것들의 맥 락context, 그것들의 저자들과 독자들—언어 텍스트와 스토리·가십·담화 등의 저자와 독자—그리고 그것들 고유의 경계긋기와 메타언어 demarcation and metalanguage를 규명할 수 있는 능력을 부여하는 것은 기호론이다."(Latour 1998). 언어기호로 엮어진 텍스트에서 그 텍스트의 의미를 찾아내는데 있어 중요성을 지닌 것은 다름 아닌 언어기호 그것이라고 ANT 주창자들은 여긴다. 1970년대에는 인문학과 사회과학의 담론 연구에서 강조점이 언어로 옮겨져서 인간의 의미 만들기에 있어서 언어의 중요성이 인정받는 학문적 운동이 펼쳐졌었는데 이를 가리켜 학계에서는 '언어적 전회轉回linguistic turn*' 라고 불렀다. 이 시기에는 문화연구 cultural studies에서는 〈모든 것은 텍스트다〉〈오직 담론만이 있을 뿐이다〉 〈내러티브는 홀로 존립한다〉와 같은 슬로건들이 등장할 정도로 맥락을 도외시하고 오로지 텍스트만을 지상 최고의 연구 대상인 것처럼 인식한 적이 있었다. 그러나 "ANT가 과학적·기술적 담론들 쪽으로 기호론을 전회轉回시키자 드디어 '만사는 텍스트다' 라는 구호는 일대변혁을 맞이했다. 이로써 픽션, 신화, 대중문화, 패션, 종교 및 정치적 담론을 연구하는 한, 우리는 '기호론적 전회轉回 semiotic turn'를 유지할 수 있게 되었다."(Latour 1998). 그 결과 앞에 열거한 문화·정치적 연구 분야들도 "수많은 텍스트들"로서 받아들일 수 있게 된 것이다.

이상의 고찰에서 알 수 있듯이, '물질적 관계들'이 '기호론적인 의미들'을 생산하는 원칙을 찾아냈다는 점에서 ANT를 가리켜 '물질적 기호론material semiotics'이라 부르기도 한다. '물질적 기호론'이라는 경험론적 방법은 곧 살피게 되는 또 하나의 ANT 원칙—즉 '일반화된 대칭성'의 원칙과 함께 ANT의 두 축을 이룬다. '일반화된 대칭성'의 원칙은 현재 다양한 인문·사회과학 분야들에서 유용한 통찰과 사회학적 탐구도구로서 널리 응용되고 있다. 예컨대 아이덴티티와 주체성에 관한 연구,

---

*중요성의 방향을 언어 쪽으로 돌린다는 뜻에서 전환轉換보다는 轉回가 더 적절하다고 본다

도시교통시스템 연구, 정치사회학 및 역사사회학 등에서 꾸준한 진보를 이룩한 것으로 전해지고 있다. 이런 연구성과 덕택에 ANT는 논리를 바탕에 깔고 펼치는 사변적思辨的인 고찰이기보다는 '지적 실천'을 중시하는 연구 분야로서 인정받고 있다.

일반화된 대칭성

〈일반화된 대칭성generalized symmetry〉은 ANT의 원칙들 가운데 상당히 광범위하게 오해되는 원칙—정확히 말하면 가설적假說的 원칙이다. 반면에 이 원칙은 아마도 ANT의 가장 강력한 장점이라는 지적도 있다(Wikipedia 〈Actor-network Theory〉 2020년 3월 18일 검색). ANT의 초기 제창자들에 따르면 이 원칙은 "일정한 환경과 사태의 추이 과정에서 행위자로서의 가치를 인정받는 것에 대해 불가지론적不可知論的 입장을 유지하는 방법론적 전략"이다(Callon, 1986. Callon & Latour 1992. Blok et al. 2019서 재인용). 이 말은 일정한 상황에 나타내서 보이는 행위자의 행위가 어떠한 것인지에 대한 가치 판단을 일단 유보한 채 탐구를 진행하는 전략을 가리킨다. 그렇다고 행위자의 가치에 대해 무턱대고 '그런 건 난 아직 모르는 일'이라는 오불관吾不關의 입장을 전적으로 취하지는 않는다. 이 점은 '일반화된 대칭성'의 대칭이란 말 속에 깃들어 있다.

대칭은 원래 수학에서 발전한 개념이다. 가장 일반적인 수준에서 이를 풀이하면 '균형을 맞춘 비례' 즉 '중심축을 이루는 분계선의 양쪽으로 나뉜 (a)와 (b) 사이에 크기, 모양 및 상대적 위치에 있어서 상응하는 관계'가 성립함을 가리킨다. ANT에서 구체적인 사례를 든다면 〈**일반화된 대칭성**〉**이 보편적으로 인정받는 두 대립항은 '인간과 비인간' 간의 대칭이다.** 이것은 인간적인 것과 비인간적인 것을 예전처럼 구별하거나 차이화하지 않고 서로 대등한 것으로 취급해야 함을 의미한다. (a)와 (b) 둘 사이의 상응관계를 인정하는 일—비근한 실례를 들자면 사람과 자동차 내비게이션-스마트폰-웹사이트의 소셜미디어 플랫폼과의 사이에 나타나는 상응관계를 인정하는 일이 여기에 해당한다. 네트워크에서 행위능력을 발휘하는 다 같은 행위자actors라는 점에서 사람과 스마트폰 사이에는 대칭성이 성립된다. 이것은, 예전의 '사회에 관한 사회학sociology of the social'이 주로 사람들 간의 관계를 탐구 대상으로 삼았다면 21세기 초엽의 '결합사회학sociology of associations'은 인간과 비인간 간의 관계일반을 함께 다룬다는 점에서도 뒷받침된다. 그 점에서 ANT는 "20세기 후반의 지적 지형地形을 형성한 거대 사회이론들을 향하여 거세게 도전할 뿐 아니라 광범위한 분야의 사회문화적 연구자들의 윤리정치적인 약속과 그들의 대화 상대자들이 내놓는 다양한 존재론들을 한 궤도상에서 정리하는 길이기도 하다."(Blok et al. 2019 「Introduction」). '그들의 대화 상대자들'이란 사회문화적 연구자들이 대화 상대로 여겨야 하는 다른 분야의 사람들, 그들이 환경주의자이건 기술개발자이건 또는 토착선주민, 디자이너, 회계전문가, 경제학자이건 누구이건 상관없이 대화할만한 모든 상대자들을 가리킨다. 라투르의 연구를 계승하여 발전시키고 있는 학자들이 최근 내놓은 견해들에 따르면 요컨대 〈일반화된 대칭성〉은 "스스로를 얼핏 보아 무한히 다용도적인 것으로 그리고 새로운 영역으로 확장할 수 있도록 만들어감으로써 ANT의 성공에 기여하고 있다."(Blok et al. 2019). 이는 **네트워크 자아가 상대하는 대상들이 디지털 생태계에서 그만큼 많아졌음을 의미한다.** 그에 따라 네트워크 자아로부터 사회과학자들이 도출導出하려는 '**행위능력의 자유**agential freedom'—그것에 대한 학자들의 탐색 작업도 그만큼 폭이 넓어졌다고 봐야 할 것이다.

Allison, Grahm (2017), *Destined for War: Can America and China Escape Thucidides's Trap?* Houghton Mifflin Harcourt.

Babarási, Albert-Laszió (2011), 「Introduction and Keynote to *A Networked Self*」 in Papacharicci eds.

Baldwin, Mark James (1896), 「A new Factor in Evolution」 in *American Naturalist* 30.354(June):441-51.

Baran, Stanley (1999), *Introduction to Mass Communication* Mayfield Pub. Co.

Bargh, John A. (2005),「Bypassing the Will: Toward Demystifying the Nonconscious Control of Social Behavior」 in *The New Unconscious* ed. by Ran R. Hassin, James S. Uleman and John Bargh Oxford Univ. Press.

Bennett, W. I., L. Gressett, W. Haltom, and A. Segerberg (2012), 「The Logic of Connective Action」 *Information, Communication & Society* 15.

Berners-Lee, Tim (2000), Weaving the Web London, Orion.

Blok, Anders & Torben Elgaard Jensen, (2011), Bruno Latourr: *Hybrid Thoughts in a Hybrid World* Routledge.

Blok Anders, Ignacio Farias & Celia Roberts (2019), *The Routledge Companion to Actor-Network Theory* Routledge.

Bolter, Jay D. (1991), *Writing Space: The Computer, Hypertext, and the History of Writing*

Bolter, Jay D. & Grusin, Richard (2002), *Remediation: Understanding New Media* MIT Press.

Bohn, R. & J. Short (2010), *How Much Information? 2009 Report on American Consumers.* UC San Diego: Global Inormation Industry Center: hmi.ucsd.edu/pdf/HMI_Dec9_ 2009.pdf.

Bourdieu, Pierre (1987), *Distinction: A Social critique of the judgement of taste* Harvard Univ. Press. 한국어 역 『구별짓기』 새물결(21세기총서 3) 2005.

Bowman, Shayne & Willis, Chris (2003), *WeMedia: How Audience are Sharing the Future of News and Information*, The Media Center, American Press Institute, Arlington.

Broder, David (1987), *Behind the Front Page* Simon & Schuster.

Brown, Noam and Sandholm, Thomas (2019), 「Superhuman AI for Multiplayer Poker」 in *Science* 2019.

Cairncross, Frances (1998), *The Death of Distance: How the Communications Revolution Will Change Our Lives* Orion Business Books.

Carey, James W. (1989), *Communication As Culture: Essays on Media and Society* Routledge.

Carter, Thomas F. (1955), *The Invention of Printing in China and Its Spread Westward* New York Ronald Press.

Castells, Mauel (2000[1996]) *The Rise of Network Society* 2nd ed. Blackwell.

────── (2001) The Internet Gallaxy Oxford Univ. Press.

Chandler, Daniel & Rod Munday (2000), *Dictionary of Media & Communication* 3rd ed. Oxford Univ. Press.

Clark, Andy (2008), *Supersizing the Mind: Embodument, Action and Cognitive Extension* Oxford Univ. Press.

Clark, Lynn Schofield & Marchi, Regina (2017), *Young People and the Future of News: Social Media and the Rise of Connective Journalism* Cambridge Univ. Press.

Cohen, Cathy, Joseph Kahne, Benjamin Bowyer, Elen Middaugh and J. Rogowski, (2012), *Participatory Politics: New Media and Youth Political Action*, Chicago Ill., MacArthur Foundation.

Croteau, David & William Hoynes (2003), *Media Society: Industries, Images and Audiences 3ʳᵈ ed.* Pine Forge.

Culler, Jonathan (1984), Ferdinand de Saussure Harper Collins.

Curran, James (2002), *Media and Power* Routledge.

Curran, James & Seaton, Jean (2003[1981]), *Power Without Responsibility* 6th ed. Routledge.

Danesi, Marcel (2018), *Language, Society, and New Media: Sociolinguistics Today* Routledge.

Delany, P. & G. P. Landow (1993), 「Managinf the Digital Word: The Text in an Age of Electroni Reproduction」 in Landow & Delany (eds.) *The Digital Word* pp.3~28.

Dijksterhuis, Ap, Henk Aarts & Pamela K. Smith (2005), 「The Power of the Subliminal: On Subliminal Persuasion and Other Potential Applications」 in *The Unconscious* edted by Ray R. Hassin, James S. Uleman, and John A. Bargh Oxford Univ. Press 77-106.

Ellul, Jacques (1964[1954]), *The Technological Society* trans. by John Wilkinson Alfred A. Knopf.

van Dijck, José (2018), *The Platform Society* Oxford Univ. Press.

Eagleton, Terry (1996), *Literary Theory* 2nd ed. Blackwell.

Fang, Irving (1997), *A History of Mass Communication: Six Information Revolutions* Focal Press.

Fisk, John (1987), *Television Culture* Routledge.

———— (1990), *Introduction to Communication Studies* 2nd ed.

Routledge.

Flew, Terry (2014), *New Media* 4th ed. Oxford Univ. Press.

Gergen, Kenneth (1994), *Realities & Relationships: Soundings in Social Construction* Harvard Univ. Press.

Gershenfeld, Neil & Vasseur, JP (2014), 「As Objects Go Online」 in *Foreign Affairs* March–April.

Giddens, Anthony (1991), *Modernity and Self=Identity: Self and Society in the Late Modern Society* Stanford Univ. Press.

Goffman, Erving (1959), *The Presentation of Self in Everyday Life* Doubleday,

Green, Lelia (2002), *Technoculture* Allen & Unwin, Sydney.

Haase, Ullrich (2008), *Starting with Nietzsche* Continuum.

Harman, Graham (2007) 「The Importance of Bruno Latour for philosophy」, *Cultural Studies Review* 13(1): pp.31~49.

Hartley, D. (2010), *Understanding Human Need* Policy Press.

Hartley, John (2002[1982]), 「After Ongism」 in *Orality and Literacy: The Technologizing of the Word* 30th anniversary edition by Walter J. Ong Routledge.

Hayles, N. Katherine (2000), 「The Condition of Virtuality」 in *The Digital Dialectic: New Essays on New Media* ed. by Peter Lunenfeld MIT Press.

────── (2012), *How We Think* Univ. of Chicago Press.

Heilbroner, Robert (2003[1967]), 「Do machines make history?」 in *Philosophy of Technology: The Technological Condition* ed. by R.C Scharff & V Dusek Blackwell pp.398~404.

Herman, John (2016), "Inside Facebook's [Totally Insane, Unintentionally Gigantic, Hyperpartisan] Political-

Media Machine," *New York Times* Aug. 20, accessed Aug. 28, 2016 by Clark & Marchi.

Hess, Stephen (1981), *The Washington Reporters* Brookings Institution Press.

Hirst, Martin (2011), *News 2.0: Can Journalism Survive the Internet?* Allen & Unwin.

Homer, Sean (2005), *Jacques Lacan* Routeledge.

Innis, Harold A. (1972), *The Bias of Communication* rev. ed. Univ. of Toronto Press.

Jenkins, Richard (2004), *Social Identity* 2nd ed. Routeledge.

Kessler, L. & D. McDonald (1989), *Mastering the Message: Media Writing with Substance and Style* Wadsworth.

Klein, Gary, Moon, Brian & Hoffman, Robert (2006), 「*Making Sense of Sense-Making*」 IEEE Intelligent Systems 21(4) pp.70~74.

Lacan, Jacques (1977), *Four Fundamental Concepts of Psychoanalysis : the Seminar of Jacques Lacan* Book XI ed. by Jacques-Alain Miller & trans. by Alan Sheridan W. W. Norton & Co.

Landow, G. P. (1994), 「What's a Critic to Do?: Crirtical Theory in the Age of Hypertext」 in G. P. Landow(ed.) *Hyper/Text/Theory* Johns Hopkins Univ. Press, pp.1~48.

Latour, Bruno (1987), *Science In Action: How to Follow Scientists and Engineers Through Society* Harvard Univ. Press.

———— (1988), *The Pasteurization of France* Harvard Univ. Press.

———— (1993), *We Have Never Breen Modern* Harvard Univ. Press.

———— (1996), *Aramis or the Love of Technology* Harvard Univ. Press.

———— (1998), 「On actor-network Theory: A few clarifications」 *Nettime List Archives.* Available at htttp://www.nettime.org./Lists-Archives/nettime-l-9801/msg00019.

———— (1999), *Pandora's Hope: Essays on the reality of science studies* Harvard Univ, Press.

———— (2005), *Reassembling The Social: An Introduction to Actor-Network Theory* Oxford Univ. Press.

———— (2011), 「Networks, societies, spheres: reflections of an actor-network theorist」 *International Journal of Communication* 5: 796-810.

Lichtenberg, Judith (2000), 「In Defence of Objectivity Revisited」 in *Mass Media and Society* 3rd edition by James Curran & Michael Gurevitch, Arnold.

Lunenfeld, Peter (2000), 「The Body and the Machine」 in *The Digital Dialectic* ed. by the same writer.

Maras, Steven (2013), *Objectivity in Journalism* Polity.

McLuhan, Marshall (1962), *The Gutenberg Galaxy: the Making of Typographic Man*, Univ. of Toronto Press.

———— (1964), *Understanding Media: The Extensions of Man* McGraw-Hill.

McLuhan, Marshal & Fiore, Quentin (1996[1967]), *The Medium is The Massage* renewed Penguin Books.

Malabou, Catherine (2008), *What Should We Do with Our Brain* translated by Sebastian Rand New York Fordham Univ. Press.

Maras, Steven (2013), *Objectivity in Journalism: Key Concepts in Journalism* Polity.

Miller, John and Page, Scott (2007), *Complex Adaptive Systems: An Introduction to Computational Models of Social Life* Princeton Univ. Press.

Moulthrop, S. (1991), 「Toward a Paradigm for Reading Hypertexts: Making Nothing Happen in Hypermedia Fiction」 in Berk & Devlin(eds.) *Hypertext/Hypermedia Handbook* pp.65~78.

Monk, Ray (2005), *How to Read Wittgenstein* W.W. Norton & Co.

Moravec, Hans (1990), *Mind Children: The Future of Robot and Human Intelligence* Harvard Univ. Press.

Nobus, Dany (2003), 「Lacan' s Science of the Subject」 in *Lacan* ed. by Jean-Michel Rabaté Cambridge Univ. Press.

Ong, Walter J. (2002[1982]), *Orality and Literacy: The Technologizing of the Word 30ᵗʰ anniversary edition* Routledge.

Papacharissi, Zizi ed. (2011), *A Networked Self: Identity, Community, and Culture on Social Network* Sites Routeledge.

Papacharissi, Zizi & E. Easton (2014), 「In the Habitus of the New: Agency, Structure and the Social Media Habitus」 in J. Hartley, A Bruns & J. Burgess(eds.) *New Media Dynamics*(pp.171~184) Blackwell.

───── (2018), *A Networked Self and Platforms, Stories, Connections* Routeledge.

───── (2019), *A Networked Self: Self, Human Augmentics, Artificial Intelligence, Sentience* Routledge.

Pentland, Alex (2008), *Honest Signals: How They Shape Our*

World? MIT Press.

Rifkin, Jeremy (2014), *The Zero Marginal Cost Society* Palgrave.

Ryan, John and Wentworth, William M. (1999), *Media and Society: The Production of Culture in the Mass Media* Allyn & Bacon.

Shannon, C. & W. Weaver (1949), *The Mathematical Theory of Communication* Univ. of Illinois Press.

Saussure, Ferdinand de (1966[1914?]), *Course in General Linguistics* trans. by Wade Baskin McGrow-Hill.

Schiller, Daniel (1981), *Objectivity and News* Univ. of Pennsylvania Press.

Schramm, Wilbur (1987), *Men, women, messages and media* Harper & Row.

Schudson, Michael (1978), *Discovering News: A Social History of American Newspapers* Basic Books.

───── (2003), *The Sociology of News* W.W. Norton & Co.

Schwab, Klaus (2018), *Shaping the Fourth Industrial Revolution* World Economic Forum.

Shakespeare, *Richard II.* 이성일 옮김 『리처드 2세』 나남.

Shannon, Claude & Weaver, W. (1949), *Mathematical Theory of Communication* Univ. of Illinois Press.

Shepherdson, Charles (2003), 「Lacan and philosophy」 in *Lacan* ed. by Jean-Michel Rabaté Cambridge Univ. Press.

Shirky, Clay (2008), *Here Comes Everybody: The Power of Organizing Without Organizations* Allen Lane.

Sholle, David (2002), 「Disorganizing the ʹnew technologyʹ」 in G. Elmer(ed.), *Critical Perspective on the Internet* Rowan pp.3~26.

Snyder, Ilana (1997), *Hypertext: The Electronic Labyrinth* New York Univ. Press.

Soler, Collette (1995), 「The Subject and the Other」 in *Reading Seminar XI* ed. by Richard Feldstein, Bruce Fink & Maire Jaanus State Univ. of N.Y. Press

Straubhaar, Joseph & Robert LaRose (2000), *Media Now: Communications Media in the Information Age* 2nd ed., Wadsworth.

Susskind, Daniel (2020), *A World Without Work: Technology, Automation and How We Should Respond* Metropolitan Books.

Taylor, James R. (2000). 「Is There a 'Canadian' Approach to the Study of Organizational Communication?」, *Canadian Journal of Communication* 25.

Tegmark, Max (2017), *Life 3.0: Being Human in The Age of Artificial Intelligence* Alfred A. Knopf.

Twaites, Tony, Lloyd Davis & Warwick Mules (2002), *Introducing Cultural and Media Studies: A Semiotic Approach* Palgrave.

Tuchman, Gaye (1972),「Objectivity As Strategic Ritual」 in *American Journal of Sociology* 77.

Tumber, H. & Prentoulis, M. (2003),「Journalists under Fire: Subcultures, Objectivity and Emotional Literacy」 in *War and the Media: Reporting Conflict* ed. by Thussu & Freedman Sage.

Williams, Robin (1996), 「The social shaping of technology」 *Research Policy* 25(4) pp.865~99.

Williamson, Raymond & Edge David (1974), *Television:*

Technology and Cultural Form Routledge.

Windfield, Alan (2012), Robotics Oxford Univ. Press.

Winston, Brian (1998), Media Technology and Society: A History: From Telegraph to the Internet Routledge.

김용범 지음 (2013), 『창조적 파괴의 힘: 미디어 글쓰기와 인문학적 사고』 개미.

──── (2008), 『꽃은 스스로 아름답다고 말하지 않는다』 개미.

랜도우, 조지 (2001), 『하이퍼텍스트 2.0』 여국현 외 옮김 문화과학사.

셰익스피어 『리처드 2세』 이성일 옮김 나남.

옹, 월터 (1995), 『구술문화와 문자문화』 이기우 옮김 문예출판사.

카스텔, 마누엘 (2003), 『네트워크 사회의 도래』 김묵한 · 박행웅 · 오은주 옮김 한울아카데미.

컬러, 조나단 지음 (1998〔1984〕), 『소쉬르』 이종인 옮김 시공사. 川本茂雄가와모토 시게오 譯 (2002), 『ソシュール』 岩波現代文庫.

호모, 숀 (2006), 『라캉읽기』 김서영 옮김 은행나무.

本橋哲也혼바시 데츠야 (2005), 『ポストコロニアリズム』(포스트콜러니얼리즘) 岩波新書.

홍성욱 엮음 (2010), 『인간 · 사물 · 동맹』 이음. (Latour 등과 한국 학자들의 논문들이 실려 있음).

New York Times
Wikipedia
경향신문
동아일보
조선일보
중앙일보
한겨레